해커스변호사

Law Man

형사법

Criminal Law

변호사시험

정지문

해커스변호사

목차

제1부 형법 정지문

제1편 형법 서론

제1절 형법의 의의와 기능   4

제2절 죄형법정주의   4

제3절 형법의 적용범위   5

제2편 범죄론

제1장 범죄론 서론   10

제1절 범죄의 의의와 분류   10

제2장 구성요건론   12

제1절 구성요건 서론   12

제2절 범죄의 주체   12

제3절 인과관계와 객관적 귀속   13

제4절 구성요건적 고의   14

제5절 사실의 착오   14

제3장 위법성   17

제1절 위법성 서론   17

제2절 정당방위   17

제3절 긴급피난   19

제4절 자구행위   20

제5절 피해자의 승낙과 추정적 승낙   20

제6절 정당행위   21

제4장 책임론   22

제1절 책임론 서론   22

제2절 책임능력   22

제3절 위법성의 인식과 법률의 착오   25

제4절 기대가능성   27

제5장 미수론   29

제1절 미수론 서론   29

제2절 장애미수   29

제3절 중지미수   29

제4절 불능미수   30

제5절 예비죄   31

제6장 공범론   33

제1절 공범론 서론   33

제2절 공동정범   34

제3절 교사범   36

제4절 방조범   37

제5절 간접정범   38

제6절 공범과 신분   39

제7장 특별한 범죄유형   41

제1절 과실범   41

제2절 결과적 가중범   42

제3절 부작위범   44

제8장 죄수론   47

제1절 죄수론 서론   47

제2절 일 죄   47

제3절 수 죄   47

3. 제3부 – 변호사시험 기출문제 중 혼합사례 선택형 지문의 정리

제3부는 변호사시험 형사법 혼합사례 선택형 문제에 대한 지문 중 올바른 지문은 그대로 수록하고, 틀린 지문으로 출제되었던 지문을 모두 올바른 지문으로 수정하여 2012년부터 2024년까지의 연도별 순서에 따라 정리하였습니다.

4. 중복되는 지문의 정리로 지문의 최적화

변호사시험에서 중복 출제된 지문은 대표적인 지문으로 정리하여 동일한 내용의 중복지문을 최소화하였습니다. 그러나 동일한 판례 내용의 지문이라도 자구가 변경됨에 따라 의미있는 새로운 지문이 될 수 있는 경우에는 이를 그대로 두어 선택형 시험을 위한 다양한 연습이 되도록 하였습니다.

5. 최신 법령과 판례의 반영 및 밑줄과 comment(▶)의 활용

본서에 수록된 정지문은 2024년 3월 기준 최신법령과 최신판례를 반영한 것입니다. 그리고 지문의 중요 부분은 밑줄로 표시하였으며, 이해하기 힘들거나 확인이 필요한 지문에 대해서는 간략한 comment(▶)를 적시하여 효율성을 극대화하는데 도움이 되도록 하였습니다.

예 : ▶ 소송조건에도 유추해석금지의 원칙 적용

이와 같은 내용의 본서를 꾸준히 익히시어 변호사시험 형사법 선택형 기출지문에 대한 이해를 더하시면, 변호사시험 형사법 선택형 문제에 대한 자신감을 가질 뿐만 아니라 형사법 전반에 대한 실력을 증진시켜 사례형 시험이나 기록형 시험에도 도움이 될 수 있을 것입니다.

마지막으로 본서가 출간됨에 있어 해커스 출판사 임직원분들에게도 감사의 말을 전합니다. 그럼 본서가 독자분들의 형사법 실력을 향상시켜 훌륭한 법조인이 되시는데 도움이 되기를 바라며 이만 줄입니다.

2024.4.16.

우정에서 이 재 철

(http://cafe.daum.net/ljc7329)

제3편 형벌론

제1절 형벌의 의의와 종류 ... 52

제2절 형의 양정 ... 52

제3절 누 범 ... 54

제4절 집행유예, 선고유예, 가석방 ... 54

제5절 형의 시효와 소멸 ... 55

제4편 개인적 법익에 관한 죄

제1장 생명, 신체에 관한 죄 ... 58

제1절 살인의 죄 ... 58

제2절 상해와 폭행의 죄 ... 58

제3절 과실치사상의 죄 ... 59

제4절 낙태의 죄 ... 61

제5절 유기와 학대의 죄 ... 61

제2장 자유에 관한 죄 ... 62

제1절 협박의 죄 ... 62

제2절 체포와 감금의 죄 ... 62

제3절 약취와 유인의 죄 ... 63

제4절 강요죄 ... 63

제5절 강간과 추행의 죄 ... 64

제3장 명예와 신용에 관한 죄 ... 67

제1절 명예에 관한 죄 ... 67

제2절 신용, 업무, 경매에 관한 죄 ... 69

제4장 사생활 평온에 관한 죄 ... 73

제1절 비밀침해죄 ... 73

제2절 주거침입의 죄 ... 73

제5장 재산에 관한 죄 ... 75

제1절 절도의 죄 ... 75

제2절 강도의 죄 ... 80

제3절 사기의 죄 ... 82

제4절 공갈의 죄 ... 88

제5절 횡령의 죄 ... 88

제6절 배임의 죄 ... 92

제7절 장물의 죄 ... 97

제8절 손괴의 죄 ... 98

제9절 권리행사방해죄 ... 98

제5편 사회적 법익에 관한 죄

제1장 공공의 안전과 평온에 관한 죄 ... 104

제1절 공안을 해하는 죄 ... 104

제2절 폭발물에 관한 죄 ... 104

제3절 방화와 실화의 죄 ... 104

제4절 일수와 수리에 관한 죄 ... 105

제5절 교통방해의 죄 ... 105

제2장 공공의 신용에 관한 죄 ... 106

제1절 통화에 관한 죄 ... 106

제2절 유가증권, 우표, 인지에 관한 죄 ... 106

제3절 문서에 관한 죄 ... 106

제4절 인장에 관한 죄 ... 110

제3장 공중의 건강에 관한 죄 ... 111

제1절 성풍속에 관한 죄 ... 111

제2절 도박과 복표에 관한 죄 ... 111

제3절 신앙에 관한 죄 ... 111

목차

제6편 국가적 법익에 관한 죄

제1장 국가의 존립과 권위에 관한 죄   114

제2장 국가의 기능에 관한 죄   114
제1절 공무원의 직무에 관한 죄   114
제2절 공무방해에 관한 죄   118
제3절 도주와 범인 은닉의 죄   118
제4절 위증과 증거인멸의 죄   119
제5절 무고의 죄   121

제2부 형사소송법 정지문

제1편 형사소송법 서론

제2편 소송주체와 소송행위

제1장 소송주체   128
제1절 법 원   128
제2절 검 사   130
제3절 피고인   130
제4절 변호인   130

제2장 소송행위   133
제1절 소송행위의 의의와 종류   133
제2절 소송행위의 성립 요건   133
제3절 소송행위의 해석   133
제4절 소송조건   133

제3편 수사와 공소의 제기

제1장 수 사   136
제1절 수사론 서론   136
제2절 수사의 단서   137
제3절 임의수사   139

제2장 강제수사   140
제1절 대인적 강제수사   140
제2절 대물적 강제수사   145
제3절 수사상의 증거보전   152

제3장 수사의 종결 154
제1절 수사의 종결 154
제2절 공소제기 후의 수사 154

제4장 공소의 제기 155
제1절 공소제기의 기본원칙 155
제2절 공소와 공소권이론 156
제3절 공소제기의 방식 156
제4절 공소제기의 효력 157
제5절 공소시효 157

제4편 공 판

제1장 공판절차 162
제1절 공판절차의 기본원칙 162
제2절 공판심리의 범위 162
제3절 공판준비절차 165
제4절 공판정의 심리 165
제5절 공판기일의 절차 165
제6절 증인신문과 감정 및 검증 166
제7절 공판절차의 특칙 167

제2장 증 거 171
제1절 증거의 의의와 종류 171
제2절 증명의 기본원칙 171
제3절 자백배제법칙 172
제4절 위법수집증거 배제법칙 173
제5절 전문법칙 176
제6절 당사자의 동의 183
제7절 탄핵증거 184

제8절 자백의 보강법칙 185
제9절 공판조서의 증명력 187

제3장 재 판 188
제1절 재판의 의의와 종류 188
제2절 종국재판 188
제3절 재판의 효력 189

제5편 상소, 비상구제절차, 특별절차

제1장 상 소 194
제1절 상소 통칙 194
제2절 항 소 196
제3절 상 고 197
제4절 항 고 198

제2장 비상구제절차 199
제1절 재 심 199
제2절 비상상고 201

제3장 특별절차 202
제1절 약식절차 202
제2절 즉결심판절차 202

제3부 형사법 정지문 혼합문제 연도별 정리

해커스변호사
law.Hackers.com

제1부

형법 정지문

해커스변호사
law.Hackers.com

제1편

형법 서론

제1절　형법의 의의와 기능

제2절　죄형법정주의

001 ☐☐☐ [19 변시]

포괄일죄에 관한 기존 처벌법규에 대하여 그 표현이나 형량과 관련한 개정을 하는 경우가 아니라 애초에 죄가 되지 아니하던 행위를 구성요건의 신설로 포괄일죄의 처벌대상으로 삼는 경우에는 신설된 포괄일죄 처벌법규가 시행되기 이전의 행위에 대하여는 신설된 법규를 적용하여 처벌할 수 없다.

▸ 소급효금지의 원칙 적용

002 ☐☐☐ [23 변시]

상습강제추행죄가 시행되기 이전에 범해진 강제추행행위는 습벽에 의한 것이라도 상습강제추행죄로 처벌할 수 없고 강제추행죄로 처벌할 수 있을 뿐이다.

003 ☐☐☐ [12 변시]

대법원 양형위원회가 설정한 '양형기준'이 발효하기 전에 공소가 제기된 범죄에 대하여 '양형기준'을 참고하여 형을 양정하더라도 피고인에게 불리한 법률을 소급하여 적용한 것으로 볼 수 없다.

▸ 양형기준은 법적 구속력이 없음

004 ☐☐☐ [23 변시]

헌법재판소가 형벌법규에 대해 위헌결정을 한 경우, 당해 법조를 적용하여 기소한 피고사건에 대하여는 무죄판결을 선고하여야 한다.

005 ☐☐☐ [15 변시]

형벌에 관한 법률 또는 법률조항은 헌법재판소의 위헌 결정으로 소급하여 그 효력을 상실하지만, 해당 법률 또는 법률의 조항에 대하여 종전에 합헌으로 결정한 사건이 있는 경우에는 그 합헌결정이 있는 날의 다음 날로 소급하여 효력을 상실한다.

▸ 헌법재판소법 제47조 제3항 단서 참조

006 ☐☐☐ [12 변시]

과거에 이미 행한 범죄에 대하여 공소시효를 정지시키는 법률이라고 하더라도 그 사유만으로 형벌불소급의 원칙에 언제나 위배되는 것은 아니다.

▸ 입법을 정당화할 수 있는 공익이 있으면 가능함

007 ☐☐☐ [21 변시]

행위 시에 없던 보호관찰규정이 재판 시에 신설되어 이를 근거로 보호관찰을 명할 경우, 형벌불소급의 원칙 또는 죄형법정주의에 위배되지 않는다.

▸ 보호관찰은 보안처분

008 ☐☐☐ [21 변시]

「디엔에이신원확인정보의 이용 및 보호에 관한 법률」이 시행 당시 디엔에이감식시료 채취 대상 범죄로 이미 징역이나 금고 이상의 실형을 선고받아 그 형이 확정되어 수용 중인 사람에게도 적용될 수 있도록 한 위 법률 부칙 제2조 제1항은 소급입법금지원칙에 위배되지 않는다.

▸ 비형벌적 보안처분 사안임

009 ☐☐☐ [12 변시] [17 변시] [21 변시]

「가정폭력범죄의 처벌 등에 관한 특례법」이 정한 사회봉사명령은 형사처벌 대신 부과되는 것으로서 가정폭력범죄를 범한 자에게 의무적 노동을 부과하고 여가시간을 박탈하여 실질적으로 신체적 자유를 제한하게 되므로, 이에 대해서는 형벌불소급원칙이 적용된다.

▸ 보안처분 관련 예외적인 판례

010 ☐☐☐ [12 변시]

행위 당시의 판례에 의하면 처벌대상이 되지 아니하는 것으로 해석되었던 행위를 판례의 변경에 따라 확인된 내용의 형법 조항에 근거하여 처벌하는 것은 형벌불소급의 원칙에 반하지 않는다.

▸ 판례는 법률이 아님

011 ☐☐☐ [17 변시]
구 「청소년의 성보호에 관한 법률」 제16조의 반의사불벌죄의 경우 성범죄의 피해자인 청소년에게 의사능력이 있는 이상, 그 청소년의 처벌희망 의사표시의 철회에 법정대리인의 동의가 필요하다고 보는 것은 유추해석금지원칙에 반한다.

▸ 소송조건에도 유추해석금지의 원칙 적용

012 ☐☐☐ [17 변시]
블로그 등 사적 인터넷 게시공간의 운영자가 게시공간에 게시된 이적표현물인 타인의 글을 삭제할 권한이 있는데도 이를 삭제하지 않고 그대로 둔 경우, 그 운영자의 행위를 「국가보안법」 제7조 제5항의 '소지'로 보는 것은 유추해석금지원칙에 반한다.

013 ☐☐☐ [17 변시]
구 「특정 범죄자에 대한 위치추적 전자장치 부착 등에 관한 법률」 제5조 제1항 제3호에서 부착명령 청구 요건으로 정한 '성폭력범죄를 2회 이상 범하여(유죄의 확정판결을 받은 경우를 포함한다)'에 '「소년법」에 의한 보호처분을 받은 전력'이 포함된다고 보는 것은 유추해석금시원칙에 반한다.

제3절 형법의 적용범위

014 ☐☐☐ [23 변시]
「형법」 제1조 제1항 "범죄의 성립과 처벌은 행위 시의 법률에 따른다."라고 할 때의 '행위 시'라 함은 범죄행위 종료 시를 의미하므로 구법 시행 시 행위가 종료하였으나 결과는 신법 시행 시에 발생한 경우에는 구법이 적용된다.

015 ☐☐☐ [15 변시]
실행행위의 도중에 법률이 변경되어 실행행위가 신·구법에 걸쳐 행하여진 때에는 신법 시행 전에 이미 실행행위가 착수되었더라도 이 행위에는 신법이 적용되어야 한다.

▸ 포괄일죄의 경우 원칙적으로 범죄 실행 종료시법을 적용

016 ☐☐☐ [14 변시]
계속범의 경우 실행행위가 종료되는 시점에서의 법률이 적용되어야 할 것이나, 법률이 개정되면서 그 부칙에서 '개정된 법 시행 전의 행위에 대한 벌칙의 적용에 있어서는 종전의 규정에 의한다'는 경과규정을 두고 있는 경우 개정된 법이 시행되기 전의 행위에 대해서는 개정 전의 법을, 그 이후의 행위에 대해서는 개정된 법을 각각 적용하여야 한다.

▸ 개정된 법률에 따르면 죄가 되지 않는 예외적인 사안임

017 ☐☐☐ [15 변시]
개정 전후를 통하여 형의 경중에 차이가 없는 경우에는 행위시법을 적용하여야 한다.

▸ 행위시법주의 원칙

018 ☐☐☐ [23 변시]
범죄 후 법률의 변경이 있더라도 형이 중하게 변경되는 경우나 형의 변경이 없는 경우에는 행위시법을 적용한다.

019 ☐☐☐ [15 변시]
범죄행위시와 재판시 사이에 수차 법률이 개정되어 형이 변경된 경우 그 전부의 법률을 비교하여 가장 형이 가벼운 법률을 적용하여야 한다.

020 ☐☐☐ [13 변시]
법인에 대한 양벌규정에 면책규정이 신설된 것은 범죄 후 법률의 변경에 의하여 그 행위가 범죄를 구성하지 않거나 형이 구법보다 경한 경우에 해당한다.

021 ☐☐☐ [15 변시]
신법에 경과규정을 두어 재판시법주의의 적용을 배제할 수 있다.

022 ☐☐☐ [21 변시]
종전보다 가벼운 형으로 형벌법규를 개정하면서, 개정된 법 시행 전의 범죄에 대해서 종전의 형벌법규를 적용하도록 그 부칙에 규정하는 것은 형벌불소급의 원칙에 반하지 않는다.

023 □□□ [23 변시]
형을 종전보다 가볍게 형벌법규를 개정하면서 그 부칙으로 개정된 법의 시행 전의 범죄에 대하여 종전의 형벌법규를 적용하도록 개정하는 경우 신법우선주의에 반하지 않는다.

024 □□□ [21 변시]
북한에서 행하여진 범죄에 대해서는 대한민국 형법이 적용된다.

▶ 규범력은 있으나 실효성이 없음

025 □□□ [19 변시]
외국인이 대한민국 공무원에게 그 공무원이 취급하는 사무에 관하여 알선한다는 명목으로 금품을 수수하는 행위가 대한민국 영역 내에서 이루어졌다면, 금품수수의 명목이 된 알선행위를 하는 장소가 대한민국 영역 외인 경우라도 대한민국의 형벌법규인 「변호사법」을 적용할 수 있다.

▶ 제2조 – 속지주의

026 □□□ [15 변시][21 변시]
도박죄를 처벌하지 않는 미국 라스베가스에 있는 호텔 도박장에서 상습적으로 도박한 대한민국 국민의 경우 속인주의에 의하여 「형법」이 적용된다.

▶ 제3조 – 속인주의

027 □□□ [24 변시]
영국인이 미국 영해에서 운항 중인 대한민국 국적의 선박에서 미국인을 살해한 경우에는 우리나라 「형법」이 적용된다.

▶ 제4조 – 기국주의

028 □□□ [24 변시]
일본인이 행사할 목적으로 중국에서 미화 100달러 지폐를 위조한 경우에는 우리나라 「형법」이 적용된다.

▶ 제5조 제4호 – 보호주의

029 □□□ [21 변시]
「형법」 제6조 본문에서 정한 '대한민국 또는 대한민국 국민에 대하여 죄를 범한 때'란 대한민국 또는 대한민국 국민의 법익이 직접적으로 침해되는 결과를 야기하는 죄를 범한 경우를 의미한다.

▶ 사회적 법익은 포함되지 않음

030 □□□ [15 변시][21 변시][24 변시]
중국인이 한국으로 입국하기 위하여 중국에 소재한 대한민국 영사관에서 그곳에 비치된 여권발급신청서를 위조한 경우 보호주의에 의하여 「형법」이 적용되지 않는다.

031 □□□ [24 변시]
인신매매죄에 대해서는 세계주의가 적용된다.

032 □□□ [24 변시]
우리나라 「형법」상 약취·유인 및 인신매매의 죄는 그 예비·음모를 제외하고 우리나라 영역 밖에서 죄를 범한 외국인에게도 적용된다.

▶ 세계주의 – 제296조의2 참조

033 □□□ [19 변시]
미국인 甲이 일본에서 중국 국적의 미성년자 A를 영리 목적으로 매매한 경우 甲에게 대한민국의 「형법」을 적용할 수 있다.

▶ 세계주의 – 제296조의2 참조

034 □□□ [21 변시]
우리 형법은 외국에서 형의 전부 또는 일부의 집행을 받은 자에 대하여 필요적으로 형의 산입 여부를 정하도록 하고 있다.

▶ 제7조 참조

035 □□□ [19 변시]
죄를 지어 외국에서 형의 전부 또는 일부가 집행된 사람에 대해서는 그 집행된 형의 전부 또는 일부를 선고하는 형에 산입한다.

036 □□□ [24 변시]

범죄에 의하여 외국에서 형의 전부 또는 일부의 집행을 받은 자에 대하여는 그 형을 감경 또는 면제한다.

037 □□□ [18 변시]

대한민국 국민이 외국에서 살인죄를 범하였다가 외국법원에서 무죄 취지의 재판을 받고 석방된 후 국내에서 다시 기소되었다고 하더라도 이는 <u>일사부재리의 원칙에 반하는 것이 아니며</u>, 외국에서 미결 상태로 구금된 기간에 대하여는 '외국에서 집행된 형의 산입'에 관한 <u>「형법」 제7조를 직접 적용할 수 없을 뿐만 아니라, 형법 제7조를 유추적용하는 것도 허용될 수 없다.</u>

▸ 2017도5977 전합 참조

해커스변호사
law.Hackers.com

제2편

범죄론

제 1 장 범죄론 서론
제 2 장 구성요건론
제 3 장 위법성
제 4 장 책임론
제 5 장 미수론
제 6 장 공범론
제 7 장 특별한 범죄유형
제 8 장 죄수론

제1장 | 범죄론 서론

제1절 범죄의 의의와 분류

001 ☐☐☐   [24 변시]
공문서부정행사죄는 추상적 위험범이므로, 본죄에 관한 범행의 주체, 객체 및 태양은 되도록 엄격하게 해석하여 처벌범위를 합리적인 범위 내로 제한하여야 한다.

002 ☐☐☐   [19 변시]
「형법」 제136조에서 정한 공무집행방해죄는 직무를 집행하는 공무원에 대하여 폭행 또는 협박한 경우에 성립하고, 추상적 위험범으로서 구체적으로 직무집행의 방해라는 결과발생을 요하지 아니한다.

003 ☐☐☐   [20 변시]
범인도피죄는 위험범으로서 현실적으로 형사사법의 작용을 방해하는 결과를 초래할 것을 요하지 아니하나, 도피하게 하는 행위는 은닉행위에 비견될 정도로 수사기관의 발견·체포를 곤란하게 하는 행위, 즉 직접 범인을 도피시키는 행위 또는 도피를 직접적으로 용이하게 하는 행위에 한정된다.

004 ☐☐☐   [20 변시]
학대죄는 자기의 보호 또는 감독을 받는 사람에게 육체적으로 고통을 주거나 정신적으로 차별대우를 하는 행위가 있음과 동시에 범죄가 완성되는 상태범 또는 즉시범이다.

▶ 계속범과 즉시범(협의의 즉시범과 상태범)의 구별

005 ☐☐☐   [14 변시][19 변시]
내란죄는 국토를 참절하거나 국헌을 문란할 목적으로 폭동한 행위로서, 다수인의 결합하여 위와 같은 목적으로 한 지방의 평온을 해할 정도의 폭행·협박 행위를 하면 기수가 되고, 그 목적의 달성 여부는 이와 무관한 것으로 해석되므로, 다수인이 한

지방의 평온을 해할 정도의 폭동을 하였을 때 이미 내란의 구성요건은 완전히 충족된다고 할 것이어서 계속범이 아니라 상태범에 해당한다.

006 ☐☐☐   [19 변시][20 변시]
도주죄는 즉시범으로서 범인이 간수자의 실력적 지배를 이탈한 상태에 이르렀을 때에 기수가 되어 도주행위가 종료하는 것이고, 도주죄의 범인이 도주행위를 하여 기수에 이르른 이후에 범인의 도피를 도와주는 행위는 범인도피죄에 해당할 수 있을 뿐 도주원조죄에는 해당하지 아니한다.

▶ 범죄행위 종료 이후에는 사후종범 이외의 공범(공범형태 포함)은 불가능

007 ☐☐☐   [19 변시]
「폭력행위 등 처벌에 관한 법률」 제4조 제1항 소정의 단체 등의 구성죄는 같은 법에 규정된 범죄를 목적으로 한 단체 또는 집단을 구성함으로써 즉시 성립하고 그와 동시에 완성되는 즉시범이라 할 것이므로, 피고인이 범죄단체를 구성하기만 하면 위 범죄가 성립하고 그와 동시에 공소시효도 진행된다.

▶ 형소법 제252조 제1항 참조

008 ☐☐☐   [19 변시]
일반교통방해죄에서 교통방해 행위는 계속범의 성질을 가지는 것이어서 교통방해의 상태가 계속되는 한 위법상태는 계속 존재하므로, 교통방해를 유발한 집회에 피고인이 참가한 경우 참가 당시 이미 다른 참가자들에 의해 교통의 흐름이 차단된 상태였다고 하더라도 교통방해를 유발한 다른 참가자들과 암묵적·순차적으로 공모하여 교통방해의 위법상태를 지속시켰다고 평가할 수 있다면 피고인에게 일반교통방해죄가 성립한다.

▶ 계속범은 기수 이후에도 공동정범 가능

009 ☐☐☐ [20 변시]

직무유기죄는 작위의무를 수행하지 아니함으로써 구성요건에 해당하는 사실이 있고 그 후에도 계속하여 그 작위의무를 수행하지 아니하는 위법한 부작위상태가 계속되는 한 <u>가벌적 위법상태는 계속 존재한다고 할 것이므로</u> 즉시범이라고 할 수 없다.

010 ☐☐☐ [14 변시]

부설주차장을 주차장 외의 용도로 사용하여 주차장법을 위반한 죄는 <u>계속범이므로, 종전에 용도 외 사용행위에 대하여 처벌받은 일이 있다고 하더라도,</u> 그 후에도 계속하여 용도 외로 사용하고 있는 이상 종전 재판 후의 사용에 대하여 다시 처벌할 수 있다.

▸ 확정판결이 있기 전의 범죄와 확정판결 이후의 범죄는 별개 의 범죄

011 ☐☐☐ [14 변시]

공익법인이 주무관청의 승인을 받지 않은 채 수익사업을 하는 행위는 <u>시간적 계속성이 구성요건적 행위의 요소로 되어 있다는 점에서 계속범에 해당한다고 보아야 할 것이므로</u>, 승인을 받지 않은 수익사업이 계속되고 있는 동안에는 아직 공소시효가 진행하지 않는다.

▸ 공소시효는 범죄행위 종료한 때부터 진행 – 형소법 제252조 제1항 참조

012 ☐☐☐ [14 변시]

허가받지 아니한 업체와 건설폐기물의 처리를 위한 도급계약을 체결한 자가 무허가 건설폐기물 처리업체에 위탁하여 건설폐기물을 처리하는 행위를 처벌하는 <u>법률이 신설된 후에도 그 도급계약에 따른 건설폐기물의 처리행위를 계속하였다면,</u> 처벌규정 신설 후에 이루어진 무허가 처리업체에 의한 건설폐기물의 위탁처리에 대하여 위 법률 조항이 적용된다.

제2장 | 구성요건론

제1절　구성요건 서론

제2절　범죄의 주체

001 ☐☐☐　　　　　　　　　　　　[13 변시]
배임죄에서 타인의 사무를 처리할 의무의 주체가 법인이 되는 경우 그 타인의 사무는 법인을 대표하는 자연인인 대표기관에 의하여 처리될 수밖에 없어 자연인인 대표기관이 배임죄의 주체가 된다.

▸ 상가이중분양 사건 – 82도2595 전합 참조

002 ☐☐☐　　　　　　　　　　　　[16 변시]
회사가 타인의 사무를 처리하는 일을 영업으로 영위하는 경우, 회사의 대표이사는 내부기관으로서 당해 회사가 그 타인에 대하여 부담하고 있는 의무 내용대로 사무를 처리할 임무가 있으므로 대표이사가 그 임무에 위배하였다면 그 타인에 대한 배임죄가 성립한다.

▸ 상가이중분양 사건 – 82도2595 전합 참조

003 ☐☐☐　　　　　　　　　　　　[13 변시]
양벌규정에 의한 영업주의 처벌은 금지위반 행위자인 종업원의 처벌에 종속하는 것이 아니라 독립하여 그 자신의 종업원에 대한 선임·감독상의 과실로 인하여 처벌되는 것이므로 영업주의 위 과실책임을 묻는 경우 금지위반 행위자인 종업원에게 구성요건상의 자격이 없다고 하더라도 영업주의 범죄 성립에는 아무런 지장이 없다.

▸ 양벌규정 중 영업주에 대한 과실책임설의 입장

004 ☐☐☐　　　　　　　　　　　　[21 변시]
법인 대표자의 법규위반행위에 대한 법인의 책임은 법인 자신의 법규위반행위로 평가될 수 있는 행위에 대한 법인의 직접책임으로서, 대표자의 고의에 의한 위반행위에 대하여는 법인 자신의 고의에 의한 책임을, 대표자의 과실에 의한 위반행위에 대하

여는 법인 자신의 과실에 의한 책임을 부담한다.

▸ 양벌규정 중 법인의 대표자에 대한 법인의 책임은 무과실 책임

005 ☐☐☐　　　　　　　　　　　　[21 변시]
'법인의 대표자나 법인 또는 개인의 대리인·사용인 기타의 종업원이 그 법인 또는 개인의 업무에 관하여 제○○조의 규정에 의한 위반행위를 한 때에는 행위자를 벌하는 외에 그 법인 또는 개인에 대하여도 해당 조문의 벌금형을 과한다'는 내용의 양벌규정은 법치국가의 원리 및 죄형법정주의로부터 도출되는 책임주의원칙에 반한다.

▸ 종업원 관련 무과실책임 부분이 책임원칙에 반함 – 2009헌가 25 참조

006 ☐☐☐　　　　　　　　　　　　[21 변시]
법률의 벌칙규정의 적용대상자가 일정한 '업무주'로 한정되어 있는 경우, 업무주가 아니면서 그 업무를 실제로 집행하는 자가 그 벌칙규정의 위반행위를 하였다면, 그 집행하는 자는 그 벌칙규정을 적용대상으로 하고 있는 '양벌규정'에 의해 처벌될 수 있다.

▸ 수범자 범위의 확장 관련 사안임

007 ☐☐☐　　　　　　　　　　　　[21 변시]
양벌규정의 '법인의 대표자'는 그 명칭 여하를 불문하고 당해 법인을 실질적으로 경영하면서 사실상 대표하고 있는 자를 포함한다.

▸ 96도1703 참조

008 ☐☐☐　　　　　　　　　　　　[13 변시]
합병으로 인하여 소멸한 법인이 그 종업원 등의 위법행위에 대해 양벌규정에 따라 부담하던 형사책임은 그 성질상 이전을 허용하지 않는 것으로서 합병으로 인하여 존속하는 법인에 승계되지 않는다.

제3절   인과관계와 객관적 귀속

009 ☐☐☐   [23 변시]
고의의 결과범에서 실행행위와 결과발생 간에 인과관계가 없는 경우 행위자를 기수범으로 처벌할 수 없다.

010 ☐☐☐   [22 변시]
조건설은 행위와 결과 사이에 그 행위가 없었더라면 결과가 발생하지 않았다고 볼 수 있는 모든 조건에 대하여 인과관계가 인정된다는 견해이다.

▸ 절대적 제약공식에 따른 조건설

011 ☐☐☐   [22 변시]
조건설은 중요한 원인과 중요하지 않은 원인을 구별하지 않고 모든 조건을 동일한 원인으로 파악한다.

▸ 등가설에 따른 조건설

012 ☐☐☐   [22 변시]
조건설은 단독으로 동일한 결과를 발생시킬 수 있는 수개의 조건이 결합하여 결과가 발생한 경우에 행위자의 책임을 인정해야 함에도 인과관계를 부인하게 되는 불합리한 결과가 발생한다.

▸ 이중적(또는 택일적) 인과관계의 유형임

013 ☐☐☐   [22 변시]
상당인과관계설은 결과발생을 위해 경험칙상 상당한 조건만이 원인이 되고 이 경우 인과관계가 인정된다는 견해이다.

014 ☐☐☐   [22 변시]
상당인과관계설은 사실적 측면과 규범적 측면을 모두 고려하여 행위와 결과 사이의 높은 가능성이라는 개연성 관계를 판단한다.

015 ☐☐☐   [22 변시]
상당인과관계설은 인과관계와 결과귀속을 혼동한 잘못이 있을 뿐 아니라 인과관계의 판단척도가 모호하여 법적안정성을 해칠 우려가 있다.

016 ☐☐☐   [22 변시]
합법칙적 조건설은 행위가 시간적으로 뒤따르는 외계의 변화에 연결되고, 외계변화가 행위와 합법칙적으로 결합되어 구성요건적 결과로 실현되었을 때에 인과관계가 인정된다는 견해이다.

017 ☐☐☐   [22 변시]
합법칙적 조건설은 행위와 결과 간의 전개과정이 이미 확립되어 있는 자연과학적 인과법칙에 부합하는가를 심사하여 인과관계를 판단한다.

018 ☐☐☐   [22 변시]
합법칙적 조건설은 당대의 지식수준에서 알려진 법칙적 관계의 내용이 명확하게 제시되어 있지 않고, 인과관계를 인정하는 범위가 너무 넓어 결과책임을 제한하려는 형법의 목적을 실현하는 데에 문제가 있다.

▸ 이러한 이유로 합법칙적 조건설은 객관적 귀속과 결합하게 됨

019 ☐☐☐   [18 변시]
부작위에 의한 살인에 있어서 작위의무를 이행하였다면 사망의 결과가 발생하지 않았을 것이라는 관계가 인정될 경우, 부작위와 사망의 결과 사이에 인과관계가 인정된다.

▸ 부작위범에서 조건설을 따른 판례

020 ☐☐☐   [18 변시][22 변시][23 변시]
살인의 실행행위가 피해자의 사망이라는 결과를 발생하게 한 유일한 원인이거나 직접적인 원인이어야만 되는 것은 아니므로 통상 예견할 수 있는 다른 사실이 개재되어 그 사실이 사망의 직접적인 원인이 되었다고 하더라도 실행행위와 피해자의 사망 사이에 인과관계는 인정된다.

▸ 비유형적 인과관계 사안임

021 ☐☐☐ [17 변시]
교통방해치사상죄가 성립하려면 교통방해행위가 피해자의 사상이라는 결과를 발생하게 한 유일하거나 직접적인 원인이 될 필요가 없고, 그 행위와 결과 사이에 피해자나 제3자의 과실 등 다른 사실이 개재된 경우라도 그와 같은 사실이 통상 예견될 수 있는 것이라면 상당인과관계를 인정할 수 있다.

제4절 구성요건적 고의

022 ☐☐☐ [23 변시]
절도죄에 있어서 재물의 타인성은 고의의 인식대상이다.

023 ☐☐☐ [17 변시]
「형법」 제331조 제2항(흉기휴대절도)의 특수절도죄에서 행위자는 흉기를 휴대하고 있다는 사실을 인식할 필요가 있다.

▸ 행위 상황은 고의의 인식대상

024 ☐☐☐ [17 변시]
일반물건방화죄의 경우 '공공의 위험 발생'은 고의의 내용이므로 행위자는 이를 인식할 필요가 있다.

▸ 구체적 위험은 고의의 인식대상

025 ☐☐☐ [17 변시]
친족상도례가 적용되기 위하여는 친족관계가 객관적으로 존재하면 족하고, 행위자가 이를 인식하여야 할 필요는 없다.

▸ 친족관계는 고의의 인식대상이 아님

026 ☐☐☐ [19 변시]
甲이 절취한 물건이 자신의 아버지 소유인 줄 오신했다 하더라도 그 오신은 형면제사유에 관한 것으로서 절도죄의 성립이나 처벌에 아무런 영향을 미치지 않는다.

▸ 친족상도례 사안 - 제328조 참조

027 ☐☐☐ [18 변시]
미필적 고의가 인정되기 위해서는 결과발생의 가능성에 대한 인식이 있음은 물론 나아가 결과발생을 용인하는 내심의 의사가 있음을 요한다.

▸ 인용설의 입장

제5절 사실의 착오

028 ☐☐☐ [19 변시]
객관적으로는 존재하지도 않는 구성요건적 사실을 행위자가 적극적으로 존재한다고 생각한 '반전된 구성요건적 착오'는 불능미수범이 성립할 수 있다.

▸ 사실의 착오와 불능미수의 관계

029 ☐☐☐ [18 변시]
자신이 흉기를 휴대한 사실을 알지 못하고 타인의 집에 들어가 절도한 경우, 흉기휴대의 고의가 인정되지 않으므로 특수(흉기휴대)절도로 처벌할 수 없다.

▸ 사실의 착오의 원칙 - 제13조 참조

030 ☐☐☐ [19 변시]
절도죄에 있어서 재물의 타인성을 오신하여 그 재물이 자기에게 취득할 것이 허용된 동일한 물건으로 오인하고 가져온 경우에는 범죄사실에 대한 인식이 있다고 할 수 없으므로 범의가 조각되어 절도죄가 성립하지 아니한다.

▸ 규범적 구성요건요소에 대한 착오를 사실의 착오로 해결

031 ☐☐☐ [13 변시]
평소 주의가 산만한 甲은 식당에서 다른 사람의 우산을 자기 것인 줄 알고 가지고 나왔다 - 甲에게는 절도죄의 고의가 없으므로 절도죄로 처벌하지 못한다.

032 ☐☐☐　　　　　　　　　　　　[22 변시]

甲이 A, B, C 등 3명과 싸우다가 힘이 달리자 갑자기 인근 가게에서 식칼을 가지고 와 상해의 고의로 이들 3명을 상대로 휘두르다가 빗나가 옆에 있던 D에게 상해를 입혔다면 甲에게 D의 상해에 대한 고의가 인정된다.

▸ 법정적 부합설의 입장

033 ☐☐☐　　　　　　　　　　　　[24 변시]

甲이 A를 살해할 의도를 갖고 A와 비슷한 외모의 B를 A로 오인하여 B에게 총을 발사한 결과 B가 사망에 이른 경우, 구체적 부합설에 따르면 甲에게는 B에 대한 살인죄가 성립한다.

034 ☐☐☐　　　　　　　　　　　　[13 변시]

甲이 A를 살해할 의사로 농약 1포를 숭늉 그릇에 넣어서 A의 식당에 놓아두었는데, 그 정을 알지 못한 A의 장녀 B가 마시고 사망하였다면 甲은 B에 대한 살인죄로 처벌된다.

035 ☐☐☐　　　　　　　　　　　　[19 변시]

甲이 A를 살해하기 위해 A를 향하여 총을 쏘았으나 총알이 빗나가 A의 옆에 있던 B에게 맞아 B가 즉사한 경우, 구성요건적 착오에 관한 구체적 부합설에 의하면 甲에게는 B에 대한 살인죄의 죄책이 인정되지 않는다.

▸ 구체적 사실의 착오 중 방법의 착오

036 ☐☐☐　　　　　　　　　　　　[14 변시]

甲이 마당에 있는 乙의 도자기를 손괴하려고 돌을 던졌으나 빗나가 옆에 있던 乙에게 상해를 입힌 경우, 법정적 부합설에 따르면 甲은 손괴미수죄와 과실치상죄의 상상적 경합으로 처벌된다.

▸ 추상적 사실의 착오 중 방법의 착오

037 ☐☐☐　　　　　　　　　　　　[13 변시]

甲은 상해의 고의로 사람에게 돌을 던졌으나 빗나가서 그 옆에 있던 마을 주민이 세운 장승에 맞았고, 장승의 일부가 손괴되었다면 甲의 행위는 추상적 사실의 착오에 해당하여 상해미수죄로 처벌된다.

038 ☐☐☐　　　　　　　　　　　　[17 변시]

甲은 乙에게 A를 살해하라고 교사하였으나 乙이 B를 A로 착각하여 B를 살해한 경우, 甲에게 객체의 착오를 인정하는 견해에 따르면 甲에게는 B에 대한 살인죄의 교사범이 성립한다.

▸ 교사의 착오 중 구체적 사실의 착오

039 ☐☐☐　　　　　　　　　　　　[14 변시]

甲은 乙에게 A를 살해하라고 교사했는데 乙은 A가 귀가하는 것을 기다리다가 A로 생각되는 사람을 권총으로 살해하였다. 그러나 乙의 총에 사망한 사람은 B였다. 법정적 부합설에 의하면 甲은 살인죄의 교사범으로 처벌된다.

040 ☐☐☐　　　　　　　　　　　　[24 변시]

甲이 A가 자신의 아버지임을 알아보지 못하고 A를 살해한 경우, 이와 같은 착오는 존속살해의 고의를 조각한다.

▸ 제15조 제1항

041 ☐☐☐　　　　　　　　　　　　[17 변시]

甲은 살해의 고의로 A의 머리를 둔기로 가격한 후 A가 실신하자 죽었다고 생각하고 죄적인멸을 위해 A를 매장했으나 A는 매장으로 질식사한 경우, 판례에 의하면 甲에게 살인기수죄가 성립한다.

▸ 본 지문 이하 개괄적 고의 사례 지문

042 ☐☐☐　　　　　　　　　　　　[16 변시]

개괄적 고의 사례의 처리에 대하여 제1행위에 인정된 고의를 제2행위에 대한 고의로도 인정하는 견해에 의하면 행위자는 살인기수 책임이 인정된다.

▸ 개괄적 고의를 긍정하는 입장

043 ☐☐☐　　　　　　　　　　　　[16 변시]

개괄적 고의 사례의 처리에 대하여 전 과정을 개괄적으로 보면 피해자의 살해라는 처음에 예견된 사실이 결국은 실현된 것으로서 행위자는 살인기수의 죄책을 면할 수 없다는 것이 판례의 입장이다.

044 □□□   [13 변시]

甲은 A를 죽이려고 목을 졸랐는데 기절한 모습을 보고 사망한 것으로 알고 모래에 파묻었으나 부검 결과 A는 목이 졸려 사망한 것이 아니라 모래에 묻혀 질식사한 것으로 판명되었다 – 甲의 행위를 <u>개괄적 고의로 파악하는 견해</u>에 의하면 살인죄로 처벌된다.

045 □□□   [24 변시]

살의를 가지고 피해자를 구타하여 (ⓐ행위) 피해자가 정신을 잃고 축 늘어지자 죽은 것으로 오인하고 증거를 인멸할 목적으로 피해자를 모래에 파묻었는데 (ⓑ행위) 피해자는 ⓑ행위로 사망한 것이 판명된 경우, 살인기수죄가 성립한다.

046 □□□   [16 변시]

개괄적 고의 사례의 처리에 대하여 <u>사실적 측면을 중시</u>하여 제1행위와 제2행위를 두 개의 독립적인 행위로 보는 견해에 의하면, 행위자는 살인미수죄와 과실치사죄가 성립하는 것으로 본다.

▶ 개괄적 고의를 부정하는 입장

047 □□□   [16 변시]

개괄적 고의 사례는 연결된 두 개의 행위로 결과가 발생하였으나 행위자는 행위의 진행과정을 오인하여 자기가 의도한 결과가 제1행위에 의하여 이미 실현되었다고 믿은 경우로서 <u>인과관계의 착오의 한 유형으로 보는 견해</u>가 있다.

048 □□□   [16 변시]

개괄적 고의 사례에서 인과관계의 본질적 부분을 착오한 경우 발생결과의 고의기수범의 성립을 인정하지 않는 견해는 <u>구체적으로 일반의 생활경험상 예상할 수 있는 범위 내의 착오</u>인 경우를 비본질적 부분의 착오로 본다.

049 □□□   [13 변시]

甲은 호텔에 함께 투숙한 <u>A에게 상해를 가하고 A가 정신을 잃자 사망한 것</u>으로 오인하고 자살한 것처럼 위장하기 위하여 베란다 아래로 A를 떨어뜨려 두개골 골절로 사망케 하였다 – 甲의 행위는 포괄하여 단일의 상해치사죄로 처벌된다.

▶ 본 지문 이하 개괄적 과실 사례 지문

050 □□□   [19 변시] [22 변시]

<u>상해의 고의</u>로 행한 구타행위로 상해를 입은 피해자가 정신을 잃고 빈사상태에 빠지자 사망한 것으로 오인하고, 자신의 행위를 은폐하고 피해자가 자살한 것처럼 가장하기 위해 피해자를 호텔 베란다 밖으로 떨어뜨려 사망하게 하였다면, 단일의 상해치사죄만 성립한다.

051 □□□   [14 변시]

<u>피해자를 고의로 상해하기 위해 몽둥이로 내려치자</u> 피해자는 이를 맞고 졸도하였을 뿐인데, 피해자가 죽은 것으로 착각하고 자살로 위장하기 위해 베란다 아래로 떨어뜨려 죽게한 경우에 일련의 행위를 포괄적으로 파악하여 결과적 가중범의 성립을 인정할 수 있다.

제3장 | 위법성

제1절 위법성 서론

001 □□□ [12 변시]
고의에 의한 방위행위가 위법성이 조각되기 위해서는 정당방위상황뿐 아니라 행위자에게 방위의사도 인정되어야 한다.

▸ 주관적 정당화요소 필요설의 입장

002 □□□ [24 변시]
행위자의 행위가 긴급피난에 해당하기 위해서는 긴급피난 상황에 대한 인식뿐만 아니라 위난을 피하고자 하는 의사까지 필요하다.

▸ 주관적 정당화요소 필요하다는 판례의 태도

003 □□□ [15 변시]
늦은 밤 어두운 골목길을 걸어 귀가하던 甲은 10여 분간 뒤따라오던 乙 때문에 짜증이 나자 갑자기 뒤돌아서서 상해의 고의로 乙을 주먹과 발로 구타하여 4주간의 치료가 필요한 상해를 가하였다. 乙은 평소 원한관계에 있던 甲을 발견하고는 기습적으로 공격하려고 주머니에 칼을 숨긴 채 기회를 엿보며 뒤따라가고 있었고, 甲이 공격하던 그 순간 칼을 꺼내 甲을 찌르려고 하던 중이었다. 甲의 죄책에 대하여는 결과반가치일원론 입장에서 주장되는 무죄설, 행위반가치일원론에서 주장되는 기수범설, 불법이원론 입장에서 주장되는 불능미수설이 대립하고 있다.

▸ 우연방위의 일반적 해결 방법임

004 □□□ [16 변시]
甲은 층간소음문제로 다툼이 있던 다세대주택 위층에 보복의 목적으로 돌을 던져 유리창을 깨뜨렸다. 그런데 위층에 살던 A는 빛 독촉에 시달려 고민 중 자살하기 위해 창문을 닫은 채 연탄불을 피워 연탄가스에 질식 중이었다. 甲이 유리창을 깨뜨린 결과 A의 목숨은 구조되었다. 이때 甲이 무죄라

는 견해는 범죄성립에 있어서 결과불법만을 고려하는 입장에 상응한다.

▸ 우연피난 사안의 해결에 있어 (신)고전적 범죄체계에 따른 입장임

005 □□□ [16 변시]
甲은 층간소음문제로 다툼이 있던 다세대주택 위층에 보복의 목적으로 돌을 던져 유리창을 깨뜨렸다. 그런데 위층에 살던 A는 빛 독촉에 시달려 고민 중 자살하기 위해 창문을 닫은 채 연탄불을 피워 연탄가스에 질식 중이었다. 甲이 유리창을 깨뜨린 결과 A의 목숨은 구조되었다. 이때 甲이 무죄라는 견해는 불법만을 고려하는 입장이며 주관적 정당화 사정이 있는 경우와 없는 경우를 똑같이 취급한다는 비판이 제기된다.

제2절 정당방위

006 □□□ [18 변시]
운전자가 경찰관의 불심검문을 받아 운전면허증을 교부한 후 경찰관에게 큰 소리로 욕설을 하였는데, 경찰관이 자신을 모욕죄의 현행범으로 체포하려고 하자 반항하면서 경찰관에게 가벼운 상해를 입힌 경우 정당방위가 인정된다.

▸ 사안은 현행범체포의 필요성이 인정되지 않아 위법한 공무집행임

007 □□□ [22 변시]
甲이 불심검문을 받아 경찰관 A에게 운전면허증을 교부한 후 불심검문에 항의하는 과정에서 우발적으로 큰소리로 욕설을 하여 A뿐만 아니라 인근 주민도 그 욕설을 직접 들었던 상황에서, A가 甲을 모욕죄의 현행범으로 체포하려 하자 甲이 이에 반항하는 과정에서 A에게 상해를 입힌 행위는 정당방위에 해당한다.

008 □□□ [17 변시]

변호사 甲은 참고인 조사를 받는 줄 알고 검찰청에 자진출석한 자신의 사무장 乙을 <u>합리적 근거 없이</u> 검사가 긴급체포하자 이를 제지하는 과정에서 검사에게 상해를 가한 경우 위법성이 조각된다.

▸ 합리적 근거 없이 자진출석자에 대한 긴급체포는 위법함

009 □□□ [14 변시]

가해자의 행위가 피해자의 부당한 공격을 방위하기 위한 것이라기보다는 <u>서로 공격할 의사로 싸우</u>다가 먼저 공격을 받고 이에 대항하여 가해하게 된 경우, 그 가해행위는 방어행위인 동시에 공격행위의 성격을 가지므로 정당행위라고 볼 수 없다.

▸ 싸움은 원칙적으로 정당방위가 아님

010 □□□ [14 변시][17 변시]

甲은 자신의 아파트로 찾아와 소란을 피우는 친구 乙에게 출입문을 열어주었으나, 乙이 신발을 신은 채 거실로 들어와 함께 온 아들과 합세하여 <u>남편과의 불륜관계를 추궁하며 자신을 구타</u>하자, 그로부터 벗어나기 위해 손을 휘저으며 발버둥을 치는 과정에서 乙에게 상해를 가한 경우 위법성이 조각된다.

▸ 외견상 싸움으로 보이는 사안임

011 □□□ [17 변시]

甲이 乙과 말다툼을 하던 중 乙이 건초더미에 있던 낫을 들고 반항하자 乙로부터 낫을 빼앗아 그 낫으로 乙의 가슴, 배, 왼쪽 허벅지 부위 등을 수차례 찔러 乙이 사망한 경우 위법성이 조각되지 않는다.

▸ 낫을 빼앗은 행위까지는 정당방위이지만 그 이후는 정당방위가 아님

012 □□□ [12 변시]

정당방위의 성립요건으로서의 방어행위는 순수한 수비적 방어뿐만 아니라 적극적 반격을 포함하는 <u>반격방어</u>의 형태도 포함된다.

013 □□□ [20 변시]

甲은 21:25경 자신의 약혼자를 승용차에 태우고 도로를 진행하고 있었는데, 술에 취하여 인도에서 택시를 기다리고 있던 乙이 甲의 차를 乙의 회사 직원이 타고 가는 차로 오인하고 차도로 나와 甲의 차를 세워 타려고 하였다. 이에 甲이 항의하자 乙은 甲의 바지춤을 잡고 끌어당겨 甲의 바지를 찢어지게 한 다음 甲을 잡아끌고 가려다가 甲과 함께 넘어졌다. 甲은 약혼자의 신고로 출동한 <u>경찰관이 현장에 도착할 때까지 약 3분 가량 乙의 양손을 잡아누르고 있었다</u>면 甲의 행위는 정당방위에 해당한다.

014 □□□ [23 변시]

A와 B가 차량 통행 문제로 다투던 중에 A가 차를 몰고 대문 안으로 운전해 들어가려 하자 B가 양팔을 벌리고 제지하였음에도 A가 차를 약 3미터 가량 B의 앞쪽으로 급진시키자, 이때 그 차 운전석 옆에 서 있던 B의 아들 甲이 B를 구하려고 차를 정지시키기 위하여 운전석 옆 창문을 통해 A의 머리카락을 잡아당겨 A의 흉부가 차의 창문틀에 부딪혀 약간의 상처를 입게 하였다면, 甲의 행위는 정당방위에 해당한다.

015 □□□ [22 변시]

甲이 乙로부터 갑자기 뺨을 맞는 등 폭행을 당하여 서로 멱살을 잡고 다투자 주위 사람들이 싸움을 제지하였으나 甲은 <u>맨손으로 공격하는 乙에게 대항하기 위하여 깨어진 병으로 乙을 찌를 듯이 겨누어 협박</u>한 경우, 甲의 행위는 사회통념상 그 정도를 초과하여 상당성이 결여된 것으로서 정당방위에 해당하지 않는다.

016 □□□ [19 변시]

이혼소송 중인 남편 A가 찾아와 아내 甲의 목에 가위를 겨누면서 이혼하면 죽여 버리겠다고 협박하고 변태적 성행위를 강요하는 데에 격분하여 <u>甲이 사전에 침대 밑에 숨겨 놓았던 칼로 A의 복부를 찔러 그 자리에서 사망에 이르게 한 경우</u>, 甲의 행위는 정당방위나 과잉방위에 해당하지 않는다.

서문

머리말을 적기에 앞서 먼저 2023년에 출간된 「Law Man 형사법 변호사시험 정지문」 제2판에 많은 성원을 보내주신 독자분들에게 감사의 말씀을 전합니다. 이에 힘입어 「Law Man 형사법 변호사시험 정지문(2025 변호사시험 대비 최신판)」 교재를 출간합니다.

그런데 2024년부터 한림법학원에서 해커스변호사 학원으로의 이적이 있게 되어 출판사도 윌비스 출판사에서 해커스변호사 출판사로 변경하여 출판을 하게 되었고, 이러한 출판사의 변경으로 인하여 교재의 제목에도 어느 정도 변화가 있게 되었습니다. 즉 종래에는 「Law Man 형사법 변호사시험 정지문(제2판)」 등으로 교재의 명칭을 표기하였으나, 앞으로는 해커스변호사 출판사에서 공통으로 사용하는 「Law Man 형사법 변호사시험 정지문(2025 변호사시험 대비 최신판)」 등으로 표기하게 되었습니다.

「Law Man 형사법 변호사시험 정지문(2025 변호사시험 대비 최신판)」 교재는 2012년 제1회부터 2024년 제13회까지 시행된 변호사시험 형사법 선택형 시험 문제 중 ① 순수 형법 문제와 순수 형사소송법 문제 중 올바른 지문은 그대로 수록하고, 틀린 지문으로 출제되었던 지문은 모두 올바른 지문으로 수정하여 진도별로 정리하고 ② 형법과 형사소송법의 혼합 사례형 문제는 문제를 그대로 수록하면서 올바른 지문은 그대로 수록하고, 틀린 지문으로 출제되었던 지문은 모두 올바른 지문으로 수정하여 연도별로 정리한 교재입니다.

따라서 본 교재를 익히시게 되면 ① 변호사시험 형사법 선택형 기출문제를 풀어본 것과 같은 효과를 얻을 수 있으며 ② 단기간에 변호사시험 형사법 선택형 지문을 정리하여 그 효율성을 극대화할 수 있고 ③ 중요 지문을 정리함에 따라 사례형과 기록형 시험에도 도움이 될 수 있을 것입니다.

본서의 목적을 간단히 소개하면 다음과 같습니다.

"본서의 목적은 변호사시험 형사법 선택형 시험을 대비하기 위하여 기출문제를 단기간에 효율적으로 정리하고, 부차적으로 사례형 시험과 기록형 시험을 대비함에 있습니다."

본서의 내용은 제3부로 구성되어 있으며, 그 내용을 간단히 소개하면 다음과 같습니다.

1. 제1부 – 변호사시험 기출문제 중 순수한 형법 지문의 정리
제1부는 변호사시험 순수 형법 선택형 문제의 지문 중 올바른 지문은 그대로 수록하고, 틀린 지문으로 출제되었던 지문을 모두 올바른 지문으로 수정하여 기본서의 진도에 따라 정리하였습니다.

2. 제2부 – 변호사시험 기출문제 중 순수한 형사소송법 지문의 정리
제2부는 변호사시험 순수 형사소송법 선택형 문제의 지문 중 올바른 지문은 그대로 수록하고, 틀린 지문으로 출제되었던 지문을 모두 올바른 지문으로 수정하여 기본서의 진도에 따라 정리하였습니다.

해커스변호사

Law Man

형사법

Criminal Law

변호사시험

정지문

KB093610

해커스변호사

3. 제3부 – 변호사시험 기출문제 중 혼합사례 선택형 지문의 정리

제3부는 변호사시험 형사법 혼합사례 선택형 문제에 대한 지문 중 올바른 지문은 그대로 수록하고, 틀린 지문으로 출제되었던 지문을 모두 올바른 지문으로 수정하여 2012년부터 2024년까지의 연도별 순서에 따라 정리하였습니다.

4. 중복되는 지문의 정리로 지문의 최적화

변호사시험에서 중복 출제된 지문은 대표적인 지문으로 정리하여 동일한 내용의 중복지문을 최소화하였습니다. 그러나 동일한 판례 내용의 지문이라도 자구가 변경됨에 따라 의미있는 새로운 지문이 될 수 있는 경우에는 이를 그대로 두어 선택형 시험을 위한 다양한 연습이 되도록 하였습니다.

5. 최신 법령과 판례의 반영 및 밑줄과 comment(▶)의 활용

본서에 수록된 정지문은 2024년 3월 기준 최신법령과 최신판례를 반영한 것입니다. 그리고 지문의 중요 부분은 밑줄로 표시하였으며, 이해하기 힘들거나 확인이 필요한 지문에 대해서는 간략한 comment(▶)를 적시하여 효율성을 극대화하는데 도움이 되도록 하였습니다.

예 : ▶ 소송조건에도 유추해석금지의 원칙 적용

이와 같은 내용의 본서를 꾸준히 익히시어 변호사시험 형사법 선택형 기출지문에 대한 이해를 더하시면, 변호사시험 형사법 선택형 문제에 대한 자신감을 가질 뿐만 아니라 형사법 전반에 대한 실력을 증진시켜 사례형 시험이나 기록형 시험에도 도움이 될 수 있을 것입니다.

마지막으로 본서가 출간됨에 있어 해커스 출판사 임직원분들에게도 감사의 말을 전합니다. 그럼 본서가 독자분들의 형사법 실력을 향상시켜 훌륭한 법조인이 되시는데 도움이 되기를 바라며 이만 줄입니다.

2024. 4. 16.

우정에서 이 재 철

(http://cafe.daum.net/ljc7329)

제1장 | 범죄론 서론

제1절 범죄의 의의와 분류

001 □□□ [24 변시]
공문서부정행사죄는 추상적 위험범이므로, 본죄에 관한 범행의 주체, 객체 및 태양은 되도록 엄격하게 해석하여 처벌범위를 합리적인 범위 내로 제한하여야 한다.

002 □□□ [19 변시]
「형법」 제136조에서 정한 공무집행방해죄는 직무를 집행하는 공무원에 대하여 폭행 또는 협박한 경우에 성립하고, 추상적 위험범으로서 구체적으로 직무집행의 방해라는 결과발생을 요하지 아니한다.

003 □□□ [20 변시]
범인도피죄는 위험범으로서 현실적으로 형사사법의 작용을 방해하는 결과를 초래할 것을 요하지 아니하나, 도피하게 하는 행위는 은닉행위에 비견될 정도로 수사기관의 발견·체포를 곤란하게 하는 행위, 즉 직접 범인을 도피시키는 행위 또는 도피를 직접적으로 용이하게 하는 행위에 한정된다.

004 □□□ [20 변시]
학대죄는 자기의 보호 또는 감독을 받는 사람에게 육체적으로 고통을 주거나 정신적으로 차별대우를 하는 행위가 있음과 동시에 범죄가 완성되는 상태범 또는 즉시범이다.

▶ 계속범과 즉시범(협의의 즉시범과 상태범)의 구별

005 □□□ [14 변시][19 변시]
내란죄는 국토를 참절하거나 국헌을 문란할 목적으로 폭동한 행위로서, 다수인의 결합하여 위와 같은 목적으로 한 지방의 평온을 해할 정도의 폭행·협박 행위를 하면 기수가 되고, 그 목적의 달성 여부는 이와 무관한 것으로 해석되므로, 다수인이 한

지방의 평온을 해할 정도의 폭동을 하였을 때 이미 내란의 구성요건은 완전히 충족된다고 할 것이어서 계속범이 아니라 상태범에 해당한다.

006 □□□ [19 변시][20 변시]
도주죄는 즉시범으로서 범인이 간수자의 실력적 지배를 이탈한 상태에 이르렀을 때에 기수가 되어 도주행위가 종료하는 것이고, 도주죄의 범인이 도주행위를 하여 기수에 이르른 이후에 범인의 도피를 도와주는 행위는 범인도피죄에 해당할 수 있을 뿐 도주원조죄에는 해당하지 아니한다.

▶ 범죄행위 종료 이후에는 사후종범 이외의 공범(공범형태 포함)은 불가능

007 □□□ [19 변시]
「폭력행위 등 처벌에 관한 법률」 제4조 제1항 소정의 단체 등의 구성죄는 같은 법에 규정된 범죄를 목적으로 한 단체 또는 집단을 구성함으로써 즉시 성립하고 그와 동시에 완성되는 즉시범이라 할 것이므로, 피고인이 범죄단체를 구성하기만 하면 위 범죄가 성립하고 그와 동시에 공소시효도 진행된다.

▶ 형소법 제252조 제1항 참조

008 □□□ [19 변시]
일반교통방해죄에서 교통방해 행위는 계속범의 성질을 가지는 것이어서 교통방해의 상태가 계속되는 한 위법상태는 계속 존재하므로, 교통방해를 유발한 집회에 피고인이 참가한 경우 참가 당시 이미 다른 참가자들에 의해 교통의 흐름이 차단된 상태였다고 하더라도 교통방해를 유발한 다른 참가자들과 암묵적·순차적으로 공모하여 교통방해의 위법상태를 지속시켰다고 평가할 수 있다면 피고인에게 일반교통방해죄가 성립한다.

▶ 계속범은 기수 이후에도 공동정범 가능

10 제1부 형법 정지문 | 제2편 범죄론

제3절　긴급피난

017 □□□　　　　　　　　　　　　　[18 변시]

선장이 피조개양식장에 피해를 주지 않기 위해 양식장까지의 거리가 약 30미터가 되도록 선박의 닻줄을 7샤클(175미터)에서 5샤클(125미터)로 감아놓았는데, 태풍을 갑자기 만나게 되면서 선박의 안전을 위하여 어쩔 수 없이 선박의 닻줄을 7샤클로 늘여 놓았다가 피조개양식장을 침범하여 물적 피해를 야기한 경우 긴급피난이 인정된다.

▸ 자기 책임을 다하지 못한 사안임

018 □□□　　　　　　　　　　　　　[14 변시]

선박의 이동에도 새로운 공유수면점용허가가 있어야 하고 휴지선을 이동하는 데는 예인선이 따로 필요한 관계로 비용이 많이 들어 다른 해상으로 이동을 하지 못하고 있는 사이에 태풍을 만나게 되고, 그와 같은 위급한 상황에서 선박과 선원들의 안전을 위한 조치를 취한 결과 인근 양식장에 피해를 준 경우 긴급피난에 해당한다.

019 □□□　　　　　　　　　　　　　[22 변시]

甲이 스스로 야기한 강간범행의 와중에 피해자 A가 甲의 손가락을 깨물며 반항하자 물린 손가락을 비틀어 잡아 뽑다가 A에게 치아결손의 상해를 입힌 경우, 甲의 행위는 법에 의하여 용인되는 피난행위라 할 수 없다.

▸ 스스로 원인을 제공한 사안임

020 □□□　　　　　　　　　　　　　[17 변시]

甲이 乙의 개가 자신의 애완견을 물어뜯는 공격을 하자 소지하고 있던 기계톱으로 乙의 개를 절개하여 죽인 경우 위법성이 조각되지 않는다.

▸ 긴급피난의 상당성을 구비하지 못한 사안임

021 □□□　　　　　　　　　　　　　[18 변시]

자신의 진돗개를 물어뜯는 공격을 하였다는 이유로 소지하고 있던 기계톱으로 타인의 개를 내리쳐 등 부분을 절개하여 죽인 경우 긴급피난이 인정되지 않는다.

022 □□□　　　　　　　　　　　　　[18 변시]

정당 당직자가 국회 외교통상 상임위원회 회의장 앞 복도에서 출입이 봉쇄된 회의장 출입구를 뚫을 목적으로 회의장 출입문 및 그 안쪽에 쌓여있던 집기를 손상하거나 국회 심의를 방해할 목적으로 회의장 내에 물을 분사한 경우 긴급피난이 인정되지 않는다.

023 □□□　　　　　　　　　　　　　[18 변시]

아파트 입주자대표회의 회장이 다수 입주민들의 민원에 따라 위성방송 수신을 방해하는 케이블TV방송의 시험방송 송출을 중단시키기 위하여 위 케이블TV방송의 방송안테나를 절단하도록 지시한 경우 긴급피난이 인정되지 않는다.

024 □□□　　　　　　　　　　　　　[19 변시]

아파트 입주자대표회의 회장이 일부 입주민이 가입한 케이블TV방송의 시험방송 송출로 인하여 위성방송의 수신이 불가능하게 되었다는 다수 입주민들의 민원을 접수한 후 케이블TV방송에 시험방송 송출을 중단해 달라는 요청도 해 보지 아니한 채 시험방송이 송출된 지 약 1시간 30여 분 만에 곧바로 케이블TV방송의 방송안테나를 절단하도록 지시한 행위는 긴급피난에 해당하지 않는다.

제4절 자구행위

025 ☐☐☐ [12 변시]
자구행위가 그 정도를 초과한 경우 야간 기타 불안
스러운 상태하에서 공포·경악·흥분·당황으로
인한 경우에도 처벌할 수 있다.

▸ 제23조 참조

026 ☐☐☐ [14 변시]
인근 상가의 통행로로 이용되고 있는 토지의 사실
상 지배권자가 위 토지에 철주와 철망을 설치하고
포장된 아스팔트를 걷어냄으로써 통행로로 이용하
지 못하게 한 경우 자구행위에 해당하지 않는다.

제5절 피해자의 승낙과 추정적 승낙

027 ☐☐☐ [16 변시]
13세 미만의 소녀가 자신에 대한 간음에 동의하였
더라도 간음행위의 위법성이 조각되지 않는다.

▸ 제305조 제1항은 동의가 있어도 범죄 성립

028 ☐☐☐ [16 변시]
피해자의 승낙은 형사불법의 귀속에 관하여 피해
자에게 처분권을 부여해 주는 규정으로서, 형법이
론적으로 피해자 고려, 형법의 보충성 실현, 형법
의 민사화 등의 의미를 갖는다.

029 ☐☐☐ [16 변시]
의사의 불충분한 설명을 근거로 환자가 수술에 동
의하였더라도 피해자 승낙으로 수술의 위법성이
조각되지 않는다.

▸ 하자있는 피해자의 승낙은 승낙으로서 효력이 없음

030 ☐☐☐ [21 변시]
의사의 진단상 과오로 인해 당연히 설명받았을 내
용을 설명받지 못한 경우에는 피해자로부터 수술
승낙을 받았다고 하더라도 그 승낙은 수술의 위법
성을 조각할 유효한 승낙이라고 볼 수 없다.

031 ☐☐☐ [21 변시]
묵시적 승낙이 있는 경우에도 피해자의 승낙에 의
해 위법성이 조각될 수 있다.

▸ 승낙의 표시의 정도에 대하여 다수설인 절충설에 따른 해석임

032 ☐☐☐ [16 변시]
승낙은 법익침해 전에 하여야 유효하며, 승낙한 이
후에도 자유롭게 철회할 수 있다.

033 ☐☐☐ [12 변시]
피해자의 승낙에 의한 행위가 위법성이 조각되기
위해서는 그 승낙이 유효해야 할 뿐 아니라 그 승
낙에 기한 행위가 사회상규에 위배되지 아니한 경
우이어야 한다.

▸ 피해자의 승낙의 상당성 내용임

034 ☐☐☐ [21 변시]
개인적 법익을 훼손하는 경우에 「형법」 제24조의
피해자의 승낙에 의해 위법성이 조각되려면 그 승
낙이 법률상 이를 처분할 수 있는 사람의 승낙이어
야 할 뿐 아니라 윤리적, 도덕적으로 사회상규에 반
하지 않아야 할 것이라는 요건도 충족되어야 한다.

035 ☐☐☐ [22 변시]
사채업자 A의 채무변제 독촉을 받고 있던 甲은 아
들 B(20세)의 상해보험금을 타서 이를 변제하기로
하고 B의 진지한 승낙을 받아 B의 새끼손가락을
절단한 경우, 甲의 상해행위는 위법성이 조각되지
않는다.

036 ☐☐☐ [23 변시]
甲과 乙이 교통사고를 가장하여 보험금을 편취할 것을 공모한 후 乙의 승낙을 받은 甲이 乙에게 상해를 가한 경우, 乙의 승낙이 위법한 목적에 이용하기 위한 것이므로 甲의 행위는 피해자의 승낙에 의하여 위법성이 조각되지 않는다.

037 ☐☐☐ [16 변시]
피해자의 승낙에 의한 행위가 사회상규에 위배된 때에는 위법하다는 이른바 피해자의 승낙에 대한 '사회상규적·윤리적 한계에 의한 제약'은 판례에 의할 때 상해죄에 대하여만 인정되는 것은 아니다.

▸ 폭행치사죄 등의 경우도 가능

038 ☐☐☐ [21 변시]
피해자의 승낙이 객관적으로 존재하는데도 불구하고 행위자가 이를 알지 못하고 행위한 경우에는 우연승낙이 된다.

039 ☐☐☐ [12 변시]
추정적 승낙이란 피해자의 현실적인 승낙이 없었다고 하더라도 행위 당시의 모든 객관적 사정에 비추어 볼 때 만일 피해자가 행위의 내용을 알았더라면 당연히 승낙하였을 것으로 예견되는 경우를 말한다.

▸ 추정적 승낙의 개념임 – 객관적 추정

040 ☐☐☐ [19 변시]
타인 명의의 사문서를 작성·수정할 당시 명의자의 현실적인 승낙은 없었지만, 그 승낙을 얻는 것이 불가능하였고 그 당시의 모든 객관적 사정을 종합하여 명의자가 행위 당시 그 사실을 알았다면 당연히 승낙했을 것이라고 추정되는 경우 사문서의 위·변조죄가 성립하지 않는다.

041 ☐☐☐ [14 변시]
甲이 자신의 부(父) 乙에게서 乙 소유의 부동산 매매에 관한 권한 일체를 위임받아 이를 매도하였는데, 그 후 乙이 갑자기 사망하자 소유권 이전에 사용할 목적으로 乙이 甲에게 인감증명서 발급을 위임한다는 취지의 인감증명 위임장을 작성한 경우 乙의 추정적 승낙이 인정되지 않으므로 사문서위조죄가 성립한다.

▸ 사망 이후에는 추정적 승낙이 인정되지 않음

제6절 정당행위

042 ☐☐☐ [19 변시]
「형법」 제20조의 '사회상규에 위배되지 아니하는 행위'라 함은 국가질서의 존중이라는 인식을 바탕으로 한 국민일반의 건전한 도의적 감정에 반하지 아니한 행위로서 초법규적인 기준에 의하여 이를 평가해야 한다.

043 ☐☐☐ [19 변시]
피고인이 한의사 자격이나 이에 관한 면허도 없이 영리를 목적으로 환부에 부항침으로 10회 정도 찌르고 다시 부항을 뜨는 방법으로 치료행위를 하면서 부항침과 부항을 이용하여 체내의 혈액을 밖으로 배출되도록 한 것이라면 이러한 피고인의 시술행위는 사회상규에 위배되지 아니하는 행위로 볼 수 없다.

▸ 단순히 수지침 정도의 수준이 아님

044 ☐☐☐ [23 변시]
싸움의 상황에서 상대방의 공격을 피하기 위하여 소극적으로 방어를 하던 도중 그 상대방을 상해 또는 사망에 이르게 한 경우라면, 이는 사회통념상 허용될 만한 상당성이 있는 정당행위라고 할 수 있다.

제4장 | 책임론

제1절 책임론 서론

001 ☐☐☐ [13 변시]
도의적 책임론은 형사책임의 근거를 행위자의 자유의사에서 찾으며, 가벌성 판단에서 행위자보다 행위에 중점을 두는 객관주의 책임론의 입장이다.

▸ 구파의 책임의 근거임

002 ☐☐☐ [13 변시]
사회적 책임론에 따르면, 책임의 근거는 행위자의 반사회적 성격에 있으므로 사회생활을 하고 있는 책임무능력자에 대하여도 사회방위를 위해 보안처분을 가하여야 한다. 이러한 의미에서 책임능력은 형벌능력을 의미한다.

▸ 신파의 책임의 근거임

003 ☐☐☐ [13 변시]
심리적 책임론에 따르면, 책임의 본질은 결과에 대한 인식과 의사인 고의 또는 결과를 인식하지 못한 과실에 있으며, 범죄 성립의 모든 객관적·외적 요소는 구성요건과 위법성단계에, 주관적·내적 요소는 책임단계에 배치한다.

▸ 고전적 범죄체계를 전제로 함

004 ☐☐☐ [13 변시]
규범적 책임론에 따르면, 책임의 구성요소는 행위자의 감정세계와 구성요건에 해당하는 결과 사이의 심리적 결합이 아니라 행위자의 적법행위가 요구되었음에도 불구하고 위법행위를 하였다는 환경의 평가에 있으므로, 책임은 구성요건에 해당하는 불법행위에 대한 비난가능성이다.

▸ 기대가능성이 핵심적 요소임

005 ☐☐☐ [13 변시]
기능적 책임론에 따르면, 책임의 내용은 형벌의 목적, 특히 일반예방의 목적에 따라 결정되어야 하며, 책임은 예방의 필요성을 한계로 하고 예방의 필요성도 책임형벌을 제한함으로써 책임과 예방의 상호제한적 기능을 인정한다.

▸ 적극적 일반예방론의 입장임

006 ☐☐☐ [19 변시]
행위자 책임론은 행위자가 과거에 잘못된 성격을 형성한 성격책임을 책임의 판단 대상으로 보고 있다.

▸ 신파의 책임판단의 대상임

제2절 책임능력

007 ☐☐☐ [22 변시]
「소년법」 제60조 제2항은 '소년의 특성에 비추어 상당하다고 인정되는 때에는 그 형을 감경할 수 있다'고 규정하고 있는데 여기에서의 '소년'에 해당하는지 여부의 판단은 원칙적으로 범죄행위시가 아니라 사실심 판결선고시를 기준으로 한다.

008 ☐☐☐ [22 변시]
정신적 장애가 있는 자라고 하여도 범행 당시 정상적인 사물변별능력이나 행위통제능력이 있었다면 심신장애자로 볼 수 없다.

▸ 범죄는 범행 당시를 기준으로 함

009 ☐☐☐ [20 변시]

「형법」 제10조에 규정된 심신장애는 정신병 또는 비정상적 정신상태와 같은 정신적 장애가 있는 외에 정신적 장애로 말미암아 사물에 대한 변별능력과 그에 따른 행위통제능력이 결여되거나 감소되었음을 요하므로, 정신적 장애가 있는 자라고 하여도 범행 당시 정상적인 사물변별능력이나 행위통제능력이 있었다면 심신장애로 볼 수 없다.

010 ☐☐☐ [17 변시]

충동조절장애와 같은 성격적 결함은 정신병은 아니지만, 그 정도에 따라 심신장애에 해당할 수 있다.

▶ 본 지문 이하는 충동조절장애 관련 지문임

011 ☐☐☐ [19 변시]

충동조절장애와 같은 성격적 결함이라 할지라도 그것이 매우 심각하여 원래의 의미의 정신병을 가진 사람과 동등하다고 평가할 수 있는 경우에는 그로 인한 범행은 심신장애로 인한 범행으로 보아야 한다.

012 ☐☐☐ [21 변시]

반사회적 인격장애 혹은 기타 성격적 결함에 기하여 자신의 충동을 억제하지 못하여 범죄를 저지르는 경우, 특별한 사정이 없는 한 이와 같은 자에 대해서도 자신의 충동을 억제하고 법을 준수하도록 요구할 수 있다.

013 ☐☐☐ [23 변시]

성격적 결함을 가진 자에 대하여 자신의 충동을 억제하고 법을 준수하도록 하는 것이 기대할 수 없는 행위를 요구하는 것이라고 할 수 없으므로, 특단의 사정이 없는 한 충동조절장애와 같은 성격적 결함은 원칙적으로 형의 감면사유인 심신장애에 해당하지 않는다.

014 ☐☐☐ [21 변시]

사춘기 이전의 소아들을 상대로 한 성행위를 중심으로 성적 흥분을 강하게 일으키는 공상, 성적 충동, 성적 행동이 반복되어 나타나는 소아기호증과 같은 질환이 있다는 사정은 그 자체만으로 형의 감면사유인 심신장애에 해당하지 않는다.

015 ☐☐☐ [15 변시]

甲은 유치원생인 여자아이 앞에서 공연음란행위를 하였다. 甲에게 소아기호증과 같은 질환이 있었던 경우, 그 자체만으로는 형의 감면사유인 심신장애에 해당하지 아니하지만, 그 증상이 매우 심각하여 원래 의미의 정신병이 있는 사람과 동등하다고 평가할 수 있는 경우에는 심신장애를 인정할 여지가 있다.

016 ☐☐☐ [20 변시]

성주물성애증이 있다는 사정만으로는 심신장애에 해당한다고 볼 수 없으나, 그 증상이 매우 심각하여 원래 의미의 정신병이 있는 사람과 동등하다고 평가할 수 있거나 다른 심신장애사유와 경합된 경우 등에는 심신장애를 인정할 여지가 있다.

017 ☐☐☐ [15 변시]

甲은 타인의 집에 들어가 여자의 속옷을 절취하였다. 甲에게 무생물인 옷 등을 성적 각성과 희열의 자극제로 믿고 이를 성적 흥분을 고취시키는 데 쓰는 성주물성애증이라는 정신질환이 있었던 경우, 그러한 사정만으로는 심신장애에 해당한다고 볼 수 없지만, 다른 심신장애사유와 경합된 경우에는 심신장애를 인정할 여지가 있다.

018 ☐☐☐ [15 변시]

甲은 유치원생인 여자아이 앞에서 공연음란행위를 하였다. 그리고 甲은 타인의 집에 들어가 여자의 속옷을 절취하였다. 甲에게 생물학적으로 보아 정신병, 정신박약 등과 같은 심신장애가 있고, 또한 심리학적으로 보아 사물에 대한 판별능력과 그에 따른 행위통제능력이 결여되거나 감소된 경우 중에서 어느 하나에 해당하면 「형법」 제10조(심신장애자) 제1항 내지 제2항이 적용된다.

019 □□□ [17 변시]
「형법」 제10조에 규정된 심신장애의 유무 및 정도의 판단은 <u>법률적 판단</u>으로서 반드시 전문감정인의 의견에 기속되어야 하는 것은 아니고, 여러 사정을 종합하여 법원이 독자적으로 판단할 수 있다.

020 □□□ [20 변시] [21 변시]
형법 제10조 제1항, 제2항에 규정된 심신장애의 유무 및 정도의 판단은 <u>법률적 판단</u>으로서 반드시 전문감정인의 의견에 기속되어야 하는 것은 아니다.

021 □□□ [22 변시]
심신상실을 이유로 처벌받지 아니하거나 심신미약을 이유로 형벌이 감경될 수 있는 자라 할지라도 금고 이상의 형에 해당하는 죄를 지은 자에 대해서는 치료감호시설에서 치료를 받을 필요가 있고 재범의 위험성이 있는 경우 치료감호의 대상이 된다.

▸ 치료감호법 제2조 참조

022 □□□ [22 변시]
원인에 있어서 자유로운 행위의 가벌성 근거와 관련하여 <u>원칙모델</u>은 원인설정행위를 실행행위라고 이해하므로 실행행위의 정형성에 반한다는 비판을 받는다.

▸ 원자행의 실행의 착수 견해 중 주관설의 입장임

023 □□□ [14 변시]
가벌성의 근거를 원인설정행위 자체에서 찾는 견해는 실행의 착수에 <u>구성요건적 행위경험성이 결여</u>되어 죄형법정주의에 반할 위험이 있다.

024 □□□ [14 변시]
가벌성의 근거를 원인설정행위 자체에서 찾는 견해는 원인에 있어서 자유로운 행위를 자신을 책임능력 없는 도구로 이용하는 간접정범으로 이해한다.

025 □□□ [14 변시]
가벌성의 근거를 원인설정행위와 실행행위의 <u>불가분적 관련에서 찾는 견해</u>는 행위와 책임의 동시존재 <u>원칙의 예외를 인정하는 결과</u>가 되어 책임주의에 반할 위험이 있다.

▸ 행위 · 책임 동시 존재 원칙의 예외설

026 □□□ [14 변시]
가벌성의 근거를 원인설정행위와 실행행위의 <u>불가분적 관련에서 찾는 견해</u>는 책임능력 결함상태에서 구성요건 행당행위를 시작한 때에 실행의 착수가 있는 것으로 본다.

027 □□□ [14 변시]
가벌성의 근거를 책임능력 결함상태에서의 실행행위에서 찾는 견해는 대부분의 경우에 행위자의 책임능력이 인정되어 법적 안정성을 해하는 결과를 초래한다.

028 □□□ [14 변시]
가벌성의 근거를 책임능력 결함상태에서의 실행행위에서 찾는 견해는 <u>일종의 '반무의식상태'</u>에서 실행행위가 이루어지는 한 주관적 요소를 인정할 수 있다.

029 □□□ [19 변시]
「형법」 제10조 제3항은 고의에 의한 원인에 있어서의 자유로운 행위 뿐만 아니라 과실에 의한 원인에 있어서의 자유로운 행위까지 포함한다.

030 □□□ [21 변시]
대마초 흡연 시에 이미 범행을 예견하고 자의로 심신장애를 야기한 경우, 그로 인해 그 범행 시에 의사결정능력이 없거나 미약했더라도 심신장애로 인한 감경 등을 할 수 없다.

▸ 고의에 의한 원자행 사안임

031 ☐☐☐ [21 변시]
음주운전을 할 의사를 가지고 음주만취한 후 운전을 결행하여 교통사고를 일으켰다면 음주 시에 교통사고를 일으킬 위험성을 예견하였는데도 자의로 심신장애를 야기한 경우에 해당하므로 심신장애로 인한 감경 등을 할 수 없다.

▸ 과실에 의한 원자행 사안임

032 ☐☐☐ [19 변시]
甲이 음주운전을 할 의사를 가지고 음주만취한 후 운전을 결행하여 부주의로 보행자 A를 충격하여 A를 그 현장에서 즉사시키고 도주하였다면, 이는 음주시에 교통사고를 일으킬 위험성을 예견하였는데도 자의로 심신장애를 야기한 경우에 해당하므로 甲에 대한 형사처벌이 가능하다.

033 ☐☐☐ [23 변시]
자신의 차를 운전하여 술집에 가서 음주상태에서 교통사고를 일으킬 수 있다는 위험성을 예견하고도 술을 마신 후 심신미약 상태에서 운전을 하다가 교통사고를 일으킨 경우, 심신미약으로 인한 형의 감경을 할 수 없다.

<hr>

제3절 **위법성의 인식과 법률의 착오**

034 ☐☐☐ [16 변시]
판례에 의하면 행위자가 금지규범의 존재를 아예 인식하지 못한 '법률의 부지'는 행정형법의 영역에서 많이 발생하지만, 법률의 착오로 인정되지 않는다.

▸ 학설과 판례는 위법성인식의 개념이 다르므로 법률의 착오의 범위도 다름

035 ☐☐☐ [16 변시]
위법성의 인식은 고의와는 분리된 독립한 책임요소로 보는 책임설의 입장에서는 금지착오는 고의의 성립에 영향을 미치지 못하고 착오가 회피불가능할 때에는 책임을 조각하지만 회피가능할 때에는 책임을 감경할 수 있을 뿐이라는 결론에 이른다.

036 ☐☐☐ [24 변시]
「형법」 제16조의 법률의 착오는 행위자가 자기의 행위를 금지하는 법규의 존재 자체를 인식하지 못하는 법률의 부지의 경우를 말하는 것이 아니라, 일반적으로 범죄가 되는 경우이지만 자기의 특수한 경우에는 법령에 의하여 허용된 행위로서 죄가 되지 아니한다고 그릇 인식한 경우를 말한다.

037 ☐☐☐ [16 변시]
법률의 착오에 있어 정당한 이유가 있는지 여부는 행위자에게 자기 행위의 위법의 가능성에 대해 심사숙고하거나 조회할 수 있는 계기가 있어 자신의 지적능력을 다하여 이를 회피하기 위한 진지한 노력을 다하였더라면 스스로의 행위에 대하여 위법성을 인식할 수 있는 가능성이 있었음에도 이를 다하지 못한 결과 자기 행위의 위법성을 인식하지 못한 것인지 여부에 따라 판단하여야 한다.

▸ 지적인식능력기준설의 입장임

038 ☐☐☐ [19 변시]
법률의 착오와 관련하여, 위법성의 인식에 필요한 노력의 정도는 구체적인 행위정황과 행위자 개인의 인식능력 그리고 행위자가 속한 사회집단에 따라 달리 평가되어야 한다.

039 ☐☐☐ [14 변시]
변호사 자격을 가진 국회위원 甲이 선거에 영향을 미칠 수 있는 내용이 포함된 의정보고서를 발간하는 과정에서 보좌관을 통해 관할 선거관리위원회 직원에게 구두로 문의하여 답변을 받은 결과 그 의정보고서를 발간하는 것이 선거법규에 저촉되지 않는다고 오인한 경우, 형법 제16조의 정당한 이유가 인정되지 않는다.

▸ 변호사는 법률전문가이므로 정당한 이유의 판단기준이 높음

040 □□□ [16 변시]

검사의 혐의 없음 불기소처분을 믿고 행위한 경우 검사의 불기소처분에는 확정력이 없으나 법률의 착오에 정당한 이유가 있는 것으로 인정될 수 있는 경우도 있다.

▸ 검사의 불기소처분의 경우는 정당한 이유를 긍정한 판례와 부정한 판례가 혼재함

041 □□□ [23 변시][24 변시]

법률 위반 행위 중간에 일시적으로 판례에 따라 그 행위가 처벌대상이 되지 않는 것으로 해석되었던 적이 있었던 경우에는 행위자가 자신의 행위가 처벌되지 않는 것으로 믿은 데에 「형법」 제16조의 '오인에 정당한 이유'가 있다고 할 수 없다.

042 □□□ [14 변시]

甲이 지하철에서 옆 사람이 손잡이를 잡기 위해 팔을 올리는 것을 성추행하는 것으로 경솔하게 오인하여 그 손을 쳐서 전치 4주의 상해를 입힌 경우, 甲의 착오에 대한 엄격책임설과 제한적 책임설의 결론은 동일하지 않다.

▸ 본 지문 이하는 위전착 관련 지문임

043 □□□ [14 변시]

사인인 甲이 현행범인을 체포하면서 그 범인을 자기 집 안에 감금까지 할 수 있다고 생각하고 감금한 경우, 소극적 구성요건요소이론에 따르면 甲의 착오는 사실의 착오에 해당한다.

▸ 사안은 엄밀히 말하면 위법성조각사유의 한계에 관한 착오임

044 □□□ [17 변시]

아내 甲이 밤늦게 담을 넘어 오던 남편 A를 도둑으로 착각하고 상해를 가한 경우, 엄격책임설은 「형법」 제16조를 적용하여 착오에 과실이 있으면(즉, 정당한 이유가 없으면) 甲에게 상해죄의 성립을 인정한다.

045 □□□ [17 변시]

소매치기 甲女가 도주 중 행인 乙에게 강간범이 쫓아온다고 거짓말하여 이를 믿은 乙로 하여금 甲 자신을 추격해오던 피해자에게 상해를 가하게 한 경우, 소극적구성요건표지이론 및 구성요건착오유추적용설에 따르면 甲에게 상해죄의 교사범이 성립할 수 없다.

▸ 제한종속설을 전제로 하는 입장임

046 □□□ [12 변시]

> 甲은 하산하다가 야생 멧돼지에게 쫓겨 급히 도망치며 달리던 중 마침 乙의 전원주택을 발견하고 그 집으로 뛰어들어가 몸을 숨겨 위기를 모면하였다. 집주인 乙은 甲을 도둑으로 오인하여, 그를 쫓아내려는 의도로 "도둑이야"라고 외쳤다. 甲이 자초지종을 설명하려고 다가가자 乙은 자신을 공격하려는 것으로 오인하여 그의 가슴을 힘껏 밀어 넘어뜨렸다. 이 사안에서 乙이 오인한 점에 대하여는 정당한 이유가 인정된다고 본다.

① 엄격책임설에 따르면 乙의 행위는 책임이 조각되어 무죄가 된다.

② 제한책임설(유추적용설)에 따르면 乙은 폭행의 구성요건적 고의가 배제되어 무죄이다.

③ 법효과 제한적 책임설에 따르면 乙의 행위는 폭행의 구성요건적 고의가 인정되더라도 책임고의가 조각되어 고의범이 성립하지 않게 된다.

④ 엄격고의설에 따르면 乙의 행위를 사실에 대한 착오로 보든 법률의 착오로 보든 고의가 조각된다.

⑤ 甲의 주거침입행위는 현재의 위난을 피하기 위한 긴급피난행위로서 무죄가 된다.

047 □□□ [13 변시]

> 지방자치단체장 선거에 출마한 甲은 상대후보 A의 도덕성에 치명적 타격을 줄 수 있는 허위의 사실을 지역신문기자 乙에게 제보하였다. 乙은 제보의 사실 여부를 자세히 확인하지 아니한 채, 이를 진실로 여기고 지역주민들의 중요한 알 권리를 위해서 지역신문에 기사화하였다. 이 사례를 위법성조각사유의 전제사실에 관한 착오로 보아 해결하려고 한다.

① 엄격책임설에 의하면 乙에게는 비방할 목적이 없으므로 출판물에 의한 명예훼손죄는 성립하지 아니하고, 허위에 대한 인식도 없으므로 제307조 제1항의 사실적시 명예훼손죄가 문제되지만 정당한 이유가 없어 유죄가 된다.

② 제한적 책임설 중 법효과제한적 책임설에 의하면 乙은 구성요건적 고의는 인정되지만, 책임고의 조각되어 고의범이 성립하지 않아 무죄가 된다.

③ 제한적 책임설 중 유추적용설에 의하면 乙은 불법고의가 조각되어 처벌되지 않게 되고 甲은 제한종속에 따라 교사범이 성립할 수 없어 논리구성에 따라 간접정범만이 가능하다.

> 새벽에 귀가 중인 甲에게 노숙자 A가 구걸을 하려고 접근하였다. 그러나 甲은 이전에 소위 '퍽치기' 강도를 당한 경험 때문에, A를 '퍽치기' 강도로 오인하였다. 이때 현장에 온 택시기사 乙이 A가 노숙자이고 구걸을 하려는 것을 알면서도, 甲에게 "A가 당신을 공격하려 한다."라고 말하였다. 이에 甲은 그 말을 믿고 A를 폭행하였다.

① 엄격책임설에 의하면 甲의 착오는 법률의 착오에 해당하여 오인함에 정당한 이유가 없는 경우 폭행죄가 성립한다.

② 구성요건적 착오규정을 유추적용하는 견해에 의하면 甲의 고의가 부정되어 폭행죄가 성립하지 않는다.

③ 소극적 구성요건요소이론에 의하면 甲의 착오는 사실의 착오(구성요건적 착오)에 해당하며 폭행죄의 고의가 부정된다.

④ 법효과제한적 책임설에 의하면 甲에게 고의불법은 인정되지만 고의책임이 배제되어 폭행죄가 성립하지 않는다.

⑤ 법효과제한적 책임설에 따르면 제한적 종속형식에 의할 때 乙은 甲의 행위에 대하여 폭행죄의 교사범이 될 수 있다.

▸ 정범개념의 우위성에 따라 간접정범을 먼저 검토하여야 함

> 甲은 자신을 계속 뒤따라오다 손을 갑자기 내뻗는 A를 강제추행범으로 오인하고 이를 막고자 공격을 통해 A를 상해하였는데 실제로 A는 甲의 친구로서 장난을 치기 위해 위와 같은 행동을 한 것이었다.

① 甲이 정당방위상황으로 잘못 판단한 데에 정당한 이유가 있으면 책임을 조각하려는 견해에 의하면 甲에게는 위법성의 인식이 없었으므로, '자기의 행위가 법령에 의하여 죄가 되지 아니하는 것으로 오인한' 때에 해당한다.

② 甲 행위의 구성요건적 고의를 인정하면서 고의범으로서의 법효과만을 제한하려는 견해에 의하면 甲은 행위상황에서 필요한 주의의무를 다하지 않았을 뿐이고 그에게 책임고의가 존재하는 것은 아니다.

③ 사실의 착오 근거규정을 유추적용하려는 견해에 의하면 A를 강제추행범으로 오인하여 반격하였다면 이는 고의의 인식대상을 착오한 것과 유사하다.

④ 구성요건적 고의의 인식 대상이 되는 사실과 위법성조각사유의 전제되는 사실을 구별하지 아니하는 견해에 의하면 '불법'과 '책임'의 두 단계로 범죄체계를 구성한다면 「형법」상 위법성조각사유는 소극적 구성요건표지이다.

<h2>제4절   기대가능성</h2>

적법행위에 대한 기대가능성이 없으면 책임을 물을 수 없다는 것이 규범적 책임론의 입장이다.

적법행위의 기대가능성 유무는 행위 당시의 구체적 상황하에 행위자 대신에 <u>사회적 평균인</u>을 두고 이 <u>평균인의 관점에서 판단</u>하여야 한다.

052 □□□ [18 변시]

양심적 병역거부자에게 그의 양심상의 결정에 반한 행위를 기대할 가능성이 있는지는 행위 당시의 구체적 상황하에 행위자 대신에 <u>사회적 평균인을</u> 두고 이 <u>평균인의 관점에서</u> 판단하여야 한다.

053 □□□ [12 변시]

양심적 병역거부자의 경우 적법행위에 대한 기대가능성이 인정될 수 있다.

054 □□□ [12 변시] [17 변시] [18 변시]

자신의 강도상해 범행을 일관되게 부인하였으나 <u>유죄판결이 확정된</u> 자는, 별건으로 기소된 공범의 형사사건에서 자신의 범행사실을 사실대로 진술할 기대가능성이 있기 때문에 자신의 범행을 부인하는 허위의 증언을 한 경우 위증죄가 성립한다.

▸ 판례는 평균인표준설에 입장이지만 국가표준설에 가깝다는 비판이 있음

055 □□□ [23 변시]

자신의 범행을 일관되게 부인하였으나 **강도상해로** <u>유죄판결이 확정된</u> 甲이 위 강도상해의 공범으로 기소된 乙의 형사사건에서 자신의 범행사실을 부인하는 증언을 한 경우, 행위 당시의 구체적인 상황하에 행위자 대신에 <u>사회적 평균인을</u> 두고 이 평균인의 관점에서 볼 때 甲에게 사실대로 진술할 기대가능성이 있다.

056 □□□ [20 변시]

이미 <u>유죄의 확정판결을 받은</u> 자는 공범의 형사사건에서 그 범행에 대한 증언을 거부할 수 없을 뿐만 아니라 사실대로 증언하여야 하고, 설사 자신의 형사사건에서 그 범행을 부인하였다 하더라도 이를 이유로 사실대로 진술할 것을 기대할 가능성이 없다고 볼 수는 없다.

057 □□□ [18 변시] [23 변시]

직장의 상사가 범법행위를 하는 데 가담한 부하가 그 상사와 직무상 지휘·복종관계에 있는 경우, 그 부하에게는 상사의 범법행위에 가담하지 않을 기대가능성이 없다고 할 수 없다.

058 □□□ [19 변시] [20 변시]

사회통념상 <u>모든 성의와 노력을 다했어도</u> 임금이나 퇴직금의 체불이나 미불을 방지할 수 없었다는 것을 인정할 정도가 되어 사용자에게 더 이상의 적법행위를 기대할 수 없거나 불가피한 사정이었음이 인정되는 경우에는 「근로기준법」이나 「근로자퇴직급여 보장법」에서 정하는 임금 및 퇴직금 등의 기일 내 지급의무 위반죄의 책임이 조각된다.

059 □□□ [12 변시]

형법 제12조(강요된 행위)는 적법행위의 기대가능성이 없으므로 책임조각이 인정되는 규정이라고 할 수 있다.

060 □□□ [17 변시] [18 변시] [22 변시]

「형법」 제12조의 강요된 행위에서 '저항할 수 없는 폭력'이란 <u>심리적 의미에</u> 있어서 육체적으로 어떤 행위를 절대적으로 하지 아니할 수 없게 하는 경우와 <u>윤리적 의미에</u> 있어서 강압된 경우를 말한다.

061 □□□ [18 변시]

친족의 신체에 대한 위해를 방어할 방법이 없는 협박에 의하여 강요된 행위는 벌하지 아니한다.

062 □□□ [22 변시]

甲은 乙과 말다툼을 하다가 낫을 들고 반항하는 乙로부터 낫을 빼앗아 乙의 가슴, 배, 목 등을 10여 차례 찔러 乙로 하여금 자상으로 사망하게 한 경우, 甲의 행위는 그 정도를 초과한 것으로서 「형법」 제21조 제2항의 과잉방위에 해당하지 않는다.

▸ 이론상 낫을 빼앗은 행위까지는 정당방위이지만 그 이후는 정당방위 상황이 존재하지 않아 논의가 있음

제5장 | 미수론

제1절   미수론 서론

001 ☐☐☐   [18 변시]
미수범 처벌근거에 대한 학설 중 주관설에 의할 경
우 미수와 기수는 동일하게 처벌되어야 한다.

002 ☐☐☐   [15 변시]
미수범은 구성요건의 객관적 요소가 하나라도 충
족되지 아니한 때에 성립하는 것이지만, <u>현행법상
과실범에 대한 미수처벌 규정은 없다.</u>

003 ☐☐☐   [19 변시]
甲이 A의 사망에 대한 미필적 고의를 가지고 A가
주거로 사용하는 건조물을 소훼하였으나 이를 후
회하고 진지한 노력으로 A를 구조함으로써 A가 사
망하지 않은 경우에는 현주건조물방화치사죄의 중
지미수범으로 처벌되지 않는다.

▸ 현주건조물방화치사죄는 미수범 처벌 규정이 없음

004 ☐☐☐   [20 변시]
장애미수 또는 중지미수는 범죄의 실행에 착수할
당시 실행행위를 놓고 판단하였을 때 행위자가 의
도한 범죄의 기수가 성립할 가능성이 있었으므로
처음부터 기수가 될 가능성이 객관적으로 배제되
는 불능미수와 구별된다.

제2절   장애미수

형법상 범죄들의 실행의 착수에 대하여는 형법 각론 부분 참조

005 ☐☐☐   [16 변시]
미수범이 성립하기 위해서는 확정적으로 행위의사
가 있어야 하나 행위의사가 확정적이면 그 실행이
일정한 조건의 발생에 좌우되는 때에도 고의는 인
정된다.

▸ 고의는 실행행위를 할 때에 인정되므로 논의의 여지가 있음

006 ☐☐☐   [18 변시]
목적과 같은 초과주관적 요소가 필요한 범죄에 있
어서는 그 미수범의 성립에 있어서도 초과주관적
요소가 구비되어야 한다.

▸ 미수도 주관적 요소는 모두 구비되어야 함

007 ☐☐☐   [14 변시]
피고인이 신고하지 않은 외화 400만 엔이 들어 있
는 휴대용 가방을 보안검색대에 올려놓거나 이를
휴대하고 통과하지 않고 <u>공항 내에서 탑승을 기다
리고 있던 중에 체포된 경우라면</u> 외국환거래법이
규정한 국외반출죄의 실행의 착수는 인정되지 않
는다.

제3절   중지미수

008 ☐☐☐   [20 변시]
중지미수는 범죄의 실행행위에 착수하고 그 범죄
가 완수되기 전에 <u>자기의 자유로운 의사에 따라 범
죄의 실행행위를 중지하는 것</u>으로서 장애미수와 대
칭되는 개념이다.

009 □□□ [20 변시]

중지미수와 장애미수는 범죄의 미수가 자의에 의한 중지이냐 또는 어떤 장애에 의한 미수이냐에 따라 구분하여야 하고, 특히 자의에 의한 중지 중에서도 사회통념상 장애에 의한 미수로 보이는 경우를 제외하고는 중지미수라고 보는 것이 일반이다.

▶ 자의성에 대한 절충설의 입장

010 □□□ [16 변시]

중지미수에 있어서 자의성 판단기준에 관한 학설 중 Frank의 공식은 행위자가 할 수 있었음에도 불구하고 하기를 원하지 않아서 범죄행위를 중지한 경우는 중지미수에 해당하지만 행위자가 범죄행위를 하려고 하였지만 할 수가 없어서 중지한 경우는 장애미수라고 하여 양자를 구별하고 있다.

011 □□□ [23 변시]

甲이 장롱 안에 있는 옷가지에 불을 놓아 사람이 주거로 사용하는 건물을 불태우려 하였으나 불길이 치솟는 것을 보고 겁이 나서 물을 부어 불을 끈 것이라면, 자의에 의한 현주건조물방화죄의 중지미수가 성립하지 않는다.

▶ 겁을 먹거나 경악한 사안임

012 □□□ [16 변시]

甲이 A에게 위조한 주식인수계약서와 통장사본을 보여주면서 50억 원의 투자를 받았다고 거짓말하며 자금 대여를 요청한 후 A와 함께 50억 원의 입금 여부를 확인하기 위해 은행에 가던 중 범행이 발각될 것이 두려워 은행 입구에서 차용을 포기하고 돌아간 행위는 사기죄의 중지미수에 해당하지 않는다.

013 □□□ [18 변시]

실행미수가 중지범으로 인정되기 위해서는 단순히 행위의 계속을 포기하는 것으로 족하지 않고 행위자가 자의에 의하여 결과의 발생을 방지할 것이 요구된다.

014 □□□ [15 변시]

공동정범 중 1인이 자의로 범행을 중지하였다 하더라도 다른 공범자들의 실행행위를 중지시키지 아니하거나 결과발생을 방지하지 아니한 이상 중지범을 인정할 수 없다.

▶ 일부실행 전부책임 원리의 적용임

015 □□□ [14 변시][16 변시]

일반적으로 공범이 자신의 행위를 중지하고 다른 공범 또는 정범의 행위를 중단시키거나 결과발생을 저지하기 위한 진지한 노력이 있었지만 결과의 발생을 방지하지 못했다면 중지미수가 성립될 수 없다.

016 □□□ [16 변시]

甲과 乙이 공동으로 A를 살해하려고 칼로 찔렀으나 A가 상처만 입고 죽지 않자 乙은 그대로 가버리고 甲만이 A를 살리려고 노력하여 A가 사망하지 않은 경우 甲에게만 중지미수에 의한 형의 감면이 인정된다.

▶ 책임의 개별화 원칙의 반영임

017 □□□ [21 변시]

공동정범 중 1인의 자의에 의한 실행중지만으로는 그의 중지미수를 인정할 수 없으며, 공동정범 전원의 실행행위를 중지시키거나 모든 결과발생을 완전히 방지할 때 공동정범 전체의 중지미수가 인정되는 것은 아니다.

제4절 불능미수

018 □□□ [20 변시]

불능미수는 행위자가 실제로 존재하지 않는 사실을 존재한다고 오인하였다는 측면에서 존재하는 사실을 인식하지 못한 사실의 착오와 다르다.

▶ 반전된 사실의 착오임

019 □□□ [14 변시]
불능미수는 행위자가 결과발생이 가능하다고 생각하고 실행에 착수하였으나, 결과발생이 불가능하고 위험성이 있는 경우에 성립한다.

020 □□□ [19 변시]
행위자가 처음부터 결과발생이 불가능하다는 것을 알면서 실행에 착수하여 결과가 발생하지 않았다면 불능미수는 성립하지 않는다.

▶ 의적 요소의 결여로 고의 내지는 범의 자체가 인정되지 않음

021 □□□ [19 변시]
주체의 착오로 인해 결과발생이 불가능한 경우에도 불능미수가 성립될 수 있는지에 대해서는 「형법」상 명문의 규정이 없다.

▶ 주체에 대한 적극적 착오도 불능미수로 보는 것은 유추해석

022 □□□ [20 변시]
불능범과 구별되는 불능미수의 성립요건인 위험성은 행위 당시에 피고인이 인식한 사정을 놓고 일반인이 객관적으로 판단하여 결과 발생의 가능성이 있는지 여부를 따져야 한다.

▶ 추상적 위험설의 입장임

023 □□□ [21 변시]
가벌적 불능미수와 불가벌적 불능범의 구별 기준인 '위험성'은 행위 당시에 행위자가 인식한 사정을 기초로 일반적 경험법칙에 따라 판단한다.

024 □□□ [12 변시]
상대방으로부터 소송비용 명목으로 일정한 금액을 이미 송금받았음에도 불구하고 그 상대방을 피고로 하여 소송비용 상당액의 지급을 구하는 손해배상금 청구의 소를 제기하였다가 판사의 권유에 따라 소를 취하한 경우라면 사기죄의 불능범이다.

025 □□□ [23 변시]
甲이 소송비용을 편취할 의사로 소송비용의 지급을 구하는 손해배상청구의 소를 제기하였다가 담당 판사로부터 소송비용의 확정은 소송비용액 확정절차를 통하여 하라는 권유를 받고 위 소를 취하하였다면, 甲에게는 소송사기죄의 불능미수범이 성립하지 않는다.

026 □□□ [13 변시][15 변시]
소송비용을 편취할 의사로 소송비용의 지급을 구하는 손해배상청구의 소를 제기한 경우에는 사기죄의 불가벌적 불능범에 해당한다.

027 □□□ [24 변시]
甲이 피해자가 심신상실 또는 항거불능의 상태에 있다고 인식하고 그러한 상태를 이용하여 간음할 의사로 피해자를 간음하였으나 실행의 착수 당시부터 피해자가 실제로는 심신상실 또는 항거불능의 상태에 있지 않은 경우 甲이 행위 당시에 인식한 사정을 놓고 일반인이 객관적으로 판단하여 보았을 때 준강간의 결과가 발생할 위험성이 있었다면 준강간죄의 불능미수가 성립한다.

제5절 예비죄

028 □□□ [24 변시]
「형법」상 음모죄의 성립을 위한 범죄실행의 합의가 있다고 하기 위하여는 단순히 범죄결심을 외부에 표시·전달하는 것만으로는 부족하고, 객관적으로 보아 특정한 범죄의 실행을 위한 준비행위라는 것이 명백히 인식되고, 그 합의에 실질적인 위험성이 인정되어야 한다.

029 □□□ [14 변시]
예비와 미수는 각각 형법각칙에 처벌규정이 있는 경우에만 처벌할 수 있으며, 구체적인 법정형도 규정되어야 한다.

▶ 죄형법정주의의 발현임

030 ☐☐☐ [17 변시]
자신을 죽여달라는 친구의 부탁을 받고 독약을 준비하였다가 이를 버린 경우 촉탁살인죄의 예비죄로 처벌할 수 없다.

▸ 촉탁살인죄는 예비 처벌규정이 없음

031 ☐☐☐ [21 변시]
살인예비죄가 성립하기 위하여 살인죄를 범할 목적 이외에 살인의 준비에 관한 고의가 있어야 한다.

032 ☐☐☐ [21 변시]
중지범은 범죄의 실행에 착수한 후 자의로 그 행위를 중지한 때를 말하는 것이므로 실행의 착수가 있기 전인 예비의 중지범은 인정할 수 없다.

▸ 판례는 예비의 중지를 부정

033 ☐☐☐ [15 변시]
중지범은 범죄 실행의 착수 이후의 개념이므로 예비·음모죄에 대하여는 중지범을 인정할 수 없다.

034 ☐☐☐ [24 변시]
실행의 착수가 있기 전인 예비나 음모의 행위를 처벌하는 경우 중지미수범의 관념을 인정할 수 없으므로, 예비단계에서 범행을 중지하더라도 중지미수범의 규정이 적용될 수 없다.

035 ☐☐☐ [14 변시]
예비죄에 대해서는 공동정범만 인정될 수 있고 방조범은 성립될 수 없다.

036 ☐☐☐ [17 변시]
정범이 실행에 착수하지 아니하였어도 예비의 공동정범은 성립할 수 있다.

037 ☐☐☐ [12 변시]
甲과 乙이 공동하여 강도하기로 공모하고 함께 협박에 사용할 등산용 칼을 구입하였으나 실행의 착수에 이르지 못한 경우, 강도예비죄의 공동정범이 된다.

038 ☐☐☐ [17 변시]
정범이 예비죄로 처벌되는 경우에는 예비죄의 방조가 성립될 수 없다.

039 ☐☐☐ [21 변시]
정범이 예비단계에 그친 경우, 이를 방조한 자는 예비죄의 종범으로 처벌되지 않는다.

040 ☐☐☐ [24 변시]
甲이 乙의 강도예비죄의 범행에 방조의 형태로 가담한 경우 甲을 강도예비죄의 방조범으로 처벌할 수 없다.

제6장 | 공범론

제1절 공범론 서론

001 ☐☐☐ [22 변시]
필요적 공범이라는 것은 법률상 범죄의 실행이 다수인의 협력을 필요로 하는 것을 가리키는 것으로서 이러한 범죄의 성립에는 행위의 공동을 필요로 하는 것에 불과하고 반드시 협력자 전부가 책임이 있음을 필요로 하는 것은 아니다.

002 ☐☐☐ [15 변시]
대향범은 2인 이상의 대향적 협력에 의하여 성립하는 범죄로서 대향범 쌍방을 처벌하며 법정형이 동일한 경우, 대향범 쌍방을 처벌하며 법정형이 차이가 있는 경우, 대향자 중 일방만을 처벌하는 경우가 있다.

▸ 대향범에는 세가지 유형이 있음

003 ☐☐☐ [19 변시]
「형법」제127조는 공무원 또는 공무원이었던 자가 법령에 의한 직무상 비밀을 누설하는 행위만을 처벌하고 있을 뿐 직무상 비밀을 누설받은 상대방을 처벌하는 규정이 없으므로, 직무상 비밀을 누설받은 자에 대하여는 공범에 관한 형법총칙 규정이 적용될 수 없다.

004 ☐☐☐ [15 변시]
변호사 사무실 직원 甲이 법원공무원 乙에게 부탁하여 수사 중인 사건의 체포영장 발부자 명단을 누설받은 경우, 乙이 직무상 비밀을 누설한 행위와 甲이 이를 누설받은 행위는 대향범 관계에 있으므로 甲의 행위를 공무상비밀누설교사죄로 처벌할 수 없다.

005 ☐☐☐ [18 변시]
의사가 직접 환자를 진찰하지 않고 처방전을 작성하여 교부한 경우, 그 행위와 대향범 관계에 있는 '처방전을 교부받은 행위'를 한 자가 의사에게 진찰 없는 처방전 교부를 교사한 사실이 인정되더라도 그에게 「형법」 총칙상 교사범 규정을 적용할 수 없다.

▸ 의료법에는 의사만 처벌하는 규정이 있음

006 ☐☐☐ [16 변시]
변호사가 변호사 아닌 자에게 고용되어 법률사무소의 개설 · 운영에 관여하는 행위는 변호사법위반죄의 방조범으로 처벌할 수 없다.

▸ 변호사법에는 해당 변호사를 처벌하는 규정이 없음

007 ☐☐☐ [21 변시]
2인 이상의 서로 대향된 행위의 존재를 요구하는 관계인 금품 수수에서 금품 공여자에 대한 처벌규정이 없다면, 금품 공여자의 행위에만 관여하여 그 공여 행위를 교사 · 방조한 자는 금품 수수자의 범행에 대하여 공범이 되지 않는다.

▸ 대향범 중 처벌되지 않는 자에게 가담한 사안임

008 ☐☐☐ [17 변시]
매도, 매수와 같이 2인 이상의 서로 대향된 행위의 존재를 필요로 하는 관계에 있어서는 매도인에게 따로 처벌규정이 없는 이상 매도인의 매도행위는 그와 대향적 행위의 존재를 필요로 하는 상대방의 매수범행에 대하여 공범이나 방조범관계가 성립되지 아니한다.

009 ☐☐☐ [22 변시]
금품 등의 수수와 같이 2인 이상의 서로 대향된 행위의 존재를 필요로 하는 관계에 있어서는 금품 등을 공여한 자에게 따로 처벌규정이 없는 이상, 금품을 공여한 자의 행위에 대하여만 관여하여 그 공여 행위를 교사하거나 방조한 행위는 상대방의 범행에 대하여 공범관계가 성립되지 아니한다.

010 ☐☐☐ [24 변시]

대향범에 대하여 공범에 관한 형법 총칙 규정이 적용될 수 없다는 법리는 해당 처벌규정의 구성요건 자체에서 2인 이상의 서로 대향적 행위의 존재를 필요로 하는 필요적 공범인 대향범을 전제로 하므로, 따라서 구성요건상으로는 단독으로 실행할 수 있는 형식으로 되어 있는데 단지 구성요건이 대향범의 형태로 실행되는 경우에도 대향범에 관한 법리가 적용된다고 볼 수는 없다.

011 ☐☐☐ [17 변시]

제한종속형식에 의할 경우 위법성이 조각되는 행위를 교사·방조한 경우에는 공범이 성립될 가능성이 없다.

012 ☐☐☐ [14 변시]

甲이 乙에게 A의 주거에 침입할 것을 교사했는데 乙이 A의 승낙을 얻어 정당하게 주거에 들어간 경우 공범종속성설 중 제한적 종속형식에 의하면 甲은 주거침입죄의 교사범이 성립하지 않는다.

▸ 구성요건해당성이 없는 사안임

제2절 공동정범

013 ☐☐☐ [18 변시]

공동정범 관계에 있는 여러 사람의 행위가 경합하여 하나의 결과가 발생되었으나 <u>그 결과발생의 원인행위가 밝혀지지 아니한 경우</u>에도 각자를 기수범으로 처벌해야 한다.

▸ 공동정범은 일부실행 전부책임의 원리가 적용됨

014 ☐☐☐ [24 변시]

공동정범의 성립을 위한 공동가공의 의사는 타인의 범행을 인식하면서도 이를 제지하지 아니하고 용인하는 것만으로는 부족하고, 공동의 의사로 특정한 범죄행위를 하기 위해 일체가 되어 서로 다른 사람의 행위를 이용하여 자기 의사를 실행에 옮기는 것을 내용으로 하는 것이어야 한다.

015 ☐☐☐ [13 변시]

2인 이상이 범죄에 공동가공하는 공범관계에서 비록 전체의 모의과정이 없더라도 수인 사이에 순차적으로 또는 암묵적으로 상통하여 의사의 결합이 이루어지면 공모관계가 성립한다.

016 ☐☐☐ [21 변시]

상명하복관계에 있는 자들이 범행에 공동가공한 경우, 특수교사·방조범(「형법」 제34조 제2항)이 성립할 수 있고, 공동정범도 인정될 수 있다.

017 ☐☐☐ [12 변시]

甲이 A녀를 강간하고 있을 때, 乙 스스로 甲의 강간행위에 가담할 의사로 甲이 모르는 사이에 망을 보아준 경우, 乙은 강간죄의 공동정범이 되지 않는다.

▸ 편면적 공동정범 관련 지문임

018 ☐☐☐ [16 변시]

뇌수술을 받고 중환자실에 입원해 있던 환자 A의 처 乙은 치료비에 상당한 부담을 느낀 나머지 A의 치료를 중단시킬 의도로 퇴원을 요구하였고, 주치의 甲이 이런 의도를 알면서도 치료중단 및 퇴원을 허용하는 조치를 취하여 A가 사망에 이른 경우, 甲에게 환자의 사망이라는 결과 발생에 대한 정범의 고의는 인정되나 A의 사망에 이르는 사태의 핵심적 경과를 계획적으로 조종하거나 저지·촉진하는 등으로 지배하고 있었다고 보기는 어려우므로 <u>공동정범의 객관적 요건인 기능적 행위지배가 흠결되어 살인죄의 공동정범으로서의 죄책이 없다.</u>

▸ 기능적 행위지배가 흠결되어 작위에 의한 방조범만 인정

019 ☐☐☐ [12 변시]

甲이 A회사의 직원으로서 경쟁업체에 유출하기 위해 회사의 영업비밀을 무단으로 반출함으로써 업무상배임죄의 <u>기수에 이르렀다면</u>, 그 이후 乙이 甲과 접촉하여 그 영업비밀을 취득하더라도 乙에 대해서 업무상배임죄의 공동정범은 성립하지 않는다.

▸ 계속범이 아니면 기수 이후에 공동정범 성립 불가

020 ☐☐☐ [21 변시]
공동정범이 성립하기 위하여 반드시 공범자 간 사전모의가 있어야 하는 것은 아니며, <u>우연히 만난 자리에서 서로 협력하여 공동의 범의를 실현하려는 의사가 암묵적으로 상통하여 범행에 공동가공하더라도</u> 공동정범은 성립된다.

▸ 예모공동정범, 우연공동정범, 승계적 공동정범의 분류임

021 ☐☐☐ [13 변시]
<u>포괄일죄의 범행 도중에 공동정범으로 범행에 가담한 자는 비록 그가 그 범행에 가담할 때에 이미 이루어진 종전의 범행을 알았다 하더라도 그 가담 이후의 범행에 대하여만 공동정범의 책임을 진다.</u>

▸ 죄는 동일하지만 형량에서 차이가 있을 수 있음

022 ☐☐☐ [15 변시]
「형법」 제30조의 '공동하여 죄를 범한 때'의 '죄'는 고의범이건 과실범이건 불문한다고 해석하여야 할 것이므로, 2인 이상이 서로의 의사연락 아래 어떠한 과실행위를 하여 범죄결과가 발생한 경우 과실범의 공동정범이 성립한다.

▸ 과실의 공동정범 긍정

023 ☐☐☐ [21 변시]
공모자에게 범죄에 대한 본질적 기여를 통한 기능적 행위지배가 인정된다면 공모공동정범으로서의 죄책을 물을 수 있다.

▸ 공모공동정범에 대한 기능적 행위지배설의 입장

024 ☐☐☐ [22 변시]
구성요건행위를 직접 분담하여 실행하지 않은 공모자가 공모공동정범으로 인정되기 위해서는 전체 범죄에서 그가 차지하는 지위·역할, 범죄 경과에 대한 지배나 장악력 등을 종합하여 그가 단순한 공모자에 그치는 것이 아니라, <u>범죄에 대한 본질적 기여를 통한 기능적 행위지배가 존재한다고 인정되어야 한다.</u>

025 ☐☐☐ [15 변시][21 변시]
공모자들이 그 공모한 범행을 수행하거나 목적 달성을 위해 나아가는 <u>도중에 부수적인 다른 범죄가 파생되리라고 예상하거나 충분히 예상할 수 있는데도</u> 그 가능성을 외면한 채 이를 방지하기에 족한 합리적 조치를 취하지 않고 공모한 범행에 나아갔다가 결국 그와 같이 예상된 범행들이 발생한 경우, 그 파생적인 범행 하나하나에 대하여 개별적인 의사의 연락이 없었다 하더라도 당초의 공모자들 사이에 그 범행 전부에 대하여 암묵적인 공모는 물론 그에 대한 기능적 행위지배가 존재한다고 보아야 할 것이다.

026 ☐☐☐ [13 변시]
甲과 乙은 알선 등과 관련하여 금품 등을 특정 금액 이하로만 받기로 약정하고 이를 수수하기로 공모하였지만 <u>乙이 공모내용을 현저히 초과하는 금품을 수수한 경우,</u> 수수한 금품 등의 구체적 금액을 공범자가 알아야 공모공동정범이 성립하는 것은 아니지만 甲에게는 乙이 수수한 금품 전부에 관하여 공모공동정범이 성립하는 것은 아니다.

▸ 일부실행 전부책임에 대한 예외적 사안임

027 ☐☐☐ [15 변시]
공모공동정범에서 공모관계로부터의 이탈은 공모자가 공모에 의하여 담당한 기능적 행위지배를 해소하는 것이 필요하므로, 공모자가 공모에 주도적으로 참여하여 다른 공모자의 실행에 영향을 미친 때에는 범행을 저지하기 위하여 적극적으로 노력하는 등 <u>실행에 미친 영향력을 제거하지 않는 한</u> 공모관계로부터 이탈하였다고 할 수 없다.

▸ 공모관계로부터의 이탈에 대하여 기능적 행위지배제거설의 입장

028 □□□ [13 변시]

甲이 부녀를 유인하여 성매매를 통해 수익을 얻을 것을 乙과 공모한 후, 乙로 하여금 유인된 A녀(16세)의 성매매 홍보용 나체사진을 찍도록 하고, A가 중도에 약속을 어길 경우 민·형사상 책임을 진다는 각서를 작성하도록 하였지만, 자신이 별건으로 체포되어 구치소에 수감 중인 동안 A가 乙의 관리 아래 성매수의 대가로 받은 돈을 A, 乙 및 甲의 처 등이 나누어 사용한 경우라도 甲에게는 공모관계에서의 이탈이 인정되지 않는다.

029 □□□ [12 변시]

甲이 주도하여 乙, 丙과 절도를 하기로 공모한 후, 甲과 乙이 실행행위에 이르기 전에 망을 보기로 한 丙이 공모관계에서 이탈한 경우, 그 이후의 甲과 乙의 절취행위에 대하여 丙은 공동정범으로서의 책임을 지지 아니하고 그 이탈의 표시는 명시적일 필요는 없다.

▸ 공동의사주체설 입장에서의 판례 사안임

제3절 교사범

030 □□□ [19 변시]

부작위범에 대한 교사범은 보증인지위에 있는 자로 한정되지 않는다.

▸ 부작위에 의한 교사는 성립 불가

031 □□□ [17 변시]

甲은 乙에게 A를 살해하라고 교사하였으나 乙이 B를 A로 착각하여 B를 살해한 경우, 甲에게 객체의 착오를 인정하는 견해에 따르면 甲에게는 B에 대한 살인죄의 교사범이 성립한다.

▸ 교사의 착오 중 구체적 사실의 착오

032 □□□ [14 변시]

甲은 乙에게 A를 살해하라고 교사했는데 乙은 A가 귀가하는 것을 기다리다가 A로 생각되는 사람을 권총으로 살해하였다. 그러나 乙의 총에 사망한 사람은 B였다. 법정적 부합설에 의하면 甲은 살인죄의 교사범으로 처벌된다.

033 □□□ [14 변시]

甲이 乙에게 A의 자동차를 강취할 것을 교사하였으나 乙이 A의 자동차를 절취할 경우 甲은 절도죄의 교사범으로 처벌되지 않는다.

▸ 강도예비죄 7년 이하, 절도죄 6년 이하

034 □□□ [17 변시]

甲은 乙에게 A에 대한 강도를 교사하였으나 乙이 강간을 한 경우, 甲에게는 강도예비죄가 성립한다.

▸ 교사의 착오 중 추상적 사실의 착오 – 강도죄에 대한 효과 없는 교사 책임만 인정

035 □□□ [21 변시]

절도를 교사하였는데 피교사자가 강간을 실행한 경우, 교사자에게 피교사자의 강간행위에 대한 예견가능성이 있더라도 강간죄의 교사범으로서의 죄책을 지울 수 없다.

036 □□□ [18 변시]

교사를 받은 자가 범죄의 실행을 승낙하고 실행의 착수에 이르지 아니한 때에는 교사자와 피교사자를 예비 또는 음모에 준하여 처벌한다.

▸ 효과 없는 교사 – 제31조 제2항

037 □□□ [21 변시]

甲이 범죄를 교사하였고 피교사자 乙이 실행을 승낙하고도 이후 실행의 착수를 하지 않은 경우 교사자인 甲과 피교사자인 乙 모두 예비·음모에 준하여 처벌된다.

제4절 방조범

038 ☐☐☐ [18 변시]
공동정범은 공동의사에 의한 기능적 행위지배가
있음에 반하여 종범은 그 행위지배가 없는 점에서
양자가 구별된다.

039 ☐☐☐ [22 변시]
형법상 방조행위는 정범이 범행을 한다는 정을 알
면서 그 실행행위를 용이하게 하는 직접·간접의
행위를 말하므로 방조범은 정범의 실행을 방조한다
는 방조의 고의와 정범의 행위가 구성요건에 해당
하는 행위인 점에 대한 정범의 고의가 있어야 한다.

▶ 이중의 고의가 필요함

040 ☐☐☐ [19 변시]
방조범은 정범의 실행을 방조한다는 방조의 고의
와 정범의 행위가 구성요건에 해당한다는 점에 대
한 정범의 고의가 있어야 한다.

041 ☐☐☐ [24 변시]
방조범에게 요구되는 정범 등의 고의는 정범에 의
하여 실현되는 범죄의 구체적 내용을 인식해야 하
는 것은 아니고 미필적 인식이나 예견으로 충분하
지만, 이는 정범의 범행 등의 불법성에 대한 인식
이 필요하다는 점과 모순되지 않는다.

042 ☐☐☐ [12 변시]
방조범에 있어서 정범의 고의는 정범에 의하여 실
현되는 범죄의 구체적 내용을 인식할 것을 요하는
것은 아니고 미필적 인식 또는 예견으로 족하다.

043 ☐☐☐ [23 변시]
방조범은 정범의 실행을 방조한다는 이른바 방조
의 고의와 정범의 행위가 구성요건에 해당하는 행
위인 점에 대한 정범의 고의가 있어야 하고, 방조
범에서 요구되는 정범의 고의는 정범에 의하여 실
현되는 범죄의 구체적 내용을 인식할 것을 요하는
것은 아니고 미필적 인식 또는 예견으로 족하다.

044 ☐☐☐ [12 변시]
방조범은 정범이 누구인지를 확실히 알아야 할 필
요는 없다.

045 ☐☐☐ [21 변시]
방조범이 성립하기 위하여 방조범과 정범 사이의
의사연락을 요하지는 않고, 정범의 범행 일시, 장
소, 객체 등을 구체적으로 인식할 필요가 없으며,
나아가 정범이 누구인지 확정적으로 인식할 필요
도 없다.

▶ 편면적 방조도 가능함

046 ☐☐☐ [15 변시]
종범은 정범의 실행행위 중에 이를 방조하는 경우
뿐만 아니라, 정범이 실행행위에 나아갔다면 실행
의 착수 전에 장래의 실행행위를 예상하고 이를 용
이하게 한 경우에도 종범이 성립한다.

▶ 사전방조도 정범이 실행에 착수하면 가능

047 ☐☐☐ [12 변시]
정범이 실행에 착수하기 전에 방조한 경우에는 그
이후 정범이 실행에 착수하였다면 방조범이 성립
할 수 있다.

048 ☐☐☐ [17 변시]
정범의 범죄를 방조하려는 자가 예비단계에서의 방
조에 그쳤지만, 정범이 실행에 착수하였다면 방조자
를 처벌할 수 있다.

049 ☐☐☐ [12 변시]
부작위에 의한 방조범도 가능하다.

▶ 부작위에 의한 교사나 간접정범은 성립하지 않음

050 ☐☐☐ [14 변시]
과실에 의한 교사와 방조가 모두 불가능하지만, 부
작위에 의한 방조는 가능하다.

051 □□□ [15 변시]
법률상 정범의 범행을 방지할 의무가 있는 자가 그 범행을 알면서도 방지하지 아니하여 범행을 용이하게 한 때에는 <u>부작위</u>에 의한 종범이 성립한다.

052 □□□ [22 변시][23 변시]
형법상 방조는 작위에 의하여 정범의 실행을 용이하게 하는 경우는 물론 직무상의 의무가 있는 자가 정범의 범죄행위를 인식하면서도 그것을 방지하여야 할 제반 조치를 취하지 아니하는 <u>부작위</u>로 인하여 정범의 실행행위를 용이하게 하는 경우에도 성립한다.

053 □□□ [24 변시]
방조범이 성립하려면 방조행위가 정범의 범죄 실현과 밀접한 관련이 있어야 하므로, 정범의 범죄실현과 밀접한 관련이 없는 행위를 도와준 데 지나지 않는 경우에는 방조범이 성립하지 않는다.

054 □□□ [15 변시]
정범의 강도예비행위를 방조하였으나 정범이 실행의 착수에 이르지 못한 경우 방조자는 강도예비죄의 종범에 해당하지 않는다.

▸ 예비의 방조는 인정되지 않음

제5절 간접정범

055 □□□ [19 변시]
부작위범을 도구로 이용한 간접정범은 가능하다.

▸ 부작위에 의한 간접정범은 성립 불가

056 □□□ [19 변시]
간접정범이 성립하기 위해서는 처벌되지 아니하는 타인의 행위를 적극적으로 유발하고 이를 이용하여 자신의 범죄를 실현하여야 하며, 그 과정에서 <u>타인의 의사를 부당하게 억압하여야만 간접정범에 해당하는 것은 아니다.</u>

057 □□□ [22 변시]
강제추행에 관한 간접정범의 의사를 실현하는 도구로서의 타인에는 피해자도 포함될 수 <u>있으므로</u> 피해자를 도구로 삼아 피해자의 신체를 이용하여 추행행위를 한 경우에도 강제추행죄의 간접정범에 해당할 수 있다.

▸ 강제추행죄는 자수범이 아님

058 □□□ [22 변시]
타인을 비방할 목적으로 허위의 기사 재료를 그 정을 모르는 기자에게 제공하여 신문 등에 보도하게 한 경우 <u>출판물에의한명예훼손죄의 간접정범</u>이 성립할 수 있다.

▸ 목적이 있는 자가 목적이 없는 자를 이용한 간접정범 사안임

059 □□□ [22 변시]
甲이 A에 대한 사기범행을 실현하는 수단으로서 B를 기망하여 B를 A로부터 편취한 재물이나 재산상 이익을 전달하는 도구로서만 이용한 경우에는 편취의 대상인 재물 또는 재산상 이익에 관하여 A에 대한 사기죄가 성립할 뿐 <u>도구로 이용된 B에 대한 사기죄가 별도로 성립하는 것은 아니다.</u>

▸ A에 대한 B를 이용한 사기죄의 간접정범 사안임

060 □□□ [18 변시]
「형법」상 과실범으로 처벌되는 자를 방조하여 범죄행위의 결과를 발생하게 한 자는 방조의 예에 의하여 처벌된다.

061 □□□ [15 변시]
<u>자기의 지휘, 감독을 받는 자를 방조하여 범죄의 결과를 발생하게 한 자는 정범에 정한 형으로 처벌한다.</u>

▸ 제34조 제2항 참조

062 □□□ [18 변시]
수표의 발행인이 아닌 자는 「부정수표 단속법」 제4조가 정한 허위신고죄의 주체가 될 수 없으며, 허위신고의 고의 없는 발행인을 이용하여 간접정범의 형태로 허위신고죄를 범할 수 없다.

▸ 부수법상 허위신고죄는 자수범

제6절 | 공범과 신분

063 ☐☐☐ [16 변시]
「형법」 제152조 제1항과 제2항은 위증을 한 범인이 형사사건의 피고인 등을 '모해할 목적'을 가지고 있었는가 아니면 그러한 목적이 없었는가 하는 범인의 특수한 상태의 차이에 따라 범인에게 과할 형의 경중을 구별하고 있으므로, 이는 「형법」 제33조 단서 소정의 '신분관계로 인하여 형의 경중이 있는 경우'에 해당한다.

▸ 목적은 행위 관련적이라는 점에서 논란이 있음

064 ☐☐☐ [20 변시]
신분관계가 없는 사람이 신분관계로 인하여 성립될 범죄에 가공한 경우, 신분관계가 없는 사람에게 공동가공의 의사와 이에 기초한 기능적 행위지배를 통한 범죄의 실행이라는 주관적·객관적 요건이 충족되면 공동정범으로 처벌된다.

065 ☐☐☐ [12 변시]
甲이 乙을 사주하여 법정에서 위증하게 한 경우 甲과 乙은 동일한 범죄의 공범이 성립할 수 있다.

▸ 위증죄는 자수범이지만 공범은 성립 가능

066 ☐☐☐ [12 변시]
공무원이 아닌 甲이 공무원인 남편 乙과 함께 뇌물을 수수한 경우 甲과 乙은 동일한 범죄의 공범이 성립할 수 있다.

▸ 진정신분범과 제33조 본문

067 ☐☐☐ [16 변시]
업무상 타인의 사무를 처리하는 자가 그러한 신분관계가 없는 자와 공모하여 업무상배임죄를 저질렀다면 그러한 신분관계가 없는 자에 대하여도 「형법」 제33조 본문에 의하여 업무상배임죄가 성립한다.

▸ 그러나 제33조 단서에 따라 배임죄로 처벌

068 ☐☐☐ [21 변시]
업무상배임죄에서 업무상 임무라는 신분 관계 없는 甲이 신분 있는 乙과 공모하여 업무상배임죄를 범한 경우 甲에게도 업무상배임죄가 성립한다.

069 ☐☐☐ [23 변시]
비신분자가 업무상 타인의 사무를 처리하는 자의 배임행위를 교사한 경우, 그 비신분자는 타인의 사무처리자에 해당하지 않더라도 업무상배임죄의 교사범이 성립한다.

070 ☐☐☐ [24 변시]
업무라는 신분관계가 없는 자가 그러한 신분관계 있는 자와 공모하여 업무상배임죄를 저질렀다면, 그러한 신분관계가 없는 공범에 대하여는 「형법」 제33조 단서에 따라 단순배임죄에서 정한 형으로 처단하여야 한다.

071 ☐☐☐ [12 변시]
A회사 경리과장 乙의 배임행위를 A회사 직원이 아닌 친구 甲이 함께 한 경우 甲과 乙은 동일한 범죄의 공범이 성립할 수 있다.

072 ☐☐☐ [12 변시]
부인 甲이 그의 아들 乙과 더불어 남편을 살해한 경우 甲과 乙은 동일한 범죄의 공범이 성립할 수 있다.

▸ 단, 부인 甲은 제33조 단서에 의하여 보통살인죄로 처벌된다.

073 ☐☐☐ [16 변시] [17 변시]
「형법」 제31조 제1항은 교사범이 그 성립과 처벌에 있어서 정범에 종속한다는 일반적인 원칙을 선언한 것에 불과한 것으로, 신분관계로 인하여 형의 경중이 있는 경우에 신분이 있는 자가 신분이 없는 자를 교사하여 죄를 범하게 한 때에는 「형법」 제33조 단서가 「형법」 제31조 제1항에 우선하여 적용된다.

▸ 제33조 단서는 책임의 개별화를 의미하고, 제31조 제1항은 공범종속설을 의미함

074 □□□   [23 변시] [24 변시]

모해의 목적을 가진 甲이 모해의 목적이 없는 乙에게 위증을 교사하여 乙이 위증죄를 범한 경우, 책임 개별화의 원칙에 따라 甲에게는 모해위증교사죄가 성립한다.

075 □□□   [14 변시]

甲이 남자친구인 乙에게 甲의 부(父)인 A를 살해하도록 교사한 경우 甲에게 형법 제33조 단서가 형법 제31조 제1항에 우선하여 적용되어 甲이 乙보다 중하게 처벌된다.

076 □□□   [16 변시]

도박의 습벽이 있는 자가 습벽이 없는 타인의 도박을 방조하면 상습도박방조죄에 해당한다.

077 □□□   [16 변시]

의사인 甲이 모발이식시술을 하기 위해서 환자 A의 뒷머리부분에서 모낭을 채취한 후 간호조무사인 乙로 하여금 식모기(植毛機)를 이용하여 A의 앞머리부위 진피층까지 찔러 넣는 방법으로 모낭삽입시술을 하도록 한 경우, 乙의 행위는 진료보조행위의 범위를 벗어나 의료행위에 해당하므로 甲은 무면허의료행위의 공범으로서의 죄책을 진다.

▶ 소극적 신분 중 불구성적 신분 관련 사안임

078 □□□   [16 변시]

의사인 甲이 자신이 운영하는 병원의 모든 시술에서 특별한 제한 없이 전신마취제인 프로포폴을 투여하여 준다는 소문을 듣고 찾아온 사람들에게 환자에 대한 진료 및 간호사와 간호조무사에 대한 구체적인 지시·감독 없이 간호사와 간호조무사로 하여금 프로포폴을 제한 없이 투약하게 한 경우, 甲은 무면허의료행위의 공동정범으로서의 죄책을 진다.

079 □□□   [16 변시]

비의료인인 丙이 실질적으로 운영하는 A의원의 원장이자 유일한 의사인 甲이, A의원의 간호조무사인 乙이 丙의 지시에 따라 환자들에 대해 미용성형수술의 재수술을 맡아 하고 있다는 사실을 알면서 월 1,000만 원의 급여를 안정적으로 지급받으며 원장으로 계속 근무한 경우, 甲에게는 무면허의료행위에 대한 공동정범이 성립한다.

080 □□□   [21 변시]

치과의사 甲이 치과의사면허가 없는 치과기공사 乙에게 치과진료행위를 하도록 교사한 경우 甲은 무면허의료행위의 교사범이 성립한다.

081 □□□   [12 변시]

간호조무사의 무면허 진료행위가 있은 후에 이를 의사가 진료부에 기재하는 행위는 범죄종료 후의 사후행위에 불과하지 않고 무면허 의료행위의 방조에 해당한다.

제7장 | 특별한 범죄유형

제1절　과실범

001 ☐☐☐　　　　　　　　　　　　　　[13 변시]
행정상의 단속을 주 내용으로 하는 법규라고 하더라도 명문규정이 있거나 해석상 과실범도 벌할 뜻이 명확한 경우를 제외하고는 형법의 원칙에 따라 고의가 있어야 벌할 수 있다.

002 ☐☐☐　　　　　　　　　　　　　　[17 변시]
행정상의 단속을 주안으로 하는 법규의 위반행위는 과실범 처벌규정이 있거나 해석상 과실범도 벌할 뜻이 명확한 경우에는 과실범으로 처벌할 수 있다.

003 ☐☐☐　　　　　　　　　　　　　　[24 변시]
甲이 A에 대한 살인의 고의로 A가 자고 있는 집에 불을 놓아 불이 A의 집 안방 천장까지 붙었으나 A가 잠에서 깨어 집 밖으로 빠져나오는 바람에 살인의 목적을 달성하지 못하였다면, 甲은 현주건조물방화치사죄의 미수범으로 처벌되지 않는다.

004 ☐☐☐　　　　　　　　　　　　　　[24 변시]
과실범에 있어서의 인식 없는 과실은 결과 발생의 가능성에 대한 인식 자체도 없는 경우로 그 결과 발생을 인식하지 못하였다는 데에 대한 부주의, 즉 규범적 실재로서의 과실 책임이 있다고 할 것이나.

▸ 과실이 규범적인 것이라는 점을 밝히고 있음

005 ☐☐☐　　　　　　　　　　　　　　[13 변시]
주의의무의 판단기준에 관한 주관설에 따르면 행위자가 평균인 이하의 능력을 가졌기 때문에 결과 발생을 예견할 가능성이 없었더라면 과실범의 불법은 부정될 수 있다.

▸ 주관설은 개인의 능력을 기준으로 과실을 판단함

006 ☐☐☐　　　　　　　　　　　　　　[13 변시]
의료과오사건에서 의사의 과실 유무를 판단할 때에는 동일 업종에 종사하는 일반적 보통인의 주의 정도를 표준으로 하고, 사고 당시의 일반적인 의학수준과 의료환경 및 조건 등을 고려하여야 한다.

▸ 객관적 과실설의 입장임

007 ☐☐☐　　　　　　　　　　　　　　[17 변시]
의료사고에서 의사의 과실을 인정하기 위한 요건과 판단기준은 한의사의 그것과 같다.

008 ☐☐☐　　　　　　　　　　　　　　[13 변시]
신뢰의 원칙은 허용된 위험의 원리와 더불어 주의의무를 제한하는 기능을 수행하고 의사와 약사 사이는 물론이고 약사와 제약회사 사이에서도 적용될 수 있다.

▸ 사회적 상당성의 특칙이 허용된 위험이고 허용된 위험의 특칙이 신뢰의 원칙임

009 ☐☐☐　　　　　　　　　　　　　　[22 변시]
주치의 甲은 경력 7년의 책임간호사 乙에게 종전 처방과 같이 환자 A에게 별다른 부작용이 없었던 소염제·항생제 등을 대퇴부 정맥에 연결된 튜브를 통하여 투여할 것을 지시하였는데 甲의 예견과는 달리 乙이 간호실습생 丙에게 단독으로 정맥주사를 하게 하였고 丙이 대퇴부 정맥튜브와 뇌실외배액관을 착오하여 뇌실외배액관에 주사액을 주입함으로써 A가 사망한 경우, 甲에게 현장에 입회하여 乙의 주사행위를 감독할 업무상 주의의무가 있다고 볼 수 없다.

▸ 의사와 간호사의 경우에 의사에게는 신뢰의 원칙이 적용되지 않지만, 추상적인 감독으로 족하다고 본 사안임

010 ☐☐☐ [21 변시]

선행 교통사고와 후행 교통사고 중 어느 쪽이 원인이 되어 피해자가 사망에 이르게 되었는지 밝혀지지 않은 경우, 후행 교통사고를 일으킨 사람의 과실과 피해자의 사망 사이에 인과관계가 인정되기 위해서는 <u>후행 교통사고를 일으킨 사람이 주의의무를 게을리하지 않았다면 피해자가 사망에 이르지 않았을 것이라는 사실이 증명되어야 한다.</u>

▶ 조건설의 하나인 절대적 제약공식 또는 적법한 대체행위 이론을 활용하고 있다고 평가할 수 있음

011 ☐☐☐ [17 변시]

의사 甲이 고령의 간경변증 환자 A에게 수술과정에서 출혈 등으로 신부전이 발생하여 생명이 위험할 수 있다는 점에 대하여 설명하지 아니하고 수술하던 도중 출혈 등으로 A가 사망한 경우, A가 당해 수술의 위험성을 충분히 인식하고 있어 甲이 <u>설명의무를 다하였더라도 A가 수술을 거부하지 않았을 것으로 인정된다면 甲의 설명의무위반과 A의 사망 사이에 인과관계가 부정된다.</u>

▶ 적법한 대체행위 이론을 적용한 사안으로 평가할 수 있음

012 ☐☐☐ [13 변시]

피해자의 승낙도 과실범의 경우에 위법성조각사유가 될 수 있다.

▶ 자궁적출 사건 참조

013 ☐☐☐ [19 변시]

과실에 의한 공동정범은 물론 과실에 의한 위험범의 성립도 가능하다.

▶ 실화죄인 제170조 제1항은 추상적 위험범이고 제2항은 구체적 위험범임

제2절 결과적 가중범

014 ☐☐☐ [21 변시]

부진정결과적 가중범은 <u>기본범죄</u>가 고의범인 경우에만 인정된다.

▶ 현행법상 기본범죄가 과실인 결과적 가중범은 없음

015 ☐☐☐ [14 변시]

부진정 결과적 가중범은 중한 결과를 야기하는 기본범죄가 고의범인 경우로 제한된다.

016 ☐☐☐ [17 변시]

부진정 결과적가중범의 경우 <u>중한 결과에 대한 고의</u>가 있어도 결과적가중범이 성립한다.

017 ☐☐☐ [24 변시]

「형법」상 특수공무집행방해치상죄는 중한 결과에 대한 예견가능성이 있었음에도 불구하고 예견하지 못한 경우뿐만 아니라 고의가 있는 경우까지도 포함하는 부진정 결과적 가중범이다.

018 ☐☐☐ [16 변시]

부진정결과적 가중범의 예로는 중상해죄(제258조), 현주건조물방화치사상죄(제164조 제2항), 현주건조물일수치사상죄(제177조 제2항), 특수공무집행방해치상죄(제144조 제2항), 교통방해치상죄(제188조) 등을 들 수 있다.

▶ 부진정결과적 가중범의 대표적인 예들임

019 ☐☐☐ [15 변시]

결과적 가중범의 기본범죄가 미수에 그친 경우에도 중한 결과가 발생하면 결과적 가중범의 기수가 성립한다.

▶ 이론상 결과적 가중범의 미수를 부정하는 원칙적인 지문임

020 ☐☐☐ [15 변시]

결과적 가중범은 중한 결과가 발생하여야 성립되는 범죄이지만, 「형법」에는 결과적 가중범의 미수를 처벌하는 규정을 두고 있다.

▶ 강요죄(제324조의5), 강도죄(제342조) 참조

021 ☐☐☐ [21 변시]

결과적 가중범의 미수범 규정이 있는 경우, <u>이론상 기본범죄가 미수에 그친 때</u>에는 결과적 가중범의 미수범이 성립된다.

022 □□□ [14 변시]

「성폭력범죄의 처벌 등에 관한 특례법」이 규정하고 있는 특수강간치상죄와 관련하여 특수강간이 미수인 상태에서 그 기회에 과실로 상해의 중한 결과가 발생한 경우 결과적 가중범의 미수가 인정될 수 없기 때문에 특수강간치상죄로 처리되어야 한다.

▶ 성폭법 제8조와 제15조 참조

023 □□□ [17 변시]

전자충격기를 사용하여 피해자에게 강간을 시도하다가 미수에 그치고 약 2주간의 치료를 요하는 상해에 이르게 한 경우, 「성폭력범죄의 처벌 등에 관한 특례법」상의 특수강간치상죄가 성립한다.

024 □□□ [22 변시]

특수강간이 미수에 그쳤다 하더라도 그로 인하여 피해자가 상해를 입었다면 「성폭력범죄의 처벌 등에 관한 특례법」에 의한 특수강간치상죄의 기수가 성립한다.

025 □□□ [23 변시]

甲이 위험한 물건인 전기충격기를 사용하여 A에 대한 강간을 시도하다가 미수에 그쳤다 하더라도 그로 인하여 A에게 약 2주간의 치료를 요하는 안면부 좌상 등 치상의 결과를 초래하였다면, 甲에게는 「성폭력범죄의 처벌 등에 관한 특례법」 위반의 특수강간치상죄의 기수가 성립한다.

026 □□□ [18 변시]

특수강간이 미수에 그쳤다 히더라도 그로 인하여 피해자가 상해를 입었으면 특수강간치상죄가 성립하고, 특수강간의 죄를 범한 자가 피해자에 대하여 <u>상해의 고의를 가지고 피해자에게 상해를 입히려다가 미수에 그친 경우에는 특수강간상해죄의 미수범으로 처벌된다.</u>

▶ 상해가 발생하지 않은 사안임

027 □□□ [14 변시]

결과적 가중범의 공동정범이 성립하기 위해서는 기본범죄를 공동으로 할 의사가 있으면 성립되고 결과를 공동으로 할 의사는 필요 없다.

▶ 결과를 공동으로 할 의사가 있으면 중한 결과에 대한 고의의 공동정범이 성립함

028 □□□ [21 변시]

결과적 가중범의 공동정범이 성립하기 위해서는 <u>고의의 기본범죄를 공동으로 할 의사만 있으면 충분</u>하고 과실에 의한 중한 결과를 공동으로 할 의사는 불필요하다.

029 □□□ [23 변시]

결과적 가중범의 공동정범은 기본행위를 공동으로 할 의사가 있으면 성립하고 결과를 공동으로 할 의사는 필요 없다.

030 □□□ [15 변시]

여러 사람이 공동하여 상해의 범의로 범행 중 그중 한 사람이 중한 상해를 가하여 피해자가 사망에 이르게 된 경우 나머지 사람들도 사망의 결과를 예견할 수 있는 때에는 상해치사의 죄책을 진다.

▶ 결과적 가중범의 공동정범을 긍정하는 입장에서는 인과관계가 인정되므로 별도로 논하지 않음

031 □□□ [14 변시] [16 변시] [23 변시] [24 변시]

교사자가 피교사자에 대하여 상해를 교사하였는데 피교사자가 이를 넘어 살인을 실행한 경우, 교사자에게 피해자의 사망이라는 결과에 대하여 과실 내지 예견가능성이 있는 때에는 상해치사죄에 교사범으로서의 죄책을 지을 수 있다.

032 □□□ [16 변시]

부진정결과적 가중범에 있어서, 중한 결과에 대한 고의범의 법정형이 결과적 가중범의 <u>법정형보다 중한 경우에는 양자가 상상적 경합관계에 있지만 그렇지 않은 경우에는 결과적 가중범이 고의범에 대하여 특별관계에 있으므로 결과적 가중범만 성립한다.</u>

033 ☐☐☐ [15 변시][23 변시]

부진정결과적 가중범에서 고의로 중한 결과를 발생하게 한 행위가 별도의 구성요건에 해당하고 그 고의범의 법정형이 결과적 가중범의 법정형보다 <u>더 무거운 경우</u>에는 고의범과 결과적 가중범이 상상적 경합관계에 있지만, 고의범의 법정형이 <u>더 무겁지 않은 경우</u>에는 결과적 가중범만 성립한다.

034 ☐☐☐ [13 변시]

甲은 승용차를 운전하던 중 음주단속을 피하기 위해 승용차로 단속경찰관을 들이받아 경찰관의 공무집행을 방해하고 경찰관에게 상해를 입혔는데, 甲은 공무집행방해의 고의는 물론 상해의 고의도 가지고 있었다. 甲은 특수공무집행방해치상죄로 처벌된다.

▶ 특수공무집행방해치상죄(3년 이상), 특수상해(1년 이상 10년 이하)

035 ☐☐☐ [23 변시]

적법하게 직무를 집행하는 공무원에 대하여 위험한 물건을 휴대하여 고의로 상해를 가한 경우에는 특수공무집행방해치상죄가 성립한다.

036 ☐☐☐ [17 변시][18 변시]

피해자의 재물을 강취한 직후 피해자를 살해할 목적으로 현주건조물에 방화하여 사망에 이르게 한 경우에는 강도살인죄와 현주건조물방화치사죄가 모두 성립하고 두 죄는 상상적 경합의 관계에 있다.

▶ 강도살인죄(사형, 무기), 현주건조물방화치사죄(사형, 무기, 7년 이상)

037 ☐☐☐ [19 변시]

甲이 A의 집에 침입하여 재물을 강취한 후 A를 살해할 목적으로 A의 집에 불을 놓아 A를 사망에 이르게 한 경우에는 강도살인죄와 현주건조물방화치사죄가 성립하고 양 죄는 상상적 경합범 관계에 있다.

038 ☐☐☐ [22 변시]

재물을 강취한 후 피해자를 살해할 목적으로 현주건조물에 방화하여 사망에 이르게 한 경우, 강도살인죄와 현주건조물방화치사죄에 해당하고 그 두 죄는 상상적 경합관계에 있다.

제3절 부작위범

039 ☐☐☐ [12 변시]

행위자가 자신의 <u>신체적 활동이나 물리적·화학적 작용</u>을 통하여 적극적으로 타인의 법익상황을 악화시킴으로써 결국 그 타인의 법익을 침해하기에 이르렀다면, 이는 작위에 의한 범죄로 봄이 원칙이고, 작위에 의하여 악화된 법익 상황을 다시 되돌이키지 아니한 점에 주목하여 이를 부작위범으로 볼 것은 아니다.

▶ 작위와 부작위의 구별에 대해 자연과학적 방법론 입장

040 ☐☐☐ [21 변시]

의사가 수술 후 치료를 계속하지 않으면 환자가 사망할 수 있음을 알면서도 보호자의 강력한 요청으로 치료를 중단하고 퇴원을 허용하여 보호자의 방치로 환자가 사망한 경우, 그 의사에게는 작위에 의한 살인방조죄가 성립한다.

041 ☐☐☐ [13 변시]

전담의사가 중환자실에서 인공호흡기를 부착하고 치료를 받던 환자의 처의 요청에 따라 치료를 중단하고 퇴원조치를 함으로써 귀가 후 수련의의 인공호흡기 제거로 환자가 사망한 경우, 전담의사에게 작위에 의한 살인방조죄가 성립한다.

042 ☐☐☐ [14 변시]

생존가능성이 있는 환자를 보호자의 요구로 치료를 중단하고 퇴원을 지시하여 사망하게 한 의사의 경우에는 <u>치료중단이라는 부분</u>에 비난의 중점을 두어 부작위범으로 평가할 것은 아니다.

043 □□□   [23 변시]

일정 기간 내에 잘못된 상태를 바로잡으라는 행정청의 지시를 이행하지 않았다는 것을 구성요건으로 하는 범죄는 진정부작위범으로서 그 의무이행기간의 경과에 의하여 범행이 기수에 이른 것이다.

044 □□□   [12 변시]

법적인 작위의무를 지고 있는 자가 결과발생을 쉽게 방지할 수 있었음에도 불구하고 이를 방관한 채 그 의무를 이행하지 아니한 경우에, 그 부작위가 작위에 의한 법익침해와 동등한 형법적 가치가 있는 것이어서 그 범죄의 실행행위로 평가될 만한 것이라면, 부작위범으로 처벌할 수 있다.

▸ 부진정부작위범의 일반적 성립요건

045 □□□   [24 변시]

업무상배임죄는 부작위에 의해서도 성립할 수 있는바, 그러한 부작위를 실행의 착수로 볼 수 있기 위해서는 작위의무가 이행되지 않으면 사무처리의 임무를 부여한 사람이 재산권을 행사할 수 없으리라고 객관적으로 예견되는 등으로 구성요건적 결과 발생의 위험이 구체화한 상황에서 부작위가 이루어져야 한다.

046 □□□   [12 변시][23 변시][24 변시]

작위의무는 법적인 의무이어야 하지만, 법령, 법률행위, 선행행위로 인한 경우뿐만 아니라 기타 신의성실의 원칙이나 사회상규 혹은 조리상 작위의무가 기대되는 경우에도 법적인 작위의무가 인정된다.

047 □□□   [14 변시]

미성년자를 유인하여 포박·감금한 자가 중간에 살해의 고의를 가지고 계속 방치하여 사망케 하였다면 감금 행위자에게도 보증인지위 내지 보증의무가 인정되어 부작위에 의한 살인죄의 성립을 인정하여야 한다.

▸ 선행행위로 인한 작위의무를 인정할 수 있음

048 □□□   [19 변시]

「민법」상 부부간의 부양의무에 근거한 법률상 보호의무인 작위의무는 법률상 부부의 경우에 한정되지 않고 사실혼 관계에서도 인정된다.

049 □□□   [19 변시]

교통사고의 결과가 피해자의 구호 및 교통질서의 회복을 위한 조치가 필요한 상황인 이상 「도로교통법」 제54조 제1항, 제2항이 규정한 교통사고 발생 시의 구호조치의무 및 신고의무는 교통사고를 발생시킨 당해 차량의 운전자에게 그 사고 발생에 있어서 고의·과실 혹은 유책·위법의 유무에 관계없이 부과된 의무이다.

▸ 도교법상 미조치죄와 미신고죄의 근거 규정임

050 □□□   [13 변시]

법무사가 아닌 사람이 법무사로 소개되거나 호칭되는 데도 자신이 법무사가 아니라는 사실을 밝히지 않은 채 법무사 행세를 계속하면서 근저당권설정계약서를 작성해 준 경우, 부작위에 의한 법무사법위반죄(법무사명칭사용금지)가 성립한다.

051 □□□   [19 변시]

보증인지위와 보증인의무의 체계적 지위를 구별하는 이분설에 따를 때 보증인지위에 대한 착오는 구성요건적 착오에 해당하고 보증인의무에 대한 착오는 법률의 착오에 해당한다.

052 □□□   [14 변시]

甲이 자신의 아들이 물에 빠졌는데도 그를 타인의 아들이라고 잘못 생각하여 구조행위를 하지 않아 사망하게 한 경우, 이분설에 따르면 甲의 착오는 형법 제13조의 사실의 착오에 해당한다.

053 □□□   [14 변시][21 변시]

부진정 부작위범의 성립요건과 관련하여 보증인지위와 보증의무의 체계적 지위를 나누는 이분설에 따르면, 부작위 행위자의 보증의무에 관한 착오는 법률의 착오에 해당한다.

054 □□□ [21 변시]

진정부작위범과 부진정부작위범 모두 작위의무가 법적으로 인정되더라도 작위의무를 이행하는 것이 사실상 불가능한 상황이었다면, 부작위범이 성립할 수 없다.

▸ 개별적 행위가능성이 없는 사안임

055 □□□ [13 변시]

모텔 방에 투숙 중 담배를 피운 후 담뱃불을 제대로 끄지 않은 중대한 과실로 화재를 일으킨 투숙객에게도 화재를 소화할 의무가 있음에도 모텔 주인이나 다른 투숙객에게 아무 말 없이 도망쳐 나와 다른 투숙객이 사망한 경우, 화재를 용이하게 소화할 수 있었다고 보기 어렵다면 부작위에 의한 현주건조물방화치사죄가 성립하지 않는다.

▸ 개별적 행위가능성을 부정한 예외적 판례임

056 □□□ [17 변시]

부작위에 의한 현주건조물방화치사죄가 성립하기 위하여는, 부작위자에게 법률상의 소화의무가 인정되는 외에 소화의 가능성 및 용이성이 있어야 한다.

057 □□□ [21 변시]

부진정부작위범의 요건으로 행위태양의 동가치성을 요구하는 것은 부진정부작위범의 형사처벌을 축소하는 기능을 한다.

▸ 기본적으로 형법에서 새로운 요건을 요구하는 것은 범죄성립을 제한하여 인권보장을 위한 것임

058 □□□ [18 변시]

부작위에 의한 살인에 있어서 작위의무를 이행하였다면 사망의 결과가 발생하지 않았을 것이라는 관계가 인정될 경우, 부작위와 사망의 결과 사이에 인과관계가 인정된다.

▸ 부작위범의 인과관계에서 조건설을 따른 판례

059 □□□ [17 변시]

부진정 부작위범의 고의는 결과발생을 쉽게 방지할 수 있었음을 예견하고도 결과발생을 용인하고 이를 방관하는 미필적 고의만으로는 족하다.

060 □□□ [24 변시]

부진정 부작위범의 고의는 반드시 구성요건적 결과 발생에 대한 목적이나 계획적인 범행 의도가 있어야 하는 것은 아니다.

061 □□□ [18 변시]

부작위에 의한 살인의 경우에는 생명의 침해를 방지할 법적 작위의무를 가지고 있는 자가 의무를 이행함으로써 생명의 침해를 쉽게 방지할 수 있었음을 예견하고도 생명의 침해를 용인하고 이를 방관한 채 의무를 이행하지 아니한다는 인식이 있었다면 살인의 고의가 인정된다.

062 □□□ [13 변시]

하나의 행위가 작위범과 부작위범을 동시에 충족할 수 있다.

063 □□□ [12 변시] [24 변시]

진정부작위범의 경우 다수의 부작위자들에게 공통된 작위의무가 부여되어 있을 때에만 부작위범의 공동정범이 성립할 수 있다.

064 □□□ [17 변시]

진정 부작위범의 공동정범은 부작위자들에게 공통된 작위의무가 부여되어 있지 않다면 성립할 수 없다.

제8장 | 죄수론

제1절	죄수론 서론
제2절	일 죄
제3절	수 죄

형법 각론상의 죄수 관련 지문은 형법 각론 부분 참조

001 ☐☐☐ [20 변시]
상습성이 있는 자가 같은 종류의 죄를 반복하여 저질렀다 하더라도 상습범을 별도의 범죄유형으로 처벌하는 규정이 없는 한 각 죄는 원칙적으로 실체적 경합범으로 처단된다.

▸ 상습범은 실질이 실체적 경합범임

002 ☐☐☐ [14 변시]
상습범을 별도로 처벌하는 규정이 없다면 수회에 걸쳐 죄를 범한 것이 상습성의 발현에 따른 것이라도 원칙적으로 경합범으로 보아야 한다.

003 ☐☐☐ [14 변시]
상습성을 이유로 포괄일죄가 되는 범행의 중간에 동종의 상습범에 대한 확정판결이 있을 때에는 포괄일죄는 확정판결 전후의 죄로 분리된다.

▸ 동종의 기본범죄에 대한 확정판결로는 분리되지 않음

004 ☐☐☐ [15 변시]
포괄일죄의 중간에 다른 종류의 범죄에 대하여 금고 이상의 형에 처한 확정판결이 끼어 있는 경우 그 포괄일죄는 확정판결 후의 범죄로 다루어야 하므로 사후적 경합범이 되지 않는다.

005 ☐☐☐ [14 변시]
동일 죄명에 해당하는 수개의 행위 또는 연속된 행위는 범의가 단일하지 않다면 포괄일죄가 아니다.

006 ☐☐☐ [14 변시]
각각의 저작물에 대한 저작재산권 침해행위가 있었다면 저작권자가 같더라도 별개의 죄가 성립한다.

007 ☐☐☐ [15 변시]
피고인이 A, B, C죄를 순차적으로 범하고 이 중 A죄에 대하여 벌금형에 처한 판결이 확정된 후, 그 판결확정 전에 범한 B죄와 판결확정 후에 범한 C죄가 기소된 경우 법원은 B죄와 C죄를 동시적 경합범으로 처벌할 수 있다.

▸ 확정판결이 금고 이상의 형이 아님

008 ☐☐☐ [22 변시]
「형법」 제37조 후단 경합범과 관련하여 포괄일죄로 되는 개개의 범죄행위가 다른 종류의 죄의 확정판결 전후에 걸쳐서 행하여진 경우에는 그 죄는 2죄로 분리되지 않고 확정판결 후인 최종의 범죄행위시에 완성되므로 후단 경합범에 해당하지 않는다.

009 ☐☐☐ [17 변시]
경합범의 처벌에 관하여 형법 제38조 제1항 제2호 본문은 각 죄에 정한 형이 사형 또는 무기징역이나 무기금고 이외의 동종의 형인 때에는 가장 중한 죄에 정한 장기 또는 다액에 그 2분의 1까지 가중하도록 규정하고 그 단기에 대하여는 명문을 두고 있지 않고 있으나 가장 중한 죄 아닌 죄에 정한 형의 단기가 가장 중한 죄에 정한 형의 단기보다 중한 때에는 위 본문 규정취지에 비추어 그 중한 단기를 하한으로 한다고 새겨야 할 것이다.

010 □□□ [17 변시]
제37조 후단의 사후적 경합범과 관련하여 2004. 1. 20. 법률 제7077호로 공포·시행된 「형법」 개정 법률에서는 「형법」 제37조 후단의 '판결이 확정된 죄'를 '금고 이상의 형에 처한 판결이 확정된 죄'로 개정하면서 특별한 경과규정을 두지 않았다. 그러나 피고인에게 불리하게 되는 등의 특별한 사정이 없는 한 위 개정법률 시행 당시 법원에 계속중인 사건 중 위 개정법률 시행 전에 벌금형에 처한 판결이 확정된 경우에도 개정법률이 적용되는 것으로 보아야 한다.

011 □□□ [22 변시]
「형법」 제37조 후단 경합범이란 금고 이상의 형에 처한 판결이 확정된 죄와 그 판결확정 전에 범한 죄를 가리키는데, 여기서 말하는 판결에는 집행유예 판결도 포함된다.

012 □□□ [22 변시]
「형법」 제37조 후단 경합범과 관련하여 확정판결이 있는 죄에 대하여 일반사면이 있는 경우는 형의 선고효력이 상실되지만 그 죄에 대한 확정판결이 있었던 사실 자체는 인정되므로 그 확정판결 이전에 범한 죄와의 관계에서 후단 경합범이 성립한다.

013 □□□ [24 변시]
유죄의 확정판결을 받은 사람이 그 후 별개의 후행 범죄를 저질렀는데 유죄의 확정판결에 대하여 재심이 개시된 경우, 후행범죄와 재심판결이 확정된 선행범죄 사이에는 「형법」 제37조 후단에서 정한 경합범이 성립하지 않는다.

014 □□□ [17 변시]
제37조 후단의 사후적 경합범과 관련하여 '판결이 확정된 죄'라 함은 수개의 독립된 죄 중의 어느 죄에 대하여 확정판결이 있었던 사실 그 자체를 의미하나, 일반사면으로 형의 선고의 효력이 상실된 경우에도 '판결이 확정된 죄'에 해당한다.

015 □□□ [17 변시]
제37조 후단의 사후적 경합범과 관련하여 경합범 중 판결을 받지 아니한 죄가 있는 때에는 그 죄와 판결이 확정된 죄를 동시에 판결할 경우와 형평을 고려하여 그 죄에 대하여 형을 선고한다. 이 경우 그 형을 감경 또는 면제할 수 있다.

016 □□□ [15 변시]
「형법」 제37조 후단 경합범의 선고형은 그 죄에 선고될 형과 판결이 확정된 죄의 선고형의 총합이 두 죄에 대하여 「형법」 제38조를 적용하여 산출한 처단형의 범위에서 정하여야 하는 것은 아니다.

▸ 두 죄를 동시에 판결할 경우와 형평만 고려하면 됨

017 □□□ [22 변시]
「형법」 제37조 후단 경합범과 관련하여 「형법」 제39조 제1항에 의하여 형을 감경할 때에도 법률상 감경에 관한 「형법」 제55조 제1항이 적용되므로 유기징역을 감경할 때에는 그 형기의 2분의 1 미만으로는 감경할 수 없다.

018 □□□ [22 변시]
「형법」 제37조 후단 경합범과 관련하여 판결을 받지 아니한 수개의 죄가 판결확정을 전후하여 저질러진 경우 판결확정 전에 범한 죄를 이미 판결이 확정된 죄와 동시에 판결할 수 없었던 경우라면, 판결확정을 전후한 각각의 범죄는 별도의 형을 선고하여야 한다.

019 □□□ [15 변시]
금고 이상의 형에 처한 확정판결 전에 범한 A죄와 그 확정판결 후에 범한 B죄에 대하여는 별개의 주문으로 형을 선고해야 한다.

020 □□□

제37조 후단의 사후적 경합범과 관련하여 피고인이 경합범 관계에 있는 A, B, C, D의 죄를 순차적으로 범하였는데 B와 C 범죄의 중간 시점에 금고 이상의 형에 처한 판결이 확정된 경우, 판결 주문은 "피고인을 판시 제1죄(A, B)에 대하여 징역 1년에, 판시 제2죄(C, D)에 대하여 징역 2년에 각 처한다."라는 형식으로 기재된다.

해커스변호사
law.Hackers.com

제3편

형벌론

001 □□□ [16 변시]
「형법」은 상대적 법정형을 원칙으로 하고, 여적죄에 관해서만 절대적 법정형을 두고 있다.

002 □□□ [24 변시]
공소사실이 인정되지 않는 경우에 이와 관련되지 않은 범죄사실을 법원이 인정하여 몰수·추징을 선고하는 것은 불고불리의 원칙에 위반된다.

003 □□□ [12 변시]
행위자에게 <u>유죄의 재판을 하지 아니하면서 몰수를 선고하기 위하여서는</u> 몰수의 요건이 <u>공소가 제기된 공소사실과 관련되어 있어야 하고</u>, 공소가 제기되지 아니한 별개의 범죄사실을 인정하여 몰수만을 선고하는 것은 허용되지 아니한다.

004 □□□ [24 변시]
몰수·추징이 공소사실과 관련이 있다 하더라도 그 공소사실에 관하여 이미 공소시효가 완성된 경우에는 몰수·추징을 할 수 없다.

005 □□□ [22 변시]
몰수에 관한 「형법」 제48조 제1항의 '<u>범인</u>'에는 <u>공범자도 포함</u>되므로 피고인의 소유물은 물론 공범자의 소유물도 그 공범자의 소추 여부를 불문하고 몰수할 수 있다.

006 □□□ [19 변시]
법원은 피고인의 소유물은 물론 공범자의 소유물도 <u>그 공범자의 소추 여부를 불문하고 몰수할 수 있</u>고, 이 경우 공범자에는 공동정범, 교사범, 방조범에 해당하는 자뿐만 아니라 <u>필요적 공범관계에 있는 자도 포함</u>된다.
▸ 최광의의 공범 개념임

007 □□□ [22 변시]
사기도박에 참여하도록 유인하기 위하여 고액의 수표를 제시해 보인 경우라면 그 수표가 직접적으로 도박자금으로 사용되지 않았더라도 몰수할 수 있다.

008 □□□ [24 변시]
범죄행위의 수행에 실질적으로 기여한 것으로 인정된다면, 실행행위의 착수 전 또는 실행행위 종료 후의 행위에 사용되었을 뿐 범죄의 실행행위 자체에 사용되지 않은 물건이라도 몰수·추징의 대상인 '범죄행위에 제공한 물건'에 포함된다.

009 □□□ [23 변시]
휴대전화로 촬영한 동영상은 일정한 저장매체에 전자방식이나 자기방식에 의하여 저장된 기록으로서 저장매체를 매개로 존재하는 물건이므로 몰수의 사유가 있는 때에는 그 <u>전자기록을 몰수할 수 있다.</u>

010 □□□ [23 변시]
피고인이 범죄행위에 이용한 웹사이트는 형법 제48조 제1항 제2호에서 몰수의 대상으로 정한 '범죄행위로 인하여 생(生)하였거나 이로 인하여 취득한 물건'에 해당하지 않으므로, 범죄행위에 이용한 웹사이트 매각을 통해 피고인이 취득한 대가는 「형법」 제48조 제2항의 추징 대상이 되지 않는다.

011 □□□ [16 변시]
범죄의 불법과 책임을 근거지우거나 가중·감경사유가 된 상황은 다시 양형의 자료가 될 수 없는데, 이를 '이중평가의 금지'라고 한다.

012 □□□ [16 변시]
형법총칙은 일반적 가중사유로 경합범 가중, 누범 가중, 특수교사·방조의 세 가지 경우를 인정하고 있다.

013 ☐☐☐ [16 변시]
형법총칙상 심신미약은 임의적 감경사유이고, 농아자는 필요적 감경사유이고, 중지미수는 필요적 감면사유이다.

　▸ 제10조 제2항, 제11조, 제26조 참조

014 ☐☐☐ [16 변시]
작량감경을 할 때 작량감경사유가 수개 있는 경우에는 거듭 감경할 수 없지만, 법률상 감경을 한 후에 다시 작량감경을 할 수는 있다.

015 ☐☐☐ [23 변시]
유기징역형에 대한 법률상 감경을 하면서 「형법」제55조 제1항 제3호에서 정한 것과 같이 장기와 단기를 모두 2분의 1로 감경하는 것이 아닌 장기 또는 단기 중 어느 하나만을 2분의 1로 감경하는 방식이나 2분의 1보다 넓은 범위의 감경을 하는 방식 등은 죄형법정주의 원칙상 허용될 수 없다.

016 ☐☐☐ [24 변시]
중지미수의 경우에는 형을 면제하거나 법정형의 상한과 하한 모두를 2분의 1로 감경하는 반면, 장애미수의 경우에는 법익침해의 위험 발생 정도에 따라 법정형에 대한 감경을 하지 않거나 법정형의 상한과 하한을 모두 2분의 1로 감경하여야 한다.

017 ☐☐☐ [17 변시]
하나의 죄에 대하여 징역형과 벌금형을 병과하는 경우, 특별한 규정이 없는 한 징역형에만 작량감경을 하고 벌금형에는 작량감경을 하지 않는 것은 위법하다.

018 ☐☐☐ [22 변시]
경합범의 처벌에 관한 「형법」제38조 제1항 제3호에 의하여 징역형과 벌금형을 병과하는 경우에 징역형에만 작량감경을 하고 벌금형에는 작량감경을 하지 않는 것은 적법하다.

019 ☐☐☐ [17 변시]
형법 제38조 제1항 제3호에 의하여 징역형과 벌금형을 병과하는 경우에는 각 형에 대한 범죄의 정상에 차이가 있을 수 있으므로 징역형에만 작량감경을 하고 벌금형에는 작량감경을 하지 아니하였다고 하여 이를 위법하다고 할 수 없다.

020 ☐☐☐ [13 변시]
행위자에 대하여 부과되는 형량을 작량감경하는 경우 양벌규정에 의하여 법인을 처벌함에 있어서도 이와 동일한 조치를 취하여야 할 필요는 없다.

021 ☐☐☐ [17 변시]
형법 제55조 제1항 제3호에 의하여 형기를 감경할 경우 여기서의 형기라 함은 장기와 단기를 모두 포함하는 것으로서 당해 처벌조항에 장기 또는 단기의 정함이 없을 때에는 형법 제42조에 의하여 장기는 30년, 단기는 1월이라고 볼 것이어서 형법 제250조의 소정형 중 5년 이상의 유기징역형을 선택한 이상 그 장기는 30년이므로 법률상 감경을 한다면 장기 15년, 단기 2년 6월의 범위 내에서 처단형을 정하여야 한다.

022 ☐☐☐ [17 변시]
형법 제55조 제1항 제6호의 벌금을 감경할 때의 '다액'의 2분의 1이라는 문구는 '금액'의 2분의 1이라고 해석하여 그 상한과 함께 하한도 2분의 1로 내려가는 것으로 해석하여야 한다.

023 ☐☐☐ [22 변시]
강도상해의 범행에 대하여 자수한 사안에서 법원이 자수감경을 하지 않았거나 자수감경 주장에 대한 판단을 하지 않았다고 해도 위법하다고 할 수 없다.

　▸ 자수는 임의적 감경 사유임

제3절 누 범

024 □□□ [17 변시]
형법 제35조 제1항에 규정된 '금고 이상에 해당하는 죄'라 함은 유기금고형이나 유기징역형으로 처단할 경우에 해당하는 죄를 의미하는 것으로서, 법정형 중 벌금형을 선택한 경우에는 누범가중을 할 수 없다.

▸ 누범은 장기만 2배 가중함

제4절 집행유예, 선고유예, 가석방

025 □□□ [14 변시]
형법 제37조 후단의 경합범 관계에 있는 죄에 대하여 하나의 판결로 두 개의 자유형을 선고하는 경우에 하나의 자유형에 대하여는 실형을, 다른 하나의 자유형에 대하여는 집행유예를 선고하는 것도 허용된다.

▸ 죄가 두 개인 경우임

026 □□□ [20 변시]
「형법」 제62조 제1항 단서에서 규정한 '금고 이상의 형을 선고한 판결이 확정된 때'에는 실형뿐만 아니라 형의 집행유예를 선고한 판결이 확정된 경우도 포함된다.

027 □□□ [20 변시]
집행유예 기간 중에 범한 범죄라고 할지라도 집행유예가 실효되거나 취소됨이 없이 그 유예기간이 경과한 경우에는 다시 집행유예의 선고가 가능하다.

▸ 집행유예기간이 경과되면 형선고의 효력이 없어짐

028 □□□ [22 변시]
2020. 7. 1. 무고죄로 징역 1년에 집행유예 2년을 선고받고 그 판결이 같은 달 9. 확정된 甲이 2021. 6. 1. 상습도박죄를 범하여 같은 해 11. 1. 유죄판결을 선고받는 경우, 법원은 甲에게 상습도박죄에 대한 집행유예는 선고할 수 없다.

029 □□□ [23 변시]
형의 집행을 유예하는 경우에는 보호관찰과 사회봉사 또는 수강을 동시에 명할 수 있다.

030 □□□ [14 변시]
집행유예를 선고하면서 사회봉사명령으로서 일정액의 금전 출연을 주된 내용으로 하는 사회공헌계획의 성실한 이행을 명하는 것은 허용될 수 없다.

031 □□□ [20 변시]
집행유예 기간 중 고의로 범한 죄로 금고 이상의 실형을 선고받아 그 판결이 확정되면 집행유예가 실효된다.

032 □□□ [20 변시]
집행유예의 선고를 받고 그 선고가 실효되거나 취소됨이 없이 유예기간을 경과하면 형의 선고는 효력을 잃게 된다.

033 □□□ [14 변시]
집행유예의 선고를 받은 후에 그 선고가 실효 또는 취소됨이 없이 유예기간이 경과하더라도 형의 선고가 있었다는 사실 자체가 없어지는 것은 아니다.

034 □□□ [23 변시]
「폭력행위 등 처벌에 관한 법률」 제2조 제3항은 2회 이상 징역형을 받은 사람에 대해서 누범으로 가중 처벌하도록 하고 있는데, 집행유예의 선고를 받은 후 그 선고가 실효 또는 취소됨이 없이 유예기간을 경과하여 형의 선고가 효력을 잃은 경우는 위 조항의 '징역형을 받은 경우'에 해당하지 않는다.

035 □□□ [14 변시]
'개전의 정상이 현저한 때'가 반드시 피고인이 죄를 깊이 뉘우치는 경우만을 뜻하는 것은 아니고, 피고인이 범죄사실을 자백하지 않고 부인하는 경우에도 선고유예를 선고할 수 있다.

036 ☐☐☐ [14 변시]

형법 제39조 제1항에 의하여 형법 제37조 후단 경합범 중 판결을 받지 아니한 죄에 대하여 형을 선고하는 경우에, 형법 제37조 후단에 규정된 '금고 이상의 형에 처한 판결이 확정된 죄'의 형은 선고유예의 결격사유인 '자격정지 이상의 형을 받은 전과'에 포함된다.

▸ 후행 범죄로 인해 선행 범죄에 대하여 선고유예를 하지 못하는 사안임

037 ☐☐☐ [21 변시]

회사 대표자의 위반행위에 대하여 징역형의 형량을 작량감경하고 병과하는 벌금형에 대하여 선고유예를 한 이상 양벌규정에 따라 그 회사를 처단함에 있어서도 같은 조치를 취하여야 할 필요는 없다.

제5절 | 형의 시효와 소멸

해커스변호사
law.Hackers.com

제4편

개인적 법익에 관한 죄

제 1 장 생명, 신체에 관한 죄
제 2 장 자유에 관한 죄
제 3 장 명예와 신용에 관한 죄
제 4 장 사생활 평온에 관한 죄
제 5 장 재산에 관한 죄

제1장 | 생명, 신체에 관한 죄

제1절　살인의 죄

001 ☐☐☐　　　　　　　　　　　　　　[18 변시]
사람의 시기(始期)는 규칙적인 진통을 동반하면서 분만이 개시된 때를 말하고, 제왕절개 수술의 경우에는 '의학적으로 제왕절개 수술이 가능하였고 규범적으로 수술이 필요하였던 때'는 판단하는 사람 및 상황에 따라 다를 수 있어, 분만개시 시점 즉, 사람의 시기도 불명확하게 되므로 이 시점을 분만의 시기로 볼 수 없다.
▶ 제왕절개의 경우에는 수술시에 사람으로 봄

002 ☐☐☐　　　　　　　　　　　　　　[18 변시]
건장한 체격의 군인이 왜소한 체격의 사람을 폭행하고 특히 급소인 목을 설골이 부러질 정도로 세게 졸라 사망하게 한 경우에는 살인의 고의가 인정된다.

003 ☐☐☐　　　　　　　　　　　　　　[18 변시]
예리한 식도로 타인의 하복부를 찔러 직경 5센티미터, 깊이 15센티미터 이상의 자상을 입힌 결과 그 타인이 내장파열 및 다량의 출혈뿐만 아니라 자창의 감염으로 인해 사망에 이른 경우에는 행위자에게 고의에 의한 살인의 죄책을 물을 수 있다.

004 ☐☐☐　　　　　　　　　　　　　　[18 변시]
살인예비죄가 성립하기 위해서는 살인죄의 실현을 위한 준비행위가 있어야 하는데, 여기서 준비행위는 단순히 범행의 의사 또는 계획만으로는 그것이 있다고 할 수 없고 객관적으로 보아서 살인죄의 실현에 실질적으로 기여할 수 있는 외적 행위를 필요로 한다.

제2절　상해와 폭행의 죄

005 ☐☐☐　　　　　　　　　　　　　　[18 변시]
피해자의 신체에 공간적으로 근접하여 손발이나 물건을 휘두르거나 던지는 행위는 직접 피해자의 신체에 접촉하지 아니하였다 하더라도 피해자에 대한 불법한 유형력의 행사로서 폭행죄의 폭행에 해당될 수 있다.

006 ☐☐☐　　　　　　　　　　　　　　[13 변시]
甲은 A가 견인료 납부를 요구하면서 자신의 승용차 앞을 가로막고 서 있자 A의 다리 부분을 위 승용차 앞범퍼로 들이받고 약 1m 정도 진행하였고, 이로 인하여 A는 땅바닥으로 넘어졌다면 '위험한 물건을 휴대'한 경우에 해당한다.

007 ☐☐☐　　　　　　　　　　　　　　[23 변시]
甲이 자신의 차를 가로막는 A를 부딪친 것은 아니라고 하더라도, A를 부딪칠 듯이 차를 조금씩 전진시키는 것을 반복하는 행위는 특수폭행죄를 구성한다.

008 ☐☐☐　　　　　　　　　　　　　　[13 변시]
甲은 A가 식칼을 들고 나와 자신을 찌르려고 하자 이를 저지하기 위하여 그 칼을 뺏은 다음 A를 훈계하면서 칼의 칼자루 부분으로 A의 머리를 가볍게 쳤다면 '위험한 물건을 휴대'한 경우에 해당하지 않는다.
▶ 위험한 물건은 상대적으로 판단함

009 ☐☐☐　　　　　　　　　　　　　　[13 변시]
甲은 주먹으로 A의 얼굴 부위를 1회 때려 그로 인하여 상해가 발생하였고, 당구대 위에 놓여 있던 당구공으로 A의 머리를 툭툭 건드렸고 그로 인하여 상해가 발생하지는 아니하였다면 '위험한 물건을 휴대'한 경우에 해당하지 않는다.

010 ☐☐☐ [13 변시]
甲은 A 등과 이혼에 관한 사항을 협의하던 도중 A 등과 가벼운 실랑이를 하게 되었다. 이 과정에서 甲의 승낙 없이 A의 아버지인 B가 甲의 아들을 자신의 중형승용차에 태운 후 시동을 걸고 출발하려고 하였다. 甲은 이를 제지하기 위하여 급히 자신의 소형승용차를 출발시켜 B가 운전하던 승용차를 저속으로 가볍게 충격하였다. 이로 인하여 B는 특별한 치료를 요하지 않는 가벼운 상해를 입었으며, 甲의 차량과 B의 차량도 경미한 손상을 입게 되었다면 '위험한 물건을 휴대'한 경우에 해당하지 않는다.

011 ☐☐☐ [16 변시]
빚 독촉을 하다가 멱살을 잡고 대드는 피해자 A의 손을 뿌리치고 그를 뒤로 밀어 넘어뜨려 A의 등에 업힌 B(생후 7개월)에게 상해를 입혀 사망에 이르게 하였다면 B에 대한 폭행치사죄가 성립한다.
▸ 법정적 부합설의 입장임

012 ☐☐☐ [20 변시]
A가 甲으로부터 폭행을 당하고 얼마 후 함께 A를 폭행하자는 甲의 연락을 받고 달려 온 乙로부터 다시 폭행을 당하고 사망하였으나 사망의 원인행위가 판명되지 않았다면, 「형법」 제263조가 적용되지 않는다.
▸ 의사의 연락이 있어 공동정범이 되는 사안임

013 ☐☐☐ [20 변시]
A가 甲으로부터 폭행을 당하고 얼마 후 乙이 甲과 의사연락 없이 A를 폭행하자 A가 乙의 계속되는 폭행을 피하여 도로를 무단횡단하다 지나가던 차량에 치어 사망하였다면, 「형법」 제263조가 적용되지 않는다.
▸ 인과관계가 밝혀진 사안임

014 ☐☐☐ [18 변시]
시간적 차이가 있는 독립된 상해행위나 폭행행위가 경합하여 사망의 결과가 일어나고 그 사망의 원인된 행위가 판명되지 않은 경우에는 공동정범의 예에 의하여 처벌된다.

015 ☐☐☐ [20 변시]
A가 행인 甲으로부터 상해를 입은 후 얼마 지나지 않아 다시 다른 행인 乙로부터 상해를 입고 사망하였으나 사망의 원인행위가 판명되지 않았다면, 「형법」 제263조가 적용되어 甲과 乙은 상해치사죄의 공동정범의 예에 의해 처벌된다.

016 ☐☐☐ [20 변시]
A가 甲이 운전하는 차량에 의해 교통사고를 당한 후 얼마 지나지 않아 다시 乙이 운전하는 차량에 의해 교통사고를 당하고 사망하였으나 사망의 원인행위가 판명되지 않았다면, 「형법」 제263조가 적용되지 않는다.

017 ☐☐☐ [16 변시]
「특정범죄 가중처벌 등에 관한 법률」 제5조의10 제2항은 운행 중인 자동차의 운전자를 폭행하거나 협박하여 운전자나 승객 또는 보행자 등을 상해나 사망에 이르게 하였다면 이로써 특정범죄가중법 제5조의10 제2항의 구성요건을 충족한다.

<table><tr><td>제3절</td><td>과실치사상의 죄</td></tr></table>

018 ☐☐☐ [18 변시]
甲이 함께 술을 마신 乙과 도로 중앙선에 잠시 서 있다가 지나가는 차량의 유무를 확인하지 아니하고, 고개를 숙인 채 서 있는 乙의 팔을 갑자기 끌어당겨 도로를 무단횡단하던 도중에 지나가던 차량에 乙이 충격당하여 사망한 경우, 甲이 乙의 안전을 위하여 차량의 통행 여부 및 횡단 가능 여부를 확인하여야 할 주의의무가 있다.

019 □□□ [18 변시]

의사가 특정 진료방법을 선택하여 진료를 하였다면 해당 진료방법 선택과정에 합리성이 결여되어 있다고 볼 만한 사정이 없는 이상, 진료의 결과만을 근거로 하여 그 진료방법을 선택한 것이 과실에 해당한다고 말할 수 없다.

020 □□□ [23 변시]

의사가 시술의 위험성에 관하여 설명을 하였더라면 환자가 시술을 거부하였을 것이라는 점이 합리적 의심의 여지가 없이 증명되지 못한 경우에는 의사의 설명의무 위반과 환자의 상해 또는 사망 사이에 상당인과관계를 인정할 수 없다.

021 □□□ [22 변시]

4층 건물의 소유자가 그 중 2층을 임대하여 임차인이 학원을 운영하던 중 건물 내부 벽면에 설치된 분전반을 통해 3층과 4층으로 가설된 전선이 합선으로 단락되어 화재가 나 학생들에게 상해가 발생한 경우, 건물의 소유자로서 건물을 비정기적으로 수리하거나 건물의 일부분을 임대하였다는 사정만으로는 업무상과실치상죄의 '업무'로 보기 어렵다.

022 □□□ [17 변시]

안전배려 내지 안전관리사무에 계속적으로 종사하지 아니한 채 건물의 소유자로서 건물을 비정기적으로 수리하거나 건물의 일부분을 임대한 자는 건물에 화재가 발생하는 것을 미리 막아야 할 업무상 주의의무를 부담하지 않는다.

023 □□□ [18 변시]

소유자가 건물을 임대한 경우, 그 건물의 전기배선이 벽 내부에 매립·설치되어 건물 구조의 일부를 이루고 있다면 그에 관한 관리책임은 통상적으로 건물을 직접 사용하는 임차인이 아닌 소유자에게 있어, 특별한 사정이 없는 한 소유자가 전기배선의 하자로 인한 화재를 예방할 주의의무를 부담한다.

▶ 전기배선을 임차인이 직접 하는 등의 특별한 사정이 있는 경우는 예외임

024 □□□ [17 변시]

원칙적으로 도급인에게는 수급인의 업무와 관련하여 사고방지에 필요한 안전조치를 취할 주의의무가 없으나, 법령에 의하여 도급인에게 수급인의 업무에 관하여 구체적인 관리·감독의무 등이 부여되어 있거나 도급인이 공사의 시공이나 개별 작업에 관하여 구체적으로 지시·감독하였다는 등의 특별한 사정이 있는 경우에는 도급인에게도 수급인의 업무와 관련하여 사고방지에 필요한 안전조치를 취할 주의의무가 있다.

025 □□□ [18 변시]

공사도급계약의 경우 원칙적으로 도급인에게는 수급인의 업무와 관련하여 사고방지에 필요한 안전조치를 취할 주의의무가 없으나, 도급인이 수급인의 공사시공 및 개별작업에 구체적인 지시를 하는 등의 관여를 하였다면 수급인의 업무와 관련하여 사고방지에 필요한 안전조치를 취할 주의의무를 부담한다.

026 □□□ [24 변시]

건설회사가 건설공사 중 타워크레인의 설치작업을 전문업자에게 도급을 주어 타워크레인 설치작업을 하던 중 발생한 사고에 대하여, 건설회사의 현장대리인 甲에게 타워크레인의 설치작업을 관리하고 통제할 실질적인 지휘·감독 권한이 없었다면 업무상 주의의무를 위반한 과실이 있다고 볼 수 없다.

027 □□□ [21 변시]

> 甲은 음주운전 전력으로 자동차 운전면허가 취소된 상태에서, 혈중알코올농도 0.15%의 술에 취하여 정상적인 운전이 곤란한 상태에서 자신의 승용차를 운전하여 가던 중, 전방에 신호대기로 정차하고 있던 A가 운전하는 화물차의 뒷부분을 들이받아 그 충격으로 A에게 약 2주간의 치료를 요하는 상해를 입게 하고, 위 화물차의 수리비가 150만 원이 들도록 손괴하였다.

① 甲이 범한 도로교통법위반(음주운전)죄와 도로교통법위반(무면허운전)죄는 상상적 경합관계에 있다.

▶ 법익이 사회적 법익으로 동일함

② 甲이 정상적인 운전이 곤란한 상태가 아니었다면, 甲이 범한 도로교통법위반(무면허운전)죄와 교통사고처리특례법위반(치상)죄는 실체적 경합관계에 있다.

▸ 법익이 사회적 법익과 개인적 법익으로 다름

③ 甲의 행위에 대하여 특정범죄가중처벌등에관한법률위반(위험운전치상)죄가 성립되는 경우, 교통사고처리특례법위반(치상)죄는 그 죄에 흡수되어 별죄를 구성하지 아니한다.

④ 甲이 사고 후「도로교통법」제54조 제1항의 조치를 취하지 아니하고 도주하여 특정범죄가중처벌등에관한법률위반(도주치상)죄와 도로교통법위반(사고후미조치)죄가 성립하는 경우, 위 두 죄는 상상적 경합관계에 있다.

▸ 사고후미조치죄는 대물적인 부분임

028 □□□ [12 변시]
차의 운전자가 음주의 영향으로 정상적인 운전이 곤란한 상태에서의 운전 중 교통사고로 사람에게 상해를 입게 하여 <u>특정범죄가중처벌등에관한법률위반(위험운전치사상)죄와 도로교통법위반(음주운전)죄가 성립한 경우, 양 죄는 실체적 경합관계에 있다.</u>

▸ 법익이 개인적 법익과 사회적 법익으로 다름

029 □□□ [16 변시]
사고운전자가 사고 후 피해자 일행에게 자신의 인적사항을 알려주었고 근처에 있던 택시기사에게 피해자를 병원으로 이송해줄 것을 부탁하였더라도, 피해자의 병원 이송 및 경찰관의 사고현장 도착 이전에 사고운전자가 사고현장을 이탈하였다면 특정범죄가중처벌등에관한법률위반(도주차량)죄가 인정된다.

▸ 본 지문 이하는 특가법 제5조의3 도주차량 관련 지문임

030 □□□ [16 변시]
사고운전자가 사고 후 주변사람의 신고로 도착한 구급차에 올라타서 피해자와 함께 <u>병원에 동행하면서 사고와 무관한 사람인 것처럼 행세하였지만 1시간 가량 경과 후 자신의 잘못을 인정하고 가해자임을 밝혔다면,</u> 특정범죄가중처벌등에관한법률위반(도주차량)죄가 인정되지 않는다.

031 □□□ [16 변시]
운전자가 11세인 피해자의 왼쪽 손부분 등을 차로 들이받아 땅바닥에 넘어뜨려 약 1주일간의 치료를 요하는 상해를 입게 한 사건에서, <u>스스로 자기 몸의 상처가 어느 정도인지 충분히 파악 하기에는 나이가 어린 피해자가 집으로 혼자 돌아갈 수 있느냐는 질문에 "예"라 답했다는 이유만으로 아무런 보호조치도 없는 상태에서 피해자를 그냥 돌아가게 했다면 도주에 해당한다.</u>

032 □□□ [16 변시]
「특정범죄 가중처벌 등에 관한 법률」제5조의3 제1항 소정의 '차의 교통으로 인하여「형법」제286조의 죄를 범한 당해차량의 운전자'란 차의 교통으로 인한 업무상과실 또는 중대한 과실로 인하여 사람을 사상에 이르게 한 자를 가리키는 것이지 <u>과실이 없는 사고 운전자까지 포함하는 것은 아니다.</u>

033 □□□ [16 변시]
자동차 운전자가 업무상 과실로 동시에 수인을 사상케 하고 도주한 경우, 특정범죄가중처벌등에관한법률위반(도주차량)죄는 <u>피해자별로 수죄가 성립하며 이러한 수죄는 상상적 경합관계에 있다.</u>

제4절	낙태의 죄

제5절	유기와 학대의 죄

제2장 | 자유에 관한 죄

제1절 협박의 죄

001 ☐☐☐ [15 변시]

A주식회사는 직원 甲을 통해 乙에게 외제 승용차를 할부 판매하였고, 乙이 이를 친구인 丙 명의로 등록하여 운행하던 중 乙이 약정기일에 1억 원의 할부금을 갚지 못하였다. 乙은 甲으로부터 수회 할부금 변제 독촉을 받자 A회사의 내부 비리를 검찰에 고발하겠다는 협박편지를 A회사에게 발송한 경우 乙은 A회사에 대한 협박죄는 성립하지 아니한다.

▶ 법인은 두려움을 느낄 수 있는 정신능력이 없음

002 ☐☐☐ [14 변시]

A주식회사 대표이사에게 자신의 횡령행위를 문제삼으면 A주식회사의 내부비리 등을 금융감독원 등 관계기관에 고발하겠다고 발언하는 경우 대표이사에 대하여는 협박죄가 성립하지만, 법인에 대하여는 협박죄가 성립하지 아니한다.

003 ☐☐☐ [22 변시]

피해자 본인이나 그 친족뿐만 아니라 그 밖의 제3자에 대한 법익 침해를 내용으로 하는 해악을 고지하는 것이라고 하더라도 피해자 본인과 제3자가 밀접한 관계에 있어 그 해악의 내용이 피해자 본인에게 공포심을 일으킬 만한 정도의 것이라면 협박죄가 성립할 수 있고, 이 때 제3자에는 자연인뿐만 아니라 법인도 포함된다.

▶ 협박죄의 객체와 해악의 대상을 구별하여야 함

004 ☐☐☐ [23 변시]

사채업자 甲이 채무자 A에게 채무를 변제하지 않으면 A가 숨기고 싶어하는 과거 행적과 사채를 쓴 사실 등을 남편과 시댁에 알리겠다는 등의 문자메시지를 발송한 경우, 甲의 행위는 사회통념상 용인되는 범위를 넘는 것이어서 협박죄가 성립한다.

005 ☐☐☐ [20 변시]

협박죄는 사람의 의사결정의 자유를 보호법익으로 하는 위험범이라 봄이 상당하고, 협박죄의 미수범 처벌조항은 해악의 고지가 현실적으로 상대방에게 도달하지 아니한 경우나, 도달은 하였으나 상대방이 이를 지각하지 못하였거나 고지된 해악의 의미를 인식하지 못한 경우 등에 적용될 뿐이다.

▶ 고지된 해악의 의미를 인식하면 외포되지 않아도 기수

006 ☐☐☐ [15 변시]

A주식회사는 직원 甲을 통해 乙에게 외제 승용차를 할부 판매하였고, 乙이 이를 친구인 丙 명의로 등록하여 운행하던 중 乙이 약정기일에 1억 원의 할부금을 갚지 못하였다. 그로 인하여 甲이 회사에서 책임추궁을 당하자 할부금을 갚지 않으면 乙의 아들에게 상해를 가하겠다는 협박편지를 乙의 아파트 우편함에 넣어 두었으나 경비원이 이를 휴지통에 버린 경우 甲은 협박죄의 미수에 해당한다.

007 ☐☐☐ [13 변시]

甲은 자신의 승용차 트렁크에서 공기총을 꺼내어 A를 향해 들이대고 협박하였다. 공기총에는 실탄이 장전되지 아니한 상태였으나, 승용차 트렁크에는 공기총 실탄이 보관되어 있었다면 '위험한 물건을 휴대'한 경우에 해당한다.

제2절 체포와 감금의 죄

008 ☐☐☐ [17 변시]

정신병자도 감금죄의 객체가 될 수 있다.

▶ 잠재적 장소이전의 자유를 가진 자도 객체가 됨

009 □□□ [17 변시]
경찰서 내 대기실로서 일반인과 면회인 및 경찰관이 수시로 출입하는 곳이고 여닫이문만 열면 나갈 수 있도록 된 구조라 하여도 경찰서 밖으로 나가지 못하도록 그 신체의 자유를 제한하는 유·무형의 억압이 있었다면 이는 감금에 해당한다.

▶ 전면적인 자유박탈일 필요 없음

010 □□□ [17 변시]
감금을 하기 위한 수단으로 행사된 단순한 협박행위는 감금죄에 흡수되어 따로 협박죄를 구성하지 않는다.

011 □□□ [17 변시]
감금행위가 강간죄나 강도죄의 수단이 된 경우에도 감금죄는 강간죄나 강도죄에 흡수되지 아니하고 별도로 성립한다.

012 □□□ [17 변시][18 변시]
감금행위가 단순히 강도상해 범행의 수단이 되는 데 그치지 아니하고 강도상해의 범행이 끝난 뒤에도 계속된 경우에는 감금죄와 강도상해죄가 성립하고, 두 죄는 실체적 경합범 관계에 있다.

013 □□□ [14 변시]
재물을 강취하기 위하여 피해자를 강제로 승용차에 태우고 가다가 주먹으로 때려 반항을 억압한 다음 현금 35만원 등이 들어 있는 가방을 빼앗은 후 약15km를 계속하여 진행하여 가다가 교통사고를 일으켜 발각된 경우 감금죄와 강도죄는 실체적 경합 관계이다.

제3절 | 약취와 유인의 죄

014 □□□ [14 변시]
미성년자의 어머니가 교통사고로 사망하여 아버지가 미성년자의 양육을 외조부에게 맡겼으나 교통사고 배상금 등으로 분쟁이 발생하자, 학교에서

귀가하는 미성년자를 아버지가 본인의 의사에 반하여 강제로 차에 태우고 데려간 경우 미성년자약취죄가 성립한다.

▶ 친권자도 주체가 될 수 있음

015 □□□ [14 변시][18 변시]
미성년자가 혼자 머무는 주거에 침입하여 그를 감금한 뒤 폭행 또는 협박에 의하여 부모의 출입을 봉쇄하고 독자적인 생활관계를 형성하기에 이르렀다면 비록 장소적 이전이 없었다 할지라도 미성년자약취죄가 성립한다.

제4절 | 강요죄

016 □□□ [14 변시]
골프시설의 운영자가 골프회원에게 불리하게 내용이 변경된 회칙에 대하여 동의한다는 내용의 등록신청서를 제출하지 않으면 회원으로 대우하지 않겠다고 통지하는 것은 강요죄의 협박에 해당한다.

017 □□□ [22 변시]
강요죄에서 '의무 없는 일'이란 법령, 계약 등에 기하여 발생하는 법률상 의무 없는 일을 말하므로, 폭행 또는 협박으로 법률상 의무 있는 일을 하게 한 경우에는 폭행 또는 협박죄만 성립할 뿐 강요죄는 성립하지 아니한다.

018 □□□ [12 변시]
피해자의 해외도피를 방지하기 위하여 피해자를 협박하고 이에 피해자가 겁을 먹고 있는 상태를 이용하여 피해자 소유의 여권을 교부하게 함으로써 피해자가 그의 여권을 강제회수당하였다면 강요죄의 기수가 성립한다.

제5절 강간과 추행의 죄

019 ☐☐☐ [16 변시]
「형법」은 유사강간죄의 법정형을 강간죄의 법정형보다 낮게 규정하고 있다.

▸ 강간죄(제297조)는 3년 이상, 유사강간죄(제297조의2)는 2년 이상

020 ☐☐☐ [18 변시]
강제추행죄는 사람에 대하여 폭행 또는 협박을 가하여 항거를 곤란하게 한 뒤에 추행행위를 하는 경우뿐만 아니라 폭행 자체가 추행행위로 인정되는 경우도 포함한다.

021 ☐☐☐ [15 변시]
강제추행죄는 폭행이 추행행위에 앞서 이루어진 경우뿐만 아니라 폭행행위 자체가 추행행위라고 인정되는 경우에도 성립한다.

022 ☐☐☐ [19 변시]
甲이 버스에서 내려 혼자 걸어가는 A(27세, 여)를 발견하고 마스크를 착용한 채 뒤따라가다가 인적이 없고 외진 곳에서 가까이 접근하여 껴안으려고 양 팔을 든 순간, A가 뒤돌아보면서 소리치자 甲이 그 상태로 몇 초 동안 A를 쳐다보다가 다시 오던 길로 되돌아간 경우, 甲에게는 강제추행미수죄가 성립한다.

023 ☐☐☐ [13 변시]
자신이 알고 있는 사람과 다툼을 일으키고 자신의 말을 무시하고 차량이 주차된 장소로 가는 48세 부녀자인 A를 뒤따라가 '그냥 가면 가만두지 않겠다'라고 하면서 바지를 벗고 자신의 성기를 보여준 甲의 행위는 비록 사람들이 왕래하는 골목길 도로이지만 직접적인 신체적 접촉이 없었다면 강제추행죄가 성립하지 않는다.

024 ☐☐☐ [23 변시]
준강간죄에서 준강간의 고의는 피해자가 심신상실 또는 항거불능의 상태에 있다는 것과 그러한 상태를 이용하여 간음한다는 구성요건적 결과 발생의 가능성을 인식하고 그러한 위험을 용인하는 내심의 의사가 있으면 인정될 수 있다.

025 ☐☐☐ [15 변시]
피고인이 간음하기 위해 피해자의 바지를 벗기려는 순간 피해자가 어렴풋이 잠에서 깨어나 피고인을 자신의 애인으로 착각하여 불을 끄라고 말하였고, 피고인이 여관으로 가자고 제의하자 그냥 빨리하라고 하면서 성교에 응하자 피고인이 피해자를 간음한 경우 준강간죄가 성립하지 않는다.

▸ 피해자가 심신상실 상태에 있지 않음

026 ☐☐☐ [18 변시]
평소 건강에 별다른 이상이 없는 피해자에게 성인 권장용량의 2배에 해당하는 졸피뎀 성분의 수면제가 섞인 커피를 마시게 하여 피해자가 정신을 잃고 깊이 잠이 든 사이 피해자를 간음한 경우, 피해자가 4시간 뒤에 깨어나 잠이 든 이후의 상황에 대해서 제대로 기억하지 못하였다면 이는 강간치상죄의 상해에 해당한다.

▸ 깊이 잠이 든 것도 상해에 해당한다고 본 사안임

027 ☐☐☐ [14 변시]
甲이 성인인 A와 술값 문제로 시비가 되어 A를 폭행하여 비골 골절 등의 상해를 가한 다음 A의 가슴을 만지는 등 A를 강제로 추행한 경우 甲에게는 상해죄와 강제추행죄가 성립한다.

▸ 강제추행치상죄는 성립하지 않음

028 ☐☐☐ [23 변시]
강간치상의 범행을 저지른 甲이 그 범행으로 인하여 실신상태에 있는 피해자를 구호하지 아니하고 방치하였다 하더라도, 유기죄는 성립하지 아니하고 포괄적으로 단일의 강간치상죄만 성립한다.

029 ☐☐☐   [15 변시]

피고인이 심신미약자인 피해자를 여관으로 유인하기 위하여 인터넷쪽지로 남자를 소개해 주겠다고 거짓말을 하여 피해자가 이에 속아 여관으로 오게 되었고, 그곳에서 성관계를 하게 되었다면 거짓말로 여관으로 유인한 행위는 위계에 의한 심신미약자간음죄의 위계에 해당한다.

▸ 종래는 위계에 해당하지 않았으나 2015도9436 전합으로 위계에 해당하게 됨

030 ☐☐☐   [15 변시]

8세인 미성년자에 대한 추행행위로 피해자의 외음부 부위에 염증이 발생한 경우 그 증상이 약간의 발적과 경도의 염증이 수반된 정도에 불과하더라도 그로 인하여 피해자 신체의 건강상태가 불량하게 되고 생활기능에 장애가 초래된 것이라면 이러한 상해는 미성년자의제강제추행치상죄의 상해의 개념에 해당한다.

▸ 제305조 제1항은 제301조를 준용하고 있음

031 ☐☐☐   [23 변시]

「형법」은 유사강간죄의 예비·음모행위를 처벌하는 규정을 두고 있다.

▸ 제305조의3 참조

성폭법 관련 지문

032 ☐☐☐   [13 변시]

특수강간범이 강간행위 계속 중에 특수강도의 행위를 한 후 강간행위를 종료한 경우 성폭력범죄의 처벌 등에 관한 특례법상의 특수강도강간죄가 성립한다.

▸ 성폭법 3조 제2항 참조

033 ☐☐☐   [18 변시]

강간범이 범행현장에서 범행에 사용하려는 의도 아래 흉기 등 위험한 물건을 지닌 이상 그 사실을 피해자가 인식하거나 실제로 범행에 사용하지 않은 경우도 「성폭력범죄의 처벌 등에 관한 특례법」 제4조 제1항 소정의 '흉기나 그 밖의 위험한 물건을 지닌 채 강간죄를 범한 자'에 해당한다.

▸ 성폭법 제4조 제1항 참조

034 ☐☐☐   [13 변시]

甲, 乙, 丙이 사전의 모의에 따라 강간할 목적으로 심야에 인가에서 멀리 떨어져 있어 쉽게 도망할 수 없는 야산으로 피해자 A, B, C를 유인한 다음 곧바로 암묵적인 합의에 따라 각자 마음에 드는 피해자 1명씩만을 데리고 불과 100m 이내의 거리에 있는 곳으로 흩어져 동시 또는 순차적으로 피해자들을 각각 강간하였다면, 甲에게는 A, B, C 모두에 대한 성폭력범죄의 처벌 등에 관한 특례법상의 특수강간죄가 성립한다.

▸ 성폭법 제4조 제1항 참조

035 ☐☐☐   [19 변시]

甲이 새벽에 귀가하는 A(25세, 여)를 발견하고는 강간하기로 마음먹고, A를 따라가 A가 거주하는 아파트 엘리베이터를 같이 탄 뒤 엘리베이터 안에서 주먹으로 A의 얼굴을 수회 때려 반항을 억압한 후 A를 끌고 엘리베이터에서 내린 다음 아파트 계단에서 A를 간음하고 그로 인하여 A에게 상해를 가한 경우, 아파트의 엘리베이터, 공용계단은 특별한 사정이 없는 한 주거침입죄의 객체인 '사람의 주거'에 해당하므로 甲에게는 성폭력범죄의처벌등에관한특례법위반(강간등상해)죄가 성립한다.

▸ 성폭법 제3조 제1항, 제8조 제1항 참조

036 ☐☐☐   [13 변시]

성폭력범죄의 처벌 등에 관한 특례법상의 공중밀집장소에서의 추행죄에서 규정하고 있는 공중밀집장소란 공중의 이용에 상시적으로 제공, 개방된 상태에 놓여 있는 곳 일반을 의미하므로, 공중밀집장소의 일반적 특성을 이용한 행위라고 보기 어려운 특별한 사정이 있는 경우에 해당하지 않는 한 추행행위 당시의 현실적인 밀집도 내지 혼잡도에 따라 그 규정의 적용 여부를 달리한다고 볼 수 없다.

▸ 성폭법 제11조 참조

037 □□□ [21 변시]

甲이 A와 화상채팅 중 A가 <u>스스로</u> 촬영하여 전송한 A의 나체 사진을 저장한 경우, 甲의 행위가 A의 의사에 반하더라도 성폭법 제14조 제1항으로 처벌할 수 없다.

▶ 제14조 제1항의 죄는 촬영대상자의 의사에 반해야 함

038 □□□ [21 변시]

甲이 A의 동의를 얻어 A의 나체를 촬영한 후 그 영상물을 <u>A의 의사에 반하여 반포한</u> 행위는 성폭법 제14조 제2항의 처벌대상이 된다.

▶ 제14조 제2항의 죄의 객체는 촬영대상자의 의사에 반하지 않는 경우도 포함함

039 □□□ [21 변시]

甲이 A의 동의를 얻어 A의 나체를 촬영한 영상을 컴퓨터로 재생하면서 <u>재생 중인 화면을 휴대전화로 다시 촬영한 다음</u> 이를 A의 의사에 반하여 반포한 행위는 성폭법 제14조 제2항으로 처벌할 수 있다.

▶ 제14조 제2항의 죄의 객체는 복제물 및 복제물의 복제물을 포함함

040 □□□ [21 변시]

甲이 A의 동의를 얻어 A의 나체를 촬영한 후 A가 다른 남성 B와 사귀자 헤어지게 할 목적으로 <u>A에게 위 나체 영상을 전송한</u> 경우 성폭법 제14조 제2항의 '제공'으로 처벌할 수 없다.

▶ 제14조 제2항의 제공에는 피해자 본인에게 제공하는 행위는 포함되지 않음

041 □□□ [21 변시]

甲이 A의 의사에 반하여 A의 나체를 촬영한 영상을 乙이 A의 의사에 반하여 반포한 경우 甲은 성폭법 제14조 제1항으로, 乙은 동조 제2항으로 처벌할 수 있다.

▶ 성폭법 제14조 제1항과 제2항 참조

아청법(청소년성보호법) 관련 지문

042 □□□ [19 변시]

사리판단력이 있는 고등학교 1년생으로 종전에 성 경험이 있었던 A(16세, 여)에게 甲이 <u>성교의 대가로 돈을 주겠다고 거짓말하여</u> 이에 속은 A와 성교행위를 한 경우, 위계로써 아동·청소년을 간음한 경우에 해당하므로, 甲에게는 「형법」상 미성년자 간음죄가 아니라 아동·청소년의성보호에관한법률위반(위계등간음)죄가 성립한다.

▶ 아청법 제7조 제5항 참조

043 □□□ [23 변시]

「아동·청소년의 성보호에 관한 법률」 제7조 제5항 위반의 위계에 의한 간음죄에서 행위자가 <u>간음의 목적으로 피해자에게 오인, 착각, 부지를 일으키고 피해자의 그러한 심적 상태를 이용하여 간음의 목적을 달성하였다면</u> 위계와 간음행위 사이의 인과관계를 인정할 수 있다.

044 □□□ [19 변시]

甲이 제작한 영상물이 객관적으로 아동·청소년이 등장하여 성적 행위를 하는 내용을 표현한 영상물에 해당하는 한 대상이 된 <u>아동·청소년의 동의하에 촬영한 것이라거나 사적인 소지·보관을 1차적 목적으로 제작한 것</u>이라고 하여 구 아청법 제8조 제1항의 '아동·청소년이용음란물'에 해당하지 아니한다거나 이를 '제작'한 것이 아니라고 할 수 없다.

▶ 아청법 제11조 제1항 참조

045 □□□ [18 변시]

아동·청소년의 성을 사는 행위를 알선하는 행위를 업으로 하는 사람이 알선의 대상이 아동·청소년임을 인식하면서 알선행위를 하였다면, 알선행위로 아동·청소년의 <u>성을 사는 행위를 한 사람</u>이 행위의 상대방이 아동·청소년임을 인식하지 못하였더라도 아동·청소년의성보호에관한법률위반(알선영업행위등)죄가 성립한다.

▶ 아청법 제15조 제1항 참조

제3장 | 명예와 신용에 관한 죄

제1절 명예에 관한 죄

001 ☐☐☐ [24 변시]
명예훼손죄나 모욕죄의 피해자에는 자연인으로서 사람뿐만 아니라 '법인'은 포함되지만, 지방자치단체인 군(郡)은 명예훼손죄나 모욕죄의 피해자가 될 수 없다.

002 ☐☐☐ [14 변시]
정부 또는 국가기관은 형법상 명예훼손죄의 피해자가 될 수 없으나, 언론보도의 내용이 공직자 개인에 대한 <u>악의적인 공격으로 현저히 상당성을 잃은</u> 것으로 평가되는 경우에는, 그 보도로 인하여 공직자 개인에 대한 명예훼손죄가 성립할 수 있다.

003 ☐☐☐ [23 변시]
명예훼손죄는 <u>추상적 위험범</u>이므로 불특정 또는 다수인이 적시된 사실을 실제 인식한 경우에 명예가 훼손되는 것은 아니다.

004 ☐☐☐ [14 변시]
진정서 사본과 고소장 사본을 특정사람에게만 개별적으로 우송한 경우라도 그 수가 200여 명에 이른 경우에는 명예훼손죄의 요건인 공연성이 인정된다.

005 ☐☐☐ [23 변시]
기자를 통해 사실을 적시하는 경우 기자가 취재를 한 상태에서 아직 기사화하여 보도하지 아니한 때에는 전파가능성이 없어 명예훼손죄의 요건인 공연성이 인정되지 않는다.

006 ☐☐☐ [16 변시]
<u>개인 블로그의 비공개 대화방에서 상대방으로부터 비밀을 지키겠다는 말을 듣고 1 : 1로 대화하면서</u> 타인의 명예를 훼손하는 발언을 한 경우 상대방이 대화내용을 불특정 또는 다수인에게 전파할 가능성이 있다.

007 ☐☐☐ [23 변시]
개인블로그의 비공개 대화방에서 1:1로 대화하였다면 명예훼손죄의 요건인 공연성이 인정된다.

008 ☐☐☐ [14 변시]
자신의 아들 등으로부터 폭행을 당하여 입원한 <u>피해자의 병실로 병문안을 간 가해자의 어머니가 피해자의 어머니와 폭행사건에 대하여 대화하던 중 피해자의 어머니의 친척 등 모두 3명이 있는 자리에서 "학교에서 알아보니 피해자에겐 원래 정신병이 있었다고 하더라"</u>라고 허위 사실을 말한 경우, 공연성이 인정되지 않아 허위사실적시에 의한 명예훼손죄가 성립하지 아니한다.

009 ☐☐☐ [21 변시]
사실적시명예훼손죄(「형법」 제307조 제1항)의 '사실'은 가치판단이나 평가를 내용으로 하는 '<u>의견</u>'에 대치되는 개념이다.

010 ☐☐☐ [16 변시]
甲이 경찰관 A를 상대로 진정한 직무유기 사건이 혐의가 인정되지 않아 내사종결 처리되었음에도, 甲이 도청에 찾아가 다수인이 듣고 있는 가운데 "내일부로 검찰청에서 A에 대한 구속영장이 떨어진다."라고 소리친 경우, <u>이는 현재의 사실을 기초로 하거나 이에 대한 주장을 포함하여 장래의 일을 적시한 것으로 볼 수 있어</u> 명예훼손죄에 있어서의 사실의 적시에 해당한다.

▶ 장래의 일은 사실이 될 수 없으나 현실을 기반으로 하면 사실이 될 수 있음

011 ☐☐☐ [21 변시]

집단표시에 의한 명예훼손의 내용이 개별구성원에 이르러서는 비난의 정도가 희석되어 구성원 개개인의 사회적 평가에 영향을 미칠 정도에 이르지 아니한 때에는 구성원 개개인에 대한 명예훼손죄가 성립하지 않는다.

012 ☐☐☐ [23 변시]

행위자의 주요한 동기 내지 목적이 공공의 이익을 위한 것이라면 부수적으로 다른 사익적 목적이나 동기가 내포되어 있는 때에도 「형법」 제310조(위법성의 조각)의 적용이 배제되지 않는다.

013 ☐☐☐ [23 변시]

정보통신망을 통하여 타인의 명예를 훼손하는 글을 게시하였으나 적시된 사실이 진실이고 공공의 이익에 관한 것이어서 비방의 목적이 인정되지 않는 경우에는 「형법」 제310조(위법성의 조각)가 적용된다.

014 ☐☐☐ [21 변시]

「형법」 제310조 위법성조각사유의 충족 여부는 피고인에게 거증책임이 있다.

015 ☐☐☐ [24 변시]

「형법」 제310조에 따라 위법성이 조각되기 위해서는 적시된 사실이 진실한 것이라는 증명이 없더라도 행위자가 이를 진실한 것으로 믿었고 또 그렇게 믿을 만한 상당한 이유가 있어야 한다.

016 ☐☐☐ [16 변시]

공연히 사실을 적시하여 사람의 명예를 훼손한 행위가 「형법」 제310조에 따라 위법성이 조각되려면 그것이 진실한 사실로서 오로지 공공의 이익에 관한 때에 해당된다는 점을 행위자가 증명하여야 하고, 그 증명을 함에 있어서 전문증거의 증거능력을 제한하는 「형사소송법」 제310조의2가 적용되지 아니한다.

▶ 거증책임의 전환을 인정하되, 자유로운 증명의 대상임

017 ☐☐☐ [16 변시]

'여성 아나운서'와 같이 집단 표시에 의한 구성원 개개인에 대한 명예훼손죄는 성립되지 않는 것이 원칙이고 모욕죄의 경우도 마찬가지이다.

▶ 집단 표시에 의한 명예훼손이나 모욕은 원칙적으로 성립하지 않음

018 ☐☐☐ [24 변시]

이른바 집단표시에 의한 모욕은, 모욕의 내용이 그 집단에 속한 특정인에 대한 것이라고는 해석되기 힘들고, 집단표시에 의한 비난이 개별구성원에 이르러서는 비난의 정도가 희석되어 구성원 개개인의 사회적 평가에 영향을 미칠 정도에 이르지 아니한 경우에는 구성원 개개인에 대한 모욕이 성립되지 않는다고 봄이 원칙이다.

정통망법 관련 지문

019 ☐☐☐ [21 변시]

정보통신망을 통하여 타인의 명예를 훼손하는 글을 게시하였으나 적시된 사실이 진실이고 공공의 이익에 관한 것이어서 비방의 목적이 인정되지 않는 경우에는 「형법」 제310조가 적용된다.

▶ 정통망법 제70조 참조

020 ☐☐☐ [14 변시]

인터넷 포털사이트의 기사란에 마치 특정 여자연예인이 재벌의 아이를 낳았거나 그 대가를 받은 것처럼 댓글이 달린 상황에서 "지고지순의 뜻이 뭔지나 아나? 모 재벌님하고의 관계는 끝났나?"라는 추가 댓글을 게시한 경우, 허위사실의 적시에 해당하여 「정보통신망 이용촉진 및 정보보호 등에 관한 법률」상의 명예훼손죄가 성립한다.

▶ 간접적이고 우회적인 표현 방법으로 허위사실 적시함

021 ☐☐☐ [24 변시]
단순히 어떤 사람을 사칭하여 마치 그 사람이 직접 작성한 글인 것처럼 가장하여 인터넷 게시판에 게시글을 올리는 행위는 그 사람에 대한 사실을 드러내는 행위나 사실의 적시에 해당하지 않아 정보통신망이용촉진및정보보호등에관한법률위반(명예훼손)죄가 성립하지 않는다.

022 ☐☐☐ [24 변시]
甲이 자신의 딸에 대한 A의 학교폭력을 신고하여 A에 대하여 '접촉 및 보복행위의 금지' 등 조치가 내려지자 자신의 SNS 프로필 상태메시지에 '학교폭력범은 접촉금지' 등의 글을 게시한 행위를 들어 A의 명예를 훼손한 것이라 할 수 없다.

023 ☐☐☐ [14 변시]
인터넷 포털사이트의 지식 검색 질문 · 답변 게시판에 성형시술 결과가 만족스럽지 못하다는 주관적인 평가를 주된 내용으로 하는 한 줄의 댓글을 게시한 경우, 사실의 적시에는 해당하지만 비방의 목적이 없어서「정보통신망 이용촉진 및 정보보호 등에 관한 법률」상의 명예훼손죄가 성립하지 않는다.

024 ☐☐☐ [21 변시]
정보통신망을 이용하여 명예훼손성 글을 게시하는 경우에 그 게시행위로써 명예훼손의 범행은 종료하는 것이고 공소시효는 그때부터 기산된다.

▸ 형사소송법 제252조 제1항 참조

<table><tr><td>제2절</td><td>신용, 업무, 경매에 관한 죄</td></tr></table>

025 ☐☐☐ [24 변시]
업무수행 자체가 아니라 업무의 적정성 내지 공정성이 방해된 경우에도 업무방해죄가 성립한다.

026 ☐☐☐ [20 변시]
초등학생들이 학교에 등교하여 교실에서 수업을 듣는 것은 업무방해죄의 보호대상이 되는 업무에 해당하지 않으므로, 초등학교 교실 안에서 교사들에게 욕설을 하거나 학생들에게 욕설을 하여 수업을 할 수 없게 하였다고 하더라도 학생들의 업무를 방해하였다고 볼 수 없다.

027 ☐☐☐ [23 변시]
초등학생들이 학교에 등교하여 교실에서 수업을 듣는 것은 업무방해죄의 보호대상인 '직업 기타 사회생활상의 지위에 기하여 계속적으로 종사하는 사무 또는 사업'에 해당한다고 할 수 없다.

028 ☐☐☐ [23 변시]
종중 회장으로서의 사회적인 지위에서 계속적으로 행하여 온 종중 업무수행의 일환으로 행하여진 것이라면, 그것이 종중 정기총회에서 의사진행업무와 같은 1회성 업무인 경우에도 업무방해죄에 의하여 보호되는 업무에 해당한다.

029 ☐☐☐ [13 변시]
폭력조직 간부가 조직원들과 공모하여 타인이 운영하는 성매매업소 앞에 속칭 '병풍'을 치거나 차량을 주차해 놓는 등 위력으로써 성매매업을 방해한 경우 업무방해죄로 처벌할 수 없다.

▸ 본 지문 이하는 반사회적 업무 관련 지문임

030 ☐☐☐ [17 변시]
의료인이 아니거나 의료법인이 아닌 자가 의료기관을 개설하여 운영하는 행위는 업무방해죄의 보호대상이 되는 업무에 포함되지 않는다.

031 ☐☐☐ [24 변시]
공인중개사가 아닌 사람이 영위하는 중개업을 위력으로 방해한 경우 업무방해죄가 성립하지 않는다.

032 □□□ [17 변시]
법원의 직무집행정지 가처분결정에 의하여 그 직무
집행이 정지된 자가 법원의 결정에 반하여 직무를 수
행함으로써 업무를 계속하는 경우에 그 업무는 업무방
해죄에서 말하는 업무에 해당하지 않는다.

▶ 반사회성 업무와 동등한 평가를 받는 업무임

033 □□□ [23 변시]
법원의 직무집행정지 가처분결정에 의하여 직무집
행이 정지된 자가 법원의 결정에 반하여 직무를 수
행함으로써 업무를 계속 행하는 경우, 그 업무가
반사회성을 띠는 경우라고까지는 할 수 없다고 하
더라도 업무방해죄에 의하여 보호되는 업무에 해
당하지 않는다.

034 □□□ [23 변시]
임대인의 승낙 없이 건물을 전차한 전차인은 비록
불법 침탈 등의 방법에 의하여 건물의 점유를 개시
한 것이 아니고 그 동안 평온하게 음식점 등 영업을
하면서 점유를 계속하여 온 이상 전차인의 업무를
업무방해죄에 의하여 보호받지 못하는 권리라고는
단정할 수 없다.

035 □□□ [20 변시]
지방경찰청 민원실에서 민원인이 진정사건의 처리
와 관련하여 지방경찰청장과의 면담을 요구하면서
이를 제지하는 경찰관들에게 큰 소리로 욕설을 하
고 행패를 부려 경찰관들의 수사 관련 업무를 방해
하였더라도 위력에 의한 업무방해죄는 성립하지
아니한다.

▶ 공무는 업무에 포함되지 않음

036 □□□ [24 변시]
경찰청 민원실에서 민원인들이 진정사건의 처리와
관련하여 경찰청장과의 면담 등을 요구하면서 이
를 제지하는 경찰관들에게 큰소리로 욕설을 하고
행패를 부린 행위에 대하여, 업무방해죄가 성립하
지 않는다.

037 □□□ [17 변시]
타인 명의로 허위의 학력과 경력을 기재한 이력서를
작성하고, 그 타인의 고등학교 생활기록부 등 관련
서류를 작성·제출하여 응시자의 지능과 경험, 교
육정도 등을 감안하여 적격여부를 판단하는 A회사
의 채용시험에 합격하였다면, A회사의 채용업무를
위계에 의하여 방해하였다고 보아야 한다.

▶ 위장취업은 업무방해임

038 □□□ [17 변시]
지방공사 사장이 신규직원 채용권한을 행사하는
것은 공사의 기관으로서 공사의 업무를 집행하는
것이므로, 신규직원 채용업무는 위 권한의 귀속주
체인 사장 본인에 대한 관계에서도 업무방해죄의
객체인 타인의 업무에 해당한다.

▶ 그러나 아래 지문과 같이 업무방해죄는 성립하지 않음을
주의

039 □□□ [23 변시]
지방공사 사장이 신규직원 채용권한을 행사하는
것은 공사의 기관으로서 공사의 업무를 집행하는
것이므로, 이러한 신규직원 채용업무는 위 권한의
귀속주체인 사장 본인에 대한 관계에서도 업무방
해죄의 객체인 타인의 업무에 해당한다.

040 □□□ [20 변시]
신규직원 채용권한을 가지고 있는 지방공사 사장
이 신규직원 채용시험 업무담당자에게 지시하여
상호 공모 내지 양해하에 시험성적조작 등의 부정
한 행위를 하였더라도 위계에 의한 업무방해죄가
성립하지 아니한다.

▶ 법인인 공사에게 신규직원 채용업무와 관련하여 오인·착각
또는 부지를 일으키게 한 것은 아님

041 ☐☐☐ [13 변시]

수산업협동조합의 신규직원 채용에 응시한 A와 B가 필기시험에서 합격선에 못 미치는 점수를 받게 되자, 채점업무 담당자들이 조합장인 피고인의 지시에 따라 점수조작행위를 통하여 이들을 필기시험에 합격시킴으로써 필기시험 합격자를 대상으로 하는 면접시험에 응시할 수 있도록 한 사안에서, 위 점수조작행위에 공모 또는 양해하였다고 볼 수 없는 일부 면접위원들이 조합의 신규직원 채용업무로서 수행한 면접업무는 위 점수조작행위에 의하여 방해되었다고 보아야 한다.

▶ 공모 또는 양해가 없는 면접위원들에 대한 업무방해임

042 ☐☐☐ [24 변시]

위력에 의한 업무방해죄는 위력에 의해 현실적으로 피해자의 자유의사가 제압되지 않은 경우에도 성립할 수 있다.

043 ☐☐☐ [13 변시]

근로자들이 집단적으로 근로의 제공을 거부하여 사용자의 정상적인 업무 운영을 저해하고 손해를 발생하게 한 행위는 업무방해죄에서 말하는 <u>위력</u>에 해당하는 요소를 포함하고 있다.

044 ☐☐☐ [17 변시]

대부업체 직원이 대출금을 회수하기 위하여 소액의 지연이자를 문제 삼아 법적 조치를 거론하면서 소규모 간판업자인 채무자의 휴대전화로 한 달 여에 걸쳐 <u>수백 회에 이르는</u> 전화공세를 한 경우 업무방해죄를 구성한다.

045 ☐☐☐ [23 변시]

甲이 A와 토지 지상에 창고를 신축하는 데 필요한 형틀공사 계약을 체결한 후 그 공사를 완료하였는데, A가 공사대금을 주지 않는다는 이유로 위 토지에 쌓아 둔 <u>건축자재를 단순히 치우지 않은 경우</u>, 甲의 이러한 행위는 적극적으로 A의 추가 공사 업무를 방해한 행위와 동등한 형법적 가치를 가지는 것으로 평가할 수 없으므로 甲에게는 <u>부작위에 의한 업무방해죄가 성립하지 않는다</u>.

046 ☐☐☐ [13 변시]

업무방해죄의 성립에는 업무방해의 결과가 실제로 발생함을 요하지 않고, 업무방해의 결과를 초래할 위험이 발생하는 것이면 족하다.

047 ☐☐☐ [20 변시]

업무방해죄는 업무방해의 결과를 초래할 위험이 발생하면 충분하지만 시험출제위원이 문제를 선정하여 시험실시자에게 제출하기 전에 이를 유출하였더라도, 그 후 그 문제가 시험실시자에게 제출되지 아니하였다면 업무방해죄가 성립하지 아니한다.

▶ 위험범이지만 예외적으로 업무방해 부정한 사안임

048 ☐☐☐ [23 변시]

업무방해죄에서 업무방해의 고의는 반드시 업무방해의 목적이나 계획적인 업무방해의 <u>의도가 있어야 인정되는 것은 아니고</u>, 자기의 행위로 인하여 타인의 업무가 방해될 것이라는 결과를 발생시킬 만한 가능성 또는 위험이 있음을 인식하거나 예견하면 충분하다.

049 ☐☐☐ [13 변시]

시장번영회의 회장으로서 시장번영회에서 제정하여 시행 중인 관리규정을 위반하여 칸막이를 천장까지 설치한 일부 점포주들에 대하여 <u>회원들의 동의를 얻어 시행되고 있는 관리규정에 따라 단전조치를 한 경우</u> 업무방해죄로 처벌할 수 없다.

050 ☐☐☐ [20 변시]

피해자에 대한 폭행행위가 동일한 피해자에 대한 업무방해죄의 수단이 된 경우에는 <u>업무방해죄와는 별도로 폭행죄가 성립하며 두 죄는 상상적경합</u> 관계에 있다.

051 □□□   [23 변시]

주택재건축조합 조합장이 자신에 대한 <u>감사활동을
방해하기 위하여</u> 조합 사무실에 있던 컴퓨터에 비
밀번호를 설정하고 하드디스크를 분리·보관하는
방법으로 그 조합의 정보처리 업무를 방해한 경우,
「형법」 제314조 제2항의 컴퓨터등장애 업무방해죄
가 성립한다.

052 □□□   [16 변시]

甲이 포털사이트 운영회사의 통계집계시스템 서버
에 허위의 클릭정보를 전송하여 검색순위결정과정
에서 위와 같이 전송된 허위의 클릭정보가 실제로
통계에 반영됨으로써 <u>정보처리에 장애가 발생하였
다면</u> 그로 인하여 실제로 검색순위에 변동을 초래
하지 않았다 하더라도 甲에게 컴퓨터등장애업무방
해죄가 성립한다.

▸ 추상적 위험범이지만 정보처리에 장애가 발생하여야 함

053 □□□   [24 변시]

「형법」 제314조 제2항의 컴퓨터등장애업무방해죄
가 성립하기 위해서는 정보처리에 장애가 현실적
으로 발생하였을 것을 요하나, 정보처리에 장애를
발생하게 하여 업무방해의 결과를 초래할 위험이
발생한 이상, 업무방해의 결과가 실제로 발생하지
않더라도 위 죄가 성립한다.

054 □□□   [22 변시]

주택재건축조합 조합장이 자신에 대한 감사활동을
방해하기 위하여 조합사무실에 있던 <u>다른 직원의
컴퓨터에 비밀번호를 설정하고 조합 업무 담당자의
컴퓨터 하드디스크를 분리·보관</u>하여 조합 업무를
방해한 경우, 「형법」 제314조 제2항의 업무방해죄
에 해당한다.

제4장 | 사생활 평온에 관한 죄

| 제1절 | 비밀침해죄 |
| 제2절 | 주거침입의 죄 |

001 ☐☐☐ [12 변시]
주거침입죄에서 주거란 단순히 가옥 자체만을 말하는 것이 아니라 그 정원 등 위요지를 포함한다.

002 ☐☐☐ [22 변시]
주거침입죄의 객체는 건조물 그 자체뿐만 아니라 그에 부속하는 위요지를 포함하나, 건조물의 이용에 기여하는 인접의 부속 토지가 인적 또는 물적 설비 등에 의한 구획 내지 통제가 없어 통상의 보행으로 그 경계를 쉽사리 넘을 수 있는 정도라면 특별한 사정이 없는 한 위요지에 해당하지 않는다.

003 ☐☐☐ [24 변시]
건조물의 이용에 기여하는 인접의 부속 토지에 해당한다면 그 토지가 인적 또는 물적 설비 등에 의하여 구획 또는 통제되지 않아 통상의 보행으로 그 경계를 쉽사리 넘을 수 있는 정도라면 건조물침입죄의 객체에 해당하지 않는다.

004 ☐☐☐ [12 변시][22 변시]
다세대주택·연립주택·아파트 등 공동주택의 내부에 있는 엘리베이터, 공용 계단과 복도는 특별한 사정이 없는 한 주거침입죄의 객체인 '사람의 주거'에 해당한다.

005 ☐☐☐ [24 변시]
침입 대상인 아파트에 사람이 있는지를 확인하기 위해 그 집의 초인종을 누른 행위만으로는 주거침입죄의 실행에 착수한 것이 아니다.

▸ 공동주택이란 점을 고려하면 의문의 여지가 있음

006 ☐☐☐ [12 변시]
피고인이 피해자가 사용중인 공중화장실의 용변칸에 노크하여 남편으로 오인한 피해자가 용변칸 문을 열자 강간할 의도로 용변칸에 들어간 것이라면, 피해자가 명시적 또는 묵시적으로 이를 승낙하였다고 볼 수 없어 주거침입에 해당한다.

▸ 공중화장실의 용변칸도 점유하는 방실임

007 ☐☐☐ [14 변시]
A회사의 감사인 甲은 경영진과의 불화로 회사를 퇴사한 후 30일이 지나 회사의 승낙 없이 자신이 사용하던 A회사 소유의 컴퓨터 하드디스크를 가지고 가기 위하여 일출 직후인 06 : 48경 A회사에 갔으나 자신의 출입카드가 정지되어 출입구가 열리지 않자 경비원으로부터 임시 출입증을 받아 감사실에 들어간 경우 甲에게는 방실침입죄가 성립한다.

008 ☐☐☐ [22 변시]
주거침입죄는 사실상의 주거의 평온을 보호법익으로 하는 것이므로 그 거주자 또는 관리자가 건조물 등에 거주 또는 관리할 권한을 가지고 있는가 여부는 범죄의 성립을 좌우하는 것이 아니다.

009 ☐☐☐ [12 변시]
임대차 기간이 종료된 후에는 임차인이 계속 점유하고 있는 건물에 그 소유자가 무단으로 들어간다면 주거침입죄가 성립한다.

010 ☐☐☐ [12 변시]
복수의 주거권자 중 한 사람이 그 주거에의 출입을 승낙하였다면, 그 승낙이 다른 주거권자의 의사에 직접·간접으로 반하는 경우라도 그 출입행위는 주거침입에 해당하지 아니한다.

▸ 2020도12630 전합에 의하여 종래 판례 변경

011 □□□ [24 변시]

甲이 수개월 전 헤어진 연인인 A를 폭행하기 위하여 A가 사는 오피스텔 공동현관의 출입문에 교제 당시 알게 된 비밀번호를 눌러 들어간 후 엘리베이터를 타고 A의 집 현관문 앞으로 이동해 침입하려다 실패하여 도주한 경우, 알고 있던 공동현관 비밀번호를 입력하여 출입하였더라도 공용부분에 대한 주거침입이 인정된다.

012 □□□ [24 변시]

甲이 처(妻) A와의 불화로 인해 A와 같이 살던 아파트에서 나온 후 위 아파트에 임의로 출입한 경우, 甲이 공동생활관계에서 이탈하거나 위 아파트 주거 등에 대한 사실상의 지배·관리를 상실하였다는 등의 특별한 사정이 있는 경우에는 주거침입죄가 성립할 수 있다.

013 □□□ [24 변시]

관리자에 의해 출입이 통제되는 건조물에 관리자의 현실적인 승낙을 받아 통상적인 출입방법으로 들어간 경우, 승낙의 동기에 착오가 있어 관리자가 행위자의 실제 출입 목적을 알았더라면 출입을 승낙하지 않았을 사정이 있더라도 행위자에게 건조물침입죄가 성립하지 않는다.

014 □□□ [24 변시]

수일 전에 피해자를 강간하였던 甲이 대문을 몰래 열고 들어와 담장과 피해자가 거주하던 방 사이의 좁은 통로에서 창문을 통하여 방안을 엿보던 상황이라면 피해자의 주거에 대한 사실상 평온 상태가 침해된 것으로 주거침입죄에 해당한다.

015 □□□ [18 변시]

상습으로 단순절도죄를 범한 범인이 범행의 수단으로 <u>주간에 주거침입을 한 경우</u> 주거침입행위는 상습절도죄(「형법」 제332조)와 별개로 주거침입죄를 구성한다.

▶ 형법 제332조에는 주간 주거침입이 없음

016 □□□ [22 변시]

「특정범죄 가중처벌 등에 관한 법률」 제5조의4 제6항에 규정된 상습절도 등 죄를 범한 범인이 그 범행의 수단으로 주거침입을 한 경우에 주거침입행위는 상습절도 등 죄에 흡수되어 위 조문에 규정된 상습절도 등 죄의 1죄만이 성립하고 <u>별개로 주거침입죄를 구성하지 않는다.</u>

▶ 특가법 제5조의4 제6항의 형은 3년 이상 25년 이하의 징역임

017 □□□ [22 변시]

정당한 퇴거요구를 받고 열쇠를 반환한 다음 건물에서 퇴거하였다면 <u>건물에 가재도구 등을 남겨 두었더라도</u> 퇴거불응죄에 해당하지 아니한다.

제5장 | 재산에 관한 죄

제1절 절도의 죄

001 ☐☐☐ [20 변시]

회사에서 회사컴퓨터에 저장된 정보를 몰래 자신의 저장장치로 복사한 경우, 컴퓨터에 저장된 정보는 절도죄의 객체인 재물이 될 수 없다.

002 ☐☐☐ [13 변시]

甲이 A 소유 토지에 임대차계약 등을 체결하지 않는 등 권한 없이 식재한 감나무에서 감을 수확한 경우 그 감나무는 甲의 소유라고 볼 수 없으므로 甲은 절도죄로 처벌된다.

▶ 규범적 구성요건요소에 대한 착오가 논의될 수 있는 사안임

003 ☐☐☐ [20 변시]

甲이 A로부터 명의수탁을 받아 자신의 명의로 등록되어 있는 자동차를 A 몰래 가져간 경우, 자동차의 소유권은 A에게 있으므로 절도죄가 성립한다.

▶ 자동차 명의신탁의 내부관계임

004 ☐☐☐ [14 변시]

A가 자동차를 구입하여 장애인에 대한 면세 혜택 등의 적용을 받기 위해 戊의 명의를 빌려 등록하였다. 명의수탁자 戊와 그의 딸 己는 공모하여, 戊는 己에게 자동차이전등록 서류를 교부하고, 己는 그 자동차를 명의신탁자 A 몰래 가져와 이를 다른 사람에게 처분하였다. 위 자동차에 대한 실질적인 소유권은 A에게 있으므로 戊와 己는 절도죄의 공동정범의 죄책을 진다.

005 ☐☐☐ [14 변시]

甲이 乙 명의로 구입·등록하여 乙에게 명의신탁한 자동차를 피해자에게 담보로 제공한 후, 甲이 피해자가 점유 중인 자동차를 몰래 가져간 경우 이 자동차는 乙 소유의 재물이어서 자동차에 대한 절도죄가 성립한다.

▶ 자동차 명의신탁에서 제3자 개입한 경우임

006 ☐☐☐ [15 변시]

甲이 자신의 어머니 乙 명의로 구입·등록하여 乙에게 명의신탁한 자동차를 丙에게 담보로 제공한 후 丙 몰래 가져간 경우, 甲에게는 절도죄가 성립한다.

007 ☐☐☐ [15 변시]

A주식회사는 직원 甲을 통해 乙에게 외제 승용차를 할부 판매하였고, 乙이 이를 친구인 丙 명의로 등록하여 운행하던 중 乙이 약정기일에 1억 원의 할부금을 갚지 못하였다. 乙이 약정기일에 할부금을 변제하지 못하면 승용차를 회수해도 좋다는 각서 및 매매계약서와 양도증명서를 작성하여 교부한 후 乙이 그 채무를 불이행하자 甲은 취거 당시 乙의 의사에 반하여 승용차를 임의로 가져간 경우라면 절도죄가 성립한다.

008 ☐☐☐ [16 변시]

甲은 리스한 승용차를 사채업자 A에게 담보로 제공하였고, 사채업자 A는 甲이 차용금을 변제하지 못하자 승용차를 B에게 매도하였는데, 이후 甲은 위 승용차를 발견하고 이를 본래 소유자였던 리스 회사에 반납하기 위하여 취거한 경우 甲에게 절도죄가 성립한다.

009 ☐☐☐ [14 변시]

양도담보권설정자인 채무자가 점유개정의 방식으로 담보목적물인 동산을 점유하고 있는 상태에서 양도담보권자인 채권자 丙이 丁에게 담보목적물을 매각하고 목적물반환청구권을 양도하여 丁이 임의로 이를 가져가게 하였다. 丙이 동산을 매각함으로써 丁이 소유권을 취득하므로 丁에게는 절도죄가 성립하지 않는다.

010 □□□ [14 변시]
손님인 甲이 PC방에서 다른 손님이 두고 간 휴대전화를 업주 몰래 가지고 간 경우 피해자가 PC방에 두고 간 핸드폰은 PC방 관리자의 점유하에 있어서 甲이 이를 취한 행위는 절도죄를 구성한다.

011 □□□ [13 변시]
A가 육지에서 멀리 떨어진 섬에서 광산을 개발하기 위하여 발전기, 경운기 엔진을 섬으로 반입하였다가 광업권 설정이 취소됨으로써 광산 개발이 불가능하게 되자 그 물건들을 창고 안에 두고 철수한 뒤 10년 동안 나타나지 않고 사망한 후, 그 섬에서 거주하는 甲이 그 물건들을 자신의 집 근처로 옮겨 놓은 경우, A의 상속인에게 그 물건에 대한 점유가 인정되지 않으므로 甲은 절도죄로 처벌되지 않는다.

012 □□□ [13 변시]
甲이 A의 자취방에서 재물강취의사 없이 A를 살해한 후 4시간 30분 동안 그 곁에 있다가 예금통장과 인장이 들어 있는 A의 잠바를 걸치고 나온 경우, A의 점유가 인정되므로 甲은 절도죄로 처벌된다.
▸ 생전점유계속설의 입장

013 □□□ [18 변시]
피해자에게 자동차를 매도하겠다고 거짓말하고 매매대금을 받고 자동차를 양도하면서 자동차에 미리 부착해 놓은 지피에스(GPS)로 위치를 추적하여 자동차를 몰래 가져왔으나, 피해자에게 자동차를 인도하고 소유권이전등록에 필요한 일체의 서류를 교부함으로써 피해자가 언제든지 자동차의 소유권이전등록을 마칠 수 있게 되었다면 절도죄만 성립할 뿐 그와는 별도로 사기죄가 성립하지는 않는다.

014 □□□ [13 변시]
금은방에서 순금목걸이를 구입할 것처럼 기망하여 건네받은 다음 화장실에 다녀오겠다고 거짓말하고 도주한 甲은 절도죄로 처벌된다.
▸ 책략절도 사안임

015 □□□ [24 변시]
甲이 피해자 경영의 금은방에서 마치 귀금속을 구입할 것처럼 가장하여 피해자로부터 금목걸이를 건네받은 다음 화장실에 갔다 오겠다는 핑계를 대고 도주한 행위는 절도죄에 해당한다.

016 □□□ [22 변시]
甲이 노상에 세워 놓은 자동차 안에 있는 물건을 훔칠 생각으로 면장갑을 끼고 칼을 소지한 채 자동차의 유리창을 통하여 그 내부를 손전등으로 비추어 본 경우 절도죄의 실행의 착수가 인정되지 않으므로 미수에 해당하지 않는다.
▸ 자동차 손잡이에 손을 댈 때 실행의 착수가 인정됨

017 □□□ [15 변시]
길가에 세워져 있는 자동차 안의 금품을 절취하기 위하여 준비한 손전등으로 유리창을 통해 자동차의 내부를 비추어보다가 발각되었다면, 절도죄의 실행의 착수를 인정하기 어려워 절도미수로 처벌할 수 없으며 절도예비죄로도 처벌할 수 없다.
▸ 절도죄는 예비를 처벌하지 않음

018 □□□ [13 변시]
내리막길에 주차된 자동차를 절취할 목적으로 조수석문을 열고 시동을 걸려고 차 안의 기기를 만지다가 핸드브레이크를 풀게 되어 시동이 걸리지 않은 상태에서 약 10미터 전진하다가 가로수를 들이받게 한 甲은 절도죄의 기수로 처벌되지 않는다.
▸ 자동차 절도의 기수시기는 발진조작 완료로 운전될 때임

019 □□□ [19 변시]
甲이 자신이 일하는 회사 사무실에서 회사 명의의 예금통장을 몰래 가지고 나와 예금 1,000만 원을 인출한 후 다시 그 통장을 제자리에 갖다 놓은 경우, 甲에게 예금통장에 대한 불법영득의사는 인정되어 예금통장에 대한 절도죄가 성립한다.
▸ 예금액 증명기능의 경제적 가치에 대한 불법영득의 의사를 인정

020 □□□ [20 변시]
甲이 A의 현금카드를 사용하여 돈을 인출할 목적으로 현금카드를 가지고 나와 현금자동지급기에서 돈을 인출한 후 현금카드를 제자리에 가져다 놓은 경우, 현금카드에 대한 절도죄는 성립하지 아니한다.

021 □□□ [14 변시]
甲이 피해자의 영업점 내에 있는 피해자 소유의 휴대전화를 허락 없이 가지고 나와 휴대전화를 이용하여 통화하고 문자메시지를 주고받은 다음 2시간 후에 피해자에게 아무런 말을 하지 않고 피해자의 영업점 정문 옆 화문에 놓아두고 간 경우 불법영득의 의사가 인정되기 때문에 절도죄가 성립한다.

022 □□□ [16 변시] [22 변시]
甲은 A의 영업점 내에 있는 A 소유의 휴대전화를 허락없이 가지고 나와 이를 이용하여 통화를 하고 문자 메시지를 주고받은 다음 약 1~2시간 후 A에게 아무런 말도 하지 않고 위 영업점 정문 옆 화분에 놓아두고 간 경우 甲에게 휴대전화에 대한 불법영득의사가 인정된다.

023 □□□ [16 변시]
A 주식회사 감사인 甲이 회사 경영진과의 불화로 한 달 가까이 결근하다가 회사 감사실에 침입하여 자신이 사용하던 컴퓨터에서 하드디스크를 떼어간 후 4개월 가까이 지난 시점에 반환한 경우 일시 보관하였다고 평가하기 어려워 甲에게 절도죄가 성립한다.

024 □□□ [16 변시]
甲이 보관·관리하고 있던 회사의 비자금이 인출·사용되었음에도 甲이 주장하는 사용처에 비자금이 사용되었다는 점을 인정할 수 있는 자료가 부족하고 오히려 甲이 비자금을 개인적인 용도에 사용하였다는 점에 대한 신빙성 있는 자료가 많은 경우에는 甲이 비자금을 불법영득의 의사로써 횡령한 것이라고 추단할 수 있다.

025 □□□ [14 변시]
甲이 상사와의 의견충돌 끝에 항의의 표시로 사표를 제출한 다음 평소 자신이 전적으로 보관·관리해 오던 비자금관련 서류 및 금품이 든 가방을 가지고 나왔으나 그 이후 계속 정상적으로 근무한 경우 불법영득의사를 인정할 수 없어 절도죄가 성립하지 않는다.

026 □□□ [20 변시]
자동차를 절취한 후 자동차등록번호판을 떼어내는 자동차관리법위반행위는 절도범행의 불가벌적 사후행위에 해당하지 않는다.

027 □□□ [14 변시]
甲이 야간에 카페에서 업주의 주거로 사용되는 그곳 내실에 침입하여 장식장 안에 들어 있는 정기적금통장을 꺼내 들고 카페로 나오던 중 발각되어 돌려준 경우 야간주거침입절도죄의 기수가 성립한다.

028 □□□ [20 변시]
甲은 밤 10시경 절취의 목적으로 피해자 A가 집에 없는 틈을 타 드라이버로 A의 집 현관문을 부수고 들어가 A의 귀금속을 가지고 나왔다. 甲에게는 「형법」 제331조 제1항의 특수절도(야간손괴침입절도)죄가 성립한다.

029 □□□ [20 변시]
甲은 밤 10시경 절취의 목적으로 피해자 A가 집에 없는 틈을 타 드라이버로 A의 집 현관문을 부순 시점에 집으로 돌아오는 A에게 들켜 도망간 경우, 아직 A의 집 안으로 들어가지 않았어도 실행의 착수가 인정되어 절도범행은 처벌할 수 있다.

030 ☐☐☐ [19 변시]

합동범은 주관적 요건으로서 공모 외에 객관적 요건으로서 현장에서의 실행행위의 분담을 요하나, 이 실행행위의 분담은 반드시 동시에 동일 장소에서 실행행위를 특정하여 분담하는 것만을 뜻하는 것이 아니라 시간적으로나 장소적으로 서로 협동관계에 있다고 볼 수 있으면 충분하다.

▸ 현장설의 입장

031 ☐☐☐ [19 변시]

「폭력행위 등 처벌에 관한 법률」 제2조 제2항에서 '2명 이상이 공동하여' 죄를 범한 때라 함은 수인이 동일한 장소에서 동일한 기회에 상호 다른 사람의 범행을 인식하고 이를 이용하여 범행을 한 경우를 뜻하는 것으로서, 폭행 등의 실행범과의 공모사실은 인정되나 그와 공동하여 범행에 가담하였거나 범행장소에 있었다고 인정되지 아니하는 경우에는 공동하여 죄를 범한 때에 해당하지 아니한다.

▸ 합동과 공동의 판례 문구의 차이 주의

032 ☐☐☐ [16 변시]

「폭력행위 등 처벌에 관한 법률」 제2조 제2항의 '2인 이상이 공동하여'라고 함은 그 수인간에 소위 공범관계가 존재하는 것을 요건으로 하고, 또 수인이 동일 장소에서 동일 기회에 상호 다른 자의 범행을 인식하고 이를 이용하여 범행을 한 경우임을 요한다.

033 ☐☐☐ [13 변시]

乙, 丙과 A회사의 사무실 금고에서 현금을 절취할 것을 공모한 甲이 乙과 丙에게 범행도구를 구입하여 제공해 주었을 뿐만 아니라 乙과 丙이 사무실에서 현금을 절취하는 동안 범행장소가 보이지 않는 멀리 떨어진 곳에서 기다렸다가 절취한 현금을 운반한 경우, 甲은 乙, 丙의 합동절도의 공동정범의 죄책을 진다.

▸ 합동범이 아닌 합동범의 공동정범 사안임

034 ☐☐☐ [13 변시]

> 甲과 乙은 2009. 4. 22. 13:00경 A가 거주하는 ○○아파트 C동 202호에 이르러 그 곳에 들어가 금품을 절취하기 위하여 육각렌치로 출입문 시정장치를 손괴하던 중 A에게 발각되어 도주하다가 경찰에게 체포되었다.

① 甲과 乙에게 특수절도죄의 미수범이 성립하지 않는다.

▸ 상황이 주간임

② 만약 甲과 乙이 출입문 시정장치를 손괴하고 방 안까지 들어가자마자 A에게 발각되어 도주한 경우라면 특수절도죄의 미수범이 성립하지 않는다.

▸ 상황이 주간임

③ 만약 甲과 乙이 방 안까지 들어갔다가 절취할 금품을 찾지 못하여 거실로 돌아 나오다 A에게 발각되어 도주한 경우라면 특수절도죄의 미수범이 성립한다.

▸ 상황이 주간이나 물색이 있었음

④ 만약 甲과 乙이 절도의 범의로 같은 날 22 : 00경 乙이 아파트 현관에서 망을 보고 甲이 A의 아파트 202호 출입문 시정장치를 육각렌치로 손괴한 후 안으로 들어가려는 순간, 귀가하던 A에게 발각되어 도주한 경우라면 특수절도죄의 미수범이 성립한다.

▸ 상황이 야간임

⑤ 만약 甲이 1층에서 망을 보고 乙이 같은 날 23 : 30경 위 202호의 불이 꺼져 있는 것을 보고 금품을 절취하기 위하여 도시가스 배관을 타고 올라가다가 발은 1층 방범창을 딛고 두 손은 1층과 2층 사이에 있는 도시가스 배관을 잡고 있던 상태에서 A에게 발각되어 도주한 경우라면 특수절도죄의 미수범이 성립하지 않는다.

▸ 상황이 야간이나 주거침입의 실행의 착수가 없음

035 □□□ [19 변시]
야간에 다세대주택 2층에 침입해서 물건을 절취하기 위하여 그 다세대주택 외벽 가스배관을 타고 오르다가 순찰 중이던 경찰관에게 발각되어 그냥 뛰어내린 경우 야간주거침입절도죄의 실행의 착수에 이르지 못한 것이다.

친족상도례 관련 지문

036 □□□ [18 변시]
절도범인이 피해물건의 소유자나 점유자의 어느 일방과의 사이에서만 친족관계가 있는 경우에는 친족상도례에 관한 규정이 적용되지 않는다.

037 □□□ [18 변시]
법원을 기망하여 제3자로부터 재물을 편취한 경우 피해자는 법원이 아니라 재물을 편취당한 제3자이므로 제3자와 사기죄를 범한 자가 직계혈족의 관계에 있을 때에는 그 범인에 대하여 형을 면제하여야 한다.

▸ 사기죄는 피해자와 친족관계가 있으면 됨

038 □□□ [23 변시]
甲이 법원을 기망하여 소송상대방인 직계혈족으로부터 재물을 편취하여 사기죄가 성립하는 경우, 甲에게는 친족상도례가 적용되므로 그 형을 면제하여야 한다.

039 □□□ [12 변시]
피해물건의 보관을 의뢰한 위탁자와 그 소유자가 다른 경우, 친족상도례의 특례는 횡령범인이 위탁자뿐만 아니라 소유자와의 사이에도 친족관계가 있는 경우에만 적용된다.

040 □□□ [20 변시]
횡령죄와 관련하여 친족상도례는 범인과 피해물건의 소유자 및 위탁자 쌍방 간에 「형법」 제328조 소정의 친족관계가 있는 경우에만 적용되고, 범인과 피해물건의 소유자 간에만 친족관계가 있거나 범인과 위탁자 간에만 친족관계가 있는 경우에는 적용될 수 없다.

041 □□□ [18 변시]
A와 B를 기망하여 이들의 합유로 되어 있는 부동산에 대한 매매계약을 체결하고 소유권을 이전받은 다음 잔금을 지급하지 않은 경우, A와는 형이 면제되는 친족관계가 있으나 B와는 아무런 친족관계가 없다면 친족상도례에 관한 규정이 적용되지 않는다.

▸ 피해자 모두에게 친족관계가 있을 때만 친족상도례의 규정이 적용됨

042 □□□ [12 변시]
부(父)가 혼인 외의 출생자를 인지하는 경우에 그 인지의 소급효는 형법상 친족상도례에 관한 규정의 적용에도 미친다.

▸ 인지의 소급효

043 □□□ [20 변시]
사기죄의 범인이 금원을 편취하기 위한 수단으로 피해자와 혼인신고를 한 것이어서 그 혼인이 무효인 경우, 그러한 피해자에 대한 사기죄에서는 친족상도례를 적용할 수 없다.

044 □□□ [18 변시]
사돈지간은 「민법」상 친족이 아니므로 백화점 내 점포에 입점시켜 주겠다고 거짓말을 하여 사돈지간인 피해자로부터 입점비 명목으로 돈을 편취하였다면 친족상도례에 관한 규정이 적용되지 않는다.

045 □□□ [20 변시]
범인이 자신과 사돈지간인 피해자를 속여 재물을 편취한 경우, 사기죄의 범인에 대해 친족상도례를 적용할 수 없다.

046 □□□   [21 변시]

甲은 乙에게 乙의 삼촌인 A의 신용카드를 절취하도록 교사하고, 이에 따라 乙이 A의 신용카드를 절취하였다. 乙이 A와 동거하고 있다면, 乙의 절도죄는 형법상 친족상도례에 따라 형이 면제된다.

▸ 제344조와 제328조 제1항 참조

047 □□□   [20 변시]

甲이 乙에게 절도를 교사하고 이에 따라 乙이 자신과 동거하지 않는 삼촌 丙의 신용카드를 절취한 경우, 丙의 고소가 없더라도 甲을 절도교사죄로 처벌할 수 있다.

▸ 친족관계가 없는 甲에게는 상대적 친고죄가 아님

048 □□□   [20 변시]

친족상도례는 공갈의 죄 및 장물에 관한 죄에 적용될 수 있지만 강도의 죄 및 손괴의 죄에는 적용되지 않는다.

049 □□□   [18 변시]

「특정경제범죄 가중처벌 등에 관한 법률」에는 친족상도례의 적용을 배제한다는 명시적인 규정이 없으므로, 특정경제범죄가중처벌등에관한법률위반(사기)죄에는 친족상도례에 관한 규정이 적용된다.

제2절 강도의 죄

050 □□□   [20 변시]

협박으로 금전채무 지불각서 1매를 쓰게 하고 이를 강취한 경우, 사법상 유효하지 못한 위 지불각서라도 강도죄의 객체인 재산상 이익이 될 수 있다.

▸ 경제적 재산설의 입장임

051 □□□   [18 변시]

甲과 乙은 날치기 범행을 공모한 후 혼자 걸어가는 여성 A를 발견하고 乙은 A를 뒤쫓아 가고 甲은 차량을 운전하여 뒤따라가면서 망을 보았다. 乙은 A의 뒤쪽에서 접근한 후 A의 왼팔에 끼고 있던 손가방의 끈을 잡아당겼으나 A가 가방을 놓지 않으려고 버티다가 바닥에 넘어졌다. 넘어진 A가 손가방의 끈을 놓지 않은 채 버티자 乙은 계속하여 손가방 끈을 잡아당겨 A를 5미터 가량 끌고 갔고 A는 힘이 빠져 손가방을 놓치게 되었다. 乙은 손가방을 빼앗은 후 甲이 운전하는 차량에 올라타 도망갔다. A는 약 3주간의 치료를 요하는 상해를 입었다. 강제력의 행사가 점유탈취 과정에서 우연히 가해진 경우라고 보기 어려우므로 甲, 乙은 강도치상죄의 죄책을 진다.

052 □□□   [15 변시]

피고인이 술값의 지급을 면하기 위하여 술집주인인 피해자를 부근에 있는 아파트 뒤편 골목으로 유인한 후 폭행하여 반항하지 못하게 하고 그대로 도주함으로써 술값의 지급을 면한 경우 준강도죄가 성립하지 아니한다.

▸ 준강도의 주체는 재물을 절취하는 절도임

053 □□□   [15 변시]

준강도의 주체는 절도범인으로, 절도의 실행에 착수한 이상 미수, 기수 여부를 불문한다.

054 □□□   [22 변시]

甲이 A의 재물을 절취하려고 준비한 가방에 A의 재물을 담던 중 A에게 발각되자 체포를 면탈할 목적으로 A를 폭행하고 가방을 그대로 둔 채 도망간 경우 준강도죄의 미수에 해당한다.

▸ 준강도의 기수시기의 판단기준은 절취행위기준설임

055 ☐☐☐ [23 변시]
甲이 주간에 재물을 절취할 목적으로 A가 운영하는 주점에 이르러 주점의 잠금장치를 뜯고 침입하여 주점 내 진열장에 있던 양주 45병을 바구니 3개에 담고 있던 중, A가 주점으로 들어오는 소리를 듣고서 담고 있던 양주들을 그대로 둔 채 출입문을 열고 나오다가 A에게 붙잡히자 체포를 면탈할 목적으로 A를 폭행하였다면, 甲에게는 준강도미수죄가 성립한다.

056 ☐☐☐ [15 변시]
준강도죄의 기수 여부는 절도행위의 기수 여부를 기준으로 판단하여야 하지만 절도미수범이 체포를 면탈할 목적으로 상해를 가한 경우 강도상해의 기수범으로 처벌된다.

▸ 결합범의 기본적인 논리임

057 ☐☐☐ [18 변시]
강도범인이 상해행위를 하였다면 강취행위와 상해행위 사이에 다소의 시간적·공간적 간격이 있었다는 것만으로는 강도상해죄의 성립에 영향이 없으며, 반드시 강도범행의 수단으로 한 폭행에 의하여 상해를 입힐 것을 요하는 것은 아니고 상해행위가 강도가 기수에 이르기 전에 행하여져야만 하는 것도 아니다.

058 ☐☐☐ [16 변시]
강도 범행 이후 피해자의 심리적 저항불능 상태가 해소되지 않은 상태에서 피해자를 계속 끌고 다니거나 차량에 태우고 함께 이동하는 등 강취행위와 상해행위 사이에 다소의 시간적·공간적 간격이 있는 상태에서 강도 범인의 상해행위가 있었다면 강도상해죄가 성립한다.

059 ☐☐☐ [15 변시][17 변시]
절도범인이 체포를 면탈할 목적으로 체포하려는 여러 사람에게 같은 기회에 폭행을 가하여 그중 1인에게만 상해를 가하였다면 포괄하여 하나의 강도상해죄만 성립한다.

060 ☐☐☐ [14 변시][18 변시]
절도범이 절도현장에서 체포면탈을 목적으로 자신을 체포하려는 A와 B를 같은 기회에 폭행하여 B에게만 상해를 가한 경우에는 포괄하여 하나의 강도상해죄가 성립한다.

061 ☐☐☐ [12 변시]
甲은 乙의 지갑을 훔쳐 달아나던 중 이웃 주민 丙, 丁에게 추격을 당하게 되었다. 이에 甲은 체포를 면탈할 목적으로 가지고 있던 주머니칼로 丙의 팔에 전치 3주의 상해를 입혔다. 그리고 甲은 계속하여 추격해온 丁에게 위 칼을 내밀며 "쫓아오면 칼로 찔러 죽인다."라고 소리쳐 협박하였다면 강도상해죄 1죄만 성립한다.

062 ☐☐☐ [20 변시]
강도가 한 개의 강도범행을 하는 기회에 수명의 피해자에게 각 폭행을 가하여 각 상해를 입힌 경우에는 각 피해자별로 수개의 강도상해죄가 성립하며 이들은 실체적경합 관계에 있다.

▸ 각, 각이라는 표현 주의

063 ☐☐☐ [12 변시]
甲과 乙이 칼을 들고 강도하기로 공모한 경우, 乙이 피해자의 거소에 들어가 피해자를 향하여 칼을 휘둘러 상해를 가하였다면 대문 밖에서 망을 본 甲은 상해의 결과에 대하여도 공동정범으로서의 책임을 면할 수 없다.

▸ 판례는 강도를 모의한 경우 상해에 대한 공모도 있었다고 봄

064 ☐☐☐ [16 변시]
강도의 공범자 중 1인이 강도의 기회에 피해자에게 폭행 또는 상해를 가하여 살해한 경우에 다른 공범자는 강도의 수단으로 폭행 또는 상해가 가해지리라는 점에 대하여 상호 인식이 있었다면 살해에 대하여 공모한 바가 없다고 하여도 강도치사죄의 죄책을 진다.

065 □□□ [13 변시]
강간범이 강간행위 후에 강도의 범의를 일으켜 그 부녀의 재물을 강취하는 경우에는 강도강간죄가 아니라 강간죄와 강도죄의 경합범이 성립한다.

066 □□□ [19 변시]
甲이 야간에 A(26세, 여)의 주거에 침입하여 A에게 칼을 들이대고 협박하여 A의 반항을 억압한 상태에서 강간행위를 실행하던 도중 범행현장에 있던 A 소유의 핸드백을 뺏은 다음 그 자리에서 강간행위를 계속한 경우, 甲에게는 강도강간죄가 성립한다.

▸ 강간행위 중 재물을 탈취하면 강도가 되고, 이러한 강도가 강간을 계속하면 강도강간죄가 성립함

067 □□□ [18 변시]
강간범이 강간행위 후에 강도의 범의를 일으켜 피해자의 재물을 강취한 경우에는 강도강간죄가 아니라 강간죄와 강도죄의 경합범으로 처벌될 수 있을 뿐이나, 강간행위를 종료하기 전에 강도행위를 하고 그 자리에서 강간행위를 계속한 때에는 강도강간죄로 처벌된다.

068 □□□ [22 변시]
강도가 재물강취의 뜻을 재물의 부재로 이루지 못한 채 미수에 그쳤으나 그 자리에서 항거불능의 상태에 빠진 피해자를 간음할 것을 결의하고 실행에 착수했으나 역시 미수에 그쳤더라도 반항을 억압하기 위한 폭행으로 피해자에게 상해를 입힌 경우에는 강도강간미수죄와 강도치상죄의 상상적 경합범이 성립한다.

069 □□□ [15 변시][22 변시]
강도예비 · 음모죄가 성립하기 위해서는 예비 · 음모행위자에게 미필적으로라도 '강도'를 할 목적이 있어야 하고, 그에 이르지 않고 단순히 '준강도'를 할 목적이 있음에 그치는 경우 강도예비 · 음모죄로 처벌할 수 없다.

070 □□□ [17 변시]
절도를 준비하면서 뜻하지 않게 절도 범행이 발각될 경우에 대비하여 체포를 면탈할 목적으로 칼을 휴대하고 있었더라도 강도예비죄가 성립하지 않는다.

제3절 사기의 죄

071 □□□ [17 변시]
주유소 운영자가 농 · 어민등에게 「조세특례제한법」에 정한 면세유를 공급한 것처럼 위조한 유류공급확인서로 정유회사를 기망하여 면세유를 공급받은 경우, 국가 또는 지방자치단체에 대한 사기죄를 구성하지 않는다.

▸ 조세범처벌법 위반만 성립

072 □□□ [20 변시]
대가를 지급하기로 하고 성관계를 가진 뒤 대금을 지급하지 않은 경우, 성행위의 대가는 사기죄의 객체인 재산상 이익이 될 수 있다.

▸ 부녀의 정조는 재산상 이익이 아니지만 성행위의 대가는 예외임

073 □□□ [13 변시]
불법원인급여에 해당하여 급여자가 수익자에 대한 반환청구권을 행사할 수 없다고 하더라도 수익자가 기망을 통하여 급여자로 하여금 불법원인급여에 해당하는 재물을 제공하도록 하였다면 사기죄가 성립한다.

▸ 불법원인급여물은 사기죄의 객체가 됨

074 □□□ [22 변시]
수익자가 기망을 통하여 급여자로 하여금 불법원인급여에 해당하는 재물을 제공하도록 한 것이라면 「민법」 제746조 규정에 의하여 급여자가 수익자에 대한 반환청구권을 행사할 수 없더라도 사기죄가 성립한다.

075 ☐☐☐ [12 변시]

사기 범행의 피해자로부터 현금을 예금계좌로 송금받은 경우 사기죄의 객체는 재산상 이익이 아니라 재물이다.

▶ 사기죄에서의 재물과 재산상의 이익의 구별은 피해자를 기준으로 함

076 ☐☐☐ [17 변시]

통정허위표시로서 무효인 임대차계약에 기초하여 임차권등기를 마침으로써 외형상 임차인으로서 취득하게 된 권리는 사기죄에서의 재산상 이익에 해당한다.

077 ☐☐☐ [12 변시]

변호사가 대법관에게 로비자금으로 사용한다고 기망하여 의뢰인에게서 금원을 교부받은 경우 사기죄가 성립할 수 있다.

▶ 용도를 기망한 사안임

078 ☐☐☐ [22 변시]

가맹점주가 용역의 제공을 가장한 허위의 매출전표임을 고지하지 아니한 채 신용카드회사에 제출하여 대금을 청구한 경우, 신용카드회사가 허위의 매출전표임을 알았더라면 그 대금을 지급하지 아니하였을 관계가 인정된다면, 비록 당시 가맹점주에게 신용카드 이용대금을 변제할 의사와 능력이 있었다고 하더라도 사기죄의 기망행위에 해당한다.

079 ☐☐☐ [16 변시]

비의료인이 개설한 의료기관이 마치 「의료법」에 의하여 적법하게 개설된 요양기관인 것처럼 국민건강보험공단에 요양급여비용의 지급을 청구하여 요양급여비용을 지급받았다면, 의료기관의 개설인인 비의료인이 개설 명의를 빌려준 의료인으로 하여금 환자들에게 진단, 치료 등 요양급여를 실제로 제공하게 하였더라도 사기죄가 성립한다.

080 ☐☐☐ [16 변시]

타인의 사망을 보험사고로 하는 생명보험계약을 체결함에 있어 제3자가 피보험자인 것처럼 가장하여 체결하는 등으로 그 유효요건이 갖추어지지 못한 경우에도 보험사고의 우연성과 같은 보험의 본질을 해칠 정도라고 볼 수 있는 특별한 사정이 없는 한, 하자 있는 보험계약을 체결한 행위만으로는 보험금을 편취하려는 의사에 의한 기망행위의 실행에 착수한 것으로 볼 수 없다.

081 ☐☐☐ [23 변시]

사기죄에서 부작위에 의한 기망은 법률상 고지의무 있는 자가 일정한 사실에 관하여 상대방이 착오에 빠져 있음을 알면서도 이를 고지하지 않는 것을 말한다.

▶ 이하의 지문은 부작위에 의한 사기죄 관련 지문임

082 ☐☐☐ [18 변시]

신장결핵을 앓고 있는 甲이 乙보험회사가 정한 약관에 신장결핵을 포함한 질병에 대한 고지의무를 규정하고 있음을 알면서도 이를 고지하지 아니한 채 그 사실을 모르는 乙보험회사와 그 질병을 담보하는 보험계약을 체결한 후 신장결핵의 발병을 사유로 하여 보험금을 청구하여 수령한 경우, 甲에게는 사기죄가 성립한다.

083 ☐☐☐ [14 변시]

매매 대상 토지에 대하여 도시계획이 입안되어 협의 수용될 것을 알고 있는 매도인이 이러한 사실을 모르는 매수인에게 이 같은 사실을 고지하지 아니하고 매도하였다면, 부작위에 의한 사기죄가 성립한다.

084 ☐☐☐ [12 변시]

임대차 계약을 체결하면서 임대인이 임차인에게 임대목적물에 대한 경매가 진행 중인 사실을 알리지 않으면 사기죄가 성립할 수 있다.

085 □□□   [21 변시]

임대인이 임대차계약을 체결하면서 임차인에게 임대목적물이 <u>경매진행 중인 사실</u>을 알리지 않은 경우 임차인이 등기부를 확인 또는 열람하는 것이 가능하더라도 임대인에게 사기죄가 성립한다.

086 □□□   [18 변시]

임대인 甲이 자신 소유의 여관건물에 대하여 임차인 乙과 임대차계약을 체결하면서 乙에게 당시 임대목적물에 관하여 법원의 경매개시결정에 따른 <u>경매절차가 진행 중인 사실</u>을 알리지 아니하였다면, 乙이 등기부를 확인 또는 열람하는 것이 가능하더라도 甲에게는 사기죄가 성립한다.

087 □□□   [18 변시]

토지 소유자인 甲이 그 소유 토지에 대하여 여객정류장시설을 설치하는 도시계획이 입안되어 있어 장차 위 <u>토지가 수용</u>될 것이라는 점을 알고 있었음에도, 이러한 사정을 모르는 매수인 乙에게 이러한 사실을 고지하지 않고 토지를 매도하고 매매대금을 수령하였다면, 甲에게는 사기죄가 성립한다.

088 □□□   [13 변시]

중고 자동차 매매를 하면서 자신의 할부금융회사에 대한 할부금 채무가 매수인에게 <u>당연히 승계되는 것이 아니라는 이유</u>로 그 할부금 채무의 존재를 매수인에게 고지하지 아니한 매도인에게는 부작위에 의한 사기죄가 성립하지 않는다.

089 □□□   [24 변시]

중고 자동차 매매에 있어서 매도인의 할부금융회사 또는 보증보험에 대한 할부금채무가 매수인에게 당연히 승계되는 것이 아니므로 그 할부금 채무의 존재를 매수인에게 고지하지 아니한 경우라도 부작위에 의한 기망에 해당하지 않는다.

090 □□□   [18 변시]

甲은 할부금융회사로부터 금융을 얻어 자동차를 매수한 후 乙에게 그 자동차를 매도하였는데, 계약

체결 당시 자동차에 대하여 저당권이 설정되거나 가압류된 사실이 없고 甲과 乙 사이의 계약조건에 <u>할부금채무의 승계에 대한 내용도 없다면</u>, 甲이 할부금채무의 존재를 乙에게 고지하지 않았더라도 사기죄가 성립하지 않는다.

091 □□□   [20 변시]

부동산의 명의수탁자가 그 부동산을 자신의 소유라고 말하면서 제3자에게 매도하고 소유권이전등기를 마쳐 준 경우, 제3자에 대한 사기죄가 성립하지 않는다.

▸ 제3자에게 실질적인 재산상 손해 없음

092 □□□   [15 변시]

甲으로부터 승용차를 명의수탁 받은 丙이 명의수탁 받은 승용차를 자신의 소유라고 속여 B에게 매도하고 B 명의로 소유권이전등록을 하였더라도 丙은 B에 대하여 사기죄가 성립하지 않는다.

093 □□□   [15 변시]

甲이 피담보채권인 공사대금채권을 실제와 달리 허위로 <u>크게 부풀려 유치권에 기한 경매신청</u>을 한 경우 사기죄의 실행에 착수한 것이다.

094 □□□   [15 변시]

甲이 진정한 임차권자가 아니면서 허위의 임대차계약서를 법원에 제출하여 <u>임차권등기명령을 신청</u>한 경우 사기죄의 실행에 착수한 것이다.

095 □□□   [20 변시]

<u>사기도박</u>으로 금전을 편취하려고 하는 자가 상대방에게 도박에 참가할 것을 권유하였다면 사기죄의 실행의 착수가 인정된다.

096 □□□   [12 변시]

피기망자와 피해자가 일치하지 않아도 사기죄가 성립할 수 있다.

▸ 삼각사기임

097 □□□ [24 변시]

甲이 토지의 소유자이자 매도인 A에게 토지거래허가 등에 필요한 서류라고 속여 근저당권설정계약서 등에 서명·날인하게 하고 인감증명서를 교부받은 다음, 이를 이용하여 A 소유 토지에 甲을 채무자로 한 근저당권을 B에게 설정하여 주고 돈을 차용한 경우에도 A의 처분의사가 인정되므로 사기죄에 해당한다.

098 □□□ [18 변시]

사기죄가 성립하려면 행위자의 기망행위, 피기망자의 착오와 그에 따른 처분행위 그리고 행위자 등의 재물이나 재산상 이익의 취득이 있고, 그 사이에 순차적인 인과관계가 존재하여야 한다.

099 □□□ [22 변시]

사기죄의 피해자가 법인이나 단체인 경우, 피해자 법인이나 단체의 대표자 또는 실질적으로 의사결정을 하는 최종결재권자 등 기망의 상대방이 기망행위자와 동일하거나 기망행위자와 공모하는 등 기망행위를 알고 있었다면 사기죄는 성립하지 않는다.

▶ 최종결정권자가 선의인지 악의인지가 중요함

100 □□□ [23 변시]

피해자 법인의 대표가 기망행위자와 동일인이거나 기망행위자와 공모하는 등 기망행위임을 알고 있었던 경우에는 기망행위로 인한 착오가 있다고 볼 수 없고, 재물 교부 등의 처분행위가 있었더라도 기망행위와 인과관계가 있다고 보기 어렵다.

101 □□□ [18 변시]

전문적으로 대출을 취급하면서 차용인에 대한 체계적인 신용조사를 행하는 금융기관이 금원을 대출한 경우에는, 비록 대출 신청 당시 차용인에게 변제기 안에 대출금을 변제할 능력이 없었고, 자체 신용조사 결과에는 관계없이 '변제기 안에 대출금을 변제하겠다'는 취지의 차용인 말만을 그대로 믿고 대출하였다고 하더라도, 차용인의 이러한 기망행위와 금융기관의 대출행위 사이에 인과관계를 인정할 수는 없다.

102 □□□ [22 변시]

甲이 A에 대한 사기범행을 실현하는 수단으로서 B를 기망하여 B를 A로부터 편취한 재물이나 재산상 이익을 전달하는 도구로서만 이용한 경우에는 편취의 대상인 재물 또는 재산상 이익에 관하여 A에 대한 사기죄가 성립할 뿐 도구로 이용된 B에 대한 사기죄가 별도로 성립하는 것은 아니다.

▶ A에 대한 B를 이용한 사기죄의 간접정범 사안임

103 □□□ [18 변시][20 변시]

피해자에 대한 사기범행을 실현하는 수단으로서 타인을 기망하여 그를 피해자로부터 편취한 재물이나 재산상 이익을 전달하는 도구로만 이용한 경우에는 피해자에 대한 사기죄만 성립할 뿐 도구로 이용된 타인에 대한 사기죄가 별도로 성립하지는 않는다.

104 □□□ [20 변시]

금원 편취를 내용으로 하는 사기죄에서는 기망으로 인한 금원 교부가 있으면 그 자체로 피해자의 재산침해가 되어 바로 사기죄가 성립하고, 상당한 대가가 지급되었다거나 피해자의 전체 재산상의 손해가 없다 하여도 사기죄의 성립에는 그 영향이 없다.

▶ 판례는 손해의 발생을 요하지 않음

105 □□□ [20 변시]

피해자를 속여 재물을 교부받으면서 일부 대가를 지급한 경우, 편취액은 대가를 공제한 차액이 아니라 교부받은 재물 전부이다.

▶ 비공제설의 입장임

106 □□□ [22 변시]

사기죄의 피해자에게 그 대가가 지급된 경우, 피해자를 기망하여 그가 보유하고 있는 그 대가를 다시 편취하였다면 새로운 법익이 침해된 것이므로 기존에 성립한 사기죄와 별도의 새로운 사기죄가 성립한다.

107 □□□ [18 변시]

피해자에게 자동차를 매도하겠다고 거짓말하고 매매대금을 받고 자동차를 양도하면서 자동차에 미리 부착해 놓은 지피에스(GPS)로 위치를 추적하여 자동차를 몰래 가져왔으나, 피해자에게 자동차를 인도하고 소유권이전등록에 필요한 일체의 서류를 교부함으로써 피해자가 언제든지 자동차의 소유권이전등록을 마칠 수 있게 되었다면 <u>절도죄만 성립할 뿐</u> 그와는 별도로 사기죄가 성립하지는 않는다.

108 □□□ [12 변시]

타인의 사무를 처리하는 자가 <u>본인을 기망하여</u> 재물을 교부받은 경우, 사기죄와 배임죄의 상상적 경합관계에 있다.

▸ 본인을 기망했다는 점 주의

109 □□□ [20 변시]

본인에 대한 배임행위가 <u>본인 이외의 제3자에 대한</u> 사기죄를 구성한다 하더라도 그로 인하여 본인에게 손해가 생긴 때에는 사기죄와 함께 배임죄가 성립하고 두 죄는 실체적경합 관계에 있다.

110 □□□ [20 변시]

공무원이 취급하는 사건에 관하여 청탁 또는 알선을 할 의사와 능력이 없음에도 청탁 또는 알선을 한다고 기망하고 금품을 교부받은 경우에는 <u>사기죄와 변호사법위반죄</u>가 성립하고 두 죄는 상상적 경합 관계에 있다.

111 □□□ [24 변시]

수인의 피해자에 대하여 1개의 기망행위를 통해 각각 재물을 편취한 경우에는 범의가 단일하고 범행방법이 동일하더라도 피해자별로 독립한 사기죄가 성립하고 각 사기죄는 상상적 경합관계에 있다.

소송사기 관련 지문

112 □□□ [23 변시]

甲이 소송상의 주장이 사실과 다름이 객관적으로 명백하거나 증거가 조작되어 있다는 <u>정을 인식하지 못하는 제3자를 이용</u>하여 그로 하여금 소송의 당사자가 되게 하여 법원을 기망하였다면, 甲에게 간접정범의 형태에 의한 소송사기죄가 성립한다.

113 □□□ [15 변시]

甲이 사망자 乙 명의의 문서를 위조하여 소장에 첨부한 후, 乙을 상대로 법원에 제소한 경우 사문서위조 및 위조사문서행사죄는 성립하지만 사기죄는 성립하지 않는다.

▸ 사망자 상대 소송사기는 불가

114 □□□ [23 변시]

A가 자기의 비용과 노력으로 건물을 신축하여 소유권을 원시취득한 미등기건물의 소유자임에도, A에 대한 <u>채권담보 등을 위하여 건축허가명의만을 가진 甲</u>과 甲에 대한 채권자 乙이 공모하여 乙이 甲을 상대로 위 건물에 관한 강제경매를 신청하여 법원의 경매개시결정이 내려지고, 그에 따라 甲 앞으로 촉탁에 의한 소유권보존등기가 된 경우, 甲과 乙에게는 A에 대한 관계에서 사기죄의 공동정범이 성립하지 않는다.

115 □□□ [23 변시]

허위 채권에 기한 공정증서를 집행권원으로 하여 채무자의 소유권이전등기청구권에 대하여 <u>압류신청을 한 시점</u>에 소송사기의 실행에 착수하였다고 볼 것이다.

116 □□□ [15 변시]

<u>부동산등기부상 소유자로 등기된 적이 있는 甲</u>이 자신 이후에 소유권이전등기를 경료한 등기명의인들을 상대로 허위의 사실을 주장하면서 그들 명의의 소유권이전등기말소를 구하는 소를 제기하였다면 사기죄의 실행에 착수한 것이다.

117 □□□ [23 변시]

甲이 자신이 토지의 소유자라고 허위 주장을 하면서 소유권보존등기 명의자를 상대로 <u>보존등기의 말소를 구하는 소송을</u> 제기한 경우, 그 소송에서 위 토지가 甲의 소유임을 인정하여 보존등기 말소를 명하는 내용의 승소확정판결을 받는다면 甲에게 소송사기죄가 성립하고, 이 경우 기수시기는 위 판결이 확정된 때이다.

검사 관련 지문

118 □□□ [19 변시]

PC방 종업원 甲이 손님 A로부터 <u>2만 원의 현금을 인출해 오라는 부탁과</u> 함께 A의 현금카드를 건네받아 현금자동지급기에서 5만 원을 인출한 뒤 2만 원만 A에게 건네주고 나머지는 자신이 가진 경우, 甲의 행위는 컴퓨터 등 사용사기죄가 성립한다.

▶ 위임범위를 초과한 사안임

119 □□□ [16 변시]

<u>전자복권구매시스템에서</u> 은행환불명령을 입력하여 가상계좌 잔액이 1,000원 이하로 되었을 때 복권구매명령을 입력하면 가상계좌로 복권 구매요청금과 동일한 액수의 가상현금이 입금되는 <u>프로그램 오류를 이용하였을 뿐 허위의 정보를 입력한 경우가 아닌 때에도</u> 부정한 명령의 입력에 해당하여 컴퓨터등사용사기죄가 성립할 수 있다.

120 □□□ [12 변시]

금융기관 직원인 甲이 전산단말기를 이용하여 다른 공범들이 지정한 계좌에 허위의 정보를 입력하는 방법으로 <u>입금되도록 한</u> 경우, 그후 입금이 취소되어 인출하지 못하였다고 하더라도 컴퓨터등사용사기죄가 성립한다.

▶ 입금되면 컴사는 이미 기수임

121 □□□ [17 변시]

甲이 피해자 A의 케이티전화카드(한국통신의 후불식 통신카드)를 절취하여 전화통화에 이용하였으나 A가 통신요금을 납부할 책임을 부담한다면 편의시설부정이용죄는 성립하지 않는다.

카드범죄 관련 지문

122 □□□ [15 변시]

물품을 구입하고 절취한 신용카드로 결제를 하면서 매출전표에 서명하여 이를 교부한 경우 신용카드부정사용죄만 성립하고 사문서위조죄 및 위조사문서행사죄는 이에 흡수된다.

123 □□□ [18 변시]

대금을 결제하기 위하여, 절취한 타인의 신용카드를 제시하고 신용카드회사의 승인까지 받았으나 매출전표에 서명한 사실이 없고 도난카드임이 밝혀져 최종적으로 매출취소로 거래가 종결되었다면 「여신전문금융업법」상 신용카드부정사용죄의 미수범으로 처벌되지 않는다.

▶ 신용카드부정사용죄는 미수범 처벌규정이 없음

124 □□□ [15 변시]

<u>갈취한 타인의 신용카드와</u> 그 타인으로부터 알아낸 비밀번호를 이용하여 현금자동지급기에서 예금을 인출한 행위는 포괄하여 공갈죄 1죄가 성립한다.

125 □□□ [12 변시]

甲이 예금주인 현금카드 소유자 乙을 협박하여 <u>그 카드를 갈취한 다음</u> 乙의 승낙에 의하여 현금카드를 사용할 권한을 부여받아 현금자동지급기에서 현금을 인출한 행위는 포괄하여 하나의 공갈죄를 구성한다.

126 □□□ [15 변시]

<u>강취한 타인의 신용카드를</u> 사용하여 현금자동지급기에서 예금을 인출한 행위는 그 현금을 객체로 하는 절도죄가 성립한다.

127 □□□ [19 변시]

甲이 A를 협박하여 A 소유의 현금카드를 강취한 다음 이를 이용하여 현금자동지급기에서 현금을 인출한 경우, 甲의 현금인출행위는 현금카드 사용에 관한 A의 승낙에 기한 것이라고 할 수 없어 현금카드에 대한 강도죄와는 별도로 절도죄를 구성한다.

128 □□□ [12 변시][15 변시]

타인의 명의를 모용하여 발급받은 신용카드를 사용하여 현금자동지급기에서 현금대출(현금서비스)을 받은 행위는 그 현금을 객체로 하는 절도죄가 성립한다.

129 □□□ [19 변시]

甲이 A의 명의를 모용하여 카드회사로부터 발급받은 신용카드를 사용하여 현금자동지급기에서 현금대출을 받은 경우, 현금대출을 받은 甲의 행위는 현금자동지급기 관리자의 의사에 반해 그의 지배를 배제한 채 그 현금을 자기의 지배하에 옮겨 놓는 행위이므로 절도죄를 구성한다.

130 □□□ [21 변시]

甲이 타인의 신용카드를 자신의 것인 양 속이고 옷가게에서 옷을 구입하고 신용카드로 결제하였다면, 사기죄와 신용카드부정사용죄(「여신전문금융업법」 제70조 제1항 제3호)가 성립하고 양죄는 실체적 경합관계이다.

▶ 사기죄는 개인적 법익이며, 신용카드부정사용죄는 사회적 법익

131 □□□ [15 변시]

절취한 타인의 신용카드를 사용하여 현금자동지급기에서 현금대출(현금서비스)을 받은 행위는 그 현금을 객체로 하는 절도죄가 성립한다.

132 □□□ [21 변시]

甲이 타인의 신용카드를 이용하여 현금지급기에서 계좌이체를 한다면 컴퓨터 등 사용사기죄에 해당한다.

▶ 계좌이체이므로 신용카드부정사용죄는 불성립

제4절 공갈의 죄

133 □□□ [22 변시]

공갈죄의 대상이 되는 재물은 타인의 재물을 의미하므로, 사람을 공갈하여 자기의 재물을 교부받는 경우에는 공갈죄가 성립하지 않는다.

134 □□□ [18 변시]

A가 B의 돈을 절취한 다음 다른 금전과 섞거나 교환하지 않고 쇼핑백에 넣어 자신의 집에 숨겨두었는데 甲이 B의 지시를 받아 乙과 함께 A를 위협하여 쇼핑백에 들어 있던 절취된 돈을 교부받았다면 甲에게 폭력행위등처벌에관한법률위반(공동공갈)죄가 성립하지 아니한다.

제5절 횡령의 죄

135 □□□ [19 변시]

소유권의 취득에 등록이 필요한 타인 소유의 차량을 인도받아 보관하고 있는 사람이 이를 사실상 처분하면 횡령죄가 성립하며, 보관 위임자나 보관자가 차량의 등록명의자일 필요는 없다.

▶ 2015도1944 전합으로 종래 판례 변경

136 □□□ [24 변시]

지입회사에 소유권이 있는 차량에 대하여 지입회사로부터 운행관리권을 위임받은 지입차주 甲이 지입회사의 승낙 없이 보관 중인 차량을 사실상 처분하면 법률상 처분권한이 없더라도 횡령죄가 성립한다.

137 □□□ [23 변시]

부동산을 공동으로 상속한 자들 중 1인이 부동산을 혼자 점유하다가 다른 공동상속인의 상속지분을 임의로 처분하여도 횡령죄가 성립하지 않는다.

138 □□□ [14 변시]
타인의 착오로 피고인 명의의 홍콩 H은행 계좌로 잘못 송금한 300만 홍콩달러를 피고인이 임의로 인출하여 사용하였다면, 피고인과 송금인 사이에 별다른 거래관계가 없는 경우에도 횡령죄가 성립한다.

▸ 송금절차 착오 사건 – 조리에 의한 위탁관계 인정

139 □□□ [22 변시]
甲이 성명불상자로부터 계좌를 빌려주면 대가를 주겠다는 제안을 받고 자신의 계좌에 연결된 체크카드를 양도하였는데, A가 보이스피싱 사기 범행에 속아 위 계좌로 금원을 송금하여 甲이 보관하던 중 이를 현금으로 인출하여 개인 용도로 사용한 경우, 甲이 사기범행에 이용되리라는 사정을 알지 못한 채 체크카드를 양도한 것이라면 A에 대한 횡령죄가 성립한다.

▸ 사기 방조범이 성립하지 않는 사안임 – 송금절차 착오 사건과 유사한 논리 전개

140 □□□ [16 변시]
甲이 A와의 합의하에 A 소유의 예당저수지 사금채취광업권을 명의신탁받아 보관하던 중, A로부터 위 광업권을 반환하라는 요구를 받고도 자신은 A로부터 위 광업권을 금 5,000만 원에 매수한 것이라 주장하면서 그 반환요구를 거부한 경우 횡령죄가 성립하지 아니한다.

▸ 광업권은 재물이 아님

141 □□□ [12 변시]
제3자에 대한 뇌물공여의 목적으로 전달하여 달라고 교부받은 돈을 전달하지 않고 임의로 소비하였다고 하더라도 횡령죄가 성립하지 않는다.

▸ 불법원인급여에 대한 원칙적인 판례

142 □□□ [14 변시]
조합장이 조합으로부터 공무원에게 뇌물로 전달하여 달라고 금원을 교부 받고도, 이를 뇌물로 전달하지 않고 개인적으로 소비한 경우에 횡령죄가 성립하지 않는다.

143 □□□ [19 변시]
甲이 경영하는 윤락업소에서 종업원 乙이 손님을 상대로 윤락행위를 하고 그 대가로 받은 화대를 甲과 乙이 절반씩 분배하기로 약정한 다음, 그 때부터 乙이 甲의 업소에 찾아온 손님들을 상대로 윤락행위를 하고서 받은 화대를 甲이 보관하던 중 그 절반을 乙에게 반환하지 아니하고 화대 전부를 임의로 소비하였고 甲의 불법성이 乙의 그것보다 현저하게 큰 경우 甲의 행위는 횡령죄를 구성한다.

▸ 불법원인급여에 대한 불법비교론에 따른 예외적인 판례

144 □□□ [23 변시]
부동산 입찰절차에서 수인이 대금을 분담하되 그 중 1인인 甲 명의로 낙찰받기로 약정하여 그에 따라 낙찰이 이루어진 경우, 甲이 낙찰받은 부동산을 임의로 처분하더라도 횡령죄를 구성하지 않는다.

▸ 낙찰자에게 소유권이 인정됨

145 □□□ [21 변시]
甲이 A로부터 1,000만 원 범위 내에서 액면을 보충·할인하여 달라는 의뢰를 받고 A가 발행한 액면 백지인 약속어음을 교부받아 보관하던 중, A와 합의한 보충권의 한도를 넘겨 액면을 2,000만 원으로 보충한 다음 甲의 채무변제조로 B에게 교부하여 임의로 사용한 경우, 甲에게 A에 대한 횡령죄가 성립하지 않는다.

▸ 위조된 2,000만 원 약속어음은 A의 소유가 아님

146 □□□ [12 변시]
동업재산은 동업자의 합유에 속하는 것이므로 동업자 중 한 사람이 지분을 임의로 처분하거나 또는 동업재산의 처분으로 얻은 대금을 보관 중 임의로 소비하였다면 횡령죄가 성립한다.

147 □□□ [24 변시]
물품대금 청구소송 중인 거래회사로부터 우연히 착오송금을 받은 행위자가 물품대금에 대한 적법한 상계권을 행사한다는 의사로 착오송금된 금원의 반환을 거부한 경우, 횡령죄 요건인 불법영득의사의 성립을 부정할 수 있다.

148 □□□ [15 변시]

甲이 乙과 동업계약을 체결한 다음 乙의 승낙 없이 동업재산인 사업권을 제3자에게 양도하는 계약을 체결한 후 그 계약금을 받아 임의로 소비한 경우, 甲과 乙의 동업계약상 지분비율과 관계없이 임의로 소비한 금액 전부에 대하여 횡령죄의 죄책을 부담한다.

149 □□□ [23 변시]

동업자 사이에 손익분배의 정산이 되지 아니한 상태에서 동업자 중 한 사람이 동업재산을 보관하다가 임의로 횡령하였다면, 지분비율에 관계없이 임의로 횡령한 금액 전부에 대하여 횡령죄가 성립한다.

150 □□□ [21 변시]

甲이 A와 특정 토지를 매수하여 전매한 후 전매이익금을 정산하기로 약정하여 A로부터 토지매매와 전매에 관한 사항을 전적으로 위임받아 甲이 자신과 A의 돈을 합하여 토지를 매수하고 甲의 명의로 소유권이전등기를 마친 경우, 甲과 A 사이의 위 약정이 익명조합과 유사한 무명계약에 해당된다면, 甲이 위 토지를 제3자에게 임의로 매도한 후 A에게 전매이익금 반환을 거부한 때에는 甲에게 A에 대한 횡령죄가 성립하지 않는다.

▸ A에게 토지와 금전에 대한 소유권이 없음

151 □□□ [16 변시]

甲이 A회사와 "판매대금은 매일 본사에 송금하여야 하고 본사의 계좌로 입금된 매출 총이익의 30~33%는 본사에게 귀속하고, 나머지는 가맹점에 귀속한다."라는 내용의 가맹점계약을 체결하고 편의점을 운영하다가 물품판매 대금을 본사로 송금하지 아니하고 임의로 소비한 경우 횡령죄가 성립하지 않는다.

▸ 프랜차이즈 계약 관계임

152 □□□ [12 변시]

위탁판매에서 판매대금에 대한 특약이나 특별한 사정이 없는 한 수탁자가 판매대금을 임의로 사용한 경우는 횡령죄가 성립한다.

153 □□□ [16 변시]

재무구조가 매우 열악한 회사의 실질적 1인 주주인 대표이사 甲은 자신이 다니는 교회에 회사자산으로 거액을 기부하였다. 甲의 행위는 업무상횡령죄에 해당한다.

154 □□□ [22 변시]

「부동산 실권리자명의 등기에 관한 법률」을 위반하여 명의신탁자가 그 소유인 부동산의 등기명의를 명의수탁자에게 이전하는 이른바 양자간 명의신탁의 경우 명의수탁자가 신탁받은 부동산을 임의로 처분하더라도 횡령죄가 성립하지 않는다.

▸ 2016도18761 전합으로 종래 판례 변경

155 □□□ [14 변시]

甲은 A로부터 직접 소유권이전등기를 받는 형식으로 7억원 상당의 A 소유 아파트를 명의신탁받아 보관하던 중 명의신탁 사실을 알고 있는 乙에게 매도하였다. 甲에 대하여는 특정경제범죄가중처벌등에관한법률위반(횡령)죄가 성립하지 않는다.

▸ 판례변경으로 횡령죄 불성립

156 □□□ [19 변시]

이른바 중간생략등기형 명의신탁을 한 경우, 명의수탁자가 신탁받은 부동산을 임의로 처분하여도 명의신탁자에 대한 관계에서 횡령죄가 성립하지 아니한다.

▸ 2014도6992 전합으로 종래 판례 변경

157 □□□ [15 변시]

소유자로부터 부동산을 매수한 자가 본인 명의로 소유권이전등기를 하지 않고 제3자와 맺은 명의신탁약정에 따라 매도인으로부터 바로 그 제3자에게 중간생략의 소유권이전등기를 경료한 경우 그 제3자가 자신의 명의로 신탁된 부동산을 임의로 처분하였더라도 신탁자에 대한 횡령죄가 성립하지 아니한다.

158 □□□ [17 변시]

A는 삼촌 B로부터 임야를 증여받은 후 친구 甲과 맺은 명의신탁약정에 따라 명의신탁 사실을 알고 있는 증여자인 B로부터 명의수탁인 甲 앞으로 바로 소유권이전등기를 하였다. 그 후 甲은 A의 허락을 받지 않고 위 임야를 C에게 매도하였다. A와 甲 사이의 명의신탁약정 또는 이에 부수한 위임약정은 무효이고, 횡령죄 성립을 위한 <u>사무관리·관습·조리·신의칙에 기초한 위탁신임관계가 있다고도 할 수 없다.</u>

▶ 중간생략등기형 명의신탁 사안임

159 □□□ [17 변시]

A는 삼촌 B로부터 임야를 증여받은 후 친구 甲과 맺은 명의신탁약정에 따라 명의신탁 사실을 알고 있는 증여자인 B로부터 명의수탁인 甲 앞으로 바로 소유권이전등기를 하였다. 그 후 甲은 A의 허락을 받지 않고 위 임야를 C에게 매도하였다. <u>A는 B에게 위 임야에 대한 소유권이전등기청구권을 가진다.</u>

160 □□□ [17 변시]

A는 삼촌 B로부터 임야를 증여받은 후 친구 甲과 맺은 명의신탁약정에 따라 명의신탁 사실을 알고 있는 증여자인 B로부터 명의수탁인 甲 앞으로 바로 소유권이전등기를 하였다. 그 후 甲은 A의 허락을 받지 않고 위 임야를 C에게 매도하였다. A는 증여계약의 당사자로서 B를 대위하여 위 임야를 이전받아 취득할 수 있는 권리를 가지지만, <u>명의수탁자 甲은 A에 대하여 직접 위 임야의 소유권을 이전할 의무를 부담하는 것은 아니다.</u>

161 □□□ [17 변시]

A는 삼촌 B로부터 임야를 증여받은 후 친구 甲과 맺은 명의신탁약정에 따라 명의신탁 사실을 알고 있는 증여자인 B로부터 명의수탁인 甲 앞으로 바로 소유권이전등기를 하였다. 그 후 甲은 A의 허락을 받지 않고 위 임야를 C에게 매도하였다. 甲이 위 임야를 임의로 처분하여도 A에 대한 관계에서 <u>횡령죄가 성립하지 않는다.</u>

162 □□□ [12 변시] [15 변시]

신탁자가 수탁자에게 부동산의 매수위임과 함께 <u>명의신탁약정을 맺고 수탁자가 당사자가 되어 그 정을 알지 못하는 매도인과 부동산 매매계약을 체결하고 등기이전을 받은 뒤 수탁자가 이를 임의로 처분한 경우 신탁자에 대한 횡령죄나 배임죄가 성립하지 않는다.</u>

▶ 계약명의신탁 사안임

163 □□□ [12 변시]

<u>양도담보로 제공된 동산을 채권자가 채무자와의 합의를 통해 점유보관하고 있다가 변제기가 도래하기 전에 그 목적물을 임의로 제3자에게 처분하면 횡령죄가 성립한다.</u>

▶ 양도담보로 제공된 동산의 소유권은 채무자에게 있음

164 □□□ [12 변시] [22 변시]

타인으로부터 <u>용도가 엄격히 제한된</u> 자금을 위탁받아 집행하면서 그 제한된 용도 이외의 목적으로 자금을 사용하는 것은, 그 사용이 개인적인 목적에서 비롯된 경우는 물론 결과적으로 자금을 위탁한 본인을 위하는 면이 있더라도, 그 사용행위 자체로서 불법영득의 의사를 실현한 것이 되어 횡령죄가 성립한다.

165 □□□ [14 변시]

<u>지명채권의 양도인이</u> 채무자에 대한 양도의 통지 전에 채무자로부터 채권을 추심하여 금전을 수령한 경우 이를 양도인이 임의로 소비하였더라도 횡령죄가 성립하지 않는다.

▶ 종래 횡령죄가 성립하였으나, 2017도3829 전합으로 판례 변경

166 □□□ [14 변시]

주주나 대표이사 또는 이에 준하여 회사 자금의 보관이나 운용에 관한 사실상의 시무를 처리하는 자가 회사 소유의 재산을 제3자의 자금 조달을 위하여 담보로 제공하는 등 사적인 용도로 임의 처분하였더라도, 그 처분에 관하여 <u>주주총회나 이사회의 결의가 있었던 경우라도 횡령죄가 성립한다.</u>

167 ☐☐☐ [14 변시]

임차토지에 동업계약에 기해 식재되어 있는 수목을 관리·보관 하던 동업자 일방이 다른 동업자의 허락을 받지 않고 함부로 제3자에게 수목을 매도하기로 계약을 체결한 후 계약금을 수령·소비하였으나, 다른 동업자의 저지로 계약의 추가적인 이행이 진행되지 아니한 경우 횡령죄 미수가 성립한다.

▸ 횡령죄를 구체적 위험범으로 본 사안임

168 ☐☐☐ [23 변시]

甲이 A로부터 위탁받아 식재·관리하여 오던 나무들을 A 모르게 제3자에게 매도하는 계약을 체결하고 그 제3자로부터 계약금을 수령한 상태에서 A에게 적발되어 위 계약이 더 이행되지 아니하고 무위로 그쳤다면, 甲에게는 횡령미수죄가 성립한다.

169 ☐☐☐ [20 변시]

타인의 부동산을 보관 중인 자가 그 부동산에 근저당권설정등기를 마침으로써 횡령행위가 기수에 이른 후 해당 부동산을 매각함으로써 기존의 근저당권과 관계없이 법익침해의 결과를 발생시켰다면, 특별한 사정이 없는 한 불가벌적 사후행위가 아니라 별도의 횡령죄가 성립한다.

▸ 동일한 부동산에 대하여 두 개의 횡령죄를 인정한 사안임

170 ☐☐☐ [17 변시]

자기가 점유하는 타인의 재물을 그 타인을 기망하여 횡령한 경우, 횡령죄만 성립한다.

▸ 점유를 넘겨 받아야 사기죄가 성립함

171 ☐☐☐ [20 변시]

乙이 甲에게 절도를 교사하고 甲이 절도 범행 후 훔친 귀금속을 맡아 달라고 부탁하자 乙이 이를 수락하고 귀금속을 교부받아 갖고 있다가 임의로 처분하였다면, 乙에게는 절도교사죄 이외에 장물보관죄가 성립하고 횡령죄는 성립하지 아니한다.

▸ 장물보관에서 이미 소유권을 충분히 침해하였음

172 ☐☐☐ [24 변시]

절도범인으로부터 장물보관 의뢰를 받은 자가 그 정을 알면서 이를 인도받아 보관하고 있다가 임의처분한 경우, 이러한 횡령행위는 장물죄의 불가벌적 사후행위에 불과하여 별도의 횡령죄가 성립하지 않는다.

173 ☐☐☐ [23 변시]

甲이 업무상 과실로 장물을 보관함으로써 甲에게 업무상과실장물보관죄가 성립한다면, 그 후 甲이 위 장물을 임의로 처분하더라도 이러한 행위는 업무상과실장물보관죄의 가벌적 평가에 포함되어 별도로 횡령죄를 구성하지 않는다.

174 ☐☐☐ [19 변시]

「특정경제범죄 가중처벌 등에 관한 법률」 제3조 제1항에 의하면 횡령죄로 취득한 재물의 가액, 즉 이득액이 5억 원 이상인 때에는 가중처벌되는데, 여기서 말하는 '이득액'은 단순일죄의 이득액 혹은 포괄일죄가 성립되는 경우 그 이득액의 합산액 의미하고, 경합범으로 처벌될 수죄에서 이득액을 합한 금액을 의미하는 것은 아니다.

제6절 배임의 죄

175 ☐☐☐ [12 변시]

채권자가 양도담보로 제공된 부동산을 변제기 후에 담보권의 실행차원에서 처분한 경우, 그 목적물을 부당하게 염가로 처분하거나 청산금의 잔액을 채무자에게 지급해주지 않아도 배임죄는 성립하지 않는다.

▸ 자기의 사무에 불과함

176 □□□ [14 변시]

甲이 乙로부터 임야를 매수하면서 계약금을 지급하는 즉시 甲 앞으로 소유권을 이전받되 위 임야를 담보로 대출을 받아 잔금을 지급하기로 약정하고, 甲이 계약금을 지급한 후 임야에 대한 소유권을 이전 받고 이를 담보로 제공하여 <u>자금을 융통하였음에도 乙에게 잔금을 지급하지 않았다고 하더라도 배임죄가 성립하지 않는다.

▸ 타인의 사무처리자가 아님

177 □□□ [18 변시]

타인 소유의 <u>특허권을 명의신탁받아 관리하는 업무를 수행해 오다가 제3자로부터 특허권을 이전해 달라는 제의를 받고 대금을 지급받고는 그 타인의 승낙도 받지 않은 채 제3자 앞으로 특허권을 이전등록한 경우에는 업무상배임죄가 성립한다.

▸ 특허권은 재물이 아니라 횡령죄가 성립할 수 없고, 부동산실 명법 위반이 아님

178 □□□ [18 변시]

회사 직원이 영업비밀을 적법하게 반출하여 그 반출행위가 업무상배임죄에 해당하지 않는 경우라도, 퇴사 시에 회사에 <u>반환해야 할 의무가 있는 영업비밀을 회사에 반환하지 아니하였다면 업무상배임죄가 성립한다.

179 □□□ [14 변시]

아파트 입주자대표회의 회장인 甲이 공공요금의 납부를 위한 지출결의서에 날인을 거부함으로써 아파트 입주자들에게 그에 대한 통상의 연체료를 부담시켰다면, 위 행위로 인하여 연체료를 받은 공공기관은 그 금액만큼 <u>이익을 취득한 것이라고 할 수 없으므로 배임죄가 성립하지 않는다.

180 □□□ [19 변시]

배임죄에 있어 재산상 손해의 유무에 대한 판단과 관련하여, <u>법률적 판단에 의하여 당해 배임행위가 무효라 하더라도 경제적 관점에서 파악하여 배임행위로 인하여 본인에게 현실적인 손해를 가하였거나

재산상 실해 발생의 위험을 초래한 경우에는 재산상의 손해를 가한 때에 해당되어 배임죄를 구성한다.

▸ 경제적 재산설의 입장임

181 □□□ [14 변시]

A 주식회사를 인수하는 甲이 일단 금융기관으로부터 인수자금을 대출받아 회사를 인수한 다음, A 주식회사에 아무런 반대급부를 제공하지 않고 그 회사의 자산을 위 인수자금 대출금의 담보로 제공하도록 하였다면, 甲에게 배임죄가 성립한다.

182 □□□ [17 변시]

법인의 대표자 또는 피용자가 법인 명의로 한 채무부담행위가 관련 법령에 위배되어 법률상 효력이 없는 경우, 그 행위로 인하여 법인이 「민법」상 사용자책임 또는 법인의 불법행위책임을 부담하는 등의 특별한 사정이 없더라도 그 <u>대표자 또는 피용자의 행위는 배임죄의 실행의 착수는 인정된다.

▸ 대표권 남용 사안임

183 □□□ [21 변시]

주식회사의 대표이사 甲이 대표권을 남용하는 등 그 임무에 위배하여 회사 명의로 의무를 부담하는 행위를 하더라도 상대방이 대표권남용 사실을 알았거나 알 수 있었던 경우, 그 의무부담행위로 인하여 실제로 채무의 이행이 이루어졌다거나 회사가 민법상 불법행위책임을 부담하게 되었다는 등의 사정이 없는 이상, 甲에게 배임죄의 미수범이 성립한다.

▸ 채무의 이행이 이루어거나 회사가 민법상 불법행위책임을 부담하면 기수

184 □□□ [14 변시]

배임죄에서 '재산상 손해를 가한 때'에는 '재산상 손해발생의 위험을 초래한 경우'도 포함되는 것이므로, 법인의 대표이사 甲이 회사의 이익이 아닌 자기 또는 제3자의 이익을 도모할 목적으로 <u>권한을 남용하여 회사 명의의 금전소비대차 공정증서를 작성하여 법인 명의의 채무를 부담한 경우에는 상대방이 대표이사의 진의를 알았거나 알 수 있었다고 할지라도 배임죄의 미수범이 성립한다.

185 □□□ [19 변시]

주식회사의 대표이사가 대표권을 남용하여 약속어음을 발행한 경우, 그 발행 상대방이 대표권 남용사실을 알았거나 알 수 있었던 때에 해당하여 약속어음 발행이 무효일 뿐 아니라, 실제 그 어음이 유통되지 않았더라도 배임죄의 미수가 성립한다.

▸ 어음이 유통되면 기수

186 □□□ [17 변시]

회사의 대표이사가 대표권을 남용하여 회사 명의의 약속어음을 발행하였다면, 비록 상대방이 그 남용의 사실을 알았거나 중대한 과실로 알지 못하여 회사가 상대방에 대하여는 채무를 부담하지 아니한다 하더라도 그 약속어음이 제3자에게 유통되었다면 배임죄의 기수가 성립한다.

187 □□□ [22 변시]

A주식회사의 대표이사인 甲이 대표권을 남용하는 등 그 임무에 위배하여 A회사 명의의 약속어음을 발행하고 그 정을 모르는 자에게 이를 교부하였다면 아직 어음채무가 실제로 이행되기 전인 경우라도 배임죄의 기수범이 성립한다.

188 □□□ [19 변시]

금융기관이 금원을 대출함에 있어 대출금 중 선이자를 공제한 나머지만 교부하거나 약속어음을 할인함에 있어 만기까지의 선이자를 공제한 경우, 배임행위로 인하여 금융기관이 입는 손해는 선이자를 공제한 금액이 아니라 선이자로 공제한 금원을 포함한 대출금 전액이거나 약속어음 액면금 상당액으로 보아야 한다.

189 □□□ [18 변시]

거래상대방의 대향적 행위의 존재를 필요로 하는 유형의 배임죄에서 배임죄의 실행으로 이익을 얻게 되는 수익자는 배임죄의 공범이 되지 않는 것이 원칙이다.

▸ 부동산 이중매매의 상대방과 동일한 논리

190 □□□ [19 변시]

업무상배임죄의 실행으로 인하여 이익을 얻게 되는 수익자 또는 그와 밀접한 관련이 있는 제3자를 배임의 실행행위자와 공동정범으로 인정하기 위해서는, 위 수익자 또는 제3자가 실행행위자의 행위가 피해자 본인에 대한 배임행위에 해당한다는 것을 알면서도 소극적으로 그 배임행위에 편승하여 이익을 취득한 것만으로는 부족하고, 실행행위자의 배임행위를 교사하거나 또는 배임행위의 전 과정에 관여하는 등으로 배임행위에 적극 가담할 것을 필요로 한다.

191 □□□ [24 변시]

회사 명의의 합의서를 임의로 작성·교부한 행위에 의해 회사에 재산상 손해를 가하였다면, 사문서위조죄 및 그 행사죄와 업무상 배임죄는 상상적 경합관계에 있다.

192 □□□ [18 변시]

배임행위가 본인 이외의 제3자에 대한 사기죄를 구성한다면 그로 인하여 본인에게 손해가 생긴 때에는 사기죄와 함께 배임죄가 성립하고, 두 죄는 실체적 경합의 관계에 있다.

▸ 제3자를 기망한 사안임

193 □□□ [14 변시]

부동산 소유자인 甲과 乙이 부동산 매매계약을 체결하고 계약금과 중도금을 모두 수령하였는데, 이러한 사실을 모두 알고 있는 丙이 甲에게 부동산의 가격을 더 높게 지불할 테니 자신에게 위 부동산을 매각해 달라는 요청을 하자 위 부동산을 丙에게 이중으로 매도하고 소유권이전등기를 경료해준 경우, 甲에게는 배임죄가 성립하고, 丙에게는 장물취득죄가 성립하지 않는다.

▸ 배임죄의 객체는 재산상 이익임

194 □□□ [12 변시]

부동산의 매도인이 제1차 매수인에게서 중도금을 수령한 후, 다시 제2차 매수인에게서 중도금을 지급받았다면 배임죄의 실행의 착수는 인정된다.

▸ 부동산의 이중매매는 배임죄가 성립

195 ☐☐☐ [18 변시]

동산매매계약에서 매도인은 매수인에 대하여 그의 사무를 처리하는 지위에 있지 아니하므로, 매도인이 목적물을 매수인에게 인도하지 아니하고 이를 타에 처분하였다 하더라도 배임죄가 성립하지 않는다.

▸ 부동산과 달리 동산의 이중매매는 배임죄를 구성하지 않음

196 ☐☐☐ [12 변시][15 변시]

<u>자기소유의 동산</u>에 대해 매수인과 매매계약을 체결한 매도인이 중도금까지 지급받은 상태에서 그 목적물을 제3자에 대한 자기의 채무변제에 갈음하여 그 제3자에게 양도해 버린 경우에도 기존 매수인에 대한 배임죄가 성립하지 않는다.

197 ☐☐☐ [15 변시]

채무자가 채권자에게 동산인 한우 100마리를 양도담보로 제공하고 점유개정의 방법으로 점유하고 있는 상태에서 다시 이를 제3자에게 점유개정의 방법으로 양도하는 경우 배임죄가 성립하지 않는다.

▸ 판례 변경으로 이중양도담보는 배임죄를 구성하지 않음 – 2019도9756 전합 참조

198 ☐☐☐ [15 변시]

채권담보의 목적으로 부동산에 관한 <u>대물변제예약</u>을 체결한 채무자가 대물로 변제하기로 한 부동산을 제3자에게 임의로 처분한 경우 배임죄가 성립하지 않는다.

▸ 대물변제예약과 대물변제의 구별

199 ☐☐☐ [22 변시]

甲이 乙로부터 18억 원을 차용하면서 담보로 甲 소유의 아파트에 乙 명의의 <u>4순위 근저당권을 설정해 주기로</u> 약정하였음에도 제3자에게 채권최고액을 12억 원으로 하는 4순위 근저당권을 설정하여 준 경우 특정경제범죄가중처벌등에관한법률위반(배임)죄가 성립하지 않는다.

▸ 판례 변경으로 이중저당은 배임죄를 구성하지 않음 – 2019도 14340 전합

200 ☐☐☐ [20 변시]

부동산에 피해자 명의의 근저당권을 설정하여 줄 의사가 없음에도 피해자를 속이고 근저당권설정을 약정하여 금원을 편취하고 그 약정이 사기 등을 이유로 취소되지 않은 상황에서 다시 그 부동산에 관하여 제3자 명의로 근저당권설정등기를 마친 경우, 사기죄 이외에 별도의 배임죄는 성립하지 않는다.

201 ☐☐☐ [19 변시]

부동산에 근저당권을 설정하여 줄 의사가 없음에도 피해자를 속이고 근저당권 설정을 약정하여 금원을 편취한 다음, 근저당권 설정약정이 유효함에도 그 부동산에 제3자 명의로 근저당권설정등기를 마친 경우, 사기죄만 성립하고 배임죄는 성립하지 않는다.

202 ☐☐☐ [21 변시]

甲이 A은행으로부터 특정 토지 위에 건물을 신축하는 데 필요한 공사자금을 대출받으면서 이를 담보하기 위하여 B신탁회사를 수탁자, A은행을 우선수익자, 甲을 위탁자 겸 수익자로 하여 '신탁목적이 달성될 때까지 甲이 위 토지 및 건물을 임의로 처분할 수 없고, 준공 후 건물에 대하여 B신탁회사 앞으로 신탁등기를 경료하고 건물 분양수익금을 B신탁회사가 관리하면서 A은행에 대한 甲의 대출금을 변제한다'는 내용의 담보신탁계약 및 자금관리 대리사무계약을 체결한 경우, 甲이 위 계약에 따른 A은행의 우선수익권 보장 임무에 위배하여 C 앞으로 위 건물의 소유권보존등기를 마쳐 주었다면 甲에게 A은행에 대한 배임죄가 성립하지 않는다.

203 ☐☐☐ [24 변시]

甲이 A에게 자신의 자동차를 양도담보로 제공하기로 약정한 후 B에게 임의로 매도하고 B 명의로 이전등록을 해 준 경우, 등록을 요하는 재산인 자동차 등에 관하여 양도담보설정계약을 체결한 채무자는 채권자에 대하여 그의 사무를 처리하는 지위가 인정되지 않아 그 임무에 위배하여 이를 타에 처분하였더라도 배임죄가 성립하지 않는다.

204 ☐☐☐ [24 변시]

甲이 권리자의 착오나 가상자산 운영 시스템의 오류 등으로 법률상 원인관계 없이 자신의 전자지갑에 이체된 가상자산을 반환하지 않고 자신의 또 다른 전자지갑에 이체하였더라도 착오송금의 법리가 적용되지 않아 배임죄가 성립하지 않는다.

배임수증재죄 관련 지문

205 ☐☐☐ [20 변시]

배임수재죄가 성립하기 위해서는 타인의 사무를 처리하는 지위를 가진 자가 부정한 청탁을 받아야 하므로, 타인의 사무처리자의 지위를 취득하기 전에 부정한 청탁을 받은 경우에는 배임수재죄로 처벌할 수 없다.

206 ☐☐☐ [16 변시]

甲이 乙로부터 A건설 컨소시엄이 제출한 설계도면에 경쟁업체보다 유리한 점수를 주어 A건설 컨소시엄이 낙찰받을 수 있도록 해달라는 취지의 청탁을 받고 금품을 취득한 이후에 실제로 건설사업의 평가위원으로 위촉되었더라도 甲에게 배임수재죄가 성립하지 아니한다.

207 ☐☐☐ [20 변시]

배임수재죄 및 배임증재죄에서 공여 또는 취득하는 재물 또는 재산상 이익은 반드시 부정한 청탁에 대한 대가 또는 사례이어야 한다.

208 ☐☐☐ [23 변시]

배임수재죄에서 타인의 업무를 처리하는 자에게 공여한 금품에 부정한 청탁의 대가로서의 성질과 그 외의 행위에 대한 사례로서의 성질이 불가분적으로 결합되어 있는 경우에는 그 전부가 불가분적으로 부정한 청탁의 대가로서의 성질을 갖는 것으로 보아야 한다.

209 ☐☐☐ [20 변시]

청탁 내용이 단순히 규정이 허용하는 범위 내에서 최대한 선처를 바란다는 내용에 불과하거나 위탁받은 사무의 적법하고 정상적인 처리범위에 속하는 것이라면 그 청탁의 사례로 금품을 수수하는 것은 배임수재에 해당하지 않는다.

210 ☐☐☐ [20 변시]

부정한 청탁을 받고 나서 사후에 재물 또는 재산상 이익을 취득하였더라도 재물 또는 재산상 이익이 청탁의 대가이면 배임수재죄가 성립한다.

211 ☐☐☐ [20 변시]

배임수재죄에서 말하는 재산상 이익의 취득이라 함은 현실적인 취득만을 의미하고, 단순한 요구 또는 약속을 한 경우는 포함되지 않는다.

212 ☐☐☐ [23 변시]

타인의 사무를 처리하는 자가 증재자로부터 돈이 입금된 계좌의 예금을 인출할 수 있는 현금카드를 교부받아 이를 소지하면서 언제든지 위 현금카드를 이용하여 예금된 돈을 인출할 수 있다면, 예금된 돈을 재물로 취득한 것으로 보아야 한다.

213 ☐☐☐ [23 변시]

배임수재죄는 타인의 사무를 처리하는 자가 그 임무에 관하여 부정한 청탁을 받고 재물 또는 재산상의 이익을 취득한 경우는 물론, 제3자로 하여금 이를 취득하게 한 때에도 성립한다.

214 ☐☐☐ [17 변시]

甲은 A조합 이사장으로서 A조합이 주관하는 지역축제의 대행기획사를 선정하는 과정에서 최종 기획사로 선정될 경우 조합운영비를 지원하겠다는 B회사의 약속에 따라 위 축제가 끝난 후 B회사로부터 A조합운영비 명목으로 5,000만 원을 교부받아 A조합운영비로 사용하였다면 배임수재죄가 성립하지 않는다.

▶ 제3자에는 타인이 포함되지 않음 - 2019도17102

215 ☐☐☐ [23 변시]

공동의 사기 범행으로 인하여 얻은 돈을 공범자끼리 수수한 행위가 공동정범들 사이의 그 범행에 의하여 취득한 돈이나 재산상 이익의 내부적인 분배행위에 지나지 않는 것이라면, 공범자끼리 내부적으로 그 돈을 수수하는 행위가 따로 배임수증재죄를 구성한다고 볼 수 없다.

216 ☐☐☐ [22 변시]

타인의 사무를 처리하는 자가 그 직무에 관하여 여러 사람으로부터 각각 부정한 청탁을 받고 수회에 걸쳐 금품을 수수한 경우, 그 청탁이 동종의 것이더라도 단일하고 계속된 범의 아래 이루어진 범행으로 보아 그 전체를 포괄일죄로 볼 수 없다.

217 ☐☐☐ [19 변시]

배임수·증재죄에서 수재자가 증재자로부터 받은 재물을 그대로 가지고 있다가 증재자에게 반환하였다면 증재자로부터 이를 몰수하거나 그 가액을 추징하여야 한다.

218 ☐☐☐ [23 변시]

배임수재자가 배임증재자로부터 부정한 청탁으로 받은 재물을 그대로 가지고 있다가 증재자에게 반환하였다면 증재자로부터 이를 몰수하거나 그 가액을 추징하여야 한다.

제7절 장물의 죄

219 ☐☐☐ [20 변시]

평소 본범과 공동하여 수차 상습으로 절도 등 범행을 함으로써 실질적인 범죄집단을 이루고 있었던 甲이 본범으로부터 장물을 취득하였다면, 본범이 범한 당해 절도범행에 있어서 정범자(공동정범이나 합동범)가 되지 아니한 경우여서 甲의 장물취득행위는 불가벌적 사후행위에 해당하지 않는다.

220 ☐☐☐ [21 변시]

甲은 乙에게 乙의 삼촌인 A의 신용카드를 절취하도록 교사하고, 이에 따라 乙이 A의 신용카드를 절취하였다. 甲이 乙이 절취하여 온 A의 신용카드를 취득하였다면 甲에게 장물취득죄가 성립한다.

▶ 정범이 아닌 교사범 사안임

221 ☐☐☐ [14 변시] [19 변시] [20 변시]

乙이 권한 없이 인터넷뱅킹으로 타인의 예금계좌에서 자신의 예금계좌로 돈을 이체한 후 그중 일부를 현금으로 인출하여 甲에게 주었는데 甲이 그 정을 알고 받았다면, 甲이 받은 돈은 장물에 해당하지 않아 甲에게는 장물취득죄가 성립하지 않는다.

▶ 컴사의 객체는 재산상 이익

222 ☐☐☐ [20 변시]

재산범죄를 저지른 이후에 별도의 재산범죄의 구성요건에 해당하는 사후행위가 있었다면 비록 그 행위가 불가벌적 사후행위로서 처벌의 대상이 되지 않는다 할지라도 그 사후행위로 인하여 취득한 물건은 재산범죄로 인하여 취득한 물건으로서 장물이 될 수 있다.

223 ☐☐☐ [16 변시]

甲이 권한없이 A회사의 아이디와 패스워드를 입력하여 인터넷뱅킹에 접속한 다음에 A회사의 예금계좌로부터 자신의 예금계좌로 합계 2억 원을 이체한 후, 자신의 현금카드를 사용하여 현금자동지급기에서 6,000만 원을 인출하여 그 정을 아는 乙에게 교부하였다면 甲에게는 컴퓨터등사용사기죄가 성립하지만, 乙에게는 장물취득죄가 성립하지 아니한다.

▶ 컴사 후 현금인출은 범죄가 되지 않음

224 ☐☐☐ [12 변시]

甲이 단순히 보수를 받고 본범인 乙을 위하여 장물을 일시 사용하거나 사용할 목적으로 장물을 건네받은 것만으로는 장물을 취득한 것으로 볼 수 없다.

225 □□□ [15 변시]

甲이 자기명의의 예금통장과 비밀번호, 도장 등을 양도하는 방법으로 본범 乙의 <u>사기 범행을 방조한</u> 다음, 乙의 범행 결과 자기의 예금계좌에 입금된 돈을 乙이 미처 인출하기에 앞서 인출한 경우 사기죄의 방조범 이외에 장물취득죄가 성립하는 것은 아니다.

226 □□□ [14 변시]

甲은 A가 <u>사기에 이용하려고 한다는 사정을 알고서</u>도 A의 부탁에 따라 자신의 명의로 농협은행 예금계좌를 개설하여 예금통장을 A에게 양도하였고, A는 X를 속여 X로 하여금 5,000만 원을 위 계좌로 송금하게 하였는데, 甲은 위 계좌로 송금된 돈 전액을 인출하였다. 甲의 위 예금 인출 행위는 장물취득죄에 해당하지 않는다.

227 □□□ [13 변시]

장물인 귀금속의 매도를 부탁받은 甲이 그 귀금속이 장물임을 알면서도 매매를 중개하고 매수인에게 이를 전달하려다가 <u>매수인을 만나기 전에 체포</u>된 경우라도 위 귀금속의 매매를 중개함으로 인한 장물알선죄가 성립한다.

▶ 알선시가 기수시기

228 □□□ [17 변시]

甲이 장물인 귀금속의 매도를 부탁받은 후 그 귀금속이 장물임을 알면서도 <u>그 매매를 중개하고 매수</u>인에게 이를 전달하기 위해 매수인을 만나러 가는 도중에 체포되었더라도 장물알선죄는 성립한다.

229 □□□ [19 변시]

업무상과실장물죄에서 업무자의 신분은 부진정신분범 요소가 아니다.

▶ 일반과실장물죄는 불가벌

230 □□□ [18 변시]

금은방을 운영하는 자는 전당물을 취득함에 있어 좀 더 세심한 주의를 기울였다면 그 물건이 장물임을 알 수 있는 <u>특별한 사정이 있다면</u>, 신원확인절차를 거치는 이외에 매수물품의 성질과 종류 및 매도자의 신원 등에 더 세심한 주의를 기울여 전당물인 귀금속이 장물인지의 여부를 확인할 주의의무를 부담한다.

제8절 손괴의 죄

231 □□□ [22 변시]

재건축사업으로 철거가 예정되어 있었고 그 입주자들이 모두 이사하여 <u>아무도 거주하지 않는 아파</u>트라 하더라도, 그 아파트 자체의 객관적 성상이 본래 사용목적인 주거용으로 사용될 수 없는 상태가 아니었고 그 소유자들이 재건축조합으로의 신탁등기 및 인도를 거부하는 상황이었다면, 위 아파트는 재물손괴죄의 객체가 된다.

제9절 권리행사방해죄

232 □□□ [17 변시]

차량의 실소유자인 甲은 자동차등록원부에 제3자인 B의 명의로 등록되어 있는 그 차량을 <u>A에게 자</u>신의 채무에 대한 담보로 제공하였는데, 甲이 A와 사이가 나빠지자 A의 승낙을 받지 않고 미리 소지하고 있던 위 차량의 보조키를 이용하여 위 차량을 운전하여 가져가 버린 경우, 권리행사방해죄는 성립하지 않는다.

▶ 자동차 명의신탁에서 외부자가 개입하면 등록자가 소유자

233 □□□ [23 변시]

주식회사의 대표이사 甲이 <u>대표이사의 지위에 기하</u>여 그 직무집행행위로서 타인이 적법하게 점유하는 위 회사의 물건을 취거하였다면, 그 물건은 甲의 소유가 아니더라도 甲에게 권리행사방해죄가 성립한다.

234 □□□ [13 변시]

렌터카회사의 공동대표이사 중 1인인 A가 회사 보유 차량을 <u>자신의 개인적인 채무담보 명목으로 B에게 넘겨준 후</u>, 렌터카회사와 B 사이에 법적 분쟁이 진행 중에 다른 공동대표이사인 甲이 위 차량을 몰래 회수하도록 한 경우 위 B의 점유는 권리행사방해죄의 보호대상인 점유에 해당한다.

▸ 잠정적으로 보호할 가치 있는 점유는 모두 포함

235 □□□ [22 변시]

권리행사방해죄에 있어서의 타인의 점유라 함은 정당한 권원에 기하여 그 물건을 점유하는 것을 의미하는 것이므로, <u>무효인 경매절차에서</u> 경매목적물을 경락받아 이를 점유하고 있는 낙찰자의 경우 권리행사방해죄에 있어서의 타인의 물건을 점유하고 있는 자라고 할 수 있다.

▸ 동시이행항변권 – 민법 제536조

236 □□□ [13 변시]

무효인 경매절차에서 경매목적물을 경락받아 이를 점유하고 있는 낙찰자의 점유는 적법한 점유로서, <u>동시이행항변권</u>을 가지고 있는 점유자는 권리행사방해죄에 있어서의 타인의 물건을 점유하고 있는 자라고 할 것이다.

237 □□□ [20 변시]

물건의 소유자가 아닌 사람이 소유자의 권리행사방해범행에 가담한 경우에는 「형법」제33조 본문에 따라 권리행사방해죄의 공범이 될 수 있으나, <u>권리행사방해죄의 공범으로 기소된 물건의 소유자에게 고의가 없는 등으로 범죄가 성립하지 않는다면</u> 공동정범이 성립할 여지가 없다.

▸ 신분자에게 구성요건해당성이 없는 사안임

238 □□□ [22 변시]

<u>압류금지채권의 목적물</u>이 채무자의 예금계좌에 입금되기 전까지는 강제집행 또는 보전처분의 대상이 될 수 없는 것이므로, 압류금지채권의 목적물을 수령하는 데 사용하던 기존 예금계좌가 채권자에 의해 압류된 채무자가 압류되지 않은 다른 예금계좌를 통하여 그 목적물을 수령한 경우 강제집행이

임박한 채권자의 권리를 침해할 위험이 있는 행위라고 볼 수 없어 강제집행면탈죄가 성립하지 않는다.

239 □□□ [13 변시]

채무자와 제3채무자 사이에 채무자의 장래청구권이 충분하게 표시되었거나 결정된 법률관계가 존재한다면 동산·부동산뿐만 아니라 <u>장래의 권리도</u> 강제집행면탈죄의 객체에 해당한다.

240 □□□ [20 변시]

민사집행법상 보전처분 단계에서 <u>가압류 채권자의 지위</u>는 원칙적으로 강제집행면탈죄의 객체가 될 수 없다.

241 □□□ [16 변시]

이른바 계약명의신탁의 방식으로 명의수탁자가 당사자가 되어 소유자와 부동산에 관한 매매계약을 체결하고 그 명의로 소유권이전등기를 마친 경우, 채무자인 명의신탁자에게 강제집행면탈죄가 성립될 여지는 없다.

▸ 계약명의신탁의 명의신탁자는 부동산의 소유자가 될 수 없음

242 □□□ [13 변시]

강제집행면탈죄는 채권자의 권리보호를 주된 보호법익으로 하는 위험범이므로 채권자의 채권이 존재하지 않는다면 강제집행면탈죄가 성립할 수 없다.

243 □□□ [16 변시]

채권자 A가 甲에 대한 연체차임채권을 확보하기 위하여 甲이 임차하여 운영하는 주유소의 신용카드 매출채권을 가압류하자, 甲이 강제집행을 면탈할 목적으로 그 즉시 타인 명의의 신용카드 결제단말기를 빌려와 수개월 동안 주유대금 결제에 사용하는 수법으로 주유소의 신용카드 매출채권을 은닉한 경우라도, 甲이 위 가압류 이전부터 A에 대하여 연체차임을 상회하는 보증금반환채권을 보유하고 있음을 근거로 <u>은닉행위 이후 상계의 의사표시를 함으로써</u> A의 연체차임채권이 모두 소멸되었다고 한다면 강제집행면탈죄가 성립하지 않는다.

▸ 상계는 소급효가 있음을 주의

244 □□□   [13 변시]

객관적 구성요건으로 강제집행을 받을 객관적 상태가 요구되며, 이는 민사소송에 의한 강제집행 또는 가압류·가처분 등의 집행을 당할 구체적 염려가 있는 상태를 말한다.

245 □□□   [13 변시]

약 18억 원 정도의 채무초과 상태에 있는 자가 자신이 발행한 약속어음이 부도가 난 경우, 강제집행을 당할 구체적인 위험을 인정할 수 있다.

246 □□□   [16 변시]

甲이 자신을 상대로 사실혼관계 부당파기로 인한 손해배상 청구소송을 제기한 A에 대한 채무를 면탈하기 위하여 A와 함께 거주하던 甲 명의 아파트를 담보로 10억 원을 대출받아 그 중 8억 원을 타인 명의 계좌로 입금하였더라도, 비록 甲이 A의 甲에 대한 위자료 등 채권액을 훨씬 상회하는 다른 재산이 있다면 강제집행면탈죄가 성립하지 않는다.

247 □□□   [16 변시]

甲과 乙이 공모하여 甲의 채권자를 해하기 위하여 허위의 채무를 부담하는 내용의 공정증서를 작성하고 그 공정증서에 기하여 법원으로부터 채권압류 및 추심명령을 받은 뒤 배당을 받았다면, 채권압류 및 추심명령을 받은 때에 강제집행면탈죄가 성립함과 동시에 그 범죄행위가 종료되어 공소시효가 진행한다.

▸ 배당일이 종료시가 아님을 주의

248 □□□   [12 변시]

甲이 허위양도한 부동산의 시가액보다 그 부동산에 의하여 담보된 채무액이 더 많은 경우라도, 허위양도로 인하여 채권자를 해할 위험이 없다고 할 수 없으므로 강제집행면탈죄가 성립한다.

249 □□□   [16 변시]

채무자인 甲이 채권자 A의 가압류집행을 면탈할 목적으로 제3채무자 B에 대한 채권을 C에게 허위 양도한 경우, 가압류결정정본이 B에게 송달된 날짜와 甲이 C에게 채권을 양도한 날짜가 동일하더라도 시간상 채권양도가 가압류결정정본 송달보다 먼저 이루어졌다면 강제집행면탈죄가 성립한다.

▸ 강제집행면탈죄가 위험범임을 강조하는 사안임

250 □□□   [13 변시]

국세징수법에 의한 체납처분은 강제집행면탈죄의 강제집행에 포함되지 않는다.

251 □□□   [17 변시]

甲은 장기간 세금 납부를 하지 않고 도망 다니던 중 처로부터 체납처분 관련 서류가 집으로 배달되었다는 연락을 받자 이를 면탈할 목적으로 자신의 소유 아파트를 친구에게 허위양도한 경우, 강제집행면탈죄가 성립하지 아니한다.

▸ 강제집행에는 국세징수법에 의한 체납처분은 불포함

합격을 꿈꾼다면, 해커스변호사
law.Hackers.com

해커스변호사
law.Hackers.com

제5편

사회적 법익에 관한 죄

제 1 장 공공의 안전과 평온에 관한 죄
제 2 장 공공의 신용에 관한 죄
제 3 장 공중의 건강에 관한 죄

제1장 | 공공의 안전과 평온에 관한 죄

제1절	공안을 해하는 죄
제2절	폭발물에 관한 죄
제3절	방화와 실화의 죄

001 ☐☐☐ [12 변시]

피고인이 방화의 의사로 뿌린 휘발유가 인화성이 강한 상태로 피고인의 처와 자녀가 있는 주택 주변과 피해자의 몸에 적지 않게 살포되어 있는 사정을 알면서도 라이터를 켜 불꽃을 일으킴으로써 피해자의 몸에 불이 붙은 경우, 비록 외부적 사정으로 불이 방화 목적물인 주택 자체에 옮겨 붙지는 아니하였다 하더라도 현존건조물방화죄의 실행의 착수가 인정된다.

▸ 방화죄의 실행의 착수시기는 점화시임

002 ☐☐☐ [20 변시]

현주건조물방화치사죄는 사망의 결과에 대하여 과실이 있는 경우뿐만 아니라 고의가 있는 경우에도 성립하는 부진정 결과적가중범이다.

▸ 현주건조물방화치사죄는 7년 이상, 살인죄는 5년 이상

003 ☐☐☐ [23 변시]

사람이 현존하는 건조물을 방화하는 집단행위의 과정에서 일부 집단원이 고의행위로 상해를 가한 경우에도 다른 집단원에게 그 상해의 결과가 예견가능한 것이었다면, 다른 집단원도 그 결과에 대하여 현존건조물방화치상죄의 책임을 진다.

004 ☐☐☐ [20 변시]

甲은 원한관계에 있는 A를 살해하기로 마음먹고 한밤중에 A의 집으로 가서 A와 A의 딸 B가 잠을 자고 있는 것을 확인한 후 A의 집 주변에 휘발유를 뿌리고 A의 집을 방화하였다. 이로 인해 A는 질식사하였고 B는 잠에서 깨어 현관문을 열고 밖으로 나오려고 하였으나 甲이 밖에서 현관문을 막고 서는 바람에 B도 질식사하였다.

① 현주건조물방화치사죄는 사망의 결과에 대하여 과실이 있는 경우뿐만 아니라 고의가 있는 경우에도 성립하는 부진정 결과적가중범이다.

② A를 사망하게 한 점에 대해서는 현주건조물방화치사의 죄책을 진다.

③ B를 사망하게 한 점에 대해서는 현주건조물방화죄와 살인죄가 성립하고 두 죄는 실체적 경합 관계에 있다.

▸ 행위가 각각 다름

④ 만약 甲이 A가 혼자 있는 집에 들어가 A를 폭행하여 재물을 강취하고 A를 살해할 목적으로 A의 집을 방화하여 A를 사망에 이르게 하였다면 강도살인죄와 현주건조물방화치사죄가 성립하고 두 죄는 상상적 경합 관계에 있다.

▸ 강도살인죄는 사형 또는 무기징역임

⑤ 만약 甲이 A의 집 주변에 휘발유를 뿌린 다음 라이터로 불을 붙였으나 잠을 자고 있던 A가 집 밖으로 뛰어나와 불을 끄는 바람에 A의 집에는 불이 옮겨 붙지 않았지만 그로 인해 A가 화상을 입고 사망하였더라도 현주건조물방화치사죄의 미수범으로 처벌되지는 않는다.

▸ 현주건조물방화치사죄는 미수범 처벌규정이 없음

005 ☐☐☐   [17 변시]

교통방해치사상죄가 성립하려면 교통방해행위가 피해자의 사상이라는 결과를 발생하게 한 유일하거나 직접적인 원인이 될 필요가 없고, 그 행위와 결과 사이에 피해자나 제3자의 과실 등 다른 사실이 개재된 경우라도 그와 같은 사실이 통상 예견될 수 있는 것이라면 상당인과관계를 인정할 수 있다.

▸ 비유형적 인과관계와 상당인과관계설

006 ☐☐☐   [16 변시]

甲이 고속도로 2차로를 따라 자동차를 운전하다가 1차로를 진행하던 A의 차량 앞에 급하게 끼어든 후 곧바로 정차하여, A의 차량 및 이를 뒤따르던 차량 2대는 연이어 급제동하여 정차하였으나 그 뒤를 따라오던 B의 차량이 앞의 차량들을 연쇄적으로 추돌케 하여 B를 사망에 이르게 한 경우, B에게 주의의무를 위반한 과실이 있더라도 甲에게는 일반교통방해치사죄가 성립한다.

제2장 | 공공의 신용에 관한 죄

제1절 통화에 관한 죄

001 ☐☐☐ [12 변시]
위조통화를 행사하여 상대방으로부터 재물을 편취한 경우, 위조통화행사죄와 사기죄는 실체적 경합관계에 있다.

▸ 위조통화행사죄는 사회적 법익이고 사기죄는 개인적 법익임

제2절 유가증권, 우표, 인지에 관한 죄

002 ☐☐☐ [14 변시]
甲은 발행일이 백지인 수표 1장을 위조하여 乙에게 교부하였다. 그런데 이 수표가 위조된 사실을 알고 있는 乙은 이를 자신의 채무를 변제하기 위하여 사용하였다. 발행일이 기재되지 않은 수표는 적법하게 지급 받을 수 없다고 하더라도 甲은 수표위조로 인한 부정수표단속법위반의 죄책을 진다.

003 ☐☐☐ [13 변시]
甲이 乙로부터 그 전에 미리 서명날인만을 받아 놓은 백지 약속어음에 발행일, 금액, 수취인을 함부로 기재한 후, 乙을 상대로 제기한 약속어음금 청구사건에서 그 청구를 대여금 청구로 변경하면서 그 소 변경신청서에 위 약속어음을 복사한 사본을 첨부하여 제출하였다면 위조유가증권행사죄는 성립하지 않는다.

▸ 위조된 약속어음의 복사본은 행사죄의 객체가 아님

004 ☐☐☐ [19 변시]
유가증권을 위조한 甲이 그 위조유가증권을 다른 사람에게 행사하여 그 이익을 나누어 가질 것을 乙과 공모한 후 그에게 위 위조유가증권을 교부함에 그친 경우라면, 甲에게는 유가증권위조죄만 성립한다.

▸ 공범 사이에는 행사죄가 성립하지 않음

제3절 문서에 관한 죄

005 ☐☐☐ [21 변시]
문서의 내용을 저장한 전자 파일이나 그 파일을 실행시켜 컴퓨터 모니터 화면에 나타낸 문서의 이미지는 형법상 문서에 관한 죄에 있어 '문서'에 해당되지 않는다.

006 ☐☐☐ [18 변시]
컴퓨터 스캔 작업을 통하여 만들어낸 공인중개사 자격증의 이미지 파일은 전자기록장치에 전자적 형태로서 고정되어 있어 계속성을 인정할 수 없으므로 「형법」상 문서에 관한 죄에 있어서의 문서가 아니다.

007 ☐☐☐ [20 변시]
자신의 이름과 나이를 속이는 용도로 사용할 목적으로 주민등록증의 이름·주민등록번호란에 글자를 오려 붙인 후 이를 컴퓨터 스캔 장치를 이용하여 이미지 파일로 만들어 컴퓨터 모니터로 출력하는 한편 타인에게 이메일로 전송한 경우에는 공문서위조 및 위조공문서행사죄가 성립하지 아니한다.

▸ 글자를 오려 붙인 것만으로는 위조가 아님

008 ☐☐☐ [12 변시]
문서위조죄가 성립하기 위해서는 공문서와 사문서 모두 작성명의인이 실재할 필요는 없다.

009 ☐☐☐ [18 변시]
사문서의 경우에는 그 명의인이 실재하지 않는 허무인이거나 문서의 작성일자 전에 이미 사망하였다 하더라도 문서위조죄가 성립하고, 공문서의 경우에도 문서위조죄가 성립하기 위하여 명의인이 실재함을 필요로 하지 않는다.

010 □□□   [17 변시]

직접적인 법률관계에 단지 간접적으로 연관된 의사표시 내지 권리·의무의 변동에 사실상으로 영향을 줄 수 있는 의사표시를 내용으로 하는 문서라도 사문서위조죄의 객체가 된다.

011 □□□   [12 변시]

담뱃갑의 표면에 담배 제조회사와 담배의 종류를 구별·확인할 수 있는 특유의 도안이 표시되어 있는 경우, 담뱃갑은 문서 등 위조의 대상인 도화에 해당한다.

012 □□□   [23 변시]

사진을 바꾸어 붙이는 방법으로 위조한, 외국 공무원이 발행한 국제운전면허증이 유효기간을 경과하여 본래의 용법에 따라 사용할 수 없더라도, 면허증 행사 시 상대방이 유효기간을 쉽게 알 수 없는 등의 사정으로 발급 권한 있는 자로부터 국제운전면허를 받은 것으로 오신하기에 충분한 정도의 형식과 외관을 갖추고 있다면, 문서위조죄의 위조문서에 해당한다.

013 □□□   [12 변시]

전자복사기를 사용하여 원본을 기계적 방법으로 복사한 사본도 문서에 해당한다.

▸ 제238조의2 참조

014 □□□   [16 변시]

복사한 문서의 사본도 문서원본과 동일한 의미를 가지는 문서로서 이를 다시 복사한 문서의 재사본도 문서위조죄의 객체인 문서에 해당한다.

015 □□□   [16 변시]

甲이 사문서를 작성함에 있어 문서 작성권한을 위임받았고 위임받은 권한의 범위 내에서 이를 남용하여 문서를 작성하였다면, 사문서위조죄가 성립하지 않는다.

▸ 권한을 초월하면 신용에 관한 죄 성립

016 □□□   [17 변시]

주식회사의 지배인이 자신을 그 회사의 대표이사로 표시하여 연대보증채무를 부담하는 취지의 회사 명의의 차용증을 작성한 경우에 그 문서에 허위의 내용이 포함되어 있더라도 사문서위조죄를 구성하지 않는다.

▸ 지배인은 포괄적 대리권이 있음

017 □□□   [18 변시]

매수인으로부터 토지매매계약체결에 관하여 포괄적 권한을 위임받은 자가 실제 매수가격보다 높은 가격을 매매대금으로 기재하여 매수인 명의의 매매계약서를 작성하였다 하더라도 그것은 작성권한 있는 자가 허위내용의 문서를 작성한 것에 불과하여 사문서위조죄가 성립할 수 없다.

018 □□□   [18 변시]

일정 한도액에 관하여 연대보증인이 될 것을 허락한 甲으로부터 그에 필요한 문서를 작성하는 데 쓰일 인감도장과 인감증명서를 교부받아 甲을 직접 차주로 하는 동액 상당의 차용금 증서를 작성한 경우에는 본래의 정당한 권한 범위를 벗어난 것이 아니므로 사문서위조죄가 성립하지 아니한다.

019 □□□   [12 변시]

타인명의의 문서를 위조한 뒤 사후승낙을 받았다고 하더라도 위조에 해당한다.

▸ 범죄는 행위시를 기준으로 판단

020 □□□   [17 변시]

사문서의 작성명의자의 인장이 압날되지 않고 주민등록번호가 기재되지 않았더라도 일반인이 그 작성명의자에 의해 작성된 사문서라고 믿을만한 정도의 형식과 외관을 갖추었다면 사문서위조죄의 객체가 된다.

021 □□□ [16 변시]

甲이 다른 서류에 찍혀 있던 乙의 직인을 칼로 오려내어 풀로 붙인 후 이를 복사하여 수상후보자추천서와 경력증명서 각 1통을 만들고 이를 수상자를 선정하는 협회에 발송한 경우, 동 서류 2통을 주의 깊게 관찰하지 아니하면 그 외관에 비정상적인 부분이 있음을 알아차리기가 어렵다면, 甲에게 사문서위조죄 및 위조사문서행사죄가 성립한다.

▸ 풀로 붙인 후 복사하였으므로 위조

022 □□□ [17 변시]

사문서에 2인 이상의 작성명의인이 있는 때에는 그 명의자 가운데 1인이 나머지 명의자와 합의 없이 행사할 목적으로 그 문서의 내용을 변경하였다면 사문서변조죄가 성립한다.

▸ 문서에 관한 죄수 판단은 명의인을 기준으로 함

023 □□□ [17 변시][23 변시]

사문서를 변조할 당시 그 명의인의 명시적·묵시적 승낙이 없었다면 변조된 문서가 그 명의인에게 유리하여 결과적으로 그 의사에 합치되는 때라도 사문서변조죄를 구성한다.

▸ 문서에 관한 죄는 사회적 법익에 관한 죄임

024 □□□ [12 변시]

행사할 목적으로 권한없이 타인 명의의 휴대전화 신규 가입신청서를 작성한 후 이를 스캔한 이미지 파일을 제3자에게 이메일로 전송하여 컴퓨터 화면상으로 보게 한 경우, 사문서위조죄 및 위조사문서행사죄가 성립한다.

▸ 위조한 문서를 스캔한 이미지 파일임

025 □□□ [24 변시]

2인 이상의 작성명의인이 연명으로 서명·날인한 문서를 하나의 행위로 위조한 때에는 작성명의인의 수에 해당하는 문서위조죄의 상상적 경합범에 해당한다.

026 □□□ [19 변시]

타인 명의의 휴대전화 신규 가입신청서를 위조한 甲이 이를 스캔한 이미지 파일을 제3자에게 이메일로 전송하여 컴퓨터 화면상으로 보게 한 경우에는 사문서위조죄와 위조사문서행사죄가 성립하고 양 죄는 실체적 경합범 관계에 있다.

027 □□□ [12 변시]

전과가 있던 甲은 친구 乙인 것처럼 가장하여 A회사에 취직하기 위하여 허락없이 임의로 친구 乙 명의의 이력서를 작성하였다. 그리고 甲은 위 乙 명의의 이력서에 날인하기 위하여 허락 없이 임의로 乙 명의의 인장을 만들어 乙 이름 뒤에 날인하였다면 사문서위조죄 1죄만 성립한다.

▸ 인장에 관한 죄는 문서에 관한 죄의 보충관계

028 □□□ [17 변시]

공무원이 아닌 甲이 관공서에 허위 내용의 증명원을 제출하여 그 내용이 허위인 정을 모르는 담당 공무원 乙로부터 그 증명원 내용과 같은 증명서를 발급받은 경우, 甲에게는 공문서위조죄의 간접정범이 성립하지 않는다.

▸ 담당 공무원이 증명서의 내용을 알고 있으므로 위조는 아님

029 □□□ [21 변시]

최종 결재권자를 보조하여 문서의 기안업무를 담당한 공무원이 이미 결재를 받아 완성된 공문서에 대하여 적법한 절차를 밟지 않고 그 내용을 변경한 경우에는 공문서변조죄가 성립한다.

030 □□□ [21 변시]

허위공문서작성죄의 객체가 되는 문서는 작성명의인이 명시되어 있지 않더라도 문서의 형식, 내용 등 문서 자체에 의하여 누가 작성하였는지를 추지할 수 있을 정도의 것이면 된다.

031 ☐☐☐   [23 변시]

공문서 작성권자의 직무를 보조하는 공무원이 그 직위를 이용하여 행사할 목적으로 허위내용의 공문서의 초안을 작성한 후 문서에 기재된 내용의 허위사실을 모르는 작성권자에게 제출하여 결재하도록 하는 방법으로 작성권자로 하여금 허위의 공문서를 작성하게 한 경우, 그 보조공무원에게는 허위공문서작성죄의 간접정범이 성립한다.

032 ☐☐☐   [18 변시]

공무원인 의사가 공무소의 명의로 허위진단서를 작성한 경우에는 허위공문서작성죄만 성립한다.

033 ☐☐☐   [12 변시]

국립병원 의사가 허위의 진단서를 작성한 경우, 허위공문서작성죄만 성립한다.

034 ☐☐☐   [13 변시]

공정증서원본불실기재죄가 성립한 후 사후에 피해자의 동의 또는 추인 등의 사정으로 문서에 기재된 대로 효과의 승인을 받거나, 등기가 사후에 실체적 권리 관계에 부합하게 되었다 하더라도 이미 성립한 범죄에는 아무런 영향이 없다.

▸ 범죄는 행위시를 기준으로 판단함

035 ☐☐☐   [23 변시]

사문서위조죄나 공정증서원본불실기재죄가 성립한 후, 사후에 피해자의 동의 또는 추인 등의 사정으로 문서에 기재된 대로 효과의 승인을 받거나 등기가 실체적 권리관계에 부합하게 되었다 하더라도 이미 성립한 위 범죄에는 아무런 영향이 없다.

036 ☐☐☐   [12 변시]

위장결혼의 당사자 및 브로커와 공모한 피고인이 허위로 결혼사진을 찍고 혼인신고에 필요한 서류를 준비하여 위장결혼의 당사자에게 건네준 것만으로는 공전자기록등불실기재죄의 실행에 착수한 것으로 볼 수 없다.

▸ 공정증서원본불실기재죄의 실행의 착수시기는 신고시임

037 ☐☐☐   [12 변시]

위조사문서행사죄는 상대방이 위조된 문서의 내용을 실제로 인식할 필요 없이 상대방으로 하여금 위조된 문서를 인식할 수 있는 상태에 둠으로써 기수가 된다.

038 ☐☐☐   [16 변시]

甲이 위조한 전문건설업등록증의 컴퓨터 이미지 파일을 그 위조사실을 모르는 乙에게 이메일로 송부하여 프린터로 출력하게 하였다면, 甲에게 위조공문서행사죄가 성립한다.

039 ☐☐☐   [20 변시]

간접정범을 통한 위조공문서행사범행에 있어 도구로 이용된 자라고 하더라도 그 공문서가 위조된 것임을 알지 못하는 자에게 행사한 경우에는 위조공문서행사죄가 성립한다.

040 ☐☐☐   [22 변시]

甲이 A회사의 전문건설업등록증 등의 이미지 파일을 위조하여 공사 수주에 사용하기 위해 발주업체 직원 B에게 이메일로 송부하여 위조 사실을 모르는 B로 하여금 위 이미지 파일을 출력하게 한 경우, 간접정범을 통한 위조문서행사범행에 있어 도구로 이용된 B에게 행사한 경우에는 위조문서행사죄가 성립한다.

041 ☐☐☐   [23 변시]

권한 없이 행사할 목적으로 전세계약서 원본을 스캐너로 복사하여 컴퓨터 화면에 띄운 후 그 보증금액란을 포토샵 프로그램을 이용하여 공란으로 만든 다음 이를 프린터로 출력하여 그 공란에 볼펜으로 보증금액을 사실과 달리 기재하여 그 정을 모르는 자에게 교부하였다면, 사문서변조죄 및 변조사문서행사죄가 성립한다.

042 ☐☐☐ [20 변시]
불실의 사실이 기재된 공정증서의 정본을 그 정을 모르는 법원 직원에게 교부한 경우에는 불실기재 공정증서원본행사죄가 성립하지 아니한다.

▸ 공정증서정본은 원본이 아님

043 ☐☐☐ [23 변시]
사법인(私法人)이 구축한 전산망 시스템의 설치·운영 주체로부터 각자의 직무 범위에서 개개의 단위정보의 입력 권한을 부여받은 사람이 그 권한을 남용하여 허위의 정보를 입력함으로써 시스템 설치·운영 주체의 의사에 반하는 전자기록을 생성한 경우, 이는 사전자기록등위작죄에서 말하는 전자기록의 '위작'에 포함된다.

▸ 판례는 공전자와 사전자의 위작을 동일하게 해석함

044 ☐☐☐ [20 변시]
실질적인 채권채무관계 없이 작성명의인과의 합의로 작성한 차용증을 그 작성명의인의 의사에 의하지 아니하고 차용증상의 채권이 실제로 존재하는 것처럼 그 지급을 구하는 민사소송을 제기하면서 법원에 제출한 경우에는 사문서부정행사죄가 성립하지 아니한다.

▸ 사용권한자와 용도가 특정되어 있지 않음

045 ☐☐☐ [14 변시]
타인의 주민등록표등본을 그와 아무런 관련이 없는 사람이 마치 자신의 것인 것처럼 행사한 경우 공문서부정행사죄가 성립하지 않는다.

▸ 사용권한자와 용도가 특정되어 있지 않음

046 ☐☐☐ [14 변시]
허위로 선박 사고신고서를 하면서 그 선박의 국적증명서와 선박검사증서를 함께 제출한 경우 공문서부정행사죄가 성립하지 않는다.

▸ 권한 있는 자의 용도내 사용임

047 ☐☐☐ [20 변시]
어떤 선박이 사고를 낸 것처럼 허위로 사고신고를 하면서 그 선박의 선박국적증서와 선박검사증서를 함께 제출한 경우에는 공문서부정행사죄가 성립하지 아니한다.

048 ☐☐☐ [14 변시]
신분을 확인하려는 경찰관에게 자신의 인적 사항을 속이기 위하여 미리 소지하고 있던 타인의 운전면허증을 제시하는 경우 공문서부정행사죄가 성립한다.

▸ 권한없는 자의 용도내 사용임

049 ☐☐☐ [14 변시]
기왕에 습득한 타인의 주민등록증을 자신의 가족의 것이라고 제시하면서 그 주민등록증상의 명의로 이동전화 가입신청을 한 경우 공문서부정행사죄가 성립하지 않는다.

▸ 권한없는 자의 용도외 사용임

제4절 인장에 관한 죄

050 ☐☐☐ [16 변시]
문서의 작성 권한이 없는 甲이 문서에 타인의 서명을 기재한 경우, 일단 서명 등이 완성되었다면 문서가 완성되지 않았더라도 甲에게 서명 등의 위조죄는 성립한다.

제3장 | 공중의 건강에 관한 죄

제1절 성풍속에 관한 죄

제2절 도박과 복표에 관한 죄

001 ☐☐☐　　　　　　　　　　　　　　　[13 변시]
인터넷도박게임 사이트 개설자가 영리를 목적으로
인터넷도박게임 사이트를 개설한 후, 사이트에 접
속하여 도박게임을 하고 게임머니를 획득한 게임
이용자들에게 환전을 해 줄 수 있는 상태에 있으면,
게임이용자들이 위 사이트에 접속하여 실제로 게
임을 하였는지 여부와 관계없이 도박개장죄의 기
수에 해당된다.

제3절 신앙에 관한 죄

002 ☐☐☐　　　　　　　　　　　　　　　[12 변시]
甲은 乙을 살해한 후 乙의 시체를 바다에 투기하였
다면 살인죄와 시체유기죄의 실체적 경합범이 성
립한다.

003 ☐☐☐　　　　　　　　　　　　　　　[19 변시]
甲이 A를 살해함에 있어 나중에 사체의 발견이 불
가능 또는 심히 곤란하게 하려는 의사로 인적이 드
문 장소로 A를 유인하여 그곳에서 살해하고 사체
를 그대로 방치한 채 도주한 경우에는 살인죄만 성
립한다.

해커스변호사
law.Hackers.com

제6편

국가적 법익에 관한 죄

제 1 장 국가의 존립과 권위에 관한 죄
제 2 장 국가의 기능에 관한 죄

제1절 공무원의 직무에 관한 죄

001 □□□ [22 변시]
직무유기죄는 작위의무를 수행하지 아니함으로써 구성요건에 해당하는 사실이 있었고 그 후에도 계속하여 그 작위의무를 수행하지 아니하는 위법한 부작위상태가 계속되는 한 <u>가벌적 위법상태는 계속 존재하고 있다고 할 것이므로, 즉시범이라 할 수 없다.</u>

▸ 직무유기죄를 계속범으로 보고 있음

002 □□□ [22 변시]
지방자치단체장이 전국공무원노동조합이 주도한 파업에 참가한 소속 공무원들에 대하여 관할 인사위원회에 징계의결요구를 하지 아니하고 <u>가담 정도의 경중을 가려 자체 인사위원회에 징계의결요구를 하거나 훈계처분을 하도록 지시한 행위</u>는 직무유기죄를 구성하지 않는다.

▸ 자신의 직무를 수행한 경우임

003 □□□ [14 변시]
기초지방자치단체장 甲은 파업에 참가한 소속 공무원들에 대하여 광역지방자치관체 인사위원회에 징계의결요구를 할 의무가 있음에도 불구하고, 법률 검토 등을 거쳐 그 징계의결요구를 하지 아니하고 자체적으로 <u>가담 정도의 경중을 가려 자체 인사위원회에 징계의결요구를 하거나 훈계처분을 하도록 지시하였다.</u> 甲에게 직무유기죄가 성립하지 아니한다.

004 □□□ [19 변시][22 변시]
경찰공무원이 지명수배 중인 범인을 발견하고도 직무상 의무에 따른 적절한 조치를 취하지 아니하고 오히려 범인을 도피하게 하는 행위를 하였다면, 범인도피죄만 성립하고 직무유기죄는 따로 성립하지 않는다.

▸ 작위범인 범인도피죄만 성립

005 □□□ [18 변시][22 변시]
경찰서 방범과장 甲이 부하직원 乙로부터 게임산업진흥에관한법률위반 혐의로 오락실을 단속하여 증거물로 오락기의 변조 기판을 압수하여 사무실에 보관 중임을 보고받아 알고 있었음에도, 증거를 인멸할 의도로 乙에게 압수한 변조 기판을 돌려주라고 지시하여 乙이 오락실 업주에게 이를 돌려준 경우, 甲에게 증거인멸죄만 성립하고 직무유기죄는 따로 성립하지 아니한다.

006 □□□ [22 변시]
하나의 행위가 부작위범인 직무유기죄와 작위범인 허위공문서작성·행사의 구성요건을 동시에 충족하는 경우, 공소제기권자가 작위범인 허위공문서작성·행사죄로 공소를 제기하지 아니하고 부작위범인 직무유기죄로만 공소를 제기할 수 있다.

▸ 상상적 경합의 일죄의 일부에 대한 공소제기 사안임

007 □□□ [23 변시]
공무상비밀누설죄에서의 '법령에 의한 직무상 비밀'이란 반드시 법령에 의하여 비밀로 규정되었거나 비밀로 분류 <u>명시된 사항에 한정되지는 않는다.</u>

008 □□□ [20 변시]
어떠한 직무가 공무원의 일반적 권한에 속하는 사항이라고 하기 위해서는 그에 관한 법령상의 근거가 필요하고, 법령상의 근거는 반드시 <u>명문의 근거만을 의미하는 것은 아니다.</u>

▸ 법령상의 근거와 명문의 근거의 차이 주의

009 □□□ [20 변시]
직권남용권리행사방해죄에서 '권리'는 법률에 명기된 권리에 한하지 않고 법령상 보호되어야 할 이익이면 족하고 공법상 권리인지 사법상 권리인지를 묻지 않으며, '의무'는 법률상 의무를 가리키고 <u>단순한 심리적 의무감 또는 도덕적 의무는 이에 해당하지 아니한다.</u>

010 □□□ [20 변시]
공무원이 자신의 직무권한에 속하는 사항에 관하여 실무 담당자로 하여금 그 직무집행을 보조하는 사실행위를 하도록 하더라도 이는 공무원 자신의 직무집행으로 귀결될 뿐이므로 원칙적으로 직권남용권리행사방해죄에서 말하는 의무 없는 일을 하게 한 때에 해당한다고 할 수 없다.

011 □□□ [20 변시]
공무원의 직권남용행위가 있었다 할지라도 현실적으로 권리행사의 방해라는 결과가 발생하지 아니하였다면 직권남용권리행사방해죄의 기수를 인정할 수 없다.

▸ 직권남용죄는 미수를 처벌하지 않음

012 □□□ [20 변시]
공무원의 행위가 권리행사를 방해함으로 인한 직권남용권리행사방해죄와 의무 없는 일을 하게 함으로 인한 직권남용권리행사방해죄 두 가지 행위태양에 모두 해당하는 것으로 기소된 경우, 권리행사를 방해함으로 인한 직권남용권리행사방해죄만 성립하고 의무 없는 일을 하게 함으로 인한 직권남용권리행사방해죄는 따로 성립하지 아니한다.

013 □□□ [18 변시]
임용될 당시 지방공무원법상 임용결격자임에도 공무원으로 임용되어 계속 근무하던 중 직무에 관하여 뇌물을 수수한 경우, 임용행위의 무효에도 불구하고 뇌물수수죄의 성립을 인정할 수 있다.

014 □□□ [18 변시]
수수된 금품의 뇌물성을 인정하기 위하여는 그 금품이 개개의 직무행위와 대가석 관계에 있음이 증명되어야 할 필요는 없다.

▸ 포괄적 뇌물 개념

015 □□□ [12 변시]
공무원이 투기적 사업에 참여할 기회를 뇌물로 제공받아 실제 참여하였으나 경제 사정의 변동 등으로 인하여 당초의 예상과는 달리 그 사업 참여로 인한 아무런 이득을 얻지 못한 경우에도 뇌물수수죄가 성립한다.

016 □□□ [18 변시]
공무원이 직접 뇌물을 받지 않고 증뢰자로 하여금 자신이 채무를 부담하고 있었던 제3자에게 뇌물을 공여하게 함으로써 자신의 지출을 면하였다면 형법 제129조 제1항의 뇌물수수죄가 성립한다.

017 □□□ [12 변시]
공무원이 직접 뇌물을 받지 아니하고 증뢰자로 하여금 공무원 자신의 채권자에게 뇌물을 공여하도록 하여 공무원이 그만큼 지출을 면하게 되는 경우에는 뇌물수수죄가 성립한다.

018 □□□ [24 변시]
뇌물죄에서 뇌물의 내용인 이익이라 함은 금전, 물품 기타의 재산적 이익뿐만 아니라 사람의 수요·욕망을 충족시키기에 족한 일체의 유형·무형의 이익을 포함하므로, 제공된 것이 성적 욕구의 충족이라고 하여 달리 볼 것이 아니다.

019 □□□ [19 변시]
甲이 뇌물공여의사 없이 오로지 공무원 乙을 함정에 빠뜨릴 의사로 직무와 관련되었다는 형식을 빌려 乙에게 금품을 공여한 경우에도 乙이 그 금품을 직무와 관련하여 수수한다는 의사를 가지고 받아들이면 甲에게 뇌물공여죄가 성립하지 않는 경우라도 乙에게 뇌물수수죄가 성립한다.

020 □□□ [22 변시]
공무원인 공범자들이 국가자금을 횡령하여 그 횡령범행으로 취득한 돈을 공범자끼리 수수한 행위가 공동정범들 사이의 범행에 의하여 취득한 돈을 공모에 따라 내부적으로 분배한 것에 지나지 않는다면 그 돈의 수수행위에 관하여 별도로 뇌물죄가 성립하는 것은 아니다.

021 □□□ [23 변시]
수의계약을 체결하는 공무원이 공사업자와 계약금액을 부풀려서 계약하고 부풀린 금액을 자신이 되돌려 받기로 사전에 약정한 다음 그에 따라 수수한 돈은 성격상 뇌물이 아니고 횡령금에 해당한다.

022 □□□ [22 변시]
공무원이 아닌 사람이 공무원과 공동가공의 의사와 이를 기초로 한 기능적 행위지배를 통하여 공무원의 직무에 관하여 뇌물을 수수하는 범죄를 실행하였다면 공무원이 직접 뇌물을 받은 것과 동일하게 평가할 수 있으므로 공무원과 비공무원에게 형법 제129조 제1항에서 정한 뇌물수수죄의 공동정범이 성립한다.

▸ 제33조 본문의 적용

023 □□□ [23 변시]
공무원이 아닌 사람이 공무원과 공동가공의 의사와 이를 기초로 한 기능적 행위지배를 통하여 공무원의 직무에 관하여 뇌물을 수수하는 범죄를 실행하였다면 공무원이 아닌 사람도 뇌물수수죄의 공동정범이 성립한다.

024 □□□ [12 변시]
공무원이 직무집행을 빙자하여 타인의 재물을 갈취한 경우, 공갈죄만 성립한다.

▸ 직무집행의 의사가 없음

025 □□□ [24 변시]
뇌물을 수수함에 있어서 공여자를 기망한 경우 뇌물을 수수한 공무원에 대하여는 뇌물죄와 사기죄가 성립하는바, 양 죄는 보호법익을 달리하더라도 상상적 경합으로 처단하여야 한다.

026 □□□ [24 변시]
뇌물에 공할 금품에 대한 몰수는 특정된 물건에 대한 것이고 「형법」 제134조 단서는 이를 몰수할 수 없을 경우에는 그 가액을 추징하도록 규정하고 있는바, 뇌물에 공할 금품이 특정되지 않은 경우에는 몰수를 할 수 없고 그 가액을 추징할 수도 없다.

027 □□□ [22 변시]
공무원이 뇌물을 받는 데에 필요한 경비를 지출한 경우 그 경비는 뇌물수수의 부수적 비용에 불과하여 뇌물의 가액과 추징액에서 공제할 항목에 해당하지 않는다.

▸ 비공제설의 입장

028 □□□ [19 변시]
공무원이 뇌물을 받음에 있어서 그 취득을 위하여 상대방에게 뇌물의 가액에 상당하는 금원의 일부를 비용의 명목으로 출연한 경우, 그 공무원으로부터 뇌물죄로 얻은 이익을 몰수·추징함에 있어서는 그 받은 뇌물 자체를 몰수하여야 하고, 그 뇌물의 가액에서 위와 같은 지출을 공제한 나머지 가액에 상당한 이익만을 몰수·추징할 것은 아니다.

029 □□□ [18 변시]
뇌물을 수수한 자가 공동수수자가 아닌 교사범 또는 종범에게 뇌물 중 일부를 사례금 등의 명목으로 교부하였다면 이는 뇌물을 수수하는 데 따르는 부수적 비용의 지출 또는 뇌물의 소비행위에 지나지 아니하므로, 뇌물수수자에게서 수뢰액 전부를 추징하여야 한다.

030 ☐☐☐   [19 변시]

공무원인 범인이 금품을 무상대여 받음으로써 위법한 재산상 이익을 취득한 경우, 그가 받은 부정한 이익은 그로 인한 금융이익 상당액이라 할 것이므로 추징의 대상이 되는 것은 무상으로 대여받은 금품 그 자체가 아니라 위 금융이익 상당액이라고 보아야 한다.

031 ☐☐☐   [12 변시] [24 변시]

수뢰자가 자기앞수표를 뇌물로 받아 이를 소비한 후 자기앞수표 상당액을 증뢰자에게 반환하였다 하더라도 뇌물 그 자체를 반환한 것은 아니므로 수뢰자로부터 그 가액을 추징하여야 한다.

032 ☐☐☐   [24 변시]

甲이 공무원 직무에 속한 사항의 알선에 관하여 1억 원을 받았으나 그중 3,000만 원을 받은 취지에 따라 청탁과 관련하여 관계 공무원에게 뇌물로 공여한 경우라면, 甲으로부터는 이를 제외한 나머지 7,000만 원만 몰수·추징할 수 있다.

033 ☐☐☐   [19 변시]

특정범죄가중처벌등에관한법률위반(알선수재)죄로 유죄가 선고된 사안에서, 범인이 공무원의 직무에 속한 사항의 알선에 관하여 금품을 받음에 있어 타인의 동의하에 그 타인 명의의 예금계좌로 입금받는 방식을 취하였다고 하더라도 이는 범인이 받은 금품을 관리하는 방법의 하나에 지나지 아니하므로, 그 가액 역시 범인으로부터 추징해야 한다.

034 ☐☐☐   [22 변시]

제3자뇌물수수죄에서 제3자란 행위자와 공동정범 이외의 사람을 말하고, 교사자나 방조자도 포함될 수 있다.

▸ 제3자가 제3자뇌물수수죄의 방조범도 성립 가능

035 ☐☐☐   [24 변시]

제3자뇌물수수죄의 제3자란 행위자와 공동정범자 이외의 사람을 말하는 것이지만, 공무원이 자신이 실질적으로 장악하고 있는 A회사 명의의 계좌로 뇌물을 받은 경우 뇌물수수죄가 성립하고 제3자뇌물수수죄가 성립하지 않는다.

036 ☐☐☐   [20 변시] [22 변시]

공무원 또는 중재인이 부정한 청탁을 받고 제3자에게 뇌물을 제공하게 하고 제3자가 그러한 공무원 또는 중재인의 범죄행위를 알면서 방조한 경우에는 그에 대한 별도의 처벌규정이 없더라도 방조범에 관한 형법총칙의 규정이 적용되어 제3자뇌물수수방조죄가 인정될 수 있다.

037 ☐☐☐   [20 변시]

공무원이 직무관련자에게 제3자와 계약을 체결하도록 요구하여 계약 체결을 하게 한 행위가 제3자뇌물수수죄와 직권남용권리행사방해죄의 구성요건에 모두 해당하는 경우에는 제3자뇌물수수죄와 직권남용권리행사방해죄가 각각 성립하고 두 죄는 상상적 경합 관계에 있다.

038 ☐☐☐   [22 변시]

수뢰후부정처사죄는 반드시 뇌물수수 등의 행위가 완료된 이후에 부정한 행위가 이루어져야 함을 의미하는 것은 아니고, 결합범 또는 결과적가중범 등에서의 기본행위와 마찬가지로 뇌물수수 등의 행위를 하는 중에 부정한 행위를 한 경우도 포함한다.

039 ☐☐☐   [14 변시]

경찰서 교통계에 근무하는 경찰관 甲은 乙의 관내 도박장 개설 및 도박범행을 묵인하고 편의를 봐주는 대가로 금 150만 원을 교부받고 나아가 그 도박장 개설 및 도박범행사실을 잘 알면서도 이를 단속하지 아니하였다. 甲에게 수뢰후 부정처사죄가 성립한다.

▸ 구체적인 사무를 담당하고 있지 않고 일반적 직무권한만으로도 가능

040 ☐☐☐   [22 변시]

단지 상대방으로 하여금 뇌물을 수수하는 자에게 잘 보이면 어떤 도움을 받을 수 있다거나 손해를 입을 염려가 없다는 정도의 막연한 기대감을 갖게 하는 정도에 불과하고, 뇌물을 수수하는 자 역시 상대방이 그러한 기대감을 가질 것이라고 짐작하면서 수수하였다는 사정만으로는 알선뇌물수수죄가 성립하지 않는다.

041 ☐☐☐   [12 변시][18 변시]

뇌물공여죄가 성립되기 위해서는 반드시 상대방 측에서 뇌물수수죄가 성립되어야 할 필요는 없다.

042 ☐☐☐   [24 변시]

甲이 공무원 A에게 뇌물공여의 의사표시를 하였다가 거절된 후 상당한 기간이 지난 뒤에 다시 A에게 별개의 행위로 평가될 수 있는 다른 명목으로 뇌물을 제공하여 A가 이를 수수한 경우, 甲의 전자의 뇌물공여의사표시죄는 후자의 뇌물공여죄에 흡수되지 않는다.

043 ☐☐☐   [12 변시]

증뢰물전달죄는 증뢰자나 수뢰자가 아닌 제3자가 증뢰자로부터 수뢰할 사람에게 전달될 금품이라는 정을 알면서 그 금품을 받으면 성립하고, 그 금품을 전달하였는지 여부는 증뢰물전달죄의 성립에 영향이 없다.

제2절   공무방해에 관한 죄

044 ☐☐☐   [13 변시]

출원에 대한 심사업무를 담당하는 공무원이 출원인의 출원사유가 허위라는 사실을 알면서도 결재권자로 하여금 오인, 착각, 부지를 일으키게 하고 그 오인, 착각, 부지를 이용하여 인·허가 처분에 대한 결재를 받아낸 경우에는 위계에 의한 공무집행방해죄가 성립한다.

▸ 결재권자의 적정한 심사업무를 기대할 수 없음

045 ☐☐☐   [14 변시]

甲은 개인택시운송사업면허 양도제한기간 경과 전에 허위진단서를 첨부하여 甲이 1년 이상의 치료를 요하는 질병에 걸려 직접 운전할 수 없음을 이유로 관할 구청에 개인택시운송사업에 대한 양도·양수 신청을 하였고 담당공무원은 그 진단서 내용을 믿고 인가처분을 하였다. 甲에게 위계에 의한 공무집행방해죄가 성립한다.

▸ 충분한 심사를 하여도 밝혀낼 수 없는 사안임

제3절   도주와 범인 은닉의 죄

046 ☐☐☐   [17 변시]

무면허로 운전하다가 교통사고를 낸 甲이 동거하고 있는 동생 乙을 경찰서에 대신 출석시켜 자신을 위하여 허위의 자백을 하게 하여 범인도피죄를 범하게 한 경우, 甲에게는 범인도피의 교사범이 성립한다.

▸ 제한적 종속설을 따르고 방어권을 남용한 사안임

047 ☐☐☐   [23 변시]

벌금 이상의 형에 해당하는 죄를 범한 甲이 자신의 동거가족 乙에게 자신을 도피시켜 달라고 교사한 경우, 乙이 甲과의 신분관계로 인해 범인도피죄로 처벌될 수 없다 하더라도 甲에게는 범인도피죄의 교사범이 성립한다.

048 ☐☐☐   [20 변시]

공범 중 1인이 그 범행에 관한 수사절차에서 참고인 또는 피의자로 조사받으면서 자기의 범행을 구성하는 사실관계에 관하여 허위로 진술하고 허위자료를 제출하는 것이 다른 공범을 도피하게 하는 결과가 된다고 하더라도 범인도피죄로 처벌할 수 없으며, 이때 공범이 이러한 행위를 교사하였더라도 범죄가 될 수 없는 행위를 교사한 것에 불과하여 범인도피교사죄도 성립하지 않는다.

▸ 정범의 행위가 범죄가 되지 않는 사안임

049 ☐☐☐ [16 변시]

소송절차가 분리된 공범인 공동피고인이 증언거부권을 고지받은 상태에서 자기의 범죄사실에 대하여 허위로 증언한 경우에는 위증죄가 성립한다.

050 ☐☐☐ [23 변시]

소송절차가 분리된 공범인 공동피고인이 증인으로 법정에 출석하여 증언거부권을 고지받은 상태에서 자기의 범죄사실에 대하여 허위로 진술한 경우 위증죄가 성립한다.

051 ☐☐☐ [23 변시]

증언거부사유가 있음에도 형사사건의 증인이 증언거부권을 고지받지 못함으로 인하여 그 증언거부권을 행사하는 데 사실상 장애가 초래되었다고 볼 수 있는 경우에는 위증죄가 성립하지 않는다.

052 ☐☐☐ [13 변시]

허위의 진술이란 그 객관적 사실이 허위라는 것이 아니라 스스로 체험한 사실을 기억에 반하여 진술하는 것을 뜻한다.

▸ 허위의 판단에 대한 주관설의 입장임

053 ☐☐☐ [13 변시]

경험한 사실에 대한 법률적 평가나 단순한 의견에 지나지 아니한 경우 다소의 오류가 있더라도 허위의 진술에 해당하지 아니한다.

054 ☐☐☐ [13 변시]

증인의 진술내용이 당해 사건의 요증사실에 관한 것인지, 판결에 영향을 미친 것인지 여부는 위증죄의 성립과 아무런 관계가 없다.

055 ☐☐☐ [19 변시]

甲이 자신의 강도상해 범행을 일관되게 부인하였으나 유죄판결이 확정된 후, 별건으로 기소된 공범의 형사사건에서 자신의 강도상해 범행사실을 부인하는 위증을 한 경우, 甲에게 위증죄가 성립한다.

▸ 기대가능성에 대하여 국가표준설을 따른 것이 아니냐는 비판이 있음

056 ☐☐☐ [24 변시]

증인이 착오에 빠져 자신의 기억에 반한다는 인식 없이 객관적 사실에 반하는 내용의 증언을 한 경우에 위증의 범의를 인정할 수 없다.

057 ☐☐☐ [19 변시]

甲이 제9회 공판기일에 증인으로 출석하여 선서한 후 기억에 반하는 허위 진술한 것을 철회·시정한 바 없이 증인신문절차가 그대로 종료되었다면, 그 후 다시 증인으로 신청된 甲이 위 사건의 제21회 공판기일에 다시 출석하여 선서한 후 종전의 제9회 기일에서 한 진술이 허위 진술임을 시인하고 이를 철회하는 취지의 진술을 하였더라도 甲에게 위증죄가 성립한다.

▸ 기수시기에 대하여 신문절차종료시설의 입장임

058 ☐☐☐ [24 변시]

甲이 A 사건의 제9회 공판기일에 증인으로 출석하여 한 허위 진술이 철회·시정된 바 없이 증인신문절차가 그대로 종료되었다가, 그 후 甲이 제21회 공판기일에 다시 출석하여 종전 선서의 효력이 유지됨을 고지받고 증언하면서 종전 기일에 한 진술이 허위 진술임을 시인하고 이를 철회하는 취지의 진술을 하였더라도, 甲에게는 위증죄가 성립한다.

059 ☐☐☐ [13 변시][17 변시]

자기의 형사사건에 관하여 타인을 교사하여 위증을 하게 하는 것은 피고인의 형사사건의 방어권 행사를 남용한 경우이므로 위증교사죄가 성립한다.

060 ☐☐☐ [19 변시]

甲이 자기의 형사사건에서 허위의 진술을 하는 경우 위증죄로 처벌되지 않으나, 자기의 형사사건에 관하여 타인을 교사하여 위증죄를 범하게 하는 경우에는 위증교사범의 죄책을 부담한다.

061 ☐☐☐ [13 변시] [19 변시]

하나의 사건에 관하여 한 번 선서한 증인 甲이 같은 기일에 여러 가지 사실에 관하여 기억에 반하는 허위의 진술을 하는 경우에는 포괄하여 <u>1개의 위증 죄를 구성한다.</u>

062 ☐☐☐ [19 변시]

위증죄와 모해위증죄의 관계에서 '모해할 목적'을 가지고 있었는가 아니면 그러한 목적이 없었는가 하는 범인의 특수한 상태는 「형법」 제33조 단서 소정의 '신분관계'에 해당된다.

▸ 행위관련적인 목적을 행위자관련적인 신분으로 파악하고 있음

063 ☐☐☐ [15 변시]

자신이 직접 형사처분이나 징계처분을 받게 될 것을 두려워한 나머지 <u>자기의 이익을 위하여 그 증거가 될 자료를 인멸하였다면,</u> 그 행위가 동시에 다른 공범자의 형사사건이나 징계사건에 관한 증거를 인멸한 결과가 되는 경우라도 증거인멸죄가 성립하지 아니한다.

▸ 자기증거인멸교사에 대한 절충설의 입장임

064 ☐☐☐ [15 변시]

증거위조죄에서 '타인의 형사사건'이란 증거위조 행위 시에 아직 <u>수사절차가 개시되기 전이라도</u> 장차 형사사건이 될 수 있는 것까지 포함하고 그 형사사건이 기소되지 아니하거나 무죄가 선고되더라도 증거위조죄의 성립에는 영향이 없다.

065 ☐☐☐ [15 변시]

증거위조죄에서 '위조'란 문서에 관한 죄에서의 위조개념과는 달리 <u>새로운 증거의 창조를 의미하는</u> 것이므로 존재하지 아니한 증거를 이전부터 존재하고 있는 것처럼 만들어 내는 행위도 위조에 해당하며, 증거가 문서의 형식을 갖는 경우 증거위조죄의 증거에 해당하는지는 그 작성권한 유무나 내용의 진실성에 좌우되지 않는다.

066 ☐☐☐ [14 변시]

甲은 타인의 형사사건과 관련하여 <u>허위의 진술서를 작성하여 수사기관에 제출하였다.</u> 甲에게 증거위조 죄가 성립하지 아니한다.

▸ 허위의 진술서를 작성하여 제출하는 것은 허위의 진술과 동일함

067 ☐☐☐ [23 변시]

참고인이 타인의 형사사건 등에 관하여 제3자와 대화를 하면서 허위로 진술하고 위와 같은 허위 진술이 담긴 대화 내용을 녹음한 <u>녹음파일 또는 이를 녹취한 녹취록을</u> 만들어 수사기관에 제출한 것은 증거위조죄를 구성한다.

068 ☐☐☐ [24 변시]

변호인 甲이 A의 감형을 받기 위해서 A의 은행 계좌에서 B 회사 명의의 은행 계좌로 금원을 송금하고 다시 되돌려 받는 행위를 반복한 후 그중 송금자료만을 발급받아서 이를 2억 원을 변제하였다는 허위 주장과 함께 법원에 제출한 경우, 甲에게는 증거위조죄가 성립하지 않는다.

069 ☐☐☐ [15 변시]

경찰서 방범과장이 부하직원으로부터 게임산업진흥에 관한 법률위반 혐의로 오락실을 단속하여 증거물로 오락기의 변조된 기판을 압수하여 사무실에 보관 중임을 보고받아 알고 있었음에도 그 직무상의 의무에 따라 적절한 조치를 취하지 않고, 오히려 부하직원에게 위와 같이 압수한 변조된 기판을 돌려주라고 지시하여 오락실 업주에게 돌려준 경우 증거인멸죄만 성립한다.

▸ 작위범인 증거인멸죄만 성립하고 부작위범인 직무유기죄는 불성립

070 ☐☐☐ [15 변시]

자기의 형사사건에 관한 증거를 인멸하기 위하여 타인을 교사하여 증거인멸죄를 범하게 한 자에 대하여는 증거인멸교사죄가 성립한다.

▸ 99도5275 판례 내용이나 최근 판례인 2016도5596 판례에 따르면 방어권 남용이 필요함

071 ▢▢▢ [17 변시]

甲이 乙을 교사하여 자기의 형사사건에 관한 증거를 변조하도록 하였더라도, <u>乙이 甲과 공범관계에 있는 형사사건에 관한 증거를 변조한 것에 해당하여 乙이 증거변조죄로 처벌되지 않는 경우</u>, 甲에게는 증거변조죄의 간접정범은 물론 교사범도 성립하지 않는다.

▸ 자기증거인멸은 범죄 불성립

제5절 무고의 죄

072 ▢▢▢ [13 변시][14 변시]

甲은 乙과 乙에게 피해를 당한 사람들 사이의 합의를 주선하기 위하여 甲도 피해자인 것처럼 행세하기 위한 방편으로 乙을 고소하기로 하고 이러한 취지를 <u>乙에게도 미리 알린 후 乙의 승낙을 얻어 乙로부터 차용금 피해를 당한 것처럼 허위사실을 기재하여 乙을 고소하였다</u>. 그러나 甲은 바로 乙에게 합의서를 작성하여 교부해 주는 한편 수사기관의 고소인 출석요구에 응하지 않았고 형사처벌이라는 결과발생을 희망하지 않았어도 무고죄가 성립한다.

▸ 승낙무고 사안임

073 ▢▢▢ [15 변시]

타인에게 형사처벌을 받게 할 목적으로 허위의 사실을 신고하였다 하더라도 <u>그 사실 자체가 범죄가 되지 않는다면</u> 무고죄는 성립하지 않는다.

074 ▢▢▢ [15 변시]

상대방의 범행에 공범으로 가담한 자가 <u>자신의 범죄 가담사실을 숨기고 상대방인 다른 공범자만을 고소하였더라도</u> 무고죄가 성립하지 아니한다.

075 ▢▢▢ [20 변시][21 변시][24 변시]

타인으로 하여금 형사처분을 받게 할 목적으로 공무소에 대하여 허위의 사실을 신고하였다고 하더라도 그 사실이 <u>친고죄로서 그에 대한 고소기간이 경과하여 공소를 제기할 수 없음</u>이 그 신고내용 자체에 의하여 분명한 경우에는 무고죄가 성립하지 아니한다.

076 ▢▢▢ [15 변시][20 변시]

타인으로 하여금 형사처분을 받게 할 목적으로 공무소에 대하여 허위의 사실을 고소하면서 객관적으로 그 고소사실에 대한 공소시효가 완성되었음에도 마치 <u>공소시효가 완성되지 아니한 것처럼 고소</u>하였다면 무고죄가 성립한다.

077 ▢▢▢ [20 변시][24변시]

타인으로 하여금 형사처분을 받게 할 목적으로 공무소 또는 공무원에 대하여 허위로 신고한 사실이 무고행위 당시 형사처분의 대상이 될 수 있었던 경우에는 무고죄가 기수에 이르고, 이후 그 사실이 형사범죄가 되지 않는 것으로 <u>판례가 변경되었더라도</u> 특별한 사정이 없는 한 이미 성립한 무고죄에는 영향을 미치지 않는다.

▸ 범죄는 행위시를 기준으로 판단함

078 ▢▢▢ [21 변시]

甲은 '채권담보를 위해 채무자인 A와 A 소유 부동산에 대해 대물변제예약을 체결하였는데 A가 이를 다른 사람에게 매도하였다'는 내용으로 허위 고소하였다. 甲의 고소 이후 대법원이 위와 같은 경우 배임죄가 성립하지 않는다고 <u>판례를 변경하였어도</u>, 甲의 행위는 무고죄의 기수에 해당한다.

079 ▢▢▢ [21 변시]

신고한 사실이 객관적 진실에 반하는 허위사실이라는 점에 관하여는 <u>적극적인 증명이 있어야 하며</u>, 신고사실의 진실성을 인정할 수 없다는 소극적 증명만으로는 부족하다.

080 ▢▢▢ [23 변시][24 변시]

신고자가 허위라고 확신한 사실을 신고한 경우<u>뿐만 아니라 진실하다는 확신 없는 사실을 신고하는 경우에도</u> 무고죄의 범의를 인정할 수 있다.

081 □□□ [21 변시]

甲이 사립대학교 교수 A로 하여금 징계처분을 받게 할 목적으로 국민권익위원회에서 운영하는 범정부 국민포털인 국민신문고에 민원을 제기한 경우, 甲에게는 무고죄가 성립하지 않는다.

▸ 사립학교 징계처분은 불포함

082 □□□ [23 변시]

무고죄에서의 '징계처분'은 공법상의 감독관계에서 질서유지를 위하여 과하는 신분적 제재를 의미하므로, 사립대학교 교수로 하여금 소속 학교법인에 의한 인사권의 행사로서 징계처분을 받게 할 목적으로 허위의 민원을 제기하더라도 무고죄는 성립하지 않는다.

083 □□□ [22 변시]

무고죄의 구성요건요소인 '형사처분 또는 징계처분을 받게 할 목적'은 미필적 인식으로 족하고 결과발생을 희망하는 것까지 요하는 것은 아니다.

084 □□□ [15 변시]

스스로 본인을 무고하는 자기무고는 무고죄의 구성요건에 해당하지 아니하여 무고죄가 성립하지 않는다.

▸ 무고죄는 타인으로 하여금 형사처분 또는 징계처분을 받게 할 목적이 있어야 성립

085 □□□ [20 변시]

甲이 자기 자신을 무고하기로 乙과 공모하고 이에 따라 무고행위에 가담한 경우, 甲은 무고죄의 공동정범으로 처벌되지 아니한다.

▸ 자기무고의 공동정범은 불성립

086 □□□ [20 변시]

甲의 교사·방조하에 乙이 甲에 대한 허위의 사실을 신고한 경우, 乙의 행위는 무고죄를 구성하고 乙을 교사·방조한 甲도 무고죄의 교사·방조범으로 처벌된다.

▸ 자기무고의 교사 또는 방조는 가능

087 □□□ [17 변시]

甲이 乙을 교사하여 甲 자신이 형사처분을 받을 목적으로 수사기관에 대하여 乙이 甲에 대한 허위의 사실을 신고하도록 한 경우, 甲에게는 무고죄의 교사범이 성립한다.

088 □□□ [21 변시]

甲이 A를 사기죄로 고소하였는데, 수사 결과 甲의 무고 혐의가 밝혀져 甲은 무고죄로 공소제기되고 A는 불기소결정되었다. 甲은 제1심에서 혐의를 부인하였으나 유죄가 선고되자 제1심의 유죄판결에 대하여 양형부당을 이유로 항소하면서 항소심 제1회 공판기일에서 양형부당의 항소 취지와 무고 사실을 모두 인정한다는 취지가 기재된 항소이유서를 진술하였다면, 甲은 「형법」 제157조(자백·자수)에 따른 형의 필요적 감면 조치를 받아야 한다.

▸ 자백 또는 자수는 재판 또는 징계처분이 확정되기 전까지 가능

089 □□□ [23 변시]

甲의 고소 내용이 허위임이 확인되어 피고소인에 대해 불기소결정이 내려져 재판절차가 개시되지 않고 이후 甲이 무고로 기소된 사안에서, 甲이 위 허위고소로 인한 무고 재판 중 자신의 무고 범행을 자백하였다면, 甲의 위 무고죄에 대하여는 형을 감경 또는 면제하여야 한다.

합격을 꿈꾼다면, 해커스변호사
law.Hackers.com

해커스변호사
law.Hackers.com

제2부

형사소송법 정지문

해커스변호사
law.Hackers.com

제1편

형사소송법 서론

제2편

소송주체와 소송행위

제 1 장 소송주체
제 2 장 소송행위

제1장 | 소송주체

제1절 법 원

001 □□□ [22 변시]
제1심 법원의 소재지가 <u>피고인이 현재 거주하는 곳
인 이상</u>, 그 범죄지나 주소지가 아니더라도 그 판
결에 토지관할 위반의 위법은 없다.

▸ 제4조 참조

002 □□□ [24 변시]
제1심 형사사건에 관하여 지방법원 본원과 지방법
원 지원은 소송법상 별개의 법원이자 각각 일정한
토지관할 구역을 나누어 가지는 대등한 관계에 있
으므로, 지방법원 본원에 제1심 토지관할이 인정
된다고 볼 특별한 사정이 없는 한 지방법원 지원에
제1심 토지관할이 인정된다는 사정만으로 당연히
지방법원 본원에도 제1심 토지관할이 인정된다고
볼 수는 없다.

003 □□□ [22 변시]
<u>토지관할을 달리하는 2개의 관련사건이 각각 다른
법원에 계속된 때</u>에는 공통되는 바로 위의 상급법원
은 검사나 피고인의 신청에 의하여 결정으로 한 개 법
원으로 하여금 병합심리하게 할 수 있다.

▸ 제6조의 내용이지만, 사물관할이 같다는 점이 전제가 되어야 함

004 □□□ [20 변시]
<u>사물관할이 같고 토지관할을 달리하는 수개의 제1심
법원들에 관련사건이 계속된 경우</u>에 그 소속 고등
법원이 같은 경우에는 그 고등법원이, 그 소속 고
등법원이 다른 경우에는 대법원이, 위 제1심 법원
들의 '공통되는 직근상급법원'에 해당한다.

▸ 제6조의 해석에 대하여 법원설치법설에 따른 결론임

005 □□□ [22 변시]
합의부는 2개의 관련사건이 사물관할을 달리하는
경우에 결정으로 단독판사에게 속한 사건을 병합
하여 심리할 수 있으며, 2개의 관련사건이 <u>사물관
할과 토지관할을 모두 달리</u>하는 경우에도 병합하여
심리할 수 있다.

▸ 법 제10조와 규칙 제4조 제1항 참조

006 □□□ [14 변시]
피고인 甲의 A사건은 지방법원 본원 항소부에, 甲
의 B사건은 고등법원에 각각 계속되어 있는 경우 甲
은 고등법원의 결정으로 고등법원에서 병합심리를
받을 수 있다.

▸ 규칙 제4조의2 제1항 참조

007 □□□ [14 변시]
관할이전의 사유가 존재하는 경우 검사는 직근상
급법원에 관할의 이전을 신청할 의무가 있지만, 피
고인은 관할의 이전을 신청할 권리만 있다.

▸ 제15조 참조

008 □□□ [22 변시]
<u>같은 사건이 사물관할을 같이하는 여러 개의 법원에
계속된 경우</u>에 각 법원에 공통되는 바로 위의 상급
법원은 검사나 피고인의 신청에 의하여 결정으로
뒤에 공소를 받은 법원으로 하여금 심판하게 할 수
있다.

▸ 선착수 우선의 원칙에 대한 예외이며 제13조 단서 참조

009 □□□ [24 변시]
같은 사건이 사물관할이 같은 여러 개의 법원에 계
속된 때에는 먼저 공소를 받은 법원이 심판하는 것
이 원칙이고, 이 경우 관할의 경합으로 인해 심판
을 하지 않게 된 법원은 결정으로 공소기각의 선고
를 하여야 한다.

▸ 제328조 제1항 제3호 참조

010 □□□ [14 변시]

단독판사의 관할사건이 공소장변경에 의하여 합의부 관할사건으로 변경된 경우에는 단독판사는 사건을 관할권이 있는 합의부에 이송해야 한다.

▸ 제8조 참조

011 □□□ [24 변시]

단독판사 관할 피고사건의 항소사건이 지방법원 지원 합의부에 계속 중일 때 그 변론종결 시까지 청구된 치료감호사건의 관할법원은 고등법원이고, 피고사건의 관할법원도 치료감호사건의 관할을 따라 고등법원이 되며, 위와 같은 치료감호사건이 지방법원 지원에 청구되어 피고사건 항소심을 담당하는 합의부에 배당된 경우 그 합의부는 치료감호사건과 피고사건을 모두 고등법원에 이송하여야 한다.

▸ 치료감호법 제3조, 제4조, 제12조에 의해 치료감호사건은 합의부 사건임

012 □□□ [24 변시]

합의부의 관할사건이 공소장변경에 의하여 단독판사 관할사건으로 변경된 경우, 합의부는 그 사건의 실체에 들어가 심판하여야 하고 사건을 단독판사에게 재배당할 수는 없다.

013 □□□ [18 변시]

제1심에서 합의부 관할사건에 관하여 단독판사 관할사건으로 죄명과 적용법조를 변경하는 공소장변경허가신청서가 제출된 경우, 사건을 배당받은 합의부가 공소장변경을 허가하는 결정을 하였더라도 합의부는 결정으로 관할권이 있는 단독판사에게 사건을 이송할 필요는 없다.

014 □□□ [22 변시]

제1심에서 합의부 관할사건에 관하여 단독판사 관할사건으로 죄명, 적용법조를 변경하는 공소장변경허가신청서가 제출된 경우, 사건을 배당받은 합의부는 공소장변경허가결정을 하였는지에 관계없이 사건의 실체에 들어가 심판하여야 한다.

015 □□□ [14 변시]

법원은 소년에 대한 피고사건을 심리한 결과 보호처분에 해당할 사유가 있다고 인정하면 결정으로써 사건을 관할 소년부에 송치하여야 한다.

▸ 소년법 제50조 참조

016 □□□ [16 변시]

파기환송 전의 원심재판에 관여한 법관이 환송 후의 재판에 관여한 경우에는 제척사유에 해당하지 않는다.

017 □□□ [20 변시]

약식명령을 한 판사가 그 정식재판 절차의 항소심 판결에 관여함은 제척의 원인이 된다.

018 □□□ [16 변시]

구속적부심에 관여한 법관이 그 사건에 대한 제1심재판에 관여한 경우 제척사유에 해당하지 않는다.

▸ 제1심 앞에는 전심이 없음

019 □□□ [16 변시]

법관이 당사자의 증거신청을 채택하지 아니하거나 이미 한 증거결정을 취소하더라도 그 사유만으로는 '불공평한 재판을 할 염려가 있는 때'에 해당한다고 보기 어렵다.

▸ 증거결정의 법적 성격은 자유재량임

020 □□□ [16 변시]

피고인의 기피신청이 있어 「형사소송법」 제22조에 따라 소송진행을 정지하여야 함에도, 기피신청을 받은 법관이 본안의 소송절차를 정지하지 않고 그대로 증거조사를 실시하였다. 기피신청을 받은 법관이 한 증거조사는 효력이 없으며, 그 후 그 기피신청에 대한 기각결정이 확정된 경우라도 법원은 그 증거조사에서 인정된 증거를 사용할 수 없다.

021 □□□ [16 변시]

기피신청을 기각한 결정에 대하여는 즉시항고를 할 수 있다.

▸ 제23조 참조. 간이기각의 경우 집행정지효 없음 주의

022 □□□ [16 변시]

법관이 스스로 기피의 원인이 있다고 판단한 때에는 소속법원에 서면으로 회피를 신청하여야 한다.

▸ 제24조 참조. 일정한 절차가 필요한 점 주의

제2절 　검 사

제3절 　피고인

023 □□□ [12 변시]

피고인 또는 피의자는 자신에게 불이익한 사실뿐만 아니라 <u>이익되는 사실에 대하여도</u> 진술을 거부할 수 있다.

024 □□□ [12 변시]

주취운전의 혐의를 받고 있는 운전자에게 <u>호흡측정기에 의한 주취여부의 측정</u>에 응할 것을 요구하는 것은 진술거부권을 침해한 것이 아니다.

025 □□□ [14 변시]

피고인 또는 피의자는 진술거부권을 포기하고 피고사건 또는 피의사건에 관하여 진술할 수 있지만, 더 나아가 피고인의 경우에는 진술거부권을 포기하고 증인적격을 취득할 수는 없다.

▸ 영미법에서는 가능

026 □□□ [12 변시]

재판장은 <u>공판준비기일</u>에 출석한 피고인에게 진술을 거부할 수 있음을 알려주어야 한다.

▸ 제266조의8 참조. 공판준비기일에 피고인 출석은 필요적 아님 주의

027 □□□ [12 변시]

재판장은 피고인에 대하여 통상 <u>인정신문 이전에</u> 진술거부권에 대하여 <u>1회 고지</u>하면 되지만, 공판절차를 갱신하는 때에는 다시 고지하여야 한다.

▸ 법 제283조의2 참조. 규칙 제144조 제1항 1호 참조

028 □□□ [20 변시]

모든 국민은 형사상 자기에게 불리한 진술을 강요당하지 아니할 권리가 보장되어 있지만, 법원은 피고인의 진술거부권 행사 태도나 행위가 피고인에게 보장된 방어권 행사의 범위를 넘어 객관적이고 명백한 증거가 있음에도 진실의 발견을 적극적으로 숨기거나 법원을 오도하려는 시도에 기인한 경우에는 가중적 양형의 조건으로 참작할 수 있다.

▸ 판례는 절충설의 입장임

제4절 　변호인

029 □□□ [15 변시]

공소사실의 동일성이 인정되어 <u>공소장이 변경된 경우</u>, 변호인 선임의 효력은 변경된 공소사실에도 미친다.

030 □□□ [15 변시]

공소제기 전의 변호인 선임은 제1심에도 그 효력이 있다.

▸ 제32조 참조

031 □□□ [15 변시]

원심법원에서의 변호인 선임은 파기환송 또는 파기이송이 있은 후에도 효력이 있다.

▸ 규칙 제158조 참조

032 □□□ [19 변시]

헌법상 보장되는 '변호인의 조력을 받을 권리'는 <u>변호인의 충분한 조력을 받을 권리</u>를 의미하므로, 피고인에게 국선변호인의 조력을 받을 권리를 보장하여야 할 국가의 의무에는 피고인이 국선변호인의 실질적 조력을 받을 수 있도록 할 의무가 포함된다.

033 □□□ [19 변시]
이해가 상반된 피고인들 중 어느 피고인이 법무법인을 변호인으로 선임하고, 법무법인이 담당변호사들을 지정하였을 때, 법원이 그 담당변호사들 중 1인 또는 수인을 다른 피고인을 위한 국선변호인으로 선정한다면, 다른 피고인은 국선변호인의 실질적 조력을 받을 수 없게 되고, 이러한 국선변호인 선정은 국선변호인의 조력을 받을 피고인의 권리를 침해하는 것이다.

▸ 규칙 제15조 제2항 참조

034 □□□ [19 변시]
「형사소송법」 제33조 제1항 제1호 소정의 '피고인이 구속된 때'라고 함은 피고인이 당해 형사사건에서 이미 구속되어 재판을 받고 있는 경우를 의미하는 것이므로, 변호인 없는 불구속 피고인에 대하여 국선변호인을 선정하지 않은 채 판결을 선고한 다음 법정구속을 하더라도 구속되기 이전까지는 위 규정이 적용된다고 볼 수 없다.

035 □□□ [23 변시]
직권으로 국선변호인을 선정하여야 하는 사유 중 하나인 「형사소송법」 제33조 제1항 제1호의 '피고인이 구속된 때'라고 함은 피고인이 당해 형사사건에서 구속되어 재판을 받고 있는 경우를 의미하고, 피고인이 별건으로 구속되어 있거나 다른 형사사건에서 유죄로 확정되어 수형 중인 경우는 이에 해당하지 아니한다.

036 □□□ [12 변시]
피고인이 미성년자 또는 70세 이상인 경우에는 필요적 변호사건에 해당된다.

037 □□□ [12 변시]
판결만을 선고할 경우에는 필요적 변호사건이라도 변호인없이 개정할 수 있다.

▸ 제282조 단서 참조

038 □□□ [12 변시]
필요적 변호사건에서 제1심의 공판절차가 변호인없이 이루어진 경우 항소심은 위법한 제1심판결을 파기하고 항소심에서의 심리결과에 기하여 다시 판결하여야 한다.

039 □□□ [12 변시]
필요적 변호사건에서 변호인 출석 없이 실체적 심리가 이루어진 경우 그 심리절차는 무효이지만, 그 이외의 절차에서 적법하게 이루어진 소송행위까지 모두 무효라고 볼 수는 없다.

040 □□□ [14 변시]
변호인이 적극적으로 피고인 또는 피의자로 하여금 허위진술을 하도록 하는 것이 아니라 단순히 헌법상 권리인 진술거부권이 있음을 알려 주고 그 행사를 권고하는 것은 허용된다.

041 □□□ [23 변시]
변호인 선임에 관한 서면을 제출하지 않았지만 변호인이 되려는 의사를 표시하고 객관적으로 변호인이 될 가능성이 있는 경우에 이와 같이 변호인이 되려는 자에게도 피의자를 접견할 권한이 있기 때문에 수사기관이 정당한 이유 없이 접견을 거부해서는 안된다.

042 □□□ [13 변시]
신체구속을 당한 피고인 또는 피의자에 대한 변호인의 접견교통권은 수사기관의 처분 등에 의해 이를 제한할 수 없고, 다만 법률에 의하여서는 제한이 가능하다.

▸ 변호인의 접견교통권도 헌법상의 권리라는 2015헌마1204와 법률로만 제한가능하다는 2009헌마341 참조

043 □□□ [23 변시]
피의자 또는 그 변호인은 검사 또는 사법경찰관이 수사 중인 사건에 관한 본인의 진술이 기재된 부분 및 본인이 제출한 서류의 전부 또는 일부에 대한 열람 · 복사를 신청할 수 있다.

▸ 수사준칙 제69조 제1항 참조

044 □□□   [15 변시]

피의자신문에 참여한 변호인은 <u>신문 후 의견을 진</u>
<u>술할 수 있는 것이 원칙</u>이나, 신문 중이라도 부당한
신문방법에 대하여 <u>이의를 제기</u>할 수 있고, 검사
또는 사법경찰관의 <u>승인을 얻어 의견을 진술</u>할 수
있다.

▸ 제243조의2 제3항 참조

045 □□□   [15 변시]

수사기관이 변호인의 피의자신문 참여를 부당하게
제한하거나 중단시킨 경우에는 준항고를 통해 다
툴 수 있다.

▸ 제417조 참조

046 □□□   [23 변시]

수사기관이 피의자신문 시 <u>정당한 사유가 없음에도</u>
<u>변호인 참여를 거부</u>하는 처분을 하는 경우에 변호
인은 준항고를 할 수 있다.

제2장 | 소송행위

제1절   소송행위의 의의와 종류

제2절   소송행위의 성립 요건

001 ☐☐☐   [21 변시]

음주운전과 관련한 도로교통법위반죄의 범죄수사
를 위하여 미성년자인 피의자의 혈액 채취가 필요
한 경우에도 <u>피의자에게 의사능력이 있다면</u> 피의자
본인만이 혈액 채취에 관한 유효한 동의를 할 수
있고, 피의자에게 <u>의사능력이 없는 경우</u>에도 명문
의 규정이 없는 이상 법정대리인이 피의자를 대리
하여 동의할 수는 없다.

▸ 대리 관련 규정인 제26조 이하 참조

제3절   소송행위의 해석

002 ☐☐☐   [15 변시]

변호인이 될 자가 변호인선임서를 제출하지 아니
한 채 항소이유서를 제출하고, 이유서 제출기간 경
과 후에 선임서를 제출한 경우 위 항소이유서 제출
은 적법·유효하다고 할 수 없다.

▸ 변호인선임서의 보정적 추완 불가

제4절   소송조건

해커스변호사
law.Hackers.com

제3편

수사와 공소의 제기

제 1 장 수 사
제 2 장 강제수사
제 3 장 수사의 종결
제 4 장 공소의 제기

제1장 | 수 사

제1절 수사론 서론

001 ☐☐☐ [15 변시]

검사가 「검찰사건사무규칙」에 따른 범죄인지 절차를 밟지 않은 상태에서 행한 피의자신문도 적법한 수사에 해당하며, 당해 피의자신문조서는 증거능력이 인정될 수 있다.

▸ 수사와 내사의 구별에 대해 실질설의 입장

002 ☐☐☐ [17 변시]

진술거부권 고지의 대상이 되는 피의자의 지위는 수사기관이 범죄인지서를 작성하는 등의 형식적인 사건수리 절차를 거치기 전이라도 조사대상자에 대하여 범죄의 혐의가 있다고 보아 실질적으로 수사를 개시하는 행위를 한 때에 인정되므로, 진술조서의 형식을 취하더라도 실질이 피의자신문조서의 성격을 가지는 경우에는 수사기관은 진술을 듣기 전에 조사대상자에게 미리 진술거부권을 고지하여야 한다.

▸ 피의자신문조서는 실질에 따라 판단

003 ☐☐☐ [14 변시]

피의자의 지위는 수사기관이 조사대상자에 대한 범죄 혐의를 인정하여 수사를 개시하는 행위를 한 때 인정되므로, 이러한 피의자 지위에 이르지 아니한 자에 대하여는 수사기관이 진술거부권을 고지하지 아니하였더라도 진술의 증거능력이 부정되지 아니한다.

004 ☐☐☐ [22 변시]

수사기관이 피의자의 범의를 명백하게 하기 위하여 A를 참고인으로 조사하는 과정에서 진술거부권을 고지하지 않고 진술조서를 작성하였는데, 추후 계속된 수사를 통하여 A가 피의자와 공범관계에 있을 가능성이 인정되더라도 A에 대한 위 조사 당시 A는 이미 피의자의 지위에 있었다고 볼 수 없으므로 A에 대한 위 진술조서는 증거능력이 인정될 수 있다.

005 ☐☐☐ [20 변시]

친고죄에 대한 수사가 장차 고소가 있을 가능성이 없는 상태하에서 행하여졌다는 등의 특단의 사정이 없는 한, 고소가 있기 전에 수사를 하였다는 이유만으로 그 수사가 위법한 것은 아니다.

006 ☐☐☐ [17 변시]

경찰관이 노래방의 도우미 알선 영업단속 실적을 올리기 위하여 그에 대한 제보나 첩보가 없는데도 손님을 가장하고 들어가 도우미를 불러줄 것을 요구하였으나 한 차례 거절당한 후에 다시 찾아가 도우미를 불러 줄 것을 요구하여 도우미가 오자 단속하였다면 이는 위법한 함정수사에 해당한다.

▸ 범의유발형 함정수사임

007 ☐☐☐ [14 변시]

유인자가 수사기관과 직접적인 관련을 맺지 아니한 상태에서 피유인자를 상대로 단순히 수차례 반복적으로 범행을 부탁하였을 뿐 수사기관이 사술이나 계략 등을 사용하였다고 볼 수 없는 경우에는 그로 인하여 피유인자의 범의가 유발되었고, 유인자의 제보로 수사가 개시되었더라도 이는 위법한 함정수사에 해당하지 아니한다.

008 ☐☐☐ [17 변시]

위법한 함정수사에 기하여 공소를 제기한 피고사건은 그 절차가 법률의 규정에 위반하여 무효인 때에 해당하여 공소기각을 하여야 한다.

009 ☐☐☐ [20 변시]

범의를 유발케 하여 범죄인을 검거하는 함정수사에 기하여 공소를 제기한 경우 법원은 공소기각판결을 하여야 한다.

010 ☐☐☐ [23 변시]
「민법」상 행위능력이 없는 사람이라도 피해를 입은 사실을 이해하고 고소에 따른 사회생활상의 이해관계를 알아차릴 수 있는 <u>사실상의 의사능력</u>을 갖추었다면 고소능력이 인정된다.

011 ☐☐☐ [23 변시]
<u>법원이 선임한 부재자 재산관리인</u>이 그 관리대상인 부재자의 재산에 대한 범죄행위에 관하여 법원으로부터 고소권 행사에 관한 허가를 얻은 경우 부재자 재산관리인은 「형사소송법」 제225조 제1항에서 정한 법정대리인으로서 적법한 고소권자에 해당한다.

012 ☐☐☐ [21 변시]
법정대리인의 고소권은 무능력자의 보호를 위하여 <u>법정대리인에게 주어진 고유권</u>이므로, 피해자의 명시한 의사에 반하여 행사할 수 있다.

013 ☐☐☐ [23 변시]
피해자의 법정대리인은 피해자의 고소권 소멸 여부에 관계없이 고소할 수 있고, 이러한 고소권은 피해자의 명시한 의사에 반하여도 행사할 수 있다.

014 ☐☐☐ [23 변시]
고소에 있어서 <u>범죄사실의 특정 정도</u>는 고소인의 의사가 수사기관에 대하여 일정한 범죄사실을 지정신고하여 범인의 소추처벌을 구하는 의사표시가 있었다고 볼 수 있을 정도면 충분하며, 범인의 성명이 불명이거나 범행의 일시·장소·방법 등이 명확하지 않다고 하더라도 그 효력에는 아무 영향이 없다.

015 ☐☐☐ [18 변시]
고소권자로부터 고소권한을 위임받은 대리인이 친고죄에 대하여 고소를 한 경우, 고소기간은 대리인이 아니라 <u>고소권자가 범인을 알게 된 날부터 기산</u>한다.

016 ☐☐☐ [21 변시]
변호사 甲이 친고죄의 피해자인 의뢰인 乙로부터 가해자인 A에 대한 <u>고소대리권을 수여받아 고소를</u> 제기한 경우, 고소기간은 의뢰인 乙이 범죄사실을 알게 된 날부터 기산한다.

017 ☐☐☐ [21 변시]
영업범 등 포괄일죄의 경우 고소권자가 범죄행위가 계속되는 도중에 범인을 알았다 하더라도 <u>최후의 범죄행위가 종료한 때</u>에 고소기간이 진행된다.

018 ☐☐☐ [21 변시]
민사사건에서 '이 사건과 관련하여 서로 상대방에 대해 제기한 형사사건의 고소를 모두 취하한다'는 내용이 포함된 <u>조정이 성립된 것만으로는</u> 위 형사사건의 고소가 취소된 것으로 볼 수 없다.

019 ☐☐☐ [23 변시]
친고죄에서 적법한 고소가 있었는지는 <u>자유로운 증명</u>의 대상이 되고, 일죄의 관계에 있는 친고죄 범죄사실 일부에 대한 고소의 효력은 일죄 전부에 대하여 미친다.

020 ☐☐☐ [18 변시]
친고죄의 공범 중 일부에 대하여 제1심 판결이 선고된 후에는 제1심 판결선고 전의 다른 공범자에 대하여 고소를 취소할 수 없고, 고소의 취소가 있다 하더라도 그 효력이 발생하지 않는다.

▶ 고소불가분의 원칙과도 관련 있음

021 ☐☐☐ [22 변시]
<u>고소는 제1심 판결선고 전까지 취소할 수 있으므로</u> 친고죄의 공범 중 일부에 대하여 제1심 판결이 선고된 후에는 제1심 판결선고 전의 다른 공범자에 대하여는 그 고소를 취소할 수 없다.

022 □□□ [14 변시]

친고죄의 공범인 甲, 乙 중 甲에 대하여 제1심판결이 선고되었더라도 제1심 판결선고 전의 乙에 대하여는 고소를 취소할 수 없다.

023 □□□ [21 변시]

항소심에서 공소장변경 또는 법원의 직권에 의하여 비친고죄를 친고죄로 인정한 경우, 항소심에 이르러 비로소 고소인이 고소를 취소하였다면 이는 친고죄에 대한 고소취소로서 효력이 없다.

▸ 판례는 제232조 제1항의 제1심 판결선고 전이라는 조문 형식을 중시

024 □□□ [14 변시]

비친고죄에 해당하는 죄로 기소되어 항소심에서 친고죄에 해당하는 죄로 공소장이 변경된 후 공소제기 전에 행하여진 고소가 취소되었더라도 항소심법원은 실체재판을 하여야 한다.

025 □□□ [18 변시]

친고죄에서 고소권자의 고소가 유효함에도 고소의 효력이 없다는 이유로 공소를 기각한 제1심 판결에 대하여 항소심 절차가 진행되던 중 고소인이 고소를 취소하였는데 항소심이 제1심의 공소기각 부분이 위법하다는 이유로 사건을 파기환송한 경우, 환송 후의 제1심 법원은 고소취소를 이유로 공소기각 판결을 선고할 수 있다.

▸ 항소심에서의 파기환송 사유는 관할위반과 공소기각의 경우임

026 □□□ [22 변시]

친고죄에 있어서의 피해자의 고소권은 공법상의 권리라고 할 것이므로 법이 특히 명문으로 인정하는 경우를 제외하고는 자유처분을 할 수 없고, 따라서 일단 제기한 고소는 취소할 수 있으나 고소 전에 고소권을 포기할 수는 없다.

027 □□□ [13 변시]

폭행죄의 피해자가 의사능력 있는 미성년자인 경우, 그 미성년자가 가해자에 대한 처벌을 원하지 않는다는 의사표시를 명백하게 하면 공소를 제기할 수 없다.

028 □□□ [13 변시] [14 변시] [22 변시]

반의사불벌죄에 있어서 청소년인 피해자에게 비록 의사능력이 있다면 피고인에 대하여 처벌을 희망하지 않는다는 의사표시 또는 처벌을 희망하는 의사표시의 철회는 피해자가 단독으로 이를 할 수 있고 법정대리인의 동의가 있어야 하는 것은 아니다.

029 □□□ [14 변시]

폭행죄는 반의사불벌죄로서 개인적 법익에 관한 죄이므로 피해자가 폭행과 무관한 사유로 사망한 경우 그 상속인이 피해자를 대신하여 처벌불원의 의사표시를 할 수 없다.

▸ 처벌불원의 의사표시는 상속 불가

030 □□□ [13 변시]

2인 이상이 공동으로 폭행죄를 범하여 폭력행위등처벌에관한법률위반(공동폭행)죄로 처벌되는 경우 피해자의 명시한 의사에 반하여 공소를 제기할 수 없다는 형법 제260조 제3항은 적용되지 않는다.

▸ 폭처법상의 모든 범죄는 반의사불벌죄가 아님

031 □□□ [22 변시]

제1심 법원이 반의사불벌죄로 기소된 피고인에 대하여 「소송촉진 등에 관한 특례법」 제23조에 따라 피고인에 대한 송달불능보고서가 접수된 때부터 6개월이 지나도록 피고인의 소재를 확인할 수 없어 피고인의 진술 없이 유죄를 선고하여 판결이 확정된 경우, 만일 피고인이 항소권회복청구를 함으로써 항소심 재판을 받게 되었다면 피해자는 그 항소심 절차에서 처벌을 희망하는 의사표시를 철회할 수 없다.

▸ 소촉법 제23조의2에 따른 재심 제1심에서는 가능

032 ☐☐☐ [13 변시]
친고죄에 있어서 고소불가분의 원칙을 규정한 형사소송법 제233조의 규정은 반의사불벌죄에 준용되지 않는다.

033 ☐☐☐ [18 변시]
피해자가 반의사불벌죄의 공범 중 그 1인에 대하여 처벌을 희망하는 의사를 철회한 경우, 다른 공범자에 대하여도 처벌희망의사가 철회된 것으로 볼 수 없다.

034 ☐☐☐ [14 변시]
세무공무원 등의 고발이 있어야 공소를 제기할 수 있는 조세범처벌법위반죄에 대하여 고발을 받아 수사한 검사가 불기소처분을 하였다가 나중에 공소를 제기하는 경우에는 세무공무원 등의 새로운 고발이 있어야 하는 것은 아니다.
▶ 검사의 불기소처분은 기판력이 발생하지 않음

035 ☐☐☐ [14 변시]
고소의 주관적 불가분의 원칙은 조세범처벌법위반죄에서 소추조건으로 되어 있는 세무공무원의 고발에는 적용되지 않는다.
▶ 고발에는 주관적 불가분의 원칙 부적용

036 ☐☐☐ [21 변시]
피고인 A, B는 공동하여 공정거래위원회의 고발이 있어야 공소를 제기할 수 있는 독점규제및공정거래에관한법률위반의 범행을 저질렀는데, 공정거래위원회가 A만 고발하였다면, 고발대상에서 제외된 B에 대하여도 고발의 효력이 미치지 않으므로 법원은 B에 대하여 공소기각판결을 하여야 한다.

037 ☐☐☐ [19 변시]
불심검문하는 사람이 경찰관이고 검문하는 이유가 자신의 범죄행위에 관한 것임을 피고인이 충분히 알고 있었다고 보인다면, 경찰관이 신분증을 제시하지 않았더라도 그 불심검문은 적법하다.

제3절 임의수사

038 ☐☐☐ [15 변시]
수사기관은 피의자를 신문하기 전에 변호인의 조력을 받을 수 있다는 것을 알려주어야 한다.
▶ 제244조의3 제1항 제4호 참조

039 ☐☐☐ [18 변시]
검사가 피의자신문 시 피의자의 진술을 영상녹화하려면 영상녹화에 대한 피의자의 동의를 얻어야 할 필요는 없다.
▶ 제244조의2 제1항 참조

040 ☐☐☐ [15 변시]
피고인이 된 피의자의 진술을 영상녹화할 경우에는 진술거부권, 변호인의 참여를 요청할 수 있다는 점 등의 고지가 포함되어야 한다.
▶ 규칙 제134조의2 제3항 제4호 참조

041 ☐☐☐ [15 변시]
제244조 제3항에 따르면 피의자신문조서에는 피의자로 하여금 그 취지를 자필로 기재하게 하고 조서에 간인한 후 기명날인 또는 서명하게 하여야 한다.
▶ 제244조의3 제2항과 구별 필요

042 ☐☐☐ [17 변시]
참고인이 수사과정에서 진술서를 작성하였지만 수사기관이 그에 대한 조사과정을 기록하지 아니한 경우에는, 특별한 사정이 없는 한 '적법한 절차와 방식'에 따라 수사과정에서 진술서가 작성되었다 할 수 없으므로 증거능력을 인정할 수 없다.
▶ 제244조의4 제3항 참조

제2장 | 강제수사

제1절 | 대인적 강제수사

001 ☐☐☐ [12 변시]
피의자가 죄를 범하였다고 의심할 만한 상당한 이유가 있고 정당한 이유없이 출석요구에 응하지 아니하거나 아니할 우려가 있는 때라고 하더라도 **명백히 체포의 필요가 인정되지 아니하는 경우에는** 지방법원판사는 체포영장의 청구를 기각하여야 한다.

▸ 제200조의2 제2항 참조

002 ☐☐☐ [21 변시]
메트암페타민 투약 등 혐의가 있어서 체포영장이 발부된 甲에 대한 사법경찰관 A의 체포행위와 관련하여 A가 **체포영장을 소지하지 아니하여 영장 원본을 제시할 수 없는 경우** 급속을 요하는 경우에는 피의사실의 요지와 체포영장이 발부되었음을 고하고 영장을 집행할 수 있다.

▸ 제200조의6에 의하여 준용되는 제85조 제3항 참조

003 ☐☐☐ [19 변시]
체포영장의 제시나 고지 등은 **체포를 위한 실력행사에 들어가기 이전에 미리 하여야 하는 것이 원칙**이나, 달아나는 피의자를 쫓아가 붙들거나 폭력으로 대항하는 피의자를 실력으로 제압하는 경우에는 붙들거나 제압하는 과정에서 하거나, 그것이 여의치 않은 경우에는 일단 붙들거나 제압한 후에 지체 없이 하여야 한다.

004 ☐☐☐ [21 변시]
메트암페타민 투약 등 혐의가 있어서 체포영장이 발부된 甲에 대한 사법경찰관 A의 체포행위와 관련하여 A가 체포영장의 제시 및 미란다원칙을 고지하려고 할 때, 만약 甲이 흉기를 꺼내 폭력으로 대항하여 甲을 실력으로 제압할 수밖에 없는 경우에는 A가 甲을 제압하고 지체 없이 체포영장을 제시하면서 미란다원칙을 고지할 수 있다.

005 ☐☐☐ [16 변시]
체포영장에 의하여 체포한 피의자를 구속하고자 할 때에는 검사는 체포한 때로부터 48시간 이내에 관할지방법원판사로부터 구속영장을 청구하여야 한다.

006 ☐☐☐ [13 변시]
영장에 의해 피의자를 체포한 경우 체포한 때부터 48시간 이내에 구속영장을 청구하지 않으면 즉시 석방하여야 한다.

007 ☐☐☐ [12 변시]
긴급체포의 요건을 갖추었는지 여부는 사후에 밝혀진 사정을 기초로 판단하는 것이 아니라, **체포 당시의 상황을 기초로** 판단하여야 한다.

008 ☐☐☐ [12 변시]
수사기관에 자진출석한 참고인에 대한 긴급체포가 언제나 위법한 것은 아니다.

▸ 합리적 근거가 있으면 가능

009 ☐☐☐ [19 변시]
A가 필로폰을 투약한다는 제보를 받은 경찰관이 A의 주거지를 방문하였다가, 그곳에서 A를 발견하고 A의 전화번호로 전화를 하여 나오라고 하였으나 응하지 않자 A의 집 문을 강제로 열고 들어가 긴급체포한 경우, 경찰관이 A의 신원과 주거지 및 전화번호 등을 모두 파악하고 있었고, 당시 마약 투약의 범죄 증거가 급속하게 소멸될 상황도 아니었다면, 위법한 체포이다.

▸ 긴급성을 결여한 사안임

010 ☐☐☐ [12 변시]
검사가 피의자를 검사실에서 긴급체포하는 경우에도 피의사실의 요지, 체포이유 등을 고지하여야 한다.

011 □□□ [20 변시]
미란다 고지는 체포를 위한 실력행사에 들어가기 이전에 미리 하여야 하는 것이 원칙이나, 사법경찰관이 피의자를 긴급체포하기 위하여 달아나는 피의자를 좇아가 붙들거나 폭력으로 대항하는 피의자를 실력으로 제압하는 경우에는 붙들거나 제압하는 과정에서 하거나, 그것이 여의치 않은 경우에는 일단 붙들거나 제압한 후에 지체 없이 행하여야 한다.

012 □□□ [12 변시]
검사 또는 사법경찰관은 피의자를 긴급체포한 경우에는 즉시 긴급체포서를 작성하여야 한다.

▸ 제200조의3 제4항 참조

013 □□□ [12 변시]
위법한 긴급체포에 의한 유치 중에 작성된 피의자신문조서는 위법하게 수집된 증거로서 특별한 사정이 없는 한 유죄의 증거로 할 수 없다.

▸ 하자의 승계 이론 적용

014 □□□ [20 변시]
검사가 긴급체포한 피의자를 구속하기 위하여 관할지방법원판사에게 구속영장을 청구하였으나 구속영장을 발부받지 못한 때에는 피의자를 즉시 석방하여야 한다.

▸ 제200조의4 제2항 참조

015 □□□ [12 변시][20 변시]
긴급체포되었다가 구속영장을 청구하지 아니하거나 발부받지 못하여 석방된 자는 영장 없이는 동일한 범죄사실에 관하여 체포하지 못한다.

▸ 제200조의4 제3항 참조

016 □□□ [19 변시]
피고인이 수사 당시 긴급체포되었다가 수사기관의 조치로 석방된 후 법원이 발부한 구속영장에 의하여 구속이 이루어진 경우 「형사소송법」 제200조의4 제3항, 제208조에 규정된 재체포 또는 재구속 제한에 위배되는 위법한 구속이라고 볼 수 없다.

017 □□□ [14 변시]
사법경찰관 A는 피의자 甲을 절도 혐의로 긴급체포한 후 조사하였으나, 甲의 혐의를 입증할 증거가 부족하다고 판단하여 석방하였다. A는 이후 이 절도 사건에 관한 증거를 찾던 중 절도 현장을 목격한 X의 진술을 확보하게 되었다. A가 목격자 X의 진술을 확보하였다고 하더라도 더 이상 위 절도 혐의로 甲을 긴급체포할 수 없다.

▸ 영장이 필요함

018 □□□ [14 변시]
사법경찰관 A는 피의자 甲을 절도 혐의로 긴급체포한 후 조사하였으나, 甲의 혐의를 입증할 증거가 부족하다고 판단하여 석방하였다. A는 이후 이 절도 사건에 관한 증거를 찾던 중 절도 현장을 목격한 X의 진술을 확보하게 되었다. A는 甲의 위 절도 범행과 다른 별개의 범죄인 모욕죄 혐의에 관하여는 甲을 긴급체포할 수 없다.

▸ 형법 제311조 모욕죄는 1년 이하의 징역이므로 중대성 결여

019 □□□ [14 변시]
사법경찰관 A는 피의자 甲을 절도 혐의로 긴급체포한 후 조사하였으나, 甲의 혐의를 입증할 증거가 부족하다고 판단하여 석방하였다. A는 이후 이 절도 사건에 관한 증거를 찾던 중 절도 현장을 목격한 X의 진술을 확보하게 되었다. A는 甲의 위 절도 범행과 다른 별개의 범죄인 강간치상 혐의에 관하여 甲을 긴급체포한 경우에는 즉시 검사의 승인을 얻어야 한다.

▸ 제200조의3 제2항 참조

020 □□□ [14 변시]
사법경찰관 A는 피의자 甲을 절도 혐의로 긴급체포한 후 조사하였으나, 甲의 혐의를 입증할 증거가 부족하다고 판단하여 석방하였다. A는 이후 이 절도 사건에 관한 증거를 찾던 중 절도 현장을 목격한 X의 진술을 확보하게 되었다. 수사기관이 위 절도 혐의에 관한 X의 진술조서 등 소명자료를 갖추었다면 법원으로부터 체포영장을 발부받을 수 있다.

021 ☐☐☐ [14 변시]

사법경찰관 A는 피의자 甲을 절도 혐의로 긴급체포한 후 조사하였으나, 甲의 혐의를 입증할 증거가 부족하다고 판단하여 석방하였다. A는 이후 이 절도 사건에 관한 증거를 찾던 중 절도 현장을 목격한 X의 진술을 확보하게 되었다. 수사기관이 甲의 위 절도 혐의에 관한 X의 진술조서 등 소명자료를 갖춘 다음 <u>법원으로부터 사전 구속영장을 발부받으면</u> 위 절도 혐의로 甲을 구속할 수 있다.

022 ☐☐☐ [14 변시]

사법경찰관이 피의자를 현행범으로 체포하는 경우에는 체포영장이 없어도 가능하다.

023 ☐☐☐ [13 변시]

현행범체포에 있어서 체포의 목적을 달성하기 위하여 필요한 범위 내에서 <u>사인이라도 강제력을 행사할 수 있다.</u>

024 ☐☐☐ [20 변시]

현행범인으로 규정된 '범죄의 실행의 즉후인 자'라고 함은 범죄의 실행행위를 종료한 직후의 범인이라는 것이 <u>체포하는 자의 입장에서 볼 때 명백한 경우</u>를 일컫는 것이다.

025 ☐☐☐ [20 변시]

순찰 중이던 경찰관이, 교통사고를 낸 차량이 도주하였다는 무전연락을 받고 주변을 수색하다가 범퍼 등의 <u>파손상태로 보아 사고차량으로 인정되는 차</u>량에서 내리는 사람을 발견한 경우, 준현행범인으로 영장 없이 체포할 수 있다.

▸ 제211조 제2항 제2호 범죄에 사용된 물건에 해당

026 ☐☐☐ [14 변시]

사법경찰관이 현행범체포를 하는 경우에는 피의자에게 피의사실의 요지와 체포의 이유, 그리고 변호인을 선임할 수 있음을 말하고 변명할 기회를 주어야 한다.

▸ 제213조의2에 의하여 준용되는 제200조의5 참조

027 ☐☐☐ [20 변시]

검사 또는 사법경찰관리 아닌 자가 현행범인을 체포한 때에는 즉시 검사 등에게 인도하여야 하는데, 여기서 '즉시'라고 함은 반드시 체포시점과 시간적으로 밀착된 시점이어야 하는 것은 아니고, '정당한 이유 없이 인도를 지연하거나 체포를 계속하는 등으로 <u>불필요한 지체를 함이 없이</u>'라는 뜻이다.

028 ☐☐☐ [16 변시]

> 甲은 경찰관 A로부터 불심검문을 받고 운전면허증을 교부하였는데 A가 이를 곧바로 돌려주지 않고 신분 조회를 위해 순찰차로 가는 것을 보자 화가 나 인근 주민 여러 명이 있는 가운데 A에게 큰 소리로 욕설을 하였다. 이에 A는 「형사소송법」제200조의5에 따라 피의사실의 요지, 체포의 이유, 변호인선임권 등을 고지한 후 甲을 모욕죄의 현행범으로 체포하였고, 그 과정에서 甲은 A에게 반항하면서 몸싸움을 하다가 얼굴 부위에 찰과상 등을 가하였다.

① A가 甲을 체포할 당시 <u>甲은 모욕 범행을 실행 중이거나 실행행위를 종료한 즉후인 자에 해당하</u>므로 현행범인이다.

② 甲이 불심검문에 응하여 이미 운전면허증을 교부한 상태이고, 인근 주민도 甲의 욕설을 들었으므로 甲이 도망하거나 증거를 인멸할 염려가 있다고 보기 어렵다.

▸ 현행범체포의 필요성이 인정되지 않음

③ 甲의 모욕 범행은 불심검문에 항의하는 과정에서 저지른 일시적, 우발적인 행위로서 사안 자체가 경미할 뿐 아니라 피해자인 경찰관이 범행 현장에서 즉시 범인을 체포할 <u>급박한 사정이 있다고 보기 어렵다.</u>

④ 甲에 대한 체포는 현행범인 체포의 요건을 갖추지 못하여 위법한 체포에 해당한다.

▸ 판례는 현행범체포에 필요성이 필요하다고 보고 있음

⑤ 甲이 공무집행방해죄와 상해죄로 기소된 경우 법원은 甲의 행위가 위법한 공무집행에 대한 항의과정에서 발생한 것이므로 <u>공무집행방해죄는 구성요건해당성이 없어 무죄, 그리고 상해죄는 정당방위를 이유로 무죄를 선고하여야 한다.</u>

▸ 무죄 사유 주의

029 □□□ [18 변시]

검사가 피의자 甲에 대하여 구속영장을 청구한 경우 구속영장을 청구받은 판사는 甲을 심문하여야 하고, 심문할 甲에게 변호인이 없는 경우에는 지방법원판사는 변호인을 선정해 주어야 한다.

▶ 제201조의2 제8항과 제9항 참조

030 □□□ [12 변시] [15 변시] [21 변시]

구속영장이 청구되어 심문을 하는 피의자에게 변호인이 없는 경우 지방법원판사는 직권으로 변호인을 선정하여야 하고, 이 경우에 변호인의 선정은 피의자에 대한 구속영장 청구가 기각되어 효력이 소멸한 경우를 제외하고는 제1심까지 효력이 있다.

031 □□□ [13 변시]

구속영장을 청구받은 지방법원 판사는 체포된 피의자에 대하여 지체 없이 피의자를 심문하여야 하나, 체포되지 않은 피의자를 바로 구속하는 경우에는 구인을 위한 구속영장을 발부하여 피의자를 구인한 후 심문하여야 한다.

▶ 제201조의2 제2항 참조

032 □□□ [21 변시]

지방법원판사가 구속영장청구를 기각한 경우에는 B는 구속영장을 재청구하는 이외에 항고나 준항고로 불복할 수 없다.

▶ 영장전담판사는 제402조의 수소법원이나 제416조 제1항의 재판장 또는 수명법관이 아님

033 □□□ [13 변시]

지방법원 판사의 영장기각 결정에 대해서는 검사의 준항고가 허용되지 않는다.

034 □□□ [19 변시]

형사소송법 제475조는 형집행장의 집행에 관하여 형사소송법 제1편 제9장에서 정하는 피고인의 구속에 관한 규정을 준용한다고 규정하고 있고, 여기서 '피고인의 구속에 관한 규정'은 '피고인의 구속영장의 집행에 관한 규정'을 의미한다고 할 것이므로, 형집행장의 집행에 관하여는 구속의 사유에 관한 형사소송법 제70조나 구속이유의 고지에 관한 형사소송법 제72조가 준용되지 아니한다.

▶ 구속영장의 발부와 관련된 부분은 준용하지 않음

035 □□□ [21 변시]

A는 체포영장에 의하여 체포된 甲에게 구속의 필요성이 인정되어 체포된 다음 날 구속영장을 신청하였고, B의 구속영장 청구와 지방법원판사가 발부한 구속영장에 의해 甲이 구속된 경우, A는 체포영장에 의해 甲이 체포된 때로부터 10일 이내에 검사에게 甲을 인치하지 아니하면 석방하여야 한다.

▶ 피의자의 구속기간에는 체포기간 포함

036 □□□ [12 변시]

피고인에 대한 구속기간에는 공소제기전의 체포 또는 구속기간은 산입하지 아니한다.

▶ 공소제기일부터 산입

037 □□□ [18 변시]

피고인에 대한 공소제기 전 체포 및 구속기간은 제1심 법원의 구속기간에 산입하지 아니하고, 공판과정에서 구속을 계속할 필요가 있는 때에는 제1심 법원은 결정으로 2개월 단위로 2차에 한하여 구속기간을 갱신할 수 있다.

038 □□□ [13 변시] [15 변시] [19 변시]

구속영장 발부에 의하여 적법하게 구금된 피의자가 피의자신문을 위한 출석요구에 응하지 아니하면서 수사기관 조사실에 출석하기를 거부한다면, 수사기관은 그 구속영장의 효력에 의하여 피의자를 조사실로 구인할 수 있다.

039 □□□ [20 변시]

구속되었다가 석방된 자는 다른 중요한 증거를 발견한 경우를 제외하고는 동일한 범죄사실에 관하여 재차 구속하지 못한다.

040 □□□   [13 변시]

구속되었다가 석방된 피의자는 <u>다른 중요한 증거가 발견된 경우가 아니면</u> 동일한 범죄사실에 관하여 재차 구속하지 못한다. 그러나 피고인의 재구속의 경우에는 이러한 제한을 받지 아니한다.

041 □□□   [13 변시]

이미 구속된 피고인에 대한 구속기간이 만료될 무렵 종전의 구속영장에 기재된 범죄사실과 다른 사실로 피고인을 구속하였다는 사정만으로는 위법하다고 할 수 없다.

▶ 이중구속 긍정설의 입장

042 □□□   [13 변시]

접견교통권의 주체는 체포 · 구속을 당한 피의자뿐만 아니라 <u>임의동행의 형식</u>으로 수사기관에 연행된 피의자, 피내사자도 포함된다.

043 □□□   [13 변시]

미결수용자의 변호인 접견권은 국가안전보장 · 질서유지 또는 공공복리를 위해 필요한 경우 법률로써 제한될 수 있다.

044 □□□   [13 변시]

신체구속을 당한 피고인 또는 피의자에 대한 변호인의 접견교통권은 수사기관의 처분 등에 의해 이를 제한할 수 없고, 다만 법률에 의하여서는 제한이 가능하다.

▶ 변호인의 접견교통권도 헌법상의 권리라는 2015헌마1204와 법률로만 제한가능하다는 2009헌마341 참조

045 □□□   [13 변시]

신체구속을 당한 사람이 그 변호인을 자신의 범죄행위에 공범으로 가담시키려고 하였다는 사정만으로 신체구속을 당한 사람과 그 변호인의 접견교통권을 금지하는 것은 정당화 될 수 없다.

▶ 현행법은 변호인의 제척 같은 제도가 없다 - 2006모657 참조

046 □□□   [13 변시]

수사기관이 구금장소를 임의적으로 변경하여 접견교통을 어렵게 한 것은 접견교통권의 행사에 중대한 장애를 초래하는 것이므로 위법하다.

▶ 95모94 참조

047 □□□   [23 변시]

체포영장에 의해 체포된 피의자뿐만 아니라 체포영장에 의하지 아니하고 <u>긴급체포된 피의자</u>도 체포적부심사의 청구권자에 해당한다.

048 □□□   [18 변시]

공범 또는 공동피의자의 구속적부심사 순차청구가 수사방해의 목적임이 명백하다면 법원은 피의자에 대한 심문 없이 그 청구를 기각할 수는 있다.

▶ 제214조의2 제3항 제2호 참조

049 □□□   [18 변시]

구속적부심사청구 후 검사가 피의자를 기소한 경우에도 법원은 석방을 명할 수 있다.

▶ 제214조의2 제4항 2문 참조

050 □□□   [23 변시]

구속적부심사를 청구한 피의자에 대하여 <u>검사가 공소를 제기한 경우</u>에도 법원이 적부심사를 행하여 청구의 이유 유무에 따라 청구기각결정이나 석방결정을 하여야 한다.

051 □□□   [18 변시]

구속적부심사를 청구한 피의자에게 변호인이 없는 때에는 「형사소송법」 제33조의 규정에 따라 법원은 직권으로 변호인을 선정하여야 한다.

▶ 제214조의2 제10항 참조

052 □□□   [12 변시][13 변시]

법원은 체포와 구속의 적부심사에서 체포 또는 구속된 피의자에게 변호인이 없는 때에는 국선변호인을 선정하여야 하고, <u>심문 없이 기각결정을 하는 경우에도 국선변호인을 선정</u>하여야 한다.

053 ☐☐☐   [18 변시]

체포적부심사청구를 받은 법원이 그 청구가 이유 있다고 인정한 때에는 결정으로 체포된 피의자의 석방을 명하여야 하며, 검사는 이 결정에 대하여 항고하지 못한다.

▸ 제214조의2 제8항 참조

054 ☐☐☐   [18 변시]

체포적부심사결정에 의하여 석방된 피의자가 도망 하거나 죄증을 인멸하는 경우, 동일한 범죄사실에 관하여 재차 체포할 수 있다.

▸ 제214조의3 제1항 참조

055 ☐☐☐   [20 변시]

체포·구속적부심사결정에 의하여 석방된 피의자 가 도망하거나 죄증을 인멸하는 경우를 제외하고는 동일한 범죄사실에 관하여 재차 체포 또는 구속하 지 못한다.

056 ☐☐☐   [16 변시]

체포적부심사절차에서 보증금 납입을 조건으로 체 포된 피의자를 석방할 수 없다.

▸ 제214조의2 제5항 참조

057 ☐☐☐   [23 변시]

구속된 피의자로부터 구속적부심사의 청구를 받은 법원이 보증금납입조건부 피의자석방결정을 내린 경우 보증금이 납입된 후에야 피의자를 석방할 수 있다.

▸ 형사소송법 제214조의2 제7항, 제100조 참조

058 ☐☐☐   [23 변시]

법원이 구속된 피의자에 대하여 피의자의 출석을 보증할 만한 보증금납입을 조건으로 석방결정을 한 때에는 「형사소송법」 제402조에 따른 항고를 할 수 있다.

▸ 97모21 참조

059 ☐☐☐   [23 변시]

피의자의 진술 등을 기재한 구속적부심문조서는 특별한 사정이 없는 한 피고인이 증거로 함에 부동 의하더라도 「형사소송법」 제315조 제3호에 의하여 '기타 특히 신용할 만한 정황에 의하여 작성된 문 서'로 당연히 그 증거능력이 인정된다.

060 ☐☐☐   [13 변시]

보석은 유효한 구속영장을 전제로 구속의 집행을 정지시키는 것에 불과하다.

061 ☐☐☐   [16 변시]

구속을 취소하는 법원의 결정에 대하여 검사는 즉 시항고를 할 수 있으나, 보석을 허가하는 법원의 결 정에 대하여 검사는 즉시항고할 수 없다.

▸ 1995년 개정으로 제97조 제4항에서 보석허가결정 삭제

062 ☐☐☐   [16 변시]

보석보증금몰수결정은 반드시 보석취소결정과 동 시에 하여야만 하는 것이 아니라 보석취소결정 후 에 별도로 할 수도 있다.

▸ 제103조 제1항 – 2000모22 참조

063 ☐☐☐   [12 변시]

법원이 구속 피고인에 대하여 집행유예의 판결을 선고하는 경우 구속영장의 효력이 소멸하므로 판결 의 확정 전이라도 피고인을 석방하여야 한다.

▸ 제331조 참조

제2절 대물적 강제수사

064 ☐☐☐   [15 변시]

전자정보에 대한 압수·수색영장을 집행할 때에는 원칙적으로 혐의사실과 관련된 부분만을 문서 출력 물로 수집하거나 수사기관이 휴대한 저장매체에 해당 파일을 복사하는 방식으로 이루어져야 한다.

065 ☐☐☐ [19 변시]

우편물 통관검사절차에서 이루어지는 검사는 <u>행정조사</u>에 해당하므로 압수 · 수색영장 없이 우편물을 개봉하는 것은 적법하다.

066 ☐☐☐ [21 변시]

법관이 압수 · 수색영장을 발부하면서 '압수할 물건'을 특정하기 위하여 기재한 문언은 이를 엄격하게 해석하여야 하지만, 압수 · 수색영장의 범죄사실과 <u>기본적 사실관계가 동일한 범행 또는 동종 · 유사의 범행과 관련된다고 의심할만한 상당한 이유가 있는 범위</u> 내에서는 압수를 실시할 수 있다.

▸ 2018도6252 참조 – 구체적 · 개별적 연관관계가 있는 경우에만 인정

067 ☐☐☐ [22 변시]

압수 · 수색영장에 기재된 혐의사실과의 객관적 관련성은 압수 · 수색영장에 기재된 혐의사실 자체 또는 그와 기본적 사실관계가 동일한 범행과 직접 관련되어 있는 경우는 물론 <u>범행 동기와 경위 등을 증명하기 위한 간접증거나 정황증거 등으로 사용될 수 있는 경우</u>에도 인정될 수 있다.

▸ 2017도13458 참조 – 구체적 · 개별적 연관관계가 있는 경우에만 인정

068 ☐☐☐ [22 변시]

압수 · 수색영장의 범죄 혐의사실과 관계있는 범죄라는 것은 압수 · 수색영장에 기재한 혐의사실과 객관적 관련성이 있을 뿐 아니라, 압수 · 수색영장 대상자와 피의자 사이에 인적 관련성이 있는 범죄를 의미하는데, 이때 피의자와 사이의 인적 관련성은 압수 · 수색영장에 기재된 대상자의 <u>공동정범이나 교사범 등 공범이나 간접정범은 물론 필요적 공범 등</u>에 대한 피고사건에 대해서도 인정될 수 있다.

069 ☐☐☐ [22 변시]

수사기관이 피의자 甲의 범행을 영장 범죄사실로 하여 발부받은 압수 · 수색영장의 집행 과정에서 A와 B 사이의 대화가 녹음된 녹음파일을 압수하였

는데, 그 녹음파일에서 발견된 <u>A와 B의 범죄 혐의사실이 위 압수 · 수색영장에 기재된 피의자 甲과 무관한 경우</u> 그 녹음파일을 A와 B에 대한 유죄 인정의 증거로 사용할 수 없다.

▸ 별건압수의 금지

070 ☐☐☐ [15 변시]

수사기관이 피의자 甲의 공직선거법위반 범행을 영장기재 범죄사실로 하여 발부받은 압수 · 수색영장의 집행과정에서, 乙과 丙의 대화가 녹음된 녹음파일을 압수하면서 甲의 범행과 무관한 <u>乙과 丙의 공직선거법위반 혐의사실을 발견</u>하였다면, 별도의 압수 · 수색영장 없이 압수한 위 녹음파일은 乙과 丙의 혐의사실에 대하여는 증거능력이 없다.

071 ☐☐☐ [16 변시]

<u>무면허운전으로 현행범체포된 피의자</u>에 대하여 절도 범행이 의심되는 상황에서 사법경찰관은 경찰서 주차장에 세워 둔 피의자 차량의 문을 열고 내부를 수색하여 절도 범행의 증거물인 현금, 수표 등을 영장없이 압수할 수 없다.

072 ☐☐☐ [19 변시][22 변시]

수사기관이 압수 · 수색영장을 제시하고 집행에 착수하여 압수 · 수색을 실시하고 <u>그 집행을 종료하였다면 이미 그 영장은 목적을 달성하여 효력이 상실</u>되는 것이므로, 동일한 장소 또는 목적물에 대하여 다시 압수 · 수색할 필요가 있는 경우라도 그 영장을 제시하고 다시 압수 · 수색을 할 수 없다.

▸ 영장의 재집행 금지

073 ☐☐☐ [17 변시]

압수 · 수색영장을 한 번 집행하였다면, 아직 그 영장의 유효기간이 남아 있더라도 동일한 장소 또는 목적물에 대하여 압수 · 수색을 하기 위하여는 다시 새로운 압수 · 수색영장을 발부받아야 한다.

074 ☐☐☐ [14 변시] [17 변시] [21 변시] [22 변시]

사법경찰관이 음란물유포 혐의로 발부받은 압수·수색영장에 의하여 압수·수색을 할 때에는 피의자에게 영장을 제시해야 하고, 처분을 받는 자가 피의자인 경우에는 그 사본을 교부하여야 한다. 다만, 처분을 받는 자가 현장에 없는 등 영장의 제시나 그 사본의 교부가 현실적으로 불가능한 경우 또는 처분을 받는 자가 영장의 제시나 사본의 교부를 거부한 때에는 예외로 한다.

▶ 2022.2.3. 개정 제118조 내용임

075 ☐☐☐ [17 변시] [21 변시]

수사기관이 압수·수색에 착수하면서 그 장소의 관리책임자에게 영장을 제시하였다고 하더라도, 물건을 소지하고 있는 다른 사람으로부터 이를 압수하고자 하는 때에는 그 사람에게 따로 영장을 제시하여야 한다.

076 ☐☐☐ [19 변시]

압수·수색영장은 피압수자로 하여금 법관이 발부한 영장에 의한 압수·수색이라는 사실을 확인함과 동시에 압수·수색영장에 필요적으로 기재하도록 정한 사항이나 그와 일체를 이루는 사항을 충분히 알 수 있도록 제시하여야 한다.

077 ☐☐☐ [21 변시]

수사기관이 휴대전화 등을 압수할 당시 압수당한 피의자가 수사관에게 압수·수색영장의 내용을 보여 달라고 요구하였으나 수사관이 영장의 겉표지만 보여 주고 내용은 확인시켜 주지 않았고, 그 후 변호인이 피의자조사에 참여하면서 영장을 확인하였다면 압수처분은 위법하다.

078 ☐☐☐ [23 변시]

피압수자가 수사기관에 압수·수색영장의 집행에 참여하지 않는다는 의사를 명시한 경우라도 그 변호인에게 「형사소송법」 제219조, 제122조의 영장집행과 참여권자에 대한 통지 규정에 따라 미리 집행의 일시와 장소를 통지하는 등으로 압수·수색영장의 집행에 참여할 기회를 별도로 보장하여야 한다.

079 ☐☐☐ [24 변시]

피압수자가 수사기관에 압수·수색영장의 집행에 참여하지 않는다는 의사를 명시하였더라도 특별한 사정이 있는 경우를 제외하고는 그 변호인에게 압수·수색영장의 집행에 참여할 기회를 별도로 보장하여야 한다.

080 ☐☐☐ [19 변시]

정보통신서비스 회사에서 보관 중인 이메일에 대하여 압수·수색영장을 집행하면서 팩스로 영장 사본을 송신했을 뿐 그 원본을 제시하지 않았다면 위법하다.

081 ☐☐☐ [13 변시]

체포영장을 집행함에 있어서 필요한 때에는 미리 수색영장을 발부받기 어려운 긴급한 사정이 있는 때에 한정하여 영장 없이 타인의 주거에서 피의자를 수사하거나 체포현장에서 압수, 수색, 검증을 할 수 있다.

▶ 2019.12.31. 개정 제216조 제1항 제1호 반영한 지문임

082 ☐☐☐ [14 변시]

사법경찰관이 대마 소지혐의로 피의자를 현행범으로 체포하면서 피의자에게서 대마를 압수한 것은 사전영장 없이 압수할 수 있는 경우에 해당한다.

▶ 제216조 제1항 2호 참조

083 ☐☐☐ [20 변시]

검사 또는 사법경찰관은 체포현장에서 영장 없이 압수한 물건을 계속 압수할 필요가 있는 경우에는 지체 없이 압수수색영장을 청구하여야 하는데, 이 경우 압수수색영장의 청구는 체포한 때부터 48시간 이내에 하여야 한다.

▶ 제217조 제2항 2문 참조

084 ☐☐☐ [14 변시]

사법경찰관이 현행범으로 체포하면서 영장없이 압수한 대마에 대하여 사후영장을 받지 않았다면 압수한 대마와 그 압수조서의 기재는 위법하게 수집한 증거에 해당한다.

085 ☐☐☐ [20 변시]

범행 중 또는 범행직후의 범죄장소에서 긴급을 요하여 법원판사의 영장을 받을 수 없는 때에는 영장 없이 압수, 수색 또는 검증을 할 수 있고, 이 경우에는 사후에 지체 없이 영장을 받아야 한다.

▸ 제216조 제3항 참조

086 ☐☐☐ [19 변시]

「형사소송법」제217조 제1항은 수사기관이 피의자를 긴급체포한 상황에서 피의자가 체포되었다는 사실이 공범이나 관련자들에게 알려짐으로써 관련자들이 증거를 파괴하거나 은닉하는 것을 방지하고, 범죄사실과 관련된 증거물을 신속히 확보할 수 있도록 하기 위한 것이므로, 긴급체포된 자가 체포현장이 아닌 장소에서 소유·소지 또는 보관하는 물건을 압수할 수 있다.

▸ 제217조 제1항 참조

087 ☐☐☐ [16 변시]

사법경찰관이 특수절도 혐의로 지명수배되어 도피 중인 피의자의 숙소에 대하여 제보를 받고 급습하였는데 피의자가 숙소에 없는 경우 그곳에 있는 특수절도 범행의 증거물인 통장, 카드 등을 영장없이 압수할 수 없다.

▸ 긴급압수의 경우에는 적법한 긴급체포가 있어야 함

088 ☐☐☐ [16 변시]

사법경찰관은 속칭 '대포통장' 거래 혐의로 체포영장이 발부된 피의자를 공원에서 체포한 후 피의자를 주거지에 데리고 가 범행 증거물인 통장을 영장없이 압수할 수 없다.

▸ 영장에 의한 체포 사안임

089 ☐☐☐ [16 변시]

사법경찰관은 속칭 '전화사기' 피의자를 주거지에서 긴급체포하면서 그 주거지에 보관하던 타인의 주민등록증, 운전면허증이 든 지갑 등을 영장없이 압수할 수 있다.

▸ 전화사기와 관련성 있는 물건들임

090 ☐☐☐ [18 변시]

사법경찰관은 甲을 긴급체포한 때부터 24시간 이내에 한하여 영장 없이 압수·수색할 수 있고, 압수물을 계속 압수할 필요가 있는 경우에는 체포한 때부터 48시간 이내에 압수·수색영장을 청구하여야 한다.

▸ 제217조 제2항 참조

091 ☐☐☐ [14 변시] [17 변시]

교도관이 재소자가 맡긴 비망록을 수사기관에 임의로 제출한 경우 그 비망록의 증거사용에 대하여 재소자의 사생활의 비밀 기타 인격적 법익이 침해되는 등의 특별한 사정이 없는 한 반드시 그 재소자의 동의를 받아야 하는 것은 아니다.

▸ 교도관은 소지 또는 보관자임

092 ☐☐☐ [20 변시]

소유자, 소지자 또는 보관자 아닌 자로부터 임의로 제출받은 물건을 영장 없이 압수한 경우 그 압수물 및 압수물을 찍은 사진은 이를 유죄의 증거로 사용할 수 없다.

▸ 제218조 참조

093 ☐☐☐ [22 변시]

「형사소송법」의 규정을 위반하여 소유자, 소지자 또는 보관자가 아닌 피해자로부터 제출받은 물건을 영장 없이 압수한 경우 그 압수물을 유죄 인정의 증거로 사용할 수 없다.

094 ☐☐☐ [19 변시]

현행범 체포현장이나 범죄장소에서 소지자 등이 임의로 제출하는 물건은 영장 없이 압수할 수 있고, 이 경우에는 검사나 사법경찰관이 사후에 영장을 받을 필요가 없다.

▸ 현행범체포 시에도 영치가 가능함

095 □□□ [17 변시]
피압수자인 피의자가 압수물에 대하여 <u>소유권을 포기하였다</u> 하더라도 환부사유가 생기고 피압수자가 환부를 청구하면 검사는 이를 환부하여야 한다.

096 □□□ [21 변시]
환부를 받을 피압수자가 수사기관에 <u>압수물의 환부청구권을 포기한다</u>는 의사표시를 한 경우에도 수사기관의 필요적 환부의무는 면제되지 않는다.

정보저장매체의 압수 관련 지문

097 □□□ [20 변시]
전자정보에 대한 압수수색영장을 집행할 때에는 원칙적으로 영장 발부의 사유인 혐의사실과 관련된 부분만을 문서 출력물로 수집하거나 수사기관이 휴대한 저장매체에 해당 파일을 복사하는 방식으로 이루어져야 하지만, 집행현장 사정상 이러한 방식에 의한 집행이 불가능하거나 현저히 곤란한 부득이한 사정이 존재하는 경우, <u>압수수색영장에 저장매체 자체를 직접 혹은 하드카피나 이미징 등 형태로 수사기관 사무실 등 외부로 반출하여 해당 파일을 압수·수색할 수 있도록 기재되어 있고 실제 그와 같은 사정이 발생한 때에 한하여</u> 위 방법이 예외적으로 허용될 수 있을 뿐이다.

098 □□□ [15 변시]
압수·수색영장에 저장매체 자체를 직접 또는 하드카피나 이미징 등 형태로 <u>수사기관 사무실 등 외부로 반출하여 해당 파일을 압수·수색할 수 있도록 기재되어 있지 않다면</u>, 수사기관이 전자정보의 복사 또는 출력이 불가능하거나 현저히 곤란한 부득이한 사정이 있을 때라도 압수목적물인 저장매체 자체를 수사관서로 반출할 수 없다.

▸ 판례는 영장의 기재를 요건으로 함

099 □□□ [24 변시]
임의제출된 정보저장매체에서 압수의 대상이 되는 전자정보의 범위를 넘어서는 전자정보에 대해 수사기관이 영장 없이 압수·수색하여 취득한 증거는 위법수집증거로서 증거능력이 없고, 설령 사후에 압수·수색영장이 발부되었거나 피고인이나 변호인이 이를 증거로 함에 동의하였더라도 그 위법성이 치유되지 않는다.

100 □□□ [19 변시]
전자정보에 대한 압수·수색영장에 기하여 저장매체 자체를 반출한 후 유관정보를 탐색하는 과정에서 당해 영장의 범죄혐의와는 <u>다른 별도의 범죄혐의와 관련된 증거를 발견하게 되어 이를 압수하려는 경우에는 더 이상의 집행을 중단하고 법원으로부터 별도의 범죄혐의에 대한 압수·수색영장을 발부받아야 한다.</u>

101 □□□ [24 변시]
수사기관이 범죄 혐의사실과 관련 있는 정보를 선별하여 압수한 후에도 그와 관련이 없는 나머지 정보를 삭제·폐기·반환하지 아니한 채 그대로 보관하고 있다면 범죄 혐의사실과 관련이 없는 부분에 대하여는 압수의 대상이 되는 전자정보의 범위를 넘어서는 전자정보를 영장 없이 압수·수색하여 취득한 것이어서 위법하고, 사후에 법원으로부터 압수·수색영장이 발부되었다거나 피고인이나 변호인이 이를 증거로 함에 동의하였다고 하여 그 위법성이 치유된다고 볼 수 없다.

102 □□□ [19 변시]
<u>피의자의 이메일 계정에 대한 접근권한에 갈음하여 발부받은 압수·수색영장의 집행에 필요한 처분</u>은 원격지 서버에 있는 피의자의 이메일 등 관련 전자정보를 수색장소의 정보처리장치로 내려받거나 그 화면에 현출시키는 행위와 같이 집행의 목적을 달성하기 위한 필요 최소한도의 범위 내에서 그 수단과 목적에 비추어 사회통념상 상당하다고 인정되는 행위이어야 한다.

▸ 이메일 계정에 대한 압수임

103 □□□ [22 변시]

압수·수색할 전자정보가 영장에 기재된 수색장소에 있는 컴퓨터에 있지 않고 그 컴퓨터와 정보통신망으로 연결되어 제3자가 관리하는 원격지의 서버에 저장되어 있는 경우, 영장에 기재된 수색장소의 컴퓨터를 이용하여 원격지의 저장매체에 접속하는 것은 피의자가 접근하는 통상적인 방법에 따라 한 것이라면 허용된 집행의 장소적 범위를 벗어난 것으로 볼 수 없다.

104 □□□ [24 변시]

피의자가 휴대전화를 임의제출하면서 휴대전화에 저장된 전자정보가 아닌 클라우드 등 제3자가 관리하는 원격지에 저장되어 있는 전자정보를 수사기관에 제출한다는 의사로 수사기관에게 클라우드 등에 접속하기 위한 아이디와 비밀번호를 임의로 제공하였다면 위 클라우드 등에 저장된 전자정보를 임의제출하는 것으로 볼 수 있다.

105 □□□ [21 변시]

수사기관이 피의자 참여하에 정보저장매체에 기억된 정보 중에서 키워드 또는 확장자 검색 등을 통해 범죄 혐의 사실과 관련 있는 정보를 선별한 다음 정보저장매체와 동일하게 비트열 방식으로 복제하여 생성한 파일을 제출받아 압수한 경우, 수사기관에서 위와 같이 압수된 파일을 탐색·복제·출력하는 과정에서도 피의자 등에게 참여의 기회를 보장하여야 할 필요는 없다.

▸ 이미 압수가 끝난 사안임

106 □□□ [23 변시]

피해자 등 제3자가 피의자의 소유·관리에 속하는 정보저장매체를 영장에 의하지 않고 임의제출한 경우에는 특별한 사정이 없는 한 피의자에게도 참여권을 보장하고 압수한 전자정보 목록을 교부하는 등 피의자의 절차적 권리를 보장하기 위한 적절한 조치가 이루어져야 한다.

107 □□□ [24 변시]

정보저장매체를 임의제출한 피압수자에 더하여 임의제출자 아닌 피의자에게도 참여권이 보장되어야 하는 '피의자의 소유·관리에 속하는 정보저장매체'란, 피의자가 압수·수색 당시 또는 이와 시간적으로 근접한 시기까지 해당 정보저장매체를 현실적으로 지배·관리하면서 그 정보저장매체 내 전자정보 전반에 관한 전속적인 관리처분권을 보유·행사하고, 달리 이를 자신의 의사에 따라 제3자에게 양도하거나 포기하지 아니한 경우로서, 피의자를 그 정보저장매체에 저장된 전자정보에 대하여 실질적인 피압수자로 평가할 수 있는 경우를 말한다.

108 □□□ [24 변시]

실질적인 피압수자에 해당하는지 여부는 압수·수색 당시 외형적·객관적으로 인식가능한 사실상의 상태를 기준으로 판단하여야 하는바, 피의자나 그 밖의 제3자가 과거 그 정보저장매체의 이용 내지 개별 전자정보의 생성·이용 등에 관여한 사실이 있다거나 그 과정에서 생성된 전자정보에 의해 식별되는 정보주체에 해당한다는 사정만으로 그들을 실질적으로 압수·수색을 받는 당사자로 취급하여야 하는 것은 아니다.

109 □□□ [23 변시]

수사기관이 2022. 9. 12. 甲을 성폭력범죄의처벌등에관한특례법위반(카메라등이용촬영)의 현행범으로 체포하면서 휴대전화를 임의제출받은 후 피의자신문과정에서 甲과 함께 휴대전화를 탐색하던 중 2022. 6.경의 동일한 범행에 관한 영상을 발견하고 그 영상을 甲에게 제시하였으며 甲이 해당 영상을 언제, 어디에서 촬영한 것인지 쉽게 알아보고 그에 관해 구체적으로 진술하였던 경우에 甲에게 전자정보의 파일 명세가 특정된 압수목록이 작성·교부되지 않았더라도 甲의 절차상 권리가 실질적으로 침해되었다고 볼 수 없다.

110 ☐☐☐ [23 변시]

甲이 A 소유 모텔 객실에 위장형 카메라를 몰래 설치해 불법촬영을 하였는데 이후 甲의 범행을 인지한 수사기관이 A로부터 임의제출 형식으로 위 카메라를 압수한 경우, 카메라의 메모리카드에 사실상 대부분 압수의 대상이 되는 전자정보만이 저장되어 있어 해당 전자정보인 불법촬영 동영상을 탐색·출력하는 과정에서 위 임의제출에 따른 통상의 압수절차 외에 별도의 조치가 따로 요구되는 것은 아니므로, 甲에게 참여의 기회를 보장하지 않고 전자정보 압수목록을 작성·교부하지 않았다는 점만으로 곧바로 위 임의제출물의 증거능력을 부정할 수 없다.

111 ☐☐☐ [23 변시]

정보저장매체를 임의제출한 피압수자에 더하여 임의제출자 아닌 피의자에게도 참여권이 보장되어야 하는 '피의자의 소유·관리에 속하는 정보저장매체'에 해당하는지 여부는 민사법상 권리의 귀속에 따른 법률적·사후적 판단이 아니라 압수·수색 당시 외형적·객관적으로 인식 가능한 사실상의 상태를 기준으로 판단하여야 한다.

112 ☐☐☐ [23 변시]

수사기관은 압수 직후 현장에서 압수물 목록을 바로 작성하여 교부해야 하는 것이 원칙이고 압수된 전자정보의 상세목록에는 정보의 파일 명세가 특정되어 있어야 하며 수사기관은 이를 출력한 서면을 교부하거나 전자파일 형태로 복사해 주거나 이메일을 전송하는 등의 방식으로도 할 수 있다.

113 ☐☐☐ [23 변시]

수사기관이 압수·수색영장으로 압수한 휴대전화가 클라우드 서버에 로그인되어 있는 상태를 이용하여 클라우드 서버에서 불법촬영물을 다운로드받아 압수한 경우 압수·수색영장에 적힌 '압수할 물건'에 원격지 서버 저장 전자정보가 기재되어 있지 않았다면 압수한 불법촬영물은 유죄의 증거로 사용할 수 없다.

신체검사 관련 지문

114 ☐☐☐ [24 변시]

범죄 증거를 수집할 목적으로 피의자의 동의 없이 이루어지는 강제채뇨는 피의자에게 신체적 고통이나 장애를 초래하고 수치심이나 굴욕감을 주며 인간으로서의 존엄과 가치를 침해하는 수사방법이지만, 「형사소송법」 제215조에 따라 판사로부터 압수·수색영장을 적법하게 발부받았다면 허용된다.

115 ☐☐☐ [20 변시]

수사기관이 피의자의 동의 없이 피의자의 소변을 채취하는 것은 법원으로부터 감정처분허가장을 받아 '감정에 필요한 처분'으로 할 수 있지만, 압수수색영장을 받아 집행할 수도 있다.

▸ 2018도6219 – 병원에 유치할 때는 감정유치장 필요

116 ☐☐☐ [16 변시]

음주운전 혐의가 있는 피의자가 교통사고를 야기한 후 의식불명의 상태로 병원 응급실에 후송되었고 피의자의 신체와 의복에서 술 냄새 등이 현저하다면 병원 응급실을 범죄 장소에 준한다고 볼 수 있으므로 영장없이 채혈할 수 있다.

117 ☐☐☐ [14 변시]

음주운전 중 교통사고를 야기한 직후 병원 응급실로 후송된 의식불명 피의자에 대하여 수사기관이 그의 혈액을 채취하여 이를 취득하기 위해서는 반드시 사전영장 또는 감정처분허가장을 발부받아야 할 필요는 없다.

118 ☐☐☐ [17 변시]

전자우편이 송신되어 수신인이 이를 확인하는 등으로 이미 수신이 완료된 전기통신에 관하여 남아 있는 기록이나 내용을 열어보는 등의 행위는 「통신비밀보호법」에서 규정하는 '전기통신의 감청'에 포함되지 않는다.

▸ 통신비밀보호법 제2조 제7호 참조

119 □□□ [23 변시]

「통신비밀보호법」상 감청은 전기통신이 이루어지고 있는 상황에서 실시간으로 그 전기통신의 내용을 지득·채록하는 경우와 통신의 송·수신을 직접적으로 방해하는 경우를 의미하는 것이지 이미 수신이 완료된 전기통신에 관하여 남아 있는 기록이나 내용을 열어보는 등의 행위는 포함하지 않는다.

120 □□□ [23 변시]

「통신비밀보호법」상 통신사실확인자료 제공요청의 목적이 된 범죄와 관련된 범죄란 통신사실확인자료 제공요청허가서에 기재된 혐의사실과 객관적 관련성이 있고 자료제공 요청대상자와 피의자 사이에 인적 관련성이 있는 범죄를 의미한다.

121 □□□ [23 변시]

수사기관은 통신기관 등에 통신제한조치허가서의 사본을 교부하고 집행을 위탁할 수 있지만, 위탁을 받은 통신기관 등이 허가서에 기재된 집행방법 등을 준수하지 아니한 채 취득한 전기통신의 내용 등은 유죄 인정의 증거로 할 수 없다.

제3절 수사상의 증거보전

122 □□□ [24 변시]

제184조에 의한 증거보전은 피의자 또는 피고인이 형사입건이 되기 전에는 청구할 수 없다.

123 □□□ [24 변시]

피의자신문에 해당하는 사항을 제184조에 의한 증거보전의 방법으로 청구할 수는 없고, 설령 증거보전의 방법으로 피의자를 신문하였고 그 신문내용 가운데 다른 공범에 관한 부분의 진술이 있다 하더라도 그 공범이 그 신문 당시 형사입건이 되어 있지 않았다면 그 공범에 관한 증거보전의 효력도 인정할 수 없다.

124 □□□ [24 변시]

검사 또는 사법경찰관에게 임의의 진술을 한 참고인이 공판기일에 전의 진술과 다른 진술을 할 염려가 있고 그의 진술이 범죄의 증명에 없어서는 아니될 것으로 인정될 경우에도 검사는 제1회 공판기일 전에 한하여 제221조의2에 의한 증인신문의 청구의 절차에 따라 판사에게 그에 대한 증인신문을 청구할 수 없다.

125 □□□ [18 변시]

공무원인 甲과 민간사업자인 乙은 뇌물을 주고받았다는 범죄사실로 수사를 받고 있고, A는 범죄의 수사에 없어서는 아니될 사실을 안다고 명백히 인정되는데도 검사의 출석요구를 거부하고 있다. 한편 甲에 대한 무혐의를 입증해 줄 수 있는 B는 외국지사로 발령이 나 외국으로 출국하려고 한다. 검사가 甲을 수뢰죄로 기소한 경우, 甲이 미리 증거를 보전하지 아니하면 그 증거를 사용하기 곤란한 사정이 있는 때에는 제1회 공판기일 전이라도 「형사소송법」 제184조에 의하여 판사에게 B에 대한 증인신문을 청구할 수 있으며, 청구를 기각하는 결정에 대하여는 3일 이내에 항고할 수 있다.

126 □□□ [18 변시]

공무원인 甲과 민간사업자인 乙은 뇌물을 주고받았다는 범죄사실로 수사를 받고 있고, A는 범죄의 수사에 없어서는 아니될 사실을 안다고 명백히 인정되는데도 검사의 출석요구를 거부하고 있다. 검사는 공소제기 전이라도 「형사소송법」 제221조의2에 의하여 판사에게 A에 대한 증인신문을 청구할 수 있으나, 청구를 기각한 결정에 대하여는 즉시항고를 할 수 없다.

▶ 제221조의2의 신청에 대하여는 즉시항고 규정 없음

127 □□□ [18 변시]

공동피고인과 피고인이 뇌물을 주고 받은 사이로 필요적 공범관계에 있다고 하더라도 검사는 수사단계에서 피고인에 대한 증거를 미리 보전하기 위하여 필요한 경우에는 판사에게 공동피고인을 증인으로 신문할 것을 청구할 수 있다.

128 □□□ [18 변시]
제184조에 의하여 작성된 증인신문조서는 공판기일 전에 작성되었더라도 제311조 제2문에 의하여 증거능력이 인정된다.

129 □□□ [24 변시]
제184조에 의한 증거보전과 제221조의2에 의한 증인신문의 청구의 절차에 의한 증인신문조서는「형사소송법」제311조에 의하여 증거능력이 인정된다.

130 □□□ [23 변시] [24 변시]
판사가 제184조에 의한 증거보전절차에 의한 증인신문을 하는 경우에는 검사, 피의자 또는 변호인에게 증인신문의 시일과 장소를 미리 통지하여 증인신문에 참여할 수 있는 기회를 주어야 하나, 참여의 기회를 주지 아니한 경우라도 피고인과 변호인이 증인신문조서를 증거로 할 수 있음에 동의하여 별다른 이의 없이 적법하게 증거조사를 거친 경우에는 위 증인신문조서는 증거능력이 인정된다.

제3장 | 수사의 종결

제1절 수사의 종결

001 ☐☐☐ [17 변시]
검사는 피의사실이 범죄구성요건에는 해당하지만 위법성조각사유나 책임조각사유 등 법률상 범죄의 성립을 조각하는 사유가 있는 경우에는 <u>죄가 안됨 처분</u>을 한다.

▸ 검찰사건사무규칙 제115조 제3항 3. 참조

002 ☐☐☐ [17 변시]
검사는 피의사실이 인정되는 경우에 반드시 공소를 제기하여야 하는 것이 아니라 피의자의 연령, 피해자에 대한 관계, 범행의 동기 및 수단과 결과 등을 참작하여 소추를 필요로 하지 아니하는 경우에는 <u>기소유예 처분</u>을 할 수 있다.

▸ 제247조. 검찰사건사무규칙 제115조 제3항 1. 참조

제2절 공소제기 후의 수사

003 ☐☐☐ [18 변시]
검사의 피고인에 대한 당해 공소사실에 관한 <u>진술조서</u>가 기소된 후에 작성된 것이라는 이유만으로 당사자주의, 공판중심주의에 비추어 그 증거능력은 부정되는 것은 아니다.

▸ 피의자신문조서와 동일

004 ☐☐☐ [17 변시]
검사가 공판기일에서 <u>이미 증언을 마친 증인을</u> 소환하여 피고인에게 유리한 증언 내용을 추궁한 다음 그로 하여금 본인의 <u>증언 내용을 번복하는 내용의 진술서</u>를 작성하도록 하여 법원에 제출한 경우, 이러한 진술서는 피고인이 증거로 할 수 있음에 동의하면 증거능력이 있다.

▸ 진술번복조서와 위증죄에 대한 피신조서도 동일

005 ☐☐☐ [23 변시]
제1심에서 피고인에 대하여 무죄판결이 선고되어 검사가 항소한 후 수사기관이 항소심 공판기일에 증인으로 신청하여 신문할 수 있는 사람을 특별한 사정 없이 미리 수사기관에 소환하여 작성한 <u>진술조서</u>는 피고인이 증거로 할 수 있음에 동의하지 않는 한 증거능력이 없다.

006 ☐☐☐ [22 변시]
「형사소송법」 제215조는 검사가 압수·수색영장을 청구할 수 있는 시기를 공소제기 전으로 한정하고 있지 않지만, 그럼에도 일단 공소가 제기된 후에는 피고사건에 관하여 검사로서는 「형사소송법」 제215조에 의하여 압수·수색을 할 수 없다.

▸ 공소제기 후 대물적 강제수사는 불가

007 ☐☐☐ [12 변시]
검사가 공소제기 후에 그 피고사건에 관하여 <u>수소법원이 아닌 지방법원판사에게 청구</u>하여 발부받은 영장에 의하여 압수·수색을 하여 수집된 증거는 원칙적으로 유죄의 증거로 삼을 수 없다.

제4장 | 공소의 제기

제1절 공소제기의 기본원칙

001 ☐☐☐ [15 변시]
검사의 불기소처분에 대하여 고소권자의 경우 재정신청을 할 수 있는 대상 범죄에 제한이 없으며, 기소유예 처분에 대해서도 재정신청을 할 수 있다.

▶ 제260조 제1항 참조

002 ☐☐☐ [15 변시]
공소취소에 대해서는 재정신청을 할 수 없다.

▶ 현행법상 규정 없음

003 ☐☐☐ [17 변시]
고소권자인 고소인이 검사의 불기소처분에 불복하여 재정신청을 하려면 「검찰청법」 제10조에 따른 항고를 거친 후, 그 검사 소속의 지방검찰청검사장 또는 지청장에게 재정신청서를 제출하여야 한다.

▶ 제260조 제2항과 제3항 참조

004 ☐☐☐ [23 변시]
구금 중인 고소인이 재정신청서를 그 기간 안에 교도소장 또는 그 직무를 대리하는 사람에게 제출하였다 하더라도 재정신청서가 위의 기간 안에 불기소처분을 한 검사가 소속한 지방검찰청의 검사장 또는 지청장에게 도달하지 아니한 이상 이를 적법한 재정신청서의 제출이라고 할 수 없다.

▶ 제재정신청의 경우에는 제344조의 재소자의 특칙 부적용

005 ☐☐☐ [24 변시]
교도소에 있는 고소인이 재정신청 제기기간 내에 재정신청서를 교도소장 또는 그 직무를 대리하는 사람에게 제출하였더라도, 그 재정신청서가 위의 기간 안에 불기소처분을 한 검사가 소속한 지방검찰청의 검사장 또는 지청장에게 도달하지 아니하였다면 적법하게 제출된 것으로 볼 수 없다.

006 ☐☐☐ [23 변시][24 변시]
재정신청 제기기간이 경과한 후에 재정신청보충서를 제출하면서 원래의 재정신청 대상으로 되어 있지 않은 고발사실을 재정신청의 대상으로 추가한 경우, 그 재정신청보충서에서 추가한 부분에 대한 재정신청은 법률상 방식에 어긋난 것으로서 부적법하다.

007 ☐☐☐ [15 변시]
공동신청권자 중 1인의 재정신청은 그 전원을 위하여 효력을 발생하지만, 그 취소의 경우에는 다른 공동신청권자에게 효력을 미치지 아니한다.

▶ 제264조 제1항과 제3항 참조

008 ☐☐☐ [24 변시]
재정신청은 법원의 결정이 있을 때까지 취소할 수 있으며 그 취소의 효력은 다른 공동신청권자에게 미치지 않는다.

009 ☐☐☐ [23 변시]
재정신청이 있으면 재정결정이 확정될 때까지 공소시효의 진행이 정지된다.

010 ☐☐☐ [24 변시]
재정신청이 있으면 재정결정이 확정될 때까지 공소시효의 진행이 정지되고, 법원의 공소제기결정에 의해 공소를 제기한 검사는 공소사실의 동일성이 인정되는 한 공소장변경을 할 수 있으나 공소취소는 할 수 없다.

▶ 제262조의4, 제264조의2 참조

011 ☐☐☐ [15 변시]
재정신청을 취소한 자는 다시 재정신청을 할 수 없다.

▶ 제264조 제2항 참조

012 ☐☐☐   [20 변시]

재정신청을 기각한 법원의 결정이 확정된 사건에 대하여는 다른 중요한 증거를 발견한 경우를 제외하고는 소추할 수 없다.

▸ 제262조 제4항 2문 참조

013 ☐☐☐   [17 변시] [24 변시]

고등법원의 재정신청 기각결정이 확정된 사건에 대하여는 다른 중요한 증거를 발견한 경우를 제외하고는 소추할 수 없는데, 이 경우 재정신청 기각결정이 확정된 사건이라 함은 재정신청사건을 담당하는 법원에서 공소제기의 가능성과 필요성 등에 관한 심리와 판단이 현실적으로 이루어져 재정신청 기각결정의 대상이 된 사건만을 의미한다.

▸ 현실적인 심판대상으로 제한됨

014 ☐☐☐   [23 변시]

「형사소송법」제262조 제4항 후문은 재정신청 기각결정이 확정된 사건에 대하여는 다른 중요한 증거를 발견한 경우를 제외하고는 소추할 수 없다고 규정하고 있는바, 여기에서 '다른 중요한 증거를 발견한 경우'에는 단순히 재정신청 기각결정의 정당성에 의문이 제기되거나 범죄피해자의 권리를 보호하기 위하여 형사재판절차를 진행할 필요가 있는 정도의 증거가 있는 경우는 포함되지 않는다.

015 ☐☐☐   [12 변시] [17 변시]

고등법원이 재정신청에 대하여 공소제기의 결정을 한 경우, 관련절차에 따라 담당검사로 지정된 검사는 공소를 제기하여야 하고, 공소를 취소할 수 없다.

▸ 제264조의2 참조

016 ☐☐☐   [23 변시]

법원이 재정신청 대상 사건이 아님에도 이를 간과한 채 공소제기결정을 하였더라도, 그에 따른 공소가 제기되어 본안 사건의 절차가 개시된 후에는 다른 특별한 사정이 없는 한 본안 사건에서 위와 같은 잘못을 다툴 수는 없다.

<table><tr><td>제2절</td><td>**공소와 공소권이론**</td></tr></table>

<table><tr><td>제3절</td><td>**공소제기의 방식**</td></tr></table>

017 ☐☐☐   [24 변시]

피고인을 특정하지 않은 공소제기인 경우, 피고인과 변호인이 이의를 제기하지 않고 변론에 응하였더라도 그 공소제기의 하자는 치유되지 않는다.

018 ☐☐☐   [14 변시] [19 변시]

포괄일죄에 대한 공소장을 작성하는 경우에는 그 일죄의 일부를 구성하는 개개의 행위에 대하여 구체적으로 특정되지 아니하더라도 그 전체범행의 시기와 종기, 범행방법, 피해자나 상대방, 범행횟수나 피해액의 합계 등을 명시하면 이로써 그 범죄사실은 특정된 것이라고 할 수 있다.

▸ 포괄일죄의 특정성

019 ☐☐☐   [24 변시]

포괄일죄의 경우에 그 공소장변경허가 여부를 결정함에 있어서는 포괄일죄를 구성하는 개개 공소사실별로 종전 것과의 동일성 여부를 따지기보다는 변경된 공소사실이 전체적으로 포괄일죄의 범주 내에 있는지 여부, 즉 단일하고 계속된 범의 하에 동종의 범행을 반복하여 행하고 그 피해법익도 동일한 경우에 해당한다고 볼 수 있는지 여부에 초점을 맞추어야 한다.

020 ☐☐☐   [19 변시]

필요 이상 엄격하게 공소사실의 특정을 요구하는 것도 공소의 제기와 유지에 장애를 초래할 수 있으므로, 범죄의 일시는 이중기소나 시효에 저촉되지 않을 정도로, 장소는 토지관할을 가늠할 수 있을 정도로, 그리고 방법에 있어서는 범죄구성요건을 밝히는 정도로 기재하면 족하다.

▸ 공소사실의 특정성 완화의 기준

---

021 ☐☐☐   [19 변시]
공소사실의 기재는 <u>다른 공소사실과 구별할 수 있는 정도로 특정하면 족하고</u> 그 일부가 다소 불명확하게 적시되어 있더라도 그와 함께 적시된 다른 사항들에 의하여 그 공소사실을 특정할 수 있고 피고인의 방어권 행사에 지장이 없다면, 그 공소제기의 효력에는 영향이 없다.

022 ☐☐☐   [14 변시]
교사범이나 방조범의 경우 교사나 방조의 사실뿐만 아니라 정범의 범죄사실도 특정하여야 한다.

▶ 공범종속성의 원칙

023 ☐☐☐   [19 변시]
교사범이나 방조범의 경우에는 정범의 범죄구성을 충족하는 구체적 사실을 특정할 필요가 있다.

024 ☐☐☐   [14 변시]
유가증권변조 사건의 공소사실이 범행일자를 '2005. 1. 말경에서 같은 해 2. 4. 사이'로 범행장소를 '서울 불상지'로 범행방법을 '불상의 방법으로 수취인의 기재를 삭제'로 되어 있는 경우, <u>변조된 유가증권이 압수되어 현존하고 있는 이상</u> 공소사실이 특정되었다고 볼 수 있다.

025 ☐☐☐   [19 변시]
공소장의 기재가 불명확할 경우 비록 공소사실의 보완이 가능하더라도 <u>법원이 검사에게 공소사실 특정에 대한 석명에 이르지 아니하고 공소사실의 불특정을 이유로 공소기각의 판결을 한다면 위법하다.</u>

▶ 판례는 석명을 요건으로 공소기각 판결함을 주의

026 ☐☐☐   [14 변시]
공소장의 기재사실 중 일부가 명확하지 아니한 경우 법원이 검사에게 석명을 구하지 않고 곧바로 공소기각판결을 하면 심리미진의 위법이 될 수 있다.

027 ☐☐☐   [24 변시]
범죄사실 상호간에 범죄의 일시, 장소, 수단 및 객체 등이 달라서 <u>수개의 범죄사실로 인정되는 경우</u>에도 이들 수개의 범죄사실을 예비적 또는 택일적으로 기재할 수 있다.

제4절   공소제기의 효력

028 ☐☐☐   [12 변시]
작위범인 허위공문서작성죄와 부작위범인 직무유기죄가 <u>상상적 경합관계에 있는 경우,</u> 작위범인 허위공문서작성죄로 기소하지 않고 부작위범인 직무유기죄로만 기소할 수 있다.

▶ 일죄의 일부에 대한 공소제기임

제5절   공소시효

029 ☐☐☐   [19 변시]
「폭력행위 등 처벌에 관한 법률」 제4조 제1항 소정의 단체 등의 구성죄는 같은 법에 규정된 범죄를 목적으로 한 단체 또는 집단을 구성함으로써 <u>즉시 성립하고 그와 동시에 완성되는 즉시범</u>이라 할 것이므로, 피고인이 범죄단체를 구성하기만 하면 위 범죄가 성립하고 <u>그와 동시에 공소시효도 진행된다.</u>

▶ 제252조 제1항 참조

030 ☐☐☐   [14 변시]
공익법인이 주무관청의 승인을 받지 않은 채 수익사업을 하는 행위는 <u>시간적 계속성이 구성요건적 행위의 요소로 되어 있다</u>는 점에서 계속범에 해당한다고 보아야 할 것이므로, 승인을 받지 않은 수익사업이 계속되고 있는 동안에는 아직 공소시효가 진행하지 않는다.

▶ 제252조 제1항 참조

031 □□□   [21 변시]

甲은 사법경찰관 丙의 동생인 乙에게 1,000만 원을 주면서 이를 丙에게 주고 사건을 미리 잘 무마해 줄 것을 부탁하였고, 乙은 丙에게 같은 취지의 부탁을 하며 1,000만 원을 전달하였다. 甲의 제3자 뇌물교부죄에 대한 공소시효 기산점은 甲이 乙에게 1,000만 원을 교부한 때이다.

▸ 전달 시가 아님

032 □□□   [21 변시]

정보통신망을 이용하여 명예훼손성 글을 게시하는 경우에 그 게시행위로써 명예훼손의 범행은 종료하는 것이고 공소시효는 그때부터 기산된다.

▸ 명예훼손죄는 추상적 위험범

033 □□□   [21 변시]

미수범은 범죄의 실행에 착수하여 행위를 종료하지 못하였거나 결과가 발생하지 아니한 때에 처벌받게 되므로, 미수범의 범죄행위는 행위를 종료하지 못하였거나 결과가 발생하지 아니하여 더 이상 범죄가 진행될 수 없는 때에 종료하고, 그때부터 미수범의 공소시효가 진행한다.

034 □□□   [12 변시]

상상적 경합관계에 있는 죄들 중 일부의 죄에 대해 공소시효가 완성되었다고 하여 그 죄와 상상적 경합관계에 있는 다른 죄의 공소시효까지 완성되는 것은 아니다.

035 □□□   [15 변시]

범죄 후 법률의 개정에 의하여 법정형이 가벼워진 경우에는 법률에 특별한 규정이 없는 한 신법의 법정형이 공소시효기간의 기준이 된다.

036 □□□   [18 변시] [22 변시] [23 변시]

공소장변경절차에 의하여 공소사실이 변경됨에 따라 그 법정형에 차이가 있는 경우에는 변경된 공소사실에 대한 법정형이 공소시효기간의 기준이 되고, 그 공소시효의 완성 여부도 공소제기시를 기준으로 한다.

037 □□□   [23 변시]

공소장변경이 있는 경우에 공소시효의 완성 여부는 당초의 공소제기가 있었던 시점을 기준으로 판단할 것이고, 공소장변경 시를 기준으로 삼을 것은 아니다.

038 □□□   [14 변시]

A가 자동차를 구입하여 장애인에 대한 면세 해택 등의 적용을 받기 위해 戊의 명의를 빌려 등록하였다. 명의수탁자 戊와 그의 딸 己는 공모하여, 戊는 己에게 자동차이전등록 서류를 교부하고, 己는 그 자동차를 명의신탁자 A 몰래 가져와 이를 다른 사람에게 처분하였다. 戊가 먼저 기소되어 유죄판결을 받아 그 판결이 확정된 경우 戊가 기소되어 판결이 확정될 때까지의 기간 동안 己에 대한 공소시효의 진행은 정지된다.

039 □□□   [21 변시]

형사소송법 제253조 제2항에서 말하는 '공범'에는 뇌물공여죄와 뇌물수수죄 사이와 같은 대향범 관계에 있는 자는 포함되지 않는다.

▸ 일반적인 공범의 범위에 대한 예외임

040 □□□   [23 변시]

「형사소송법」 제253조 제2항은 공범 중 1인에 대한 공소의 제기로 다른 공범자에 대하여도 공소시효가 정지되도록 규정하고 있는데, 위 조항에서 말하는 '공범'에는 뇌물공여죄와 뇌물수수죄 사이와 같은 대향범 관계에 있는 자는 포함되지 않는다.

041 □□□   [22 변시]

공소시효는 공소의 제기로 진행이 정지되고, 「형사소송법」 제253조 제2항에 따라 공범의 1인에 대한 시효의 정지는 다른 공범자에 대하여 효력이 미치지만, 뇌물수수자에 대하여 공소가 제기되었더라도 뇌물공여자에 대한 공소시효가 정지되지는 않는다.

042 ☐☐☐ [12 변시]
공범 중 1인으로 기소된 자가 <u>범죄의 증명이 없다</u>
<u>는 이유로 무죄의 판결을 선고받아 그 판결이 확정</u>
되었다면, 무죄로 확정된 그 피고사건에서 공범으
로 지적된 진범인에 대하여 공소시효정지의 효력
이 생기지 않는다.

▸ 범죄의 증명이 없으면 공범이라고 볼 수 없음

043 ☐☐☐ [21 변시] [23 변시]
형사소송법 제253조 제3항이 정한 '범인이 형사처
분을 면할 목적으로 국외에 있는 경우'는 범인이
국내에서 범죄를 저지르고 형사처분을 면할 목적
으로 국외로 도피한 경우에 한정되지 아니하고,
<u>범인이 국외에서 범죄를 저지르고 형사처분을 면할 목</u>
<u>적으로 국외에서 체류를 계속하는 경우도 포함된다.</u>

해커스변호사
law.Hackers.com

제4편

공판

제 1 장 공판절차

제 2 장 증 거

제 3 장 재 판

제1장 | 공판절차

제1절 공판절차의 기본원칙

001 ☐☐☐ [21 변시]
법률에 근거한 공개금지사유가 없음에도 불구하고 재판의 심리에 관한 공개를 금지하기로 한 공개금지결정은 피고인의 공개재판을 받을 권리를 침해한 것으로서 그 증인신문절차에서 이루어진 증인의 증언은 증거능력이 없으며, 만약 변호인의 반대신문권이 보장되었을 경우라도 이를 증거로 사용할 수 없다.

▸ 헌법 제27조 제3항 후문과 헌법 제109조 및 법원조직법 제57조 제1항 참조

002 ☐☐☐ [22 변시]
<u>적법한 공개금지사유가 없음에도 불구하고 공개금지결정에 따라 비공개로 진행된 증인신문절차</u>에 의하여 이루어진 증인의 증언은 변호인의 반대신문권이 보장되었다고 하더라도 증거능력이 없다.

▸ 헌법 제27조 제3항 후문과 헌법 제109조 및 법원조직법 제57조 제1항 참조

제2절 공판심리의 범위

003 ☐☐☐ [15 변시]
피고인의 방어권 행사에 실질적인 불이익을 초래할 염려가 없는 경우에는 공소사실과 기본적 사실이 동일한 범위 내에서 법원이 공소장변경절차를 거치지 아니하고 다르게 사실을 인정하였다고 할지라도 불고불리의 원칙에 위배되지 아니한다.

▸ 사실기재설에 따른 법리임

004 ☐☐☐ [15 변시]
간접정범으로 공소가 제기된 경우, 공소장의 변경 없이 방조범 성립여부를 심리하여 판단하는 것은 피고인의 방어권 행사에 실질적 불이익을 초래할 염려가 있으므로 위법하다.

▸ 축소사실 여부에 따라 달라질 수 있음

005 ☐☐☐ [12 변시]
살인죄로 기소된 공소사실에 대하여 폭행치사죄가 인정되는 경우 법원이 직권으로 유죄를 인정할 수 없다.

▸ 축소사실 여부에 따라 달라질 수 있음

006 ☐☐☐ [12 변시]
미성년자 약취 후 재물을 요구하였으나 취득하지는 못한 자에 대하여 '미성년자 약취 후 재물취득미수'에 의한 특정범죄 가중처벌 등에 관한 법률위반죄로 기소된 공소사실에 대하여 '미성년자 약취 후 재물요구 기수'에 의한 같은 법 위반죄가 인정되는 경우 법원이 직권으로 유죄를 인정할 수 없다.

▸ 미수감경이 배제되므로 공소장변경 필요

007 ☐☐☐ [15 변시]
관세포탈미수로 인한 특정범죄가중처벌등에관한법률위반(관세)죄로 공소제기된 경우에는 공소장 변경 없이 관세포탈예비로 인한 특정범죄가중처벌등에관한법률위반(관세)죄로 인정할 수 없다.

▸ 판례에 의하면 공소장변경 필요함

008 ☐☐☐ [24 변시]
변제할 의사와 능력 없이 피해자로부터 금원을 편취하였다고 기소된 사실을 공소장변경 절차 없이 피해자에게 제3자를 소개케 하여 동액의 금원을 차용하고 피해자에게 그에 대한 보증채무를 부담케 하여 재산상의 이익을 취득하였다는 사실로 인정하였다 할지라도 거기에 어떠한 위법이 있다 할 수 없다.

▸ 84도312 참조

009 □□□ [12 변시]

강간죄로 기소된 공소사실에 대하여 폭행죄만이 인정되는 경우 법원이 직권으로 유죄를 인정할 수 있다.

▸ 축소사실이 반의사불벌죄인 사안임

010 □□□ [12 변시] [13 변시]

비록 사실인정에 변화가 없고 그 사실에 대한 법률적 평가만을 달리하는 경우라면, 배임죄로 기소된 공소사실에 대하여 법원이 공소장변경 없이 횡령죄로 인정하는 것은 구성요건을 달리하더라도 허용된다.

▸ 법률적 평가만을 달리하는 사안임

011 □□□ [12 변시] [13 변시]

동일한 범죄사실을 가지고 포괄일죄로 기소된 공소사실에 대하여 실체적 경합관계에 있는 수죄가 인정되는 경우 법원이 직권으로 유죄를 인정할 수 있다.

▸ 죄수 평가만을 달리하는 사안임

012 □□□ [13 변시] [17 변시]

공소사실의 동일성이 인정된다면 법원은 허위사실 적시 출판물에 의한 명예훼손의 공소사실에 대하여 공소장변경 없이 사실 적시 출판물에 의한 명예훼손죄로 처벌할 수 있다.

▸ 피고인의 방어권 행사에 유리한 법적 평가임

013 □□□ [13 변시]

일반법과 특별법의 동일한 구성요건에 모두 해당하는 범죄사실에 대하여 검사가 형이 가벼운 일반법을 적용하여 기소한 경우 법원이 공소장변경 없이 형이 더 무거운 특별법위반의 죄로 처단할 수 없다.

▸ 피고인의 방어권 행사에 불리한 법적 평가임

014 □□□ [22 변시]

공소장변경절차 없이도 법원이 심리·판단할 수 있는 죄가 한 개가 아니라 여러 개인 경우에는 법원으로서는 그 중 어느 하나를 임의로 선택할 수 있는 것이 아니라 검사에게 공소사실 및 적용법조에 관한 석명을 구하여 공소장을 보완하게 한 다음 이에 따라 심리·판단하여야 한다.

▸ 2005도279 참조

015 □□□ [22 변시]

검사가 당초 '피고인이 A 등에게 필로폰 약 0.3g을 교부하였다'고 하여 마약류관리에관한법률위반(향정)으로 공소를 제기하였다가 '피고인이 A 등에게 필로폰을 구해주겠다고 속여 A 등에게서 필로폰 대금을 편취하였다'는 사기 범죄사실을 예비적으로 추가하는 공소장변경을 신청한 경우, 위 두 범죄사실은 기본적인 사실관계가 동일하지 않으므로 공소장변경은 허용되지 않는다.

▸ 필로폰 교부와 대금 편취는 동일성이 없음

016 □□□ [18 변시]

검사가 구두로 공소장변경허가신청을 하면서 변경하려는 공소사실의 일부만 진술하고 나머지는 전자적 형태의 문서로 저장한 저장매체를 제출한 경우, 저장매체에 저장된 전자적 형태의 문서로 제출된 부분은 공소장변경허가신청이 된 것이라고 할 수 없으므로 법원이 그 부분에 대해서까지 공소장변경허가를 하였더라도 적법하게 공소장변경이 된 것으로 볼 수 없다.

▸ 전자적 형태의 문서는 공소장이 될 수 없음

017 □□□ [18 변시]

「형사소송규칙」은 "공소장변경허가신청서가 제출된 경우 법원은 그 부본을 피고인 또는 변호인에게 즉시 송달하여야 한다."라고 규정하고 있는데, 이는 피고인과 변호인 모두에게 부본을 송달하여야 한다는 취지가 아니므로 공소장변경신청서 부본을 피고인과 변호인 중 어느 한 쪽에 대해서만 송달하였다고 하여 절차상 잘못이 있다고 할 수 없다.

▸ 규칙 제142조 제3항 참조

018 ☐☐☐ [13 변시]

공소장변경은 서면에 의하여야 하지만, 피고인이 공판정에 재정하여 그 동의하에 검사가 공판정에서 구술로 공소장변경허가신청을 한 경우에는 법원이 이를 허가하였다면 효력이 있다.

▸ 규칙 제142조 제1항과 제5항 참조

019 ☐☐☐ [17 변시]

법원의 공소장변경 허가결정은 <u>판결 전의 소송절차에 관한 결정</u>이므로 그 결정에 대하여 독립하여 항고할 수 없다.

▸ 제403조 제1항 참조

020 ☐☐☐ [15 변시]

공소장변경허가에 관한 법원의 결정은 판결 전의 소송절차에 관한 결정이므로 그 결정에 대하여 독립하여 항고할 수 없으나, 공소장변경허가에 관한 결정의 <u>위법이 판결에 영향을 미친 경우에 한하여 그 판결에 대하여 상소를 제기할 수 있다.</u>

▸ 상대적 항소이유라는 점 주의

021 ☐☐☐ [17 변시]

법원이 예비적으로 추가된 공소사실에 대하여 공소장변경 허가결정을 한 경우, 원래의 공소사실과 예비적으로 추가된 공소사실 사이에 동일성이 인정되지 않는다면 <u>공소장변경 허가를 한 법원이 스스로 이를 취소할 수 있다.</u>

022 ☐☐☐ [18 변시]

항소심의 구조가 사후심으로서의 성격만을 가지는 것은 아니므로, 피고인의 상고에 의하여 상고심에서 원심판결을 파기하고 사건을 항소심에 환송한 경우에도 공소사실의 동일성이 인정되면 <u>항소심 법원은 공소장변경을 허가하여 변경된 공소사실을 심판대상으로 삼을 수 있다.</u>

▸ 항소심은 속심이므로 공소장변경도 가능

023 ☐☐☐ [22 변시]

변경된 공소사실이 변경 전의 공소사실과 기본적 사실관계에서 동일하다면 그것이 새로운 공소의 추가적 제기와 다르지 않다고 하더라도 <u>항소심에서도 공소장의 변경을 할 수 있다.</u>

▸ 공소장변경에는 추가도 있음

024 ☐☐☐ [15 변시]

피해자가 제1심에서 처벌불원의사를 표시한 후에도 검사가 항소하여 계속된 항소심에서 공소사실을 폭행에서 상해로 변경하는 공소장변경을 할 수 있고, 이 경우 항소심이 변경된 공소사실인 상해의 점에 대해 심리·판단하여 유죄로 인정한 것은 정당하다.

025 ☐☐☐ [17 변시]

피고인의 상고에 의하여 <u>상고심에서 원심판결을 파기하고 사건을 항소심에 환송한 경우</u>에 그 항소심에서 공소장변경은 허용된다.

▸ 파기환송된 항소심도 사실심이며 속심임

026 ☐☐☐ [22 변시]

피고인의 상고에 의하여 <u>상고심에서 원심판결을 파기하고 사건을 항소심에 환송한 경우</u>에도 공소사실의 동일성이 인정되면 공소장변경을 허용하여 이를 심판대상으로 삼을 수 있으므로, 환송 후 원심이 검사의 공소장변경신청을 허가하고 공소장변경을 이유로 직권으로 제1심 판결을 파기한 후 다시 판결할 수 있다.

027 ☐☐☐ [17 변시]

약식명령에 대하여 피고인만 정식재판을 청구한 사건에서 법정형에 유기징역형만 있는 범죄로 공소장을 변경하는 것도 허용된다.

▸ 다만 제457조의2에 따른 형종상향금지의 원칙이 적용됨

제3절　공판준비절차

028 ☐☐☐ 　　　　　　　　　　　　　[21 변시]
피고인은 변호인이 있는 경우에는 공소제기된 사건에 관하여 검사가 증거로 신청할 피의자신문조서의 열람만을 검사에게 신청할 수 있다.

▸ 제266조의3 제1항 단서 참조

029 ☐☐☐ 　　　　　　　　　　　　　[13 변시]
피고인에게 변호인이 있는 경우에 피고인은 검사에게 공소제기된 사건에 관한 서류 또는 물건의 목록과 공소사실의 인정 또는 양형에 영향을 미칠 수 있는 서류 등의 열람만을 신청할 수 있다.

030 ☐☐☐ 　　　　　　　　　　　　　[13 변시]
검사는 피고인 또는 변호인의 신청이 있는 경우 서류 등의 목록에 대하여는 열람 또는 등사를 거부할 수 없다.

▸ 제266조의3 제5항 참조

031 ☐☐☐ 　　　　　　　　　　　　　[13 변시]
피고인 또는 변호인이 검사에게 열람·등사 또는 교부를 신청할 수 있는 서류 등에는 공소사실의 인정 또는 양형에 영향을 미칠 수 있는 서류 또는 물건뿐만 아니라 녹음테이프와 비디오테이프 등 특수매체도 포함된다.

▸ 제266조의3 제6항 참조

032 ☐☐☐ 　　　　　　　　　　　　　[13 변시]
형사소송법상 검사가 수사서류의 열람·등사에 관한 법원의 허용결정을 지체없이 이행하지 아니하는 때에는 해당 증인 및 서류 등에 대한 증거신청을 할 수 없도록 규정하고 있고, 검사가 그와 같은 불이익을 감수하더라도 법원의 열람·등사의 결정을 따르지 않았다면 위법하다.

▸ 제266조의4 제5항 참조

033 ☐☐☐ 　　　　　　　　　　　　　[13 변시]
검사는 피고인 또는 변호인이 공판기일 또는 공판준비절차에서 현장부재·심신상실 또는 심신미약 등 법률상·사실상의 주장을 한 때에는 피고인 또는 변호인에게 그 주장과 관련된 서류 등의 열람·등사 또는 서면의 교부를 요구할 수 있다.

▸ 제266조의11 제1항 참조

034 ☐☐☐ 　　　　　　　　　　　　　[21 변시]
피고인의 출석 없이도 공판준비기일을 개정할 수 있지만 법원의 소환없이 공판준비기일에 출석한 피고인에게는 재판장은 진술거부권을 고지할 의무가 있다.

▸ 제266조의8 제5항과 제6항 참조

제4절　공판정의 심리

035 ☐☐☐ 　　　　　　　　　　　　　[17 변시]
면소의 재판을 할 것이 명백한 사건에 관하여는 공판기일에 피고인의 출석을 요하지 아니한다.

▸ 제277조 제2호 참조

제5절　공판기일의 절차

036 ☐☐☐ 　　　　　　　　　　　　　[24 변시]
증거신청의 채택 여부는 법원의 재량으로서 법원의 증거결정에 대하여는 보통항고, 즉시항고 모두 할 수 없고, 다만 증거결정에 법령위반이 있는 경우에 한해 이의신청을 할 수 있을 뿐이며, 또한 그로 말미암아 사실을 오인하여 판결에 영향을 미치기에 이른 경우에만 이를 상소의 이유로 삼을 수 있다.

037 ☐☐☐ 　　　　　　　　　　　　　[24 변시]
'증거물인 서면'을 조사하기 위해서는 증거서류의 조사방식인 낭독·내용고지 또는 열람의 절차와 증거물의 조사방식인 제시의 절차가 함께 이루어져야 한다.

제6절 증인신문과 감정 및 검증

038 ☐☐☐   [20 변시]

공무원뿐만 아니라 공무원이었던 자도 그 직무에 관하여 알게 된 사실에 관하여 본인 또는 당해 공무소가 직무상 비밀에 속한 사항임을 신고한 때에는 그 소속공무소 또는 감독관공서의 승낙 없이는 증인으로 신문하지 못한다.

▸ 제147조 증인거부권 참조

039 ☐☐☐   [17 변시]

피고인과 별개의 범죄사실로 기소되어 병합심리중인 공동피고인은 피고인의 범죄사실에 관하여는 증인의 지위에 있다 할 것이므로 선서없이 한 공동피고인의 법정진술은 피고인의 범죄사실을 인정하는 증거로 할 수 없다.

040 ☐☐☐   [14 변시]

甲은 발행일이 백지인 수표 1장을 위조하여 乙에게 교부하였다. 그런데 이 수표가 위조된 사실을 알고 있는 乙은 이를 자신의 채무를 변제하기 위하여 사용하였다. 甲과 乙이 공동피고인으로 기소된 경우 乙이 피고인으로서 "甲으로부터 그가 위조한 수표를 받은 사실이 있다."라고 한 법정진술은 甲이 乙에게 위조수표를 교부한 사실에 대한 증거로 사용할 수 없다.

▸ 공범자가 아닌 공동피고인 사안임

041 ☐☐☐   [17 변시]

공범인 공동피고인의 법정자백은 이에 대한 피고인의 반대신문권이 보장되어 있어 증인으로 신문한 경우와 다를 바 없으므로 독립한 증거능력이 있다.

042 ☐☐☐   [19 변시]

변론을 분리하지 아니한 채 이루어진 공범인 공동피고인의 공판정에서의 자백은 피고인에 대하여 불리한 증거로 사용할 수 있다.

043 ☐☐☐   [16 변시]

자신에 대한 유죄판결이 확정된 증인에게는 공범에 대한 피고사건에서 증언거부권이 인정되지 않는다.

044 ☐☐☐   [23 변시]

자신에 대한 유죄판결이 확정된 증인이 공범에 대한 피고사건에서 증언할 당시 앞으로 재심을 청구할 예정이라고 하여도, 이를 이유로 증인에게 형사소송법 제148조에 의한 증언거부권이 인정되지는 않는다

045 ☐☐☐   [16 변시]

변호인에게 증인적격을 인정하더라도 변호사인 변호인은 피고인에게 불리한 사실에 대해서는 증언거부권을 행사할 수 있다.

046 ☐☐☐   [23 변시]

변호사는 그 업무상 위탁을 받은 관계로 알게 된 사실로서 타인의 비밀에 관한 것은 증언을 거부할 수 있고, 다만 본인의 승낙이 있거나 중대한 공익상 필요가 있는 때에는 그러하지 아니하다.

047 ☐☐☐   [23 변시]

증언거부권이 있는 자에게 증언거부권이 있음을 설명하지 않은 경우라도 증인이 선서하고 증언한 이상 그 증언의 효력에는 영향이 없다.

048 ☐☐☐   [20 변시]

증인이 16세 미만일 경우 선서하게 하지 아니하고 신문하여야 한다.

▸ 제159조 제1호 참조

049 ☐☐☐   [16 변시]

4세의 선서무능력자가 선서 후 한 증언은 증언능력 유무와 관계없이 증언 자체의 효력은 긍정된다.

050 □□□ [20 변시]

증인신문은 <u>각 증인</u>에 대하여 신문하여야 하고, <u>신문하지 아니한 증인이 재정한 때에는 퇴정</u>을 명하여야 한다.

▶ 제162조 제1항과 제2항 참조

051 □□□ [20 변시]

주신문에서는 유도신문이 원칙적으로 허용되지 아니하나, <u>반대신문에서는 유도신문이 허용</u>된다.

▶ 규칙 제75조 제2항과 규칙 76조 제2항 참조

052 □□□ [22 변시]

반대신문에 있어서 필요할 때에는 유도신문을 할 수 있으며, 반대신문의 기회에 주신문에 나타나지 아니한 새로운 사항에 관하여 신문하고자 할 때에는 <u>재판장의 허가를 받아야 한다.</u>

▶ 규칙 76조 제2항과 제4항 참조

053 □□□ [20 변시]

법원은 <u>13세 미만의 피해자</u>를 증인으로 신문하는 경우, 재판에 지장을 초래할 우려가 있는 등 <u>부득이한 경우가 아닌 한</u> 피해자와 신뢰관계에 있는 자를 동석하게 하여야 한다.

▶ 제163조의2 제2항 참조

054 □□□ [22 변시]

공판기일에 증인은 출석하였으나 피고인이 정당한 사유 없이 출석하지 아니하여 「형사소송법」 <u>제276조의 규정에 의하여 공판기일을 연기할 수밖에 없는 경우</u>, 법원이 이미 출석하여 있는 증인에 대하여 공판기일 외의 신문으로서 증인신문을 하고 다음 공판기일에 그 <u>증인신문조서에 대한 서증조사를 하는 것은 증거조사절차로서 적법</u>하다.

▶ 제164조 제2항 참조

055 □□□ [22 변시]

「형사소송법」 제297조의 규정에 따라 재판장은 증인이 피고인의 면전에서 충분한 진술을 할 수 없다고 인정한 때에는 피고인을 퇴정하게 하고 증인신문을 진행할 수 있지만 피고인의 반대신문권을 배제할 수 없다.

056 □□□ [21 변시]

변호인이 없는 피고인을 일시 퇴정케 하고 증인신문을 한 다음 피고인에게 실질적인 반대신문의 기회를 부여하지 않았더라도, 다음 공판기일에서 재판장이 증인신문결과 등을 공판조서에 의하여 고지하여 피고인이 '변경할 점과 이의할 점이 없다'고 진술하였다면 실질적인 반대신문의 기회를 부여받지 못한 하자는 치유된다.

057 □□□ [22 변시]

<u>법정 외에서 증인신문</u>을 실시함에 있어서 피고인에 대하여 통지하지 아니하여 참여 기회를 주지 않았지만, 그 후 속개된 공판기일에서 피고인과 변호인이 그 증인신문조사에 대하여 별 의견이 없다고 진술하였다면 그 증인신문조사의 하자는 치유된다.

▶ 제165조 참조

058 □□□ [22 변시]

「형사소송법」 제165조의2 비디오 등 중계장치 등에 의한 증인신문에 있어서 「형사소송규칙」 제84조의9에서 피고인과 증인 사이의 차폐시설 설치만을 규정하고 있더라도 검사, 변호인, 방청인과 증인 사이에 차폐시설 등을 설치하는 방식으로 증인신문을 할 수 있다.

제7절 공판절차의 특칙

059 □□□ [21 변시]

피고인이 명시적으로 유죄를 자인하는 진술을 하지는 않았으나, <u>공소장 기재사실을 인정하고 나아가 위법성이나 책임조각사유가 되는 사실을 진술하지 않은 경우</u>는 「형사소송법」 제286조의2가 규정하는 간이공판절차의 결정의 요건인 공소사실의 자백에 해당한다.

060 ☐☐☐ [13 변시]

간이공판절차에 의하여 심판할 것을 결정할 수 있는 피고인의 진술이 자백이 되려면 공판정에서 공소장 기재사실을 인정하고 나아가 위법성이나 책임의 조각사유가 되는 사실을 진술하지 않는 것으로 충분하고, <u>명시적으로 유죄를 자인하는 진술까지 하여야 하는 것은 아니다.</u>

061 ☐☐☐ [13 변시]

간이공판절차 개시결정에 대하여 항고할 수 없다.

▸ 제403조 제1항의 판결전 소송절차에 관한 결정임

062 ☐☐☐ [13 변시]

간이공판절차에서 법원은 증거조사결과에 대하여 반드시 피고인의 의견을 물어야 할 필요는 없다.

▸ 제297조의2 참조

063 ☐☐☐ [16 변시]

간이공판절차의 결정이 있는 사건의 증거에 관하여는 당사자의 동의에 관한 「형사소송법」 제318조 제1항의 <u>동의가 있는</u> 것으로 간주되지만, 검사, 피고인 또는 변호인이 증거로 함에 <u>이의가 있는 때에는 그러하지 아니하다.</u>

▸ 제318조의3 참조

064 ☐☐☐ [13 변시] [20 변시]

간이공판절차에서 사법경찰관 작성 참고인진술조서는 검사, 피고인 또는 변호인이 이의를 하지 아니하는 한 증거에 대하여 동의가 있는 것으로 간주된다.

065 ☐☐☐ [24 변시]

종결한 변론을 재개할지 여부는 원칙적으로 법원의 재량에 속하는 사항이므로, 항소심이 변론종결한 후 선임된 변호인의 변론재개신청을 들어주지 않았더라도 이는 심리미진의 위법이 있는 경우에 해당하지 않는다.

066 ☐☐☐ [14 변시]

만일 甲, 乙이 국민참여재판을 원하지 않아 통상절차에 따라 재판하는 경우 제1심법원이 적법하게 간이공판절차에 의하여 심리할 것을 결정하였다면 사법경찰리가 작성한 X에 대한 진술조서는 甲이 증거로 사용하는 데 동의한 것으로 간주된다.

067 ☐☐☐ [13 변시]

간이공판절차를 거친 항소심에서 피고인이 범행을 부인하는 경우 제1심법원이 증거로 할 수 있었던 증거는 새로이 증거조사를 거쳐야만 항소심에서도 증거로 할 수 있는 것은 아니다.

▸ 제364조 제3항 참조

068 ☐☐☐ [12 변시]

법원은 국민참여재판 대상사건에 대하여 반드시 피고인에게 국민참여재판을 원하는지 여부를 확인하여야 한다.

▸ 국참법 제8조 제1항 참조

069 ☐☐☐ [20 변시]

공소장 부본을 송달받은 날부터 7일 이내에 의사확인서를 제출하지 아니한 피고인도 <u>제1회 공판기일이 열리기 전까지는 국민참여재판 신청을 할 수 있고,</u> 법원은 그 의사를 확인하여 국민참여재판으로 진행할 수 있다.

▸ 국참법 제8조 제4항 – 2009모1032 참조

070 ☐☐☐ [14 변시]

「국민의 형사재판 참여에 관한 법률」 제8조는 피고인이 공소장 부본을 송달받은 날로부터 7일 이내에 국민참여재판을 원하는지 여부에 관한 의사가 기재된 서면을 제출하도록 하고 있다. 그런데 甲, 乙은 공소장 부본을 송달받은 날로부터 7일 이내에 국민참여재판을 원하는지 여부에 관한 의사확인서를 제출하지 못하였으나 그 후 제1회 공판기일 전에 국민참여재판 신청을 하였다. 법원은 甲, 乙의 신청을 받아들여 국민참여재판을 진행할 수 있다.

071 □□□ [12 변시]

법원은 공범관계에 있는 피고인들 중 일부가 국민참여재판을 원하지 않아 국민참여재판을 진행하는 데 어려움이 있다고 판단한 경우 국민참여재판을 하지 않는 결정을 할 수 있다.

▸ 국참법 제9조 제1항 2호 배제결정 참조

072 □□□ [14 변시]

피고인이 국민참여재판을 원하는 의사를 표시한 경우 지방법원 지원 합의부가 배제결정을 하지 아니하는 경우에는 지방법원 지원 합의부는 국민참여재판절차 회부결정을 하여 사건을 지방법원 본원 합의부로 이송하여야 한다.

▸ 지원에서는 국참이 열리지 않음 – 국참법 제9조 제1항 참조

073 □□□ [18 변시]

제1심 법원이 피고인의 의사에 따라 국민참여재판으로 진행함에 있어 별도의 국민참여재판 개시결정을 할 필요는 없으나 그에 관한 이의가 있어 국민참여재판으로 진행하기로 결정한 경우, 검사는 그 결정에 대하여 즉시항고를 할 수 없다.

▸ 즉시항고 규정이 없음

074 □□□ [18 변시]

피고인이 법원에 국민참여재판을 신청하였는데도 법원이 이에 대한 배제결정도 하지 않은 채 통상의 공판절차로 재판을 진행하였다면, 이러한 공판절차에서 이루어진 소송행위는 무효라고 보아야 한다.

075 □□□ [12 변시]

법원은 피고인의 질병으로 공판절차가 장기간 정지되어 국민참여재판을 계속 진행하는 것이 부적절하다고 인정하는 경우 사건을 지방법원 본원 합의부가 국민참여재판에 의하지 않고 심판하게 할 수 있다.

▸ 국참법 제11조 제1항 참조

076 □□□ [12 변시]

배심원은 만 20세 이상의 대한민국 국민 중에서 국민의 형사재판 참여에 관한 법률로 정하는 바에 따라 선정된다.

▸ 국참법 제16조 참조

077 □□□ [12 변시]

국민참여재판을 진행하던 중 공소사실의 변경으로 대상사건에 해당하지 않게 된 경우에도 국민참여재판으로 진행할 수 있다.

▸ 국참법 제6조 제1항 참조

078 □□□ [20 변시]

법원은 공소사실의 일부 철회 또는 변경으로 인하여 국민참여재판의 대상사건에 해당하지 아니하게 된 경우에도 국민참여재판을 계속 진행함이 원칙이다.

079 □□□ [18 변시]

국민참여재판에서 공판준비기일은 원칙적으로 공개하여야 하나, 배심원은 공판준비기일에는 참여하지 아니한다.

▸ 국참법 제37조 제3항과 제4항 참조

080 □□□ [18 변시]

국민참여재판은 간이공판절차에 의한 증거능력과 증거조사의 특칙을 적용하기에 부적합한 재판이기 때문에 간이공판절차에 관한 규정을 적용하지 아니한다.

▸ 국참법 제43조 참조

081 □□□ [18 변시]

국민참여재판에 관하여 변호인이 없는 때에는 법원은 직권으로 변호인을 선정하여야 한다.

▸ 국참법 제7조 참조

082 □□□ [20 변시]

국민참여재판에 관하여 <u>변호인이 없는</u> 때에는 「형사
소송법」 제33조 제1항 각호(구속, 미성년자, 70세
이상 등)의 어느 하나에 해당하는 경우가 아니더라
도 법원은 직권으로 변호인을 선정하여야 한다.

083 □□□ [20 변시]

국민참여재판에서 배심원은 사실의 인정, 법령의
적용 및 형의 양정에 관한 의견을 제시할 권한은
있으나, <u>법원의 증거능력에 관한 심리에 관여할 수
는 없다.</u>

 ▸ **국참법 제44조 참조**

084 □□□ [20 변시]

제1심 법원이 국민참여재판 대상사건의 피고인에
게 국민참여재판을 원하는지 확인하지 아니한 채
통상의 공판절차에 따라 재판을 진행하였다면, 항
소심은 사전에 국민참여재판절차 등에 관한 <u>충분
한 안내와 그 희망 여부에 관하여 숙고할 수 있는 상
당한 시간을 부여</u>하여야 제1심의 공판절차상 하자
가 치유될 수 있다.

085 □□□ [24 변시]

공소장변경으로 국민참여재판 대상사건에 해당하
지 않게 된 경우에도 법원은 국민참여재판을 계속
진행하여야 하나, 법원은 국민참여재판에 의하지
않고 당해 사건을 지방법원 본원 합의부가 심판하
기로 결정할 수 있고 그러한 결정에 대해서는 불복
할 수 없다.

제2장 | 증 거

제1절 증거의 의의와 종류

001 ☐☐☐   [24 변시]
상해의 증거로 제시된 상해부위를 촬영한 사진은
비진술증거로서 전문법칙이 적용되지 않는다.

제2절 증명의 기본원칙

002 ☐☐☐   [23 변시]
목적과 용도를 정하여 위탁한 금전을 수탁자가 임
의로 소비하면 횡령죄를 구성할 수 있으며 피해자
등이 목적과 용도를 정하여 금전을 위탁한 사실 및
그 목적과 용도가 무엇인지는 엄격한 증명의 대상
이 된다.

003 ☐☐☐   [16 변시]
사문서위조죄의 행위자에게 '행사할 목적'이 있었
다는 점은 검사가 증명하여야 하고, 그 증명은 엄
격한 증명에 의하여야 한다.

▶ 범죄될 사실이므로 엄증

004 ☐☐☐   [21 변시]
공범관계에 있어서 공모는 법률상 어떤 정형을 요
구하는 것이 아니지만, 이러한 공모관계를 인정하
기 위하여 엄격한 증명이 요구된다.

▶ 범죄될 사실이므로 엄증

005 ☐☐☐   [13 변시]
반의사불벌죄에서 '처벌불원의 의사표시' 또는 '처
벌희망 의사표시 철회'의 유무나 그 효력에 관한
사실은 엄격한 증명의 대상이 아니다.

▶ 소송법적 사실임

006 ☐☐☐   [17 변시]
형사재판에 있어서 유죄로 인정하기 위한 심증형성
의 정도는 합리적인 의심을 할 여지가 없을 정도이
어야 하고, 여기서 합리적 의심이란 논리와 경험칙에
기하여 요증사실과 양립할 수 없는 사실의 개연성에
대한 합리성 있는 의문을 의미한다.

▶ 증명의 내용에 대한 설명임

007 ☐☐☐   [21 변시]
「형법」 제310조 위법성조각사유의 충족 여부는 피
고인에게 거증책임이 있다.

▶ 거증책임의 전환

008 ☐☐☐   [16 변시]
공연히 사실을 적시하여 사람의 명예를 훼손한 행
위가 「형법」 제310조에 따라 위법성이 조각되려면
그것이 진실한 사실로서 오로지 공공의 이익에 관
한 때에 해당된다는 점을 행위자가 증명하여야 하
고, 그 증명을 함에 있어서 전문증거의 증거능력을
제한하는 「형사소송법」 제310조의2가 적용되지 아
니한다.

▶ 거증책임의 전환과 자유로운 증명

009 ☐☐☐   [17 변시]
증거의 증명력을 법관의 자유판단에 의하도록 하
는 것은 그것이 실체적 진실발견에 적합하기 때문
이지 법관의 자의직인 판단을 인용한다는 것은 아
니다.

▶ 자유심증주의의 내용

010 ☐☐☐   [17 변시]
형사재판에 있어서 관련된 다른 형사사건의 확정판
결에서 인정된 사실은 특별한 사정이 없는 한 유력
한 증거자료가 될 수 있지만, 당해 형사재판에서
제출된 다른 증거 내용에 비추어 관련 형사사건 확
정판결의 사실판단을 그대로 채택하기 어렵다고
인정될 경우라면 이를 배척할 수 있다.

011 ☐☐☐ [17 변시]

호흡측정기에 의한 음주측정치와 혈액검사에 의한 음주측정치가 다른 경우에 혈액채취에 의한 검사결과를 믿지 못할 특별한 사정이 없는 한, 혈액검사에 의한 음주측정치가 호흡측정기에 의한 측정치보다 측정 당시의 혈중알콜농도에 더 근접한 음주측정치라고 보는 것이 경험칙에 부합한다.

012 ☐☐☐ [24 변시]

검사가 공판기일에 증인으로 신청하여 신문할 사람을 특별한 사정 없이 미리 수사기관에 소환하여 면담하는 절차를 거친 후 그 증인이 법정에서 피고인에게 불리한 내용을 진술한 경우, 검사가 증인신문 전 면담 과정에서 증인에 대한 회유나 압박, 답변 유도나 암시 등으로 증인의 법정진술에 영향을 미치지 않았다는 점이 담보되어야 증인의 법정진술을 신빙할 수 있다.

013 ☐☐☐ [23 변시]

양심적 병역거부를 주장하는 피고인이 자신의 병역거부가 그에 따라 행동하지 않고서는 인격적 존재가치가 파멸되고 말 것이라는 절박하고 구체적인 양심에 따른 것으로 그 양심이 깊고 확고하며 진실한 것이라는 사실의 존재를 수긍할 만한 소명자료를 법원에 제출한 경우, 검사는 제출된 자료의 신빙성을 탄핵하는 방법으로 진정한 양심의 부존재를 증명할 수 있다.

| 제3절 | **자백배제법칙** |

014 ☐☐☐ [15 변시]

피고인이 수사기관에서 가혹행위 등으로 인하여 임의성 없는 자백을 하고, 그 후 법정에서도 임의성 없는 심리상태가 계속되어 동일한 내용의 자백을 하였다면 법정에서의 자백도 임의성 없는 자백이라고 보아야 한다.

▸ 법정에서의 자백은 독수독과가 아닌 위수증

015 ☐☐☐ [15 변시]

피고인의 자백이, 신문에 참여한 검찰수사관이 절도 피의사실을 모두 자백하면 피의사실 부분은 가볍게 처리하고 특정범죄가중처벌등에관한법률위반(절도)죄 대신 형법상 절도죄를 적용하겠다는 각서를 작성하여 주면서 자백을 유도한 것에 기인한 것이라면 위 자백이 기망에 의하여 임의로 진술한 것이 아니라고 의심할 만한 이유가 있는 때에 해당한다고 볼 수 있다.

▸ 약속에 의한 자백

016 ☐☐☐ [14 변시]

수사기관이 피의자를 신문함에 있어서 피의자에게 미리 진술거분권을 고지하지 않은 경우 그 피의자의 진술은 위법하게 수집된 증거로서 진술의 임의성이 인정되는 경우라도 증거능력이 부정된다.

▸ 한국형 미란다 판결

017 ☐☐☐ [12 변시]

검사가 피의자를 신문할 때 피의자의 진술에 임의성이 인정되더라도 미처 진술거부권을 고지하지는 않았다면 그 조서는 원칙적으로 증거능력이 부정된다.

018 ☐☐☐ [23 변시]

수사기관이 피의자신문 시 피의자에게 미리 진술거부권을 고지하지 않았다면 진술의 임의성이 인정되는 경우라도 증거능력이 인정되지 않는다.

019 ☐☐☐ [15 변시]

검사가 피의자에 대한 변호인의 접견을 부당하게 제한하고 있는 동안에 검사가 작성한 피의자신문조서는 증거능력이 없다.

020 ☐☐☐ [15 변시]

일정한 증거가 발견되면 피의자가 자백하겠다고 한 약속이 검사의 강요나 위계에 의하여 이루어졌다든가 또는 불기소나 경한 죄의 소추 등 이익과 교환조건으로 된 것으로 인정되지 않는다면 이러한 약속 하에 한 자백이라 하여 곧 임의성 없는 자백이라 단정할 수 없다.

021 ☐☐☐ [16 변시]

피고인의 자백이 임의성이 없다고 의심할 만한 사유가 있는 때에 해당한다 할지라도 그 임의성이 없다고 의심하게 된 사유들과 피고인의 자백과의 사이에 인과관계가 존재하지 않은 것이 명백한 때에는 그 자백은 임의성이 있는 것으로 인정된다.

▸ 인과관계는 존재하는 것으로 추정

022 ☐☐☐ [15 변시]

임의성이 인정되지 아니하여 증거능력이 없는 진술증거는 피고인이 증거로 함에 동의하더라도 증거로 쓸 수 없다.

| 제4절 | 위법수집증거 배제법칙 |

023 ☐☐☐ [15 변시]

우편물 통관검사절차에서 이루어지는 우편물의 개봉, 시료채취, 성분분석 등의 검사는 수출입물품에 대한 적정한 통관 등을 목적으로 한 행정조사의 성격을 가지는 것으로서 수사기관의 강제처분이라고 할 수 없으므로, 압수·수색영장 없이 우편물의 개봉, 시료채취, 성분분석 등 검사가 진행되었다고 하더라도 특별한 사정이 없는 한 위법하다고 볼 수 없다.

▸ 행정조사는 수사가 아님

024 ☐☐☐ [24 변시]

수출입물품 통관검사절차에서 이루어지는 물품의 개봉, 시료채취, 성분분석 등의 검사는 수출입물품에 대한 적정한 통관 등을 목적으로 하는 것으로서 세관공무원은 압수·수색영장 없이 이러한 검사를 진행할 수 있지만, 세관공무원이 통관검사를 위하여 직무상 소지하거나 보관하는 물품에 대하여 수사기관이 점유를 취득하기 위해서는 임의제출을 받거나, 임의 제출이 아닌 경우에는 사전 또는 사후에 영장을 받아야 한다.

025 ☐☐☐ [15 변시] [23 변시]

범행 현장에서 지문채취 대상물에 대한 지문채취가 먼저 이루어지고 수사기관이 그 이후에 지문채취 대상물을 적법한 절차에 의하지 아니한 채 압수한 경우, 압수 이전에 채취된 지문은 위법하게 압수한 지문채취 대상물로부터 획득한 2차적 증거에 해당하지 않는다.

▸ 지문채취가 위법한 압수 이전에 있음

026 ☐☐☐ [20 변시]

수사기관이 甲의 뇌물수수 범행을 범죄사실로 하여 발부받은 압수수색영장을 집행하는 과정에, 乙과 丙 사이의 甲과 무관한 별개의 뇌물수수에 관한 대화가 녹음된 녹음파일을 발견한 경우, 별도의 압수수색영장을 발부받지 않았다면 위 녹음파일을 乙과 丙에 대한 뇌물수수죄의 증거로 사용할 수 없다.

▸ 별건압수 사안임

027 ☐☐☐ [20 변시]

검사가 甲을 긴급체포하여 조사 중, 甲의 친구인 변호사 A가 甲의 변호인이 되기 위하여 검사에게 접견신청을 하였으나, 검사가 변호인선임신고서의 제출을 요구하면서 변호인 접견을 못하게 한 상태에서 검사가 작성한 甲에 대한 피의자신문조서는 甲에 대한 유죄의 증거로 사용할 수 없다.

028 ☐☐☐ [19 변시]

피고인이 공판조서의 열람 또는 등사를 청구하였음에도 법원이 불응하여 피고인의 열람 또는 등사청구권이 침해된 경우, 그 공판조서를 유죄의 증거로 할 수 없을 뿐만 아니라 공판조서에 기재된 당해 피고인이나 증인의 진술도 증거로 할 수 없다고 보아야 한다.

029 □□□ [19 변시]

피고인이 차회 공판기일 전 등 원하는 시기에 공판조서를 열람·등사하지 못하였다 하더라도 그 변론종결 이전에 이를 열람·등사한 경우에는 그 열람·등사가 늦어짐으로 인하여 피고인의 방어권 행사에 지장이 있었다는 등의 특별한 사정이 없는 한, 그 공판조서를 유죄의 증거로 할 수 있다.

▸ 피고인의 방어권행사가 키포인트임

030 □□□ [21 변시]

법률에 근거한 공개금지사유가 없음에도 불구하고 재판의 심리에 관한 공개를 금지하기로 한 공개금지결정은 피고인의 공개재판을 받을 권리를 침해한 것으로서 그 증인신문절차에서 이루어진 증인의 증언은 증거능력이 없으며, 만약 변호인의 반대신문권이 보장되었을 경우라도 이를 증거로 사용할 수 없다.

▸ 헌법 제27조 제3항 후문과 헌법 제109조 및 법원조직법 제57조 제1항 참조

031 □□□ [22 변시]

적법한 공개금지사유가 없음에도 불구하고 공개금지결정에 따라 비공개로 진행된 증인신문절차에 의하여 이루어진 증인의 증언은 변호인의 반대신문권이 보장되었다고 하더라도 증거능력이 없다.

▸ 헌법 제27조 제3항 후문과 헌법 제109조 및 법원조직법 제57조 제1항 참조

032 □□□ [23 변시]

헌법 제109조,「법원조직법」제57조 제1항에서 정한 재판의 공개금지사유가 없음에도 공개금지결정에 따라 비공개로 진행된 증인신문절차에서 증인의 증언은 증거능력이 없고, 변호인의 반대신문권이 보장되었더라도 달리 볼 수 없다.

033 □□□ [23 변시]

검찰관이 형사사법공조절차를 거치지 아니한 채 외국으로 현지출장을 나가 참고인진술조서를 작성한 경우 조사 대상자가 우리나라 국민이고 조사에 스스로 응함으로써 조사의 방식이나 절차에 강제력이나 위력은 물론 어떠한 비자발적 요소도 개입될 여지가 없었고 피고인과 해당 국가 사이에 국제법상 관할의 원인이 될 만한 아무런 연관성이 없다면 위 참고인진술조서는 위법수집증거라고 할 수 없다.

034 □□□ [24 변시]

수사기관이 피의자를 신문함에 있어서 피의자에게 미리 진술거부권을 고지하지 않은 때에는 그 피의자의 진술은 설령 그 진술의 임의성이 인정되는 경우라도 증거능력이 부정되며, 이는 진술거부권을 고지받지 못한 당해 피의자에 대하여 유죄의 증거로 사용할 수 없을 뿐만 아니라 당해 피의자의 공범에 대하여도 유죄의 증거로 사용할 수 없다.

035 □□□ [21 변시]

위법한 체포 상태에서 음주측정요구가 이루어진 경우, 음주측정요구를 위한 위법한 체포와 그에 이은 음주측정요구는 주취운전이라는 범죄행위에 대한 증거 수집을 위하여 연속하여 이루어진 것으로서 그 일련의 과정을 전체적으로 보아 위법한 음주측정요구가 있었던 것으로 볼 수 밖에 없다.

▸ 하자의 승계 이론의 적용

036 □□□ [12 변시]

위법한 긴급체포에 의한 유치 중에 작성된 피의자신문조서는 위법하게 수집된 증거로서 특별한 사정이 없는 한 유죄의 증거로 할 수 없다.

▸ 하자의 승계 이론의 적용

037 □□□ [22 변시]

사법경찰관이 피고인이 아닌 A를 사실상 강제연행하여 불법체포한 상태에서 피고인의 행위를 처벌하기 위해 A에게 자술서를 받은 경우, 이를 피고인에 대한 유죄 인정의 증거로 사용할 수 없다.

038 □□□ [20 변시]

호텔 투숙객 甲이 마약을 투약하였다는 신고를 받고 출동한 경찰관이 임의동행을 거부하는 甲을 강제로 경찰서로 데리고 가서 채뇨 요구를 하자 이에 甲이 응하여 소변검사가 이루어진 경우, 그 결과물인 소변검사시인서는 증거능력이 없다.

039 □□□ [15 변시]

수사기관이 법관의 영장에 의하지 아니하고 신용카드 매출전표의 거래명의자에 관한 정보를 획득한 경우, 이에 터잡아 수집한 2차적 증거들의 증거능력을 판단할 때, 수사기관이 의도적으로 영장주의의 정신을 회피하는 방법으로 증거를 확보한 것이 아니라고 볼만한 사정, 체포되었던 피의자가 석방된 후 상당한 시간이 경과하였음에도 다시 동일한 내용의 자백을 하였다거나 그 범행의 피해품을 수사기관에 임의로 제출하였다는 사정 등은 통상 2차적 증거의 증거능력을 인정할 만한 정황에 속한다.

▸ 독수독과 원칙의 예외

040 □□□ [15 변시]

마약 투약 혐의를 받고 있던 피고인을 경찰관들이 영장 없이 강제로 연행한 상태에서 마약 투약 여부의 확인을 위한 1차 채뇨절차가 이루어졌다고 하더라도, 그후 피고인이 법관이 발부한 영장에 의하여 적법하게 구금되고, 압수·수색영장에 의하여 2차 채뇨 및 채모절차가 적법하게 이루어진 이상, 이와 같은 사정은 체포과정에서의 절차적 위법과 2차적 증거수집 사이의 인과관계를 희석하게 할 만한 정황에 속한다.

▸ 독수독과 원칙의 예외

041 □□□ [15 변시]

위법한 강제연행 상태에서 호흡측정방법에 의한 음주측정을 한 다음, 강제연행 상태로부터 시간적·장소적으로 단절되었다고 볼 수 없는 상황에서 피의자가 호흡측정결과를 탄핵하기 위하여 스스로 혈액채취방법에 의한 측정을 할 것을 요구하여 혈액채취가 이루어진 경우 그러한 혈액채취에 의한 측정 결과를 유죄 인정의 증거로 쓸 수는 없다.

▸ 독수독과의 원칙 – 인과관계가 단절되지 않음

042 □□□ [14 변시] [20 변시]

음주운전 피의자에 대해 위법한 강제연행 상태에서 호흡측정방법에 의한 음주측정을 한 다음, 즉시 그 자리에서 피의자가 자신의 호흡측정 결과에 대한 탄핵을 하기 위하여 스스로 혈액채취방법에 의한 측정을 할 것을 요구하여 혈액채취가 이루어진 경우, 호흡측정에 의한 측정결과는 물론 혈액채취에 의한 측정결과도 증거능력이 없다.

043 □□□ [20 변시]

피고인의 뇌물수수 범행에 대한 추가적인 증거를 확보할 목적으로, 수사기관이 구속 수감되어 있던 A에게 휴대전화를 제공하여 피고인과 통화하게 하고 그 통화내용을 녹음하게 한 경우, 이를 근거로 작성된 녹취록은 피고인이 증거로 함에 동의하더라도 증거능력이 없다.

▸ 위수증은 동의의 대상이 아님

044 □□□ [18 변시]

수사기관이 A로부터 피고인의 폭력행위등처벌에관한법률위반(단체등의구성·활동)범행에 대한 진술을 듣고 추가적인 정보를 확보할 목적으로, 구속수감되어 있던 A에게 그의 압수된 휴대전화를 제공하여 피고인과 통화하게 하고 위 범행에 관한 통화내용을 녹음하게 한 경우, 그 녹음 자체는 물론 이를 근거로 작성된 녹취록 첨부 수사보고는 설령 피고인의 증거동의가 있는 경우에도 이를 유죄의 증거로 사용할 수 없다.

045 □□□ [12 변시]

긴급체포를 할 당시 물건을 압수하였는데 그후 압수수색영장을 발부받지 않았음에도 즉시 반환하지 않은 경우 피고인이나 변호인이 이를 증거로 함에 동의하더라도 증거능력은 인정되지 않는다.

046 □□□ [18 변시]

사법경찰관이 소유자, 소지자 또는 보관자가 아닌 자로부터 임의로 제출받은 물건을 영장없이 압수한 경우, 그 '압수물' 및 '압수물을 찍은 사진'은 피고인이나 변호인이 증거로 함에 동의하였다 하더라도 이를 유죄의 증거로 사용할 수 없다.

047 ☐☐☐ [13 변시]
진술에 임의성이 인정되지 않아 증거능력이 없는 증거는 당사자가 동의하고 법원이 진정한 것으로 인정한 경우에도 증거능력이 인정되지 않는다.

048 ☐☐☐ [24 변시]
피고인이 문서위조를 위해 연습한 흔적이 남아 있는 업무일지는 공익과 사익을 비교형량할 때 피고인의 소송사기를 증명하기 위한 유죄의 증거로 사용할 수 있으며, 만약 그 업무일지가 제3자에 의하여 절취된 것이고 소송사기의 피해자가 대가를 지급하고 이를 취득한 것이라도 유죄의 증거로 사용할 수 있다.

제5절 전문법칙

049 ☐☐☐ [16 변시]
수표를 발행한 후 예금부족 등으로 지급되지 아니하게 하였다는 부정수표단속법위반의 공소사실을 증명하기 위하여 제출되는 수표는 증거물인 서면에 해당하므로 전문법칙이 적용되지 않는다.

050 ☐☐☐ [19 변시]
횡령죄로 기소된 A의 의뢰를 받은 변호사가 작성하여 A에게 이메일로 전송한 '법률의견서'를 출력한 사본은 전문증거에 해당한다.

▸ 진술증거의 경우에만 전문법칙이 적용

051 ☐☐☐ [21 변시]
어떠한 내용의 진술을 하였다는 사실 자체에 대한 정황증거로 사용될 것이라는 이유로 서류의 증거능력을 인정한 다음 그 사실을 다시 진술 내용이나 그 진실성을 증명하는 간접사실로 사용하는 경우에는 그 서류는 전문증거에 해당한다.

▸ 진술 사실 자체와 진술 내용의 구별이 중요함

052 ☐☐☐ [21 변시]
다른 사람의 진술, 즉 원진술의 내용인 사실이 요증사실인 경우에는 전문증거이지만, 원진술의 존재 자체가 요증사실인 경우에는 본래증거이지 전문증거가 아니다.

▸ 전문증거의 상대성

053 ☐☐☐ [14 변시]
"甲이 乙을 살해하는 것을 목격했다."라는 丙의 말을 들은 丁이 丙의 진술내용을 증언하는 경우, 甲의 살인 사건에 대하여는 전문증거이지만, 丙의 명예훼손 사건에 대하여는 전문증거가 아니다.

054 ☐☐☐ [19 변시]
A가 한 진술의 내용인 사실이 요증사실인 경우, A의 진술을 내용으로 하는 B의 진술은 전문증거에 해당한다.

055 ☐☐☐ [20 변시]
A가 특정범죄가중처벌등에관한법률위반(알선수재)죄로 기소된 피고인으로부터 건축허가를 받으려면 담당공무원에게 사례비를 주어야 한다는 말을 들었다는 취지의 법정진술을 한 경우, 원진술의 존재 자체가 알선수재죄에서의 요증사실이므로 A의 진술은 전문증거가 아니라 본래증거에 해당한다.

056 ☐☐☐ [19 변시]
건축허가를 둘러싼 A의 알선수재사건에서 "건축허가 담당공무원에게 내(B)가 사례비 2,000만 원을 주기로 A와 상의하였다."라는 B의 증언은 전문증거에 해당하지 않는다.

057 ☐☐☐ [23 변시]
피고인 아닌 자의 공판기일에서의 진술이 피고인 아닌 타인의 진술을 그 내용으로 하는 경우 「형사소송법」 제316조 제2항이 요구하는 특히 신빙할 수 있는 상태하에서 행하여졌음에 대한 증명은 단지 그러한 개연성이 있다는 정도로는 부족하고 합리적인 의심의 여지를 배제하는 정도에 이르러야 한다.

058 □□□   [24 변시]

보험사기 사건에서 건강보험심사평가원이 수사기관의 의뢰에 따라 그 보내온 자료를 토대로 입원진료의 적정성에 대한 의견을 제시하는 내용의 '건강보험심사평가원의 입원진료 적정성 여부 등 검토의뢰에 대한 회신'은 사무 처리 내역을 계속적, 기계적으로 기재한 문서가 아니므로 「형사소송법」 제315조 제3호의 '기타 특히 신용할 만한 정황에 의하여 작성된 문서'에 해당하지 않는다.

059 □□□   [14 변시]

감정인이 법원의 명에 의하여 감정을 하고 그 감정결과를 기재한 감정서는 제315조 제1호의 직무상 증명할 수 있는 사항에 관하여 작성한 문서에 해당하지 않는다.

▸ 감정서는 제313조 제3항 적용

060 □□□   [14 변시]

공범자가 당해 피고인과 별개의 공판절차에서 피고인으로서 공동범행에 관하여 한 진술이 기재된 공판조서가 당해 피고인의 공판에서 증거로 제출된 경우 이는 형사소송법 제311조에서 규정한 '법원 또는 법관의 조서'에 해당되지 않지만, 특히 신용할 만한 정황에 의하여 작성된 문서이므로 그 증거능력이 인정된다.

▸ 제315조 제3호에 따른 증거능력 인정

061 □□□   [16 변시]

乙의 사기죄에 대한 항소심 공판에서 검사는 별개 사건으로 기소되어 확정된 공범 丙에 대한 공판조서와 乙과 A의 통화내용을 담은 녹음테이프를 증거로 제출하였다. 丙에 대한 공판조서는 「형사소송법」 제311조가 아니라 제315조 제3호에 따라 당연히 증거능력이 인정된다.

062 □□□   [21 변시]

구속적부심문조서는 「형사소송법」 제315조 제3호에 해당되는 문서로 당연히 그 증거능력이 인정된다.

063 □□□   [20 변시]

보험사기 사건에서 건강보험심사평가원이 수사기관의 의뢰에 따라 그 보내온 자료를 토대로 입원진료의 적정성에 대한 의견을 제시하는 내용의 '건강보험심사평가원의 입원진료 적정성 여부 등 검토의뢰에 대한 회신'은 「형사소송법」 제315조 제3호의 '기타 특히 신용할 만한 정황에 의하여 작성된 문서'에 해당하지 않는다.

064 □□□   [21 변시]

대한민국 주중국 대사관 영사가 작성한 사실확인서 중 공인 부분을 제외한 나머지 부분이 영사의 공무수행 과정 중 작성되었지만 공적인 증명보다는 상급자 등에 대한 보고를 목적으로 하는 것이라면, 그 부분은 「형사소송법」 제315조 제3호의 '기타 특히 신용할 만한 정황에 의하여 작성된 문서'에 해당하지 않는다.

065 □□□   [24 변시]

토지관할은 공소제기 시점에 존재하면 족하며, 관할위반이 있은 경우 관할위반의 판결을 선고한 법원의 공판절차에서 작성된 공판조서·증인신문조서 등은 당해 사건에 대하여 다시 공소가 제기되면 증거로 사용할 수 있다.

066 □□□   [14 변시]

사인(私人)이 피고인 아닌 자의 진술을 녹음한 녹음테이프에 대하여 법원이 실시한 검증의 내용이, 녹음테이프에 녹음된 대화내용이 검증조서에 첨부된 녹취서에 기재된 내용과 같다는 것에 불과한 경우, 그 검증조서는 형사소송법 제311조의 '법원의 검증의 결과를 기재한 조서'에 해당하지 않는다.

▸ 검증조서의 내용은 제313조 제1항의 요건을 구비하여야 함

067 □□□ [14 변시]

증거보전절차에서 이루어진 甲에 대한 증인신문조서 중 당시 피의자였던 피고인 乙이 당사자로 참여하여 자신의 범행 사실을 시인하는 전제하에 甲에게 반대신문을 하는 과정에서 乙이 행한 진술기재 부분은, 형사소송법 제184조에 의한 증인신문조서에 해당하지 않는다.

▸ 乙에 대한 증인신문조서가 아님

068 □□□ [15 변시]

피의자의 진술을 기재한 서류 또는 문서가 검사의 수사과정에서 작성된 것이라면 '진술조서, 진술서, 자술서'의 어떤 형식을 취하였더라도 피의자신문조서와 마찬가지로 취급된다.

▸ 피의자신문조서는 실질에 의하여 판단

069 □□□ [14 변시]

검사가 피의자에게 진술거부권을 고지하였으나, 검사 작성의 피의자신문조서에 진술거부권 행사여부에 대한 피의자의 답변이 자필로 기재되어 있지 아니하거나 그 답변 부분에 피의자의 기명날인 또는 서명이 되어 있지 아니하였다면 그 피의자신문조서는 '적법한 절차와 방식'에 따라 작성된 것이라고 할 수 없다.

▸ 제244조의3 제2항 참조

070 □□□ [19 변시]

피고인과 공범관계에 있는 공동피고인에 대해 검사 이외의 수사기관이 작성한 피의자신문조서는 그 공동피고인이 피의자신문조서에 기재된 것과 같은 내용으로 진술하였다는 취지로 증언하였더라도 당해 피고인이 공판기일에서 그 조서의 내용을 부인하면 증거능력이 부정된다.

▸ 공범의 피신조서는 피고인이 내용을 인정해야 함

071 □□□ [24 변시]

「형사소송법」 제312조 제1항의 '검사가 작성한 피의자신문조서'란 당해 피고인에 대한 피의자신문조서만이 아니라 당해 피고인과 공범관계에 있는 다른 피고인이나 피의자에 대하여 검사가 작성한

피의자신문조서도 포함하는 개념으로서, 이때의 '공범'에는 대향범도 포함된다.

072 □□□ [17 변시]

피고인 甲이 공판정에서 공범인 공동피고인 乙에 대한 사법경찰관 작성의 피의자신문조서의 내용을 부인하면 乙이 법정에서 그 조서의 내용을 인정하여도 그 조서를 甲의 범죄사실에 대한 증거로 사용할 수 없다.

073 □□□ [22 변시]

「형사소송법」 제312조 제3항은 검사 이외의 수사기관이 작성한 해당 피고인과 공범관계에 있는 다른 피고인이나 피의자에 대한 피의자신문조서를 해당 피고인에 대한 유죄의 증거로 채택할 경우에도 적용되는데, 이때 공범에는 형법 총칙의 공범 이외에 필요적 공범 관계에 있는 자들도 포함된다.

074 □□□ [18 변시]

A는 경찰 수사과정에서 피해사실에 관한 진술서를 작성하였으나 사법경찰관은 특별한 사정이 없음에도 조사과정을 기록하지 아니하였다. 검사가 증거로 신청한 A의 진술서를 甲, 乙이 부동의한 경우, A가 증인으로 출석하여 실질적 진정성립을 인정하고 특신상태가 인정되며 甲, 乙의 A에 대한 반대신문권이 보장된 경우라도 진술서의 증거능력은 인정되지 않는다.

075 □□□ [24 변시]

「형사소송법」 제312조 제5항의 적용 대상인 '수사과정에서 작성한 진술서'란 수사가 시작된 이후에 수사기관의 관여 아래 작성된 것이거나 개시된 수사와 관련하여 수사과정에 제출할 목적으로 작성한 것을 말하므로, 수사관서 내는 물론 수사관서 이외의 장소에서 수사기관의 요청에 따라 피의자가 작성한 진술서는 수사과정에서 작성한 진술서에 해당한다.

076 ☐☐☐ [18 변시]

수사기관이 작성한 조서의 내용이 원진술자가 진술한 대로 기재된 것이라 함은 <u>조서작성 당시 원진술자의 진술대로 기재되었는지의 여부만을 의미하는 것으로</u>, 이와 같이 진술하게 된 연유나 그 진술의 신빙성 여부는 고려할 것이 아니다.

▸ 성립의 진정의 인정 내용임

077 ☐☐☐ [17 변시]

검사가 작성한 참고인진술조서에 대하여 피고인이 증거로 함에 부동의한 경우, 원진술자가 법정에서 검사나 재판장의 신문에 대하여 수사기관에서 <u>사실대로 진술하였다는 취지로 증언하더라도</u>, 원진술자가 그 진술기재의 내용을 열람하거나 고지받지 못한 채로 그와 같이 증언한 것이라면 그 진술조서는 증거능력이 없다.

▸ 사실대로 진술하였다는 것은 진정성립의 증명이 아님

078 ☐☐☐ [19 변시]

<u>절도범과 장물범이 공동피고인으로 기소된 경우</u>, 피고인이 증거로 함에 동의한 바 없는 검사 작성의 공동피고인에 대한 피의자신문조서가 증거능력을 인정받기 위해서는 <u>공동피고인의 증언</u>에 의하여 그 성립의 진정이 인정되어야 한다.

▸ 공범이 아니므로 참고인 내지 증인에 불과함

079 ☐☐☐ [18 변시]

사법경찰관은 甲, 乙의 범행과정을 재연한 검증조서를 작성하면서 범행재연사진을 검증조서에 첨부하였다. 甲, 乙이 <u>검증조서에 첨부되어 있는 범행재연사진에 대하여 부동의하는 경우</u>, 범행재연사진은 증거능력이 없다.

▸ 범행재연사진은 제312조 제3항 적용

080 ☐☐☐ [24 변시]

<u>조세범칙조사를 담당하는 세무공무원</u>이 피고인이 된 혐의자 또는 참고인에 대하여 심문한 내용을 기재한 조서는 피고인 또는 피고인이 아닌 자가 작성한 진술서나 그 진술을 기재한 서류에 해당하므로 「형사소송법」 제313조에 따라 증거능력의 존부를 판단하여야 한다.

081 ☐☐☐ [15 변시]

변호사 甲이 법률자문 과정에서 작성한 법률의견서는 전문증거로서 공판준비 또는 공판기일에서 그 작성자 또는 진술자인 甲의 진술에 의하여 그 <u>성립의 진정함이 증명되어야 증거능력을 인정할 수 있다.</u>

082 ☐☐☐ [21 변시]

「형사소송법」 제314조의 적용에 있어서 증인이 소재불명이거나 그 밖에 이에 준하는 사유로 인하여 진술할 수 없는 때에 해당한다고 법원이 인정할 수 있으려면 <u>증인의 법정 출석을 위한 가능하고도 충분한 노력을 다하였음에도 부득이 증인의 법정 출석이 불가능하게 되었다는 사정을 검사가 입증</u>하여야 한다.

083 ☐☐☐ [14 변시]

증인에 대한 소재탐지촉탁을 하여 소재수사를 하였으나 그 소재를 확인할 수 없었는데, <u>진술조서에 기재된 증인의 전화번호로 연락하여 보지 아니하는 등</u> 증인의 법정 출석을 위한 가능하고도 충분한 노력을 다하지 않은 경우 제314조의 필요성이 인정되지 않는다.

084 ☐☐☐ [18 변시]

사법경찰관은 위 사건을 목격한 B에 대하여 진술조서를 작성하였고 사법경찰관은 그 조사과정을 기록하였다. 검사가 증거로 신청한 B에 대한 진술조서를 甲, 乙이 부동의하여 검사가 B를 증인으로 신청하였으나 <u>증인소환장이 송달되지 않은 경우, 추가적인 조치가 없었다면</u> 위 진술조서는 「형사소송법」 제314조에 따라 증거능력이 인정되지 않는다.

085 ☐☐☐ [19 변시]

피고인이 증거서류의 진정성립을 묻는 검사의 질문에 대하여 <u>진술거부권을 행사하여 진술을 거부한다면</u> 이는 「형사소송법」 제314조의 '그 밖에 이에 준하는 사유로 인하여 진술할 수 없는 때'에 해당하지 않는다.

▸ 진술거부권의 행사는 필요성이 인정되지 않음

086 ☐☐☐ [14 변시]
피고인이 증거서류의 진정성립을 묻는 검사의 질문에 대하여 <u>진술거부권을 행사하여 진술을 거부한</u> 경우 제314조의 필요성이 인정되지 않는다.

087 ☐☐☐ [14 변시]
증인이 형사소송법에서 정한 바에 따라 <u>정당하게 증언거부권을 행사하여 증언을 거부한</u> 경우 제314조의 필요성이 인정되지 않는다.

▶ 증언거부권의 행사는 필요성이 인정되지 않음

088 ☐☐☐ [24 변시]
<u>증인이 자신에 대한 관련 형사판결이 확정되었음에도 정당한 이유 없이 법정증언을 거부하여 피고인이 반대신문을 하지 못하였다면</u>, 설령 피고인이 증인의 증언거부 상황을 초래하였다는 등의 특별한 사정이 없는 한 「형사소송법」 제314조의 '그 밖에 이에 준하는 사유로 인하여 진술할 수 없는 때'에 해당하지 않아 수사기관에서 그 증인의 진술을 기재한 서류는 증거능력이 없다.

▶ 증언거부권 사유가 없음에도 증언거부한 사건임

089 ☐☐☐ [14 변시]
수사기관에서 진술한 <u>피해자인 유아가 공판정에서 진술을 하였으나 증인신문 당시 대부분의 사항에 관하여 기억이 나지 않는다는 취지로 진술하여 수사기관에서 행한 진술이 재현 불가능하게 된 경우</u> 제314조의 필요성이 인정된다.

090 ☐☐☐ [19 변시]
피고인과 공범관계가 있는 다른 피의자에 대한 검사 이외의 수사기관 작성의 피의자신문조서에 대하여는 사망 등 사유로 인하여 법정에서 진술할 수 없는 때에 예외적으로 증거능력을 인정하는 규정인 「형사소송법」 제314조가 적용되지 않는다.

▶ 피신조서는 제314조가 적용되지 않음

091 ☐☐☐ [17 변시]
甲과 乙이 공모하여 타인의 재물을 편취한 범죄사실로 기소된 사건에서, 甲은 법정에서 범행을 부인하고 乙은 <u>경찰 수사 단계에서 범행을 자백하는 자술서를 작성·제출한 이후 사망하였다</u> 하더라도, 乙의 자술서는 제314조에 의하여 甲에 대한 유죄인정의 증거로 할 수 없다.

092 ☐☐☐ [21 변시]
<u>행위자가 아닌 법인 또는 개인이 양벌규정에 따라 기소된 경우</u>, 검사 이외의 수사기관이 행위자에 대하여 작성한 피의자신문조서는 행위자가 그 내용을 인정한 경우에라도 당해 피고인인 법인 또는 개인이 그 내용을 부인하는 경우에는 「형사소송법」 제312조 제3항이 적용되어 증거능력이 없고, 「형사소송법」 제314조를 적용하여 증거능력을 인정할 수도 없다.

▶ 양벌규정의 행위자와 법인은 공범

093 ☐☐☐ [23 변시]
피고인 甲이 사업주(실질적 경영귀속주체)인 사업체의 종업원 乙이 법규위반행위를 하여 甲이 양벌규정에 의하여 기소되고 사법경찰관이 작성한 乙에 대한 피의자신문조서가 증거로 제출되었으나 甲이 이를 내용부인 취지로 부동의하였고 재판 진행 중 乙이 지병으로 사망한 경우 위 피의자신문조서는 「형사소송법」 제314조에 의해 증거능력이 인정될 수 없다.

094 ☐☐☐ [20 변시]
성폭력 피해아동이 어머니에게 진술한 내용을 어머니가 상담원에게 전한 후, 상담원이 그 내용을 검사 면전에서 진술하여 작성된 진술조서는 <u>이른바 '재전문진술을 기재한 조서'로서, 피고인이 동의하지 않는 한 증거능력이 인정되지 아니한다.</u>

095 ☐☐☐ [24 변시]
전문진술이 기재된 조서는 「형사소송법」 제312조 또는 제314조의 규정의 요건과 「형사소송법」 제316조의 규정의 요건을 갖추는 경우 증거능력이 인정된다.

096 ☐☐☐ [17 변시]

「통신비밀보호법」 제3조 제1항은 "공개되지 아니한 타인간의 대화를 녹음 또는 청취하지 못한다."라고 규정하고 있는데, 3인 간의 대화에서 그 중 한 사람이 그 대화를 녹음 또는 청취하는 경우에 다른 두 사람의 발언은 그 녹음자 또는 청취자에 대한 관계에서 위 규정에서 말하는 '타인 간의 대화'라고 할 수 없다.

▸ 대화당사자 간의 녹음임

097 ☐☐☐ [21 변시]

3인 간의 대화에 있어서 그중 한 사람이 그 대화를 녹음하는 경우에 다른 두 사람의 발언은 그 녹음자에 대한 관계에서 '타인 간의 대화'라고 할 수 없으므로, 이와 같은 녹음행위는 「통신비밀보호법」 제3조 제1항에 위배되지 않는다.

098 ☐☐☐ [17 변시][21 변시]

수사기관이 구속수감되어 있던 甲으로부터 피고인의 마약류관리에관한법률위반(향정) 범행에 대한 진술을 듣고 추가적인 증거를 확보할 목적으로, 甲에게 그의 압수된 휴대전화를 제공하여 피고인과 통화하고 위 범행에 관한 통화 내용을 녹음하게 한 경우, 甲이 통화당사자이더라도 그 녹음을 증거로 사용할 수 없다.

▸ 수사기관의 불법감청 사안임

099 ☐☐☐ [23 변시]

수사기관이 피고인의 마약류관리에관한법률위반(향정)죄의 추가적인 증거를 확보할 목적으로 필로폰 투약혐의로 구속수감 중인 공소외인에게 그의 압수된 휴대전화를 제공하여 그로 하여금 피고인과 통화하고 피고인의 이 사건 공소사실 범행에 관한 통화 내용을 녹음하게 한 경우 그 녹음파일은 불법감청에 해당하므로, 그 녹음 자체는 물론 이를 근거로 작성된 녹취록 첨부 수사보고는 피고인의 증거동의에 상관없이 그 증거능력이 없다.

100 ☐☐☐ [20 변시]

피고인의 뇌물수수 범행에 대한 추가적인 증거를 확보할 목적으로, 수사기관이 구속 수감되어 있던 A에게 휴대전화를 제공하여 피고인과 통화하게 하고 그 통화내용을 녹음하게 한 경우, 이를 근거로 작성된 녹취록은 피고인이 증거로 함에 동의하더라도 증거능력이 없다.

▸ 위수증은 동의의 대상이 아님

101 ☐☐☐ [23 변시]

'우당탕' 소리는 사람의 목소리가 아니라 사물에서 발생하는 음향이고 '악' 소리도 사람의 목소리이기는 하나 그것만으로 상대방에게 의사를 전달하는 말이라고 보기는 어려워 특별한 사정이 없는 한 「통신비밀보호법」에서 말하는 타인 간의 '대화'에 해당한다고 볼 수 없다.

102 ☐☐☐ [18 변시]

A가 진술 당시 술에 취하여 횡설수설하였다는 것을 확인하기 위하여 제출된 A의 진술이 녹음된 녹음테이프는 전문증거에 해당하지 않는다.

▸ 진술 내용이 아닌 진술자의 상태임

103 ☐☐☐ [19 변시]

반국가단체로부터 지령을 받고 국가기밀을 탐지·수집하였다는 공소사실로 기소된 E의 컴퓨터에 저장된 국가기밀문건은 전문증거에 해당하지 않는다.

▸ 문건의 내용이 아닌 문건 존재 자체가 직접 증거가 되는 경우임

104 ☐☐☐ [20 변시]

정보통신망을 통하여 공포심이나 불안감을 유발하는 글을 반복적으로 상대방에게 도달하게 하는 행위를 하였다는 공소사실에 대하여 휴대전화기에 저장된 문자정보가 그 증거가 되는 경우, 그 문자정보는 범행의 직접적인 수단이고 경험자의 진술에 갈음하는 대체물에 해당하지 않으므로 전문법칙이 적용되지 않는다.

▸ 문자정보는 범행의 수단인 증거물임

105 □□□ 　　　　　　　　　　　　　　　　[19 변시]

휴대전화기에 공포심이나 불안감을 유발하는 글을 반복적으로 상대방에게 도달하게 하는 행위를 하였다는 C에 대한 공소사실의 유죄증거로 C의 휴대전화기에 저장된 위와 같은 내용의 <u>문자정보는 전문증거에 해당하지 않는다.</u>

106 □□□ 　　　　　　　　　　　　　　　　[21 변시]

甲이 정보통신망을 통하여 "너를 죽이고 싶다"라는 문자메시지를 반복적으로 乙에게 도달하게 하는 행위를 하였다는 정보통신망이용촉진및정보보호등에관한법률위반의 공소사실에 대하여 휴대전화기에 저장된 문자정보(위 협박문자)가 그 증거가 되는 경우, <u>그 문자 정보는 「형사소송법」 제313조 제1항의 요건이 충족되어야 증거능력이 인정되는 것은 아니다.</u>

107 □□□ 　　　　　　　　　　　　　　　　[16 변시]

乙의 사기죄에 대한 항소심 공판에서 검사는 별개 사건으로 기소되어 확정된 공범 丙에 대한 공판조서와 <u>乙과 A의 통화내용을 담은 녹음테이프를 증거로 제출하였다. 녹음테이프에 대한 법관의 검증조서에 기재된 통화내용은 「형사소송법」 제311조에 따라 당연히 증거능력이 인정되는 것은 아니다.</u>

▶ 제313조를 적용

108 □□□ 　　　　　　　　　　　　　　　　[12 변시]

컴퓨터디스크에 기억된 문자정보를 증거로 제출하는 경우에는 이를 읽을 수 있도록 출력하여 인증한 등본으로 낼 수 있다.

▶ 규칙 제134조의7 제1항 참조

109 □□□ 　　　　　　　　　　　　　　　　[15 변시]

압수된 정보저장매체로부터 <u>출력한 문건을 진술증거로 사용하는 경우, 그 기재 내용의 진실성에 관하여는 전문법칙이 적용되므로 「형사소송법」 제313조 제1항에 따라 증거능력이 결정된다.</u>

110 □□□ 　　　　　　　　　　　　　　　　[12 변시]

컴퓨터디스크에 기억된 문자정보를 증거로 하는 경우에 상대방이 요구한 때에는 컴퓨터디스크에 입력한 사람과 입력한 일시, 출력한 사람과 출력한 일시를 밝혀야 한다.

▶ 규칙 제134조의7 제2항 참조

111 □□□ 　　　　　　　　　　　　　　　　[12 변시]

디지털 저장매체로부터 출력한 문건을 증거로 사용하기 위해서는 정보저장매체 원본에 저장된 내용과 출력한 문건의 동일성이 인정되어야 하고, <u>이를 위해서는 디지털 저장매체원본이 압수시부터 문건 출력시까지 변경되지 않았음이 담보되어야 한다.</u>

▶ 동일성과 무결성의 증명

112 □□□ 　　　　　　　　　　　　　　　　[12 변시]

<u>복제한 정보저장매체로부터 출력한 문건</u>을 증거로 사용하기 위해서는 정보저장매체 원본과 복제한 매체 사이에 자료의 동일성도 인정되어야 할 뿐만 아니라, 이를 확인하는 과정에서 이용한 컴퓨터의 기계적 정확성, 프로그램의 신뢰성, 입력·처리·출력의 각 단계에서 조작자의 전문적인 기술능력과 정확성이 <u>담보되어야 한다.</u>

113 □□□ 　　　　　　　　　　　　　　　　[21 변시]

전자문서를 수록한 파일 등의 경우에는 원본임이 증명되거나 혹은 <u>원본으로부터 복사한 사본</u>일 경우에는 복사 과정에서 편집되는 등 인위적 개작 없이 원본의 내용 그대로 복사된 사본임이 증명되어야만 하고, 그러한 증명이 없는 경우에는 쉽게 그 증거능력을 인정할 수 없다. 이때 <u>원본 동일성은 증거능력의 요건에 해당하므로 검사가 그 존재에 대하여 구체적으로 주장·증명하여야 한다.</u>

▶ 복사한 사본의 동일성

114 □□□ 　　　　　　　　　　　　　　　　[12 변시]

디지털 저장매체로부터 <u>출력한 문건을 진술증거로 사용하는 경우,</u> 그 기재 내용의 진실성에 관하여는 전문법칙이 적용되므로, <u>문서의 압수·수색의 주체가 검사인가 사법경찰관인가에 따라 증거능력의 인정요건이 달라지는 것은 아니다.</u>

▶ 제313조가 적용됨

제6절 당사자의 동의

115 ☐☐☐ [12 변시]
검사와 피고인이 증거로 할 수 있음에 동의한 서류라고 하더라도 법원이 진정한 것으로 인정한 때에 증거로 할 수 있다.

▸ 동의와 진정성

116 ☐☐☐ [13 변시]
전문법칙에 의하여 증거능력이 없는 증거라고 할지라도 당사자가 동의하고 법원이 진정한 것으로 인정한 경우에는 증거능력이 있다.

117 ☐☐☐ [12 변시]
증거동의의 주체는 검사와 피고인이지만, 변호인의 경우 피고인의 명시한 의사에 반하지 아니하는 한 피고인을 대리하여 증거로 함에 동의할 수 있다.

118 ☐☐☐ [20 변시]
변호인은 피고인의 명시한 의사에 반하지 아니하는 범위 내에서 피고인을 대리하여 증거로 함에 동의할 수 있다.

119 ☐☐☐ [18 변시] [23 변시]
피고인이 출석한 공판기일에서 증거로 함에 부동의한다는 의견을 진술한 후 피고인이 출석하지 아니한 공판기일에 변호인만이 출석하여 종전 의견을 번복하여 증거로 함에 동의하였다면 이는 특별한 사정이 없는 한 증거동의의 효력이 없다.

120 ☐☐☐ [18 변시]
피고인이 증거동의의 법적 효과에 대하여 잘 모르고 동의한 것이었다고 주장하나 그렇게 볼 만한 자료가 없고 변호인이 공판정에 재정하고 있으면서 피고인이 하는 동의에 대하여 아무런 이의나 취소를 한 사실이 없다면 그 동의에 법률적 하자가 있다고는 할 수 없다.

121 ☐☐☐ [18 변시]
피고인이 제1심 법정에서 경찰의 검증조서 중 범행에 관한 현장진술 부분에 대해서만 부동의하고 범행현장상황 부분에 대해서는 증거동의한 경우, 위 검증조서 중 동의한 범행현장상황 부분만을 증거로 채용할 수 있다.

▸ 부분적 동의도 가능

122 ☐☐☐ [16 변시]
피고인의 변호인 戊는 피고인에 대한 고발장을 증거로 함에 부동의하였고, 같은 고발장을 첨부문서로 포함하고 있는 검찰주사보 작성의 수사보고서에 대하여는 증거 동의하였다. 수사보고서에 대한 증거동의의 효력은 첨부문서인 고발장에는 미치지 않는다.

123 ☐☐☐ [20 변시]
증거동의는 검사가 제시한 모든 증거에 대하여 피고인이 증거로 함에 동의한다는 방식으로 하여도 효력이 있다.

▸ 포괄적 동의도 가능함

124 ☐☐☐ [23 변시]
개개의 증거에 대하여 개별적으로 증거동의를 받지 아니하고 검사가 제시한 모든 증거에 대하여 피고인이 증거로 함에 동의한다는 방식으로 증거동의가 이루어진 것일지라도 증거동의로서의 효력을 부정할 이유가 되지 못한다.

125 ☐☐☐ [16 변시] [23 변시]
피고인의 출정없이 증거조사를 할 수 있는 경우에 피고인이 출정하지 아니한 때에는 「형사소송법」 제318조 제1항의 증거동의가 있는 것으로 간주되지만, 대리인 또는 변호인이 출정한 때에는 그러하지 아니하다.

▸ 제318조 제2항 참조

126 ☐☐☐ [20 변시]

제1심 공판절차에서 피고인이 공시송달의 방법에 의한 공판기일 소환을 2회 이상 받고도 출석하지 아니하여 「소송촉진 등에 관한 특례법」 제23조 본문에 따라 피고인의 출정 없이 증거조사를 하는 때에는, 「형사소송법」 제318조 제2항에 따른 증거동의가 간주된다.

127 ☐☐☐ [12 변시]

약식명령에 불복하여 정식재판을 청구한 피고인이 정식재판절차에서 2회 불출정하여 법원이 피고인의 출정 없이 증거조사를 하는 경우에 증거동의가 간주된다.

128 ☐☐☐ [13 변시]

피고인이 재판장의 허가 없이 퇴정하고 변호인도 이에 동조하여 퇴정해 버린 상태에서 증거조사를 할 수밖에 없는 경우에는 피고인의 진의와는 관계없이 증거에 대하여 피고인의 동의가 있는 것으로 간주된다.

▶ 방어권 남용설의 입장임

129 ☐☐☐ [20 변시]

필요적 변호사건에서 피고인과 변호인이 재판거부의 의사를 표시하고 재판장의 허가 없이 퇴정한 경우, 「형사소송법」 제318조 제2항에 따라 증거동의가 간주된다.

130 ☐☐☐ [12 변시]

제1심에서 증거동의 간주 후 증거조사를 완료한 이상, 항소심에 출석하여 그 증거동의를 철회 또는 취소한다는 의사표시를 하더라도 그 증거능력이 상실되지 않는다.

▶ 증거동의의 취소는 불가능

131 ☐☐☐ [23 변시]

증거동의의 의사표시는 증거조사가 완료되기 전까지 철회할 수 있으나, 일단 증거조사가 완료된 뒤에는 철회가 인정되지 아니하므로 제1심에서 한 증거동의를 제2심에서 철회할 수 없다.

제7절 탄핵증거

132 ☐☐☐ [17 변시]

탄핵증거는 진술의 증명력을 감쇄하기 위하여 인정되는 것이므로 범죄사실 또는 그 간접사실을 인정하는 증거로서는 허용되지 않는다.

133 ☐☐☐ [17 변시]

탄핵증거는 범죄사실을 인정하는 증거가 아니므로 엄격한 증거조사를 거쳐야 할 필요가 없으나, 법정에서 이에 대한 탄핵증거로서의 증거조사는 필요하다.

▶ 자유로운 증명의 대상이므로 적법한 증거조사는 불요

134 ☐☐☐ [18 변시]

탄핵증거에 대하여는 그 진정성립이 증명되지 않더라도 무방하다.

▶ 자유로운 증명의 대상이므로 반드시 증거능력있는 증거 불요

135 ☐☐☐ [17 변시][18 변시]

사법경찰관 작성의 피고인에 대한 피의자신문조서는 피고인이 그 내용을 부인하는 이상 증거능력이 없지만, 그러한 증거가 임의로 작성된 것이 아니라고 의심할 만한 사정이 없는 한 피고인의 법정에서의 진술을 탄핵하기 위한 반대증거로 사용될 수 있다.

136 ☐☐☐ [17 변시]

검사가 피고인이 아닌 자의 진술을 기재한 조서는 원진술자가 성립의 진정을 부인하더라도 그의 증언의 증명력을 다투기 위한 증거로 할 수 있다.

137 ☐☐☐ [17 변시]

탄핵증거를 제출하는 경우, 증명력을 다투고자 하는 증거의 어느 부분에 의하여 진술의 어느 부분을 다투려고 한다는 것을 사전에 상대방에게 알려야 한다.

▶ 규칙 제132조 제1항 참조

138 ☐☐☐ [18 변시]

증거신청의 방식에 관하여 규정한 형사소송규칙 제132조의2 제1항의 취지에 비추어 보면 탄핵증거의 제출에 있어서도 상대방에게 이에 대한 공격방어의 수단을 강구할 기회를 사전에 부여하여야 한다는 점에서 그 증거와 증명하고자 하는 사실과의 관계 및 입증취지 등을 미리 구체적으로 명시하여야 할 것이므로, 증명력을 다투고자 하는 증거의 어느 부분에 의하여 진술의 어느 부분을 다투려고 한다는 것을 사전에 상대방에게 알려야 한다.

139 ☐☐☐ [18 변시]

피고인이 내용을 부인하여 증거능력이 없는 사법경찰리 작성의 피의자신문조서에 대하여 검사가 증거제출 당시 탄핵증거라는 입증취지를 명시하지 아니하였지만 피고인의 법정 진술에 대한 탄핵증거로서의 증거조사절차가 대부분 이루어졌다고 볼 수 있다면 위 피의자신문조서를 피고인의 법정 진술에 대한 탄핵증거로 사용할 수 있다.

▸ 항소이유서에서 탄핵증거라는 취지가 있는 사안으로 2005도2617 참조

140 ☐☐☐ [20 변시]

수사기관이 참고인을 조사하는 과정에서 촬영한 영상녹화물은, 다른 법률에서 달리 규정하고 있는 등의 특별한 사정이 없는 한, 공소사실을 직접 증명할 수 있는 독립적인 증거로 사용할 수 없다.

▸ 성폭법 제30조와 아청법 제26조 참조

141 ☐☐☐ [15 변시]

피고인 또는 피고인이 아닌 자의 진술을 내용으로 하는 영상녹화물은 공판준비 또는 공판기일에 피고인 또는 피고인이 아닌 자가 진술함에 있어서 기억이 명백하지 아니한 사항에 관하여 기억을 환기시켜야 할 필요가 있다고 인정되는 경우에 피고인 또는 피고인이 아닌 자에게 재생하여 시청하게 할 수 있다.

▸ 제318조의2 제2항 참조

142 ☐☐☐ [18 변시]

「형사소송법」제318조의2 제2항에 따른 영상녹화물의 재생은 검사의 신청이 있는 경우에 한하고, 기억의 환기가 필요한 피고인 또는 피고인 아닌 자에게만 이를 재생하여 시청하게 하여야 한다.

▸ 규칙 제134조의5 제1항 참조

143 ☐☐☐ [15 변시]

영상녹화물은 조사가 행해지는 동안 조사실 전체를 확인할 수 있도록 녹화된 것으로 진술자의 얼굴을 식별할 수 있는 것이어야 하고, 재생화면에는 녹화 당시의 날짜와 시간이 실시간으로 표시되어야 한다.

▸ 규칙 제134조의2 제4항과 제5항 참조

144 ☐☐☐ [15 변시]

아동·청소년 대상 성범죄 피해자의 진술내용과 조사과정에 대한 영상물 녹화는 피해자 또는 법정대리인이 이를 원하지 아니하는 의사를 표시한 때에는 촬영을 하여서는 안 된다. 다만, 가해자가 친권자 중 일방인 경우는 그러하지 아니하다.

▸ 아동·청소년의 성보호에 관한 법률 제26조 제2항 단서 참조

145 ☐☐☐ [15 변시] [17 변시]

19세 미만의 성폭력범죄의 피해자의 진술 내용과 조사 과정을 촬영한 영상물에 수록된 피해자의 진술은 그 피해자가 공판기일에 출석하지 아니하더라도 조사 과정에 동석하였던 신뢰관계인의 공판기일에서의 진술에 의하여 그 성립의 진정함이 인정되었다면 증거로 사용할 수 있다는 성폭법 제30조 제6항은 위헌결정을 받았다.

▸ 2018헌바524 단순위헌 참조

제8절 | 자백의 보강법칙

146 ☐☐☐ [13 변시]

간이공판절차에서도 자백의 보강법칙은 적용된다.

▸ 형사사건이면 적용

147 □□□ [13 변시]
즉결심판절차에서는 자백만 있으면 보강증거 없이
도 유죄판결을 할 수 있다.

▸ 즉결과 소년보호사건은 예외

148 □□□ [19 변시]
횡령죄의 피고인이 제출한 항소이유서에 "피고인
은 돈이 급해 지어서는 안될 죄를 지었습니다.",
"진심으로 뉘우치고 있습니다."라고 기재되어 있
더라도, 이어진 검사와 재판장 및 변호인의 각 신문
에 대하여 범죄사실을 일관되게 부인한다면 범죄사
실을 자백한 것이라고 볼 수 없다.

149 □□□ [13 변시]
형사소송법 제310조의 피고인의 자백에는 공범인
공동피고인의 자백이 포함되지 아니하므로 그 진술
은 피고인에 대한 범죄사실을 인정하는 데 있어서
보강증거로 쓸 수 있다.

▸ 불포함설의 입장

150 □□□ [13 변시]
피고인이 자백한 상황에서 나머지 2명의 공동피고
인 중 한 사람이 자백하였으나 다른 한 사람이 부
인하는 경우에도 유죄판결을 할 수 있고, 공동피고
인 전원이 자백한 경우에 한하여 유죄판결이 가능
한 것은 아니다.

151 □□□ [17 변시]
甲, 乙, 丙이 공모하여 타인의 재물을 편취한 범죄
사실로 기소된 사건에서, 피고인 甲과 공동피고인
乙이 범죄사실을 자백하고 공동피고인 丙은 범죄
사실을 부인하는 경우, 乙의 자백을 甲의 자백에
대한 보강증거로 사용할 수 있다.

152 □□□ [22 변시]
피고인이 범행을 자인하는 것을 들었다는 피고인 아
닌 자의 진술은 피고인의 자백에 포함되지 아니하지
만, 피고인 자백의 보강증거가 될 수는 없다.

▸ 자백 이외의 독립된 증거 필요

153 □□□ [13 변시]
전문증거는 전문법칙의 예외에 해당하지 않는 한
증거능력이 없어 보강증거로도 사용될 수 없다.

▸ 보강증거는 증거능력 필요

154 □□□ [19 변시]
피고인이 그 범죄혐의를 받기 전에 이와는 관계없
이 자기의 업무수행에 필요한 자금을 지출하면서
스스로 그 지출한 자금내역을 자료로 남겨두기 위
하여 뇌물자금과 기타 자금을 구별하지 아니하고
그 내역을 기입한 수첩은 피고인의 검찰에서의 자
백에 대한 보강증거가 될 수 있다.

▸ 수첩은 자백이 아닌 별개의 증거임

155 □□□ [19 변시]
상업장부나 금전출납부 등과 같이 범죄사실의 인정
여부와는 관계없이 우연히 피고인이 자기에게 맡
겨진 사무를 처리한 사무 내역을 그때그때 계속적,
기계적으로 기재한 문서라면 공소사실에 일부 부
합되는 사실의 기재가 있더라도 이는 범죄사실을
자백하는 문서로 볼 수 없다.

156 □□□ [19 변시]
자백에 대한 보강증거는 자백이 가공적인 것이 아
닌 진실한 것임을 인정할 수 있는 정도로 충분하고,
자백과 보강증거만으로도 유죄의 증거로 충분하다
고 볼 수 있으므로, 간접증거나 정황증거는 보강증
거가 될 수 있다.

▸ 진실성담보설과 정황증거도 보강증거 가능

157 □□□ [13 변시]
보강증거는 자백사실이 가공적인 것이 아니고 진
실한 것이라고 인정할 수 있는 정도이면 족한 것이
지 범죄사실 전부나 그 중요부분의 전부에 일일이
그 보강증거를 필요로 하는 것이 아니고, 이러한 증
거는 직접증거뿐만 아니라 간접증거 내지 정황증
거라도 족하다.

158 ☐☐☐ [18 변시]

2017. 2. 18. 01 : 35경 자동차를 타고 온 甲으로부터 필로폰을 건네받은 후 甲이 위 차량을 운전해 갔다고 한 A의 진술과 2017. 2. 20. 甲으로부터 채취한 소변에서 나온 필로폰 양성 반응 결과는, 甲이 2017. 2. 18. 02 : 00경의 필로폰 투약으로 정상적으로 운전하지 못할 우려가 있는 상태에서 운전하였다는 자백을 보강하는 증거가 되기에 충분하다.

▸ 약물운전에 대한 보강임

159 ☐☐☐ [22 변시]

2021. 10. 19. 채취한 소변에 대한 검사결과 메스암페타민 성분이 검출된 경우, 위 소변검사결과는 2021. 10. 17. 메스암페타민을 투약하였다는 자백에 대한 보강증거가 될 수 있으며, 같은 달 13. 메스암페타민을 투약하였다는 자백에 대한 보강증거도 될 수 있다.

160 ☐☐☐ [18 변시]

「국가보안법」상 회합죄를 피고인이 자백하는 경우, 회합 당시 상대방으로부터 받았다는 명함의 현존은 보강증거로 될 수 있다.

161 ☐☐☐ [22 변시]

공소장에 기재된 대마 흡연일자로부터 한 달 후 피고인의 주거지에서 압수된 대마 잎은 비록 피고인의 자백이 구체적이고 그 진실성이 인정된다면 피고인의 자백에 대한 보강증거가 될 수 있다.

162 ☐☐☐ [18 변시]

전과에 관한 사실은 누범가중의 사유가 되는 경우에도 피고인의 자백만으로 인정할 수 있다.

163 ☐☐☐ [22 변시]

피고인이 다세대주택의 여러 세대에서 7건의 절도행위를 한 것으로 기소되었는데 그중 4건은 범행장소인 구체적 호수가 특정되지 않은 사안에서, 위 4건에 관한 피고인 자백의 진실성이 인정되는 경우라면, 피고인의 집에서 압수한 위 4건의 각 피해품에 대한 압수조서와 압수물 사진은 위 자백에 대한 보강증거가 된다.

164 ☐☐☐ [18 변시]

실체적 경합범의 경우 각 범죄사실에 관하여 자백에 대한 보강증거가 있어야 한다.

165 ☐☐☐ [18 변시]

약 3개월에 걸쳐 8회의 도박을 하였다는 혐의로 검사가 피고인에 대해 상습도박죄로 기소한 경우, 총 8회의 도박 중 3회의 도박사실에 대해서는 피고인의 자백 외에 보강증거가 없는 경우 법원은 8회의 도박행위 전부에 대하여 유죄판결을 할 수 없다.

▸ 상습범의 모든 개별범죄 보강 필요함

제9절 공판조서의 증명력

166 ☐☐☐ [19 변시]

공판기일의 소송절차에 관하여는 수소법원의 재판장이 아니라 참여한 법원사무관 등이 공판조서를 작성한다.

▸ 제51조 제1항 참조

167 ☐☐☐ [19 변시]

공판기일의 소송절차로서 공판조서에 기재된 것은 그 조서만으로 증명하고, 명백한 오기인 경우를 제외하고는 다른 자료에 의한 반증이 허용되지 않는다.

168 ☐☐☐ [19 변시]

검사가 제출한 증거에 대하여 동의 또는 진정성립 여부 등에 관한 피고인의 의견이 증거목록에 기재된 경우, 그 증거목록의 기재도 명백한 오기가 아닌 이상 절대적인 증명력을 가진다.

▸ 증거의견도 소송절차로 봄

제3장 | 재 판

제1절 재판의 의의와 종류

제2절 종국재판

001 ☐☐☐   [16 변시][17 변시]
형벌에 관한 법령이 헌법재판소의 위헌결정으로 소급하여 효력을 상실하였거나 법원에서 위헌·무효로 선언된 경우, 법원은 당해 법령을 적용하여 공소가 제기된 피고사건에 대하여 형사소송법 제325조에 따라 무죄를 선고하여야 한다.

002 ☐☐☐   [20 변시]
甲이 간통죄로 기소된 이후에 간통죄가 헌법재판소의 위헌결정으로 인하여 소급하여 그 효력을 상실하였다면 무죄판결을 선고하여야 한다.

003 ☐☐☐   [16 변시]
재심대상판결 확정 후에 형 선고의 효력을 상실케하는 특별사면이 있었다고 하더라도, 재심개시결정이 확정되어 재심심판절차를 진행하는 법원은 그 심급에 따라 다시 심판하여 실체에 관한 유·무죄 등의 판단을 해야지, 특별사면이 있음을 들어 면소판결을 하여서는 아니 된다.

▶ 종래 판례를 전합 판례로 변경한 지문임

004 ☐☐☐   [16 변시]
원래 공소제기가 없었음에도 피고인의 소환이 이루어지는 등 사실상의 소송계속이 발생한 상태에서 검사가 약식명령을 청구하는 공소장을 제1심법원에 제출하고, 위 공소장에 기하여 공판절차를 진행한 경우 제1심법원으로서는 이에 기하여 유·무죄의 실체판단을 하여야 한다.

▶ 소송행위의 불성립 후 적법하게 공소가 제기된 사안임

005 ☐☐☐   [20 변시]
공소취소에 의한 공소기각의 결정이 확정된 때에는 공소취소 후 그 범죄사실에 대한 다른 중요한 증거를 발견한 경우에 한하여 다시 공소를 제기할 수 있다.

▶ 제329조 참조

006 ☐☐☐   [18 변시]
친고죄로 고소를 제기하였다가 공소제기 전 고소를 취소한 후 고소기간 내에 다시 동일한 친고죄로 고소하여 공소제기된 경우, 수소법원은 「형사소송법」 제327조 제2호의 '공소제기의 절차가 법률의 규정에 위반하여 무효인 때'에 해당함을 이유로 판결로써 공소기각의 선고를 하여야 한다.

▶ 고소취소 후 재고소는 불가 – 제232조 제2항 참조

007 ☐☐☐   [16 변시][22 변시]
소년법 제32조의 보호처분을 받은 사건과 동일한 사건에 대하여 다시 공소제기가 되었다면 동조의 보호처분은 확정판결이 아니고 따라서 기판력도 없으므로 이에 대하여 면소판결을 할 것이 아니라 공소제기절차가 동법 제47조의 규정에 위배하여 무효인 때에 해당한 경우이므로 공소기각의 판결을 하여야 한다.

▶ 소년법 제47조 참조

008 ☐☐☐   [20 변시]
甲은 절도범행으로 소년법에 따라 보호처분을 받은 이후에 동일한 절도범행으로 다시 공소가 제기되었다면 공소기각판결을 선고하여야 한다.

009 □□□ [24 변시]
경찰서장이 범칙행위에 대하여 통고처분을 한 이상, 통고처분에 따라 범칙금을 납부한 범칙자에 대하여는 형사소추와 형사처벌을 면제받을 기회가 부여되므로 통고처분에서 정한 범칙금 납부기간까지는 원칙적으로 경찰서장은 즉결심판을 청구할 수 없고, 검사도 동일한 범칙행위에 대하여 공소를 제기할 수 없다.

010 □□□ [17 변시]
A죄와 B죄가 상상적 경합관계에 있는 경우에 A죄에 대한 판결이 확정되었다면 법원은 공소제기된 B죄에 대하여 면소판결을 선고하여야 한다.

011 □□□ [17 변시]
면소판결의 사유 중 '사면이 있는 때'란 일반사면이 있은 때를 말한다.

012 □□□ [22 변시]
공소제기 당시의 공소사실에 대한 법정형을 기준으로 하면 공소제기 당시 아직 공소시효가 완성되지 않았으나 변경된 공소사실에 대한 법정형을 기준으로 하면 공소제기 당시 이미 공소시효가 완성된 경우에는 공소시효의 완성을 이유로 면소판결을 선고하여야 한다.

013 □□□ [20 변시]
甲은 신호위반으로 인한 교통사고를 일으켜 A의 자동차를 손괴하였다는 취지의 도로교통법위반죄로 벌금 50만 원의 약식명령을 받아 그 약식명령이 확정되었다. 그 이후에 甲이 위 교통사고로 A에게 상해를 입게 하였다는 취지의 교통사고처리특례법위반(치상)죄로 공소가 제기되었다면 면소판결을 선고하여야 한다.

▸ 도교법상 제151조와 교특법 제3조 제1항은 상상적 경합

제3절 재판의 효력

014 □□□ [14 변시]
공소기각과 관할위반의 형식재판에 대하여는 일사부재리의 효력이 인정되지 아니한다.

015 □□□ [23 변시]
헌법 제13조 제1항이 규정하고 있는 이중처벌금지의 원칙 내지 일사부재리의 원칙에서의 '처벌'에는 원칙적으로 범죄에 대한 국가의 형벌권 실행으로서의 과벌을 의미하고, 국가가 행하는 일체의 제재나 불이익처분이 모두 여기에 포함되는 것은 아니다.

016 □□□ [14 변시]
일사부재리의 효력이 미치는 객관적 범위는 공소사실과 단일하고 동일한 관계에 있는 모든 사실에 미치므로, 그 물적 범위는 현실적 심판대상인 사실에 한정되지 아니한다.

017 □□□ [12 변시]
공소제기의 효력은 상상적 경합관계에 있는 죄의 전부에 미치고, 상상적 경합관계에 있는 죄들 중 일부의 죄에 대하여 형을 선고한 판결이 확정되면 기판력은 다른 죄에도 미친다.

018 □□□ [23 변시]
한 개의 행위가 여러 개의 죄에 해당하는 「형법」 제40조의 상상적 경합 관계에 있는 경우에는 그중 일죄에 대한 확정판결의 기판력은 다른 죄에도 미친다.

019 □□□ [14 변시]
상습범의 일부에 대하여 유죄판결이 확정된 경우 기판력이 그 사실심판결 선고 전에 저질러진 나머지 범죄에 미치기 위해서는 그 확정판결에서 당해 피고인이 상습범으로 기소되어 처단되었을 것이 필요하고, 상습범이 아닌 기본 구성요건의 범죄로 처단되는 데 그친 경우에는 기판력이 미치지 아니한다.

▸ 판례의 태도임

020 □□□ [23 변시]

상습범으로서 포괄일죄의 관계에 있는 여러 개의 범죄사실 중 일부에 대하여 유죄판결이 확정된 경우에 그 확정판결의 사실심판결 선고 전에 저질러진 나머지 범죄에 대하여 새로 공소가 제기되었다면 이에 대하여 법원은 면소판결을 선고하여야 하는바, 다만 이러한 법리가 적용되기 위해서는 전의 확정판결에서 피고인이 상습범으로 기소되어 처단되었을 것을 필요로 한다.

021 □□□ [20 변시]

甲은 절도죄로 징역 1년의 판결을 선고받아 그 판결이 확정된 이후에 그 선고 전에 저지른 절도범행이 발견되어 상습절도죄로 기소되었다면 실체재판을 하여야 한다.

▶ 확정판결이 상습절도가 아님

022 □□□ [16 변시]

판결의 확정력은 사실심리의 가능성이 있는 최후의 시점인 판결선고시를 기준으로 하여 그때까지 행하여진 행위에 대하여만 미친다.

023 □□□ [23 변시]

제1심 판결에 대하여 항소가 제기된 경우 판결의 확정력이 미치는 시간적 한계는 항소심 판결선고시라고 보는 것이 상당하고, 항소이유서를 제출하지 아니하여 결정으로 항소가 기각된 경우에는 항소기각 결정시가 그 기준시점이 된다.

024 □□□ [14 변시]

약식명령의 기판력이 미치는 시간적 범위는 약식명령의 송달시가 아닌 발령시를 기준으로 한다.

025 □□□ [24 변시]

동일 죄명에 해당하는 여러 개의 행위를 단일하고 계속된 범의 아래 일정 기간 계속하여 행하고 그 피해법익도 동일하여 포괄일죄의 관계에 있는 범행의 일부에 관하여 약식명령이 확정된 경우, 그 약식명령의 발령시를 기준으로 하여 그 전의 포괄일죄의 일부에 해당하는 범행뿐만 아니라 그와 상상적 경합관계에 있는 다른 죄에도 약식명령의 기판력이 미친다.

026 □□□ [20 변시]

甲에 대하여 2019. 1. 1.부터 2019. 6. 30.까지 신고 없이 분식점을 운영하였다는 취지의 식품위생법위반죄로 벌금 100만 원의 약식명령이 2019. 8. 16. 발령되고 2019. 10. 1. 확정되었다. 甲은 2019. 9. 1.부터 2019. 9. 30.까지 같은 장소에서 신고 없이 동일한 분식점을 운영하였다는 취지의 식품위생법위반죄로 공소가 제기되었다면 실체재판을 하여야 한다.

합격을 꿈꾼다면, 해커스변호사

law.Hackers.com

해커스변호사
law.Hackers.com

제5편

상소, 비상구제절차, 특별절차

제 1 장 상 소
제 2 장 비상구제절차
제 2 장 특별절차

제1장 | 상소

제1절 상소 통칙

001 ☐☐☐   [17 변시]
피고인은 면소판결에 대하여 무죄의 실체판결을 구하는 상소를 할 수 없는 것이 원칙이다.

▸ 실체판결청구권이 없음

002 ☐☐☐   [12 변시]
상상적 경합관계에 있는 죄들 중 일부에 대해 무죄가 선고되어 검사만 상고한 경우, 무죄부분의 유·무죄 여하에 따라 처단할 죄목과 양형이 다르므로 상고심은 유죄부분도 함께 심판대상으로 하여야 한다.

▸ 검사의 일부상고를 부정하는 사안임

003 ☐☐☐   [13 변시]
항소심이 경합범에 대하여 일부무죄·일부유죄로 판단하였다. 검사만이 무죄부분에 대하여 상고한 경우 피고인과 검사가 상고하지 아니한 유죄부분은 상고기간이 지남에 따라 확정되기 때문에 무죄부분만이 상고심의 심판의 대상이 되므로 상고심에서 파기할 때에는 무죄부분만을 파기하여야 한다.

▸ 일부파기설의 입장

004 ☐☐☐   [24 변시]
경합범 중 일부에 대하여 무죄, 일부에 대하여 유죄를 선고한 항소심판결에 대하여 검사만이 무죄부분에 대하여 상고를 제기한 경우, 상고심에서 이를 파기할 때에는 무죄 부분만을 파기하여야 한다.

005 ☐☐☐   [13 변시]
항소심이 경합범에 대하여 일부무죄·일부유죄로 판단하였다. 유죄부분에 대하여는 피고인이 상고하고 무죄부분에 대하여는 검사가 상고한 경우 항소심판결 전부의 확정이 차단되어 상고심에 이심된다. 따라서 유죄부분에 대한 피고인의 상고가

이유 없더라도 무죄부분에 대한 검사의 상고가 이유 있는 때에는 항소심이 유죄로 인정한 죄와 무죄로 인정한 죄가 형법 제37조 전단의 경합범 관계에 있다면 항소심판결의 유죄부분도 무죄부분과 함께 파기되어야 한다.

▸ 쌍방이 모두 상고한 사안임

006 ☐☐☐   [22 변시]
피고인을 금고 이상의 형에 처한 판결이 확정된 다음, 확정판결 전의 공소사실과 확정판결 후의 공소사실에 대하여 따로 유죄를 선고하여 두 개의 형을 정한 제1심 판결에 대하여 피고인만이 확정판결 전의 유죄판결 부분에 대하여 항소한 경우, 피고인과 검사가 항소하지 아니한 확정판결 후의 유죄판결 부분은 항소기간이 지남으로써 확정되어 항소심에 계속된 사건은 확정판결 전의 유죄판결 부분뿐이고, 그에 따라 항소심이 심리·판단하여야 할 범위는 확정판결 전의 유죄판결 부분에 한정된다.

▸ 두 죄가 동시 심판가능성이 없는 사안임

007 ☐☐☐   [17 변시]
피고인이 경합범 관계에 있는 A, B, C, D의 죄를 순차적으로 범하였는데 B와 C 범죄의 중간 시점에 금고이상의 형에 처한 판결이 확정된 경우, 판결 주문은 "피고인을 판시 제1죄(A, B)에 대하여 징역 1년에, 판시 제2죄(C, D)에 대하여 징역 2년에 각 처한다."라는 형식으로 기재된다. 피고인만 판시 제1죄에 대하여만 무죄를 주장하며 항소를 하였다면, 판시 제2죄 부분은 항소기간이 지남으로써 확정된다.

008 ☐☐☐   [21 변시]
검사와 피고인 양쪽이 상소를 제기한 경우, 어느 일방의 상소는 이유 없으나 다른 일방의 상소가 이유 있어 원판결을 파기하고 다시 판결하는 때에는 이유 없는 상소에 대해서는 판결이유 중에서 그 이유가 없다는 점을 적으면 충분하고 주문에서 그 상소를 기각해야 하는 것은 아니다.

009 □□□ [13 변시]

항소심이 경합범에 대하여 일부무죄·일부유죄로 판단하였다. 항소심이 두 개의 죄를 경합범으로 보고 한 죄는 유죄, 다른 한 죄는 무죄를 선고하고 <u>검사가 무죄부분만에 대하여 불복상고한 경우</u> 위 두 죄가 상상적 경합관계에 있다면 유죄부분도 상고심의 심판대상이 된다.

▸ 전부설의 입장임

010 □□□ [21 변시]

상상적 경합 관계에 있는 수죄에 대하여 제2심에서 모두 무죄가 선고되었고, 이에 <u>검사가 무죄 부분 전부에 대하여 상고하였으나 그중 일부 무죄 부분(A)</u>에 대하여는 이를 상고이유로 삼지 않은 경우, 상고심은 그 무죄 부분(A)에까지 나아가 판단할 수 없고, 상고심으로부터 다른 무죄 부분(B)에 대한 원심판결이 잘못되었다는 이유로 사건을 파기환송 받은 원심도 그 무죄 부분(A)에 대하여 다시 심리·판단하여 유죄를 선고할 수 없다.

▸ 공방대상에서 이탈한 사안임

011 □□□ [12 변시]

상상적 경합관계에 있는 수죄에 대하여 <u>모두 무죄가 선고되었고</u>, 검사가 그 전부에 대하여 상고하였으나 그중 일부에 대하여는 상고이유로 삼지 않았다면 수죄 모두 상고심에 전부 이심되지만, 상고심으로서는 그 무죄 부분까지는 판단할 수 없다.

012 □□□ [17 변시]

<u>제1심과 항소심의 선고형이 동일한 경우</u>, 제1심에서 일죄로 인정한 것을 항소심에서 검사의 공소장변경신청을 받아들여 경합범으로 선고하더라도 불이익변경금지원칙에 위배되지 아니한다.

▸ 중형변경이 아닌 사안임

013 □□□ [24 변시]

피고인만이 상소한 사건에서 상소심이 원심법원이 인정한 범죄사실의 일부를 무죄로 인정하면서도 피고인에 대하여 원심법원과 동일한 형을 선고하였더라도 불이익변경금지 원칙을 위반한 것은 아니다.

014 □□□ [18 변시]

<u>피고인만의 상고에 의하여 원심판결을 파기하고 사건을 항소심에 환송한 경우</u>, 환송 전 원심판결과의 관계에서도 불이익변경금지의 원칙이 적용된다.

015 □□□ [13 변시]

불이익변경금지원칙의 적용에 있어 그 선고된 형이 피고인에게 불이익하게 변경되었는지 여부에 관한 판단은 형법상 형의 경중을 기준으로 하되 이를 개별적·형식적으로 고찰할 것이 아니라 <u>주문 전체를 고려하여 피고인에게 실질적으로 불이익한지 아닌지를 보아 판단하여야 한다.</u>

▸ 전체적·실질적 고찰설의 입장

016 □□□ [18 변시]

제1심에서 징역 1년에 처하되 형의 집행을 면제한다는 판결을 선고한 데 대하여 피고인만이 항소한 경우, 항소심이 위 피고인에 대해 징역 8월에 <u>집행유예 2년을 선고하였다면 이는 적법하다.</u>

▸ 집행유예기간 경과 후에는 형의 선고의 효력이 상실된다는 점이 중요함

017 □□□ [18 변시]

제1심이 뇌물수수죄를 인정하여 피고인에게 징역 1년 6월 및 추징을 선고한 데 대하여 피고인만이 항소한 경우, 항소심이 제1심이 누락한 <u>필요적 벌금형 병과규정</u>을 적용하여 피고인에게 징역 1년 6월에 집행유예 3년, 추징 및 벌금 5,000만 원을 선고하였다면 이는 위법하다.

▸ 집행유예의 실효나 취소가능성, 벌금 미납 시 노역장 유치 가능성과 그 기간 등을 전체적·실질적으로 고찰

018 □□□ [17 변시]

제1심이 피고인에게 금고 5월의 실형을 선고하였는데, 항소심이 징역 5월, 집행유예 2년, 보호관찰 및 40시간의 수강명령을 선고하였다면 피고인에게 불이익하게 변경된 것이 아니다.

019 □□□ [17 변시]

징역형의 선고유예를 변경하여 벌금형을 선고하는 것은 피고인에게 불이익하게 변경된 것이어서 허용되지 아니한다.

020 □□□ [13 변시]

피고인에 대한 벌금형이 제1심보다 감경되었다면 그 벌금형에 대한 노역장유치기간이 제1심보다 더 길어졌더라도 전체적으로 보아 형이 불이익하게 변경되었다고 볼 수 없다.

021 □□□ [13 변시]

피고인만이 항소한 경우, 동일 물건에 대하여 제1심판결에서 선고된 추징을 몰수로 변경하는 것은 불이익변경금지원칙에 위반되지 않는다.

022 □□□ [17 변시]

항소심이 제1심과 동일한 벌금형을 선고하면서 성폭력 치료프로그램 이수명령을 병과한 것은 피고인에게 불이익하게 변경된 것이어서 허용되지 아니한다.

023 □□□ [17 변시]

제1심에서는 청구되지 않았고 항소심에서 처음 청구된 검사의 전자장치부착명령 청구에 대하여 항소심에서 부착명령을 선고하는 것은 불이익변경금지원칙에 위배되지 아니한다.

024 □□□ [18 변시]

제1심에서 소년임을 이유로 징역 장기 10년, 단기 5년의 부정기형을 선고한 데 대하여 피고인만이 항소한 경우, 항소심이 위 피고인이 항소심에 이르러 성년이 되었음을 이유로 제1심 판결을 파기하고 징역 7년을 선고하였다면 이는 적법하다.

▸ 종래 단기형이 기준이었으나, 전합 판례에 의하여 중간형으로 변경

025 □□□ [21 변시]

제1심 법원이 소송비용의 부담을 명하는 재판을 하지 않았음에도 항소심법원이 제1심의 소송비용에 관하여 피고인에게 부담하도록 재판을 한 경우, 불이익변경금지원칙에 위배되지 않는다.

▸ 소송비용의 부담은 형벌이 아님

제2절 항 소

026 □□□ [19 변시]

甲이 2018. 8. 8. 수요일 ○○지방법원에서 특정경제범죄가중처벌등에관한법률위반(사기)죄로 징역 3년, 집행유예 5년을 선고받았다면, 항소장은 선고일로부터 7일 이내에 제출하면 되는데, 8월 15일은 공휴일이므로 공휴일이 아닌 8월 16일까지 원심법원에 제출하면 된다.

▸ 제358조, 제359조, 제66조 제3항 참조

027 □□□ [19 변시]

필요적 변호사건의 항소심에서 피고인 본인의 항소이유서 제출기간 경과 후 국선변호인을 선정하고 그에게 소송기록접수통지를 하였으나 국선변호인이 법정기간 내에 항소이유서를 제출하지 아니한 경우, 국선변호인이 항소이유서를 제출하지 아니한 데 대하여 피고인에게 책임을 돌릴 만한 사유가 특별히 밝혀지지 아니한 이상, 항소심 법원은 국선변호인의 선정을 취소하고 새로운 국선변호인을 선정하여 그에게 소송기록접수통지를 함으로써 새로운 국선변호인이 항소이유서를 제출하도록 하는 조치를 취하여야 한다.

▸ 규칙 제156조의2 참조

028 □□□ [19 변시]

피고인에 대하여 제1심법원이 집행유예를 선고하였으나 검사만이 양형부당을 이유로 항소한 경우, 항소심이 변호인이 선임되지 않은 피고인에 대하여 검사의 양형부당 항소를 받아들여 형을 선고하는 경우에는 판결 선고 후 피고인을 법정구속한 뒤에 비로소 국선변호인을 선정하는 것보다는, 피고인의 권리보호를 위해 판결 선고 전 공판심리 단계에서부터 형사소송법 제33조 제3항에 따라 피고인의 명시적 의사에 반하지 아니하는 범위 안에서 국선변호인을 선정해 주는 것이 바람직하다.

029 □□□ [19 변시]

항소이유서는 소송기록접수통지를 받은 날로부터 20일 이내에 항소법원에 제출해야 한다.

▸ 제361조의3 제1항 참조

030 □□□ [19 변시]

항소이유서를 제때 제출하지 않으면 원칙적으로 항소심 법원은 항소를 기각하지만, 직권조사사유가 있거나 항소장에 항소이유의 기재가 있는 때에는 예외이다.

▸ 제361조의4 제1항 참조

031 □□□ [19 변시]

양형부당은 원심판결의 선고형이 구체적인 사안의 내용에 비추어 너무 무겁거나 너무 가벼운 경우를 말하는데, 양형은 법정형을 기초로 하여 「형법」제51조에서 정한 양형의 조건이 되는 사항을 두루 참작하여 합리적이고 적정한 범위 내에서 이루어지는 재량 판단이라 할 수 있다.

032 □□□ [24 변시]

피고인은 항소심 제1회 공판기일에는 불출석, 제2회 공판기일에는 출석하였으나 제3회 공판기일에 다시 불출석하자 법원이 피고인의 변호인과 검사만 출석한 상태에서 공판절차를 진행하여 변론을 종결한 다음 제4회 공판기일에 피고인의 항소를 기각하는 판결을 선고하였다면, 이는 「형사소송법」제365조에 따른 조치로서 적법하지 않다.

▸ 불출석은 2회 계속되어야 함

033 □□□ [19 변시]

양형판단에 관하여 제1심의 고유한 영역이 존재하는데, 항소심의 사후적적 성격 등에 비추어 보면, 제1심과 비교하여 양형의 조건에 변화가 없고 제1심의 양형이 재량의 합리적인 범위를 벗어나지 아니하는 경우에는 항소심 법원은 이를 존중함이 타당하다.

034 □□□ [19 변시]

제1심의 형량이 재량의 합리적인 범위 내에 속함에도 항소심의 견해와 다소 다르다는 이유만으로 제1심판결을 파기하여 제1심과 별로 차이 없는 형을 선고하는 것은 자제함이 바람직하다.

035 □□□ [19 변시]

항소심이 자신의 양형판단과 일치하지 아니한다고 하여 양형부당을 이유로 제1심판결을 파기하는 것이 바람직하지 아니한 점이 있다고 하더라도 이를 두고 양형심리 및 양형판단이 위법하다고까지 할 수는 없다.

036 □□□ [21 변시]

제1심 법원에서 이미 증거능력이 있었던 증거는 항소심에서도 증거능력이 그대로 유지되어 심판의 기초가 될 수 있고, 다시 증거조사를 할 필요가 없으나, 항소심법원의 재판장은 증거조사절차에 들어가기에 앞서 제1심의 증거관계와 증거조사결과의 요지를 고지할 필요가 있다.

▸ 제364조 제3항, 규칙 제156조의5 제1항 참조

제3절 상 고

037 □□□ [17 변시]

사실심 법원은 주장과 증거에 대하여 신중하고 충실한 심리를 하여야 하고, 그에 이르지 못하여 필요한 심리를 다하지 아니하는 등으로 판결 결과에 영향을 미친 때에는 사실인정을 사실심 법원의 전권으로 인정한 전제가 충족되지 아니하므로 이는 당연히 상고심의 심판대상에 해당한다.

▸ 심리미진의 사안임

038 □□□ [19 변시]

피고인이 제1심판결에 대하여 <u>양형부당만을 항소이유로 내세워</u> 항소하였다가 그 항소가 기각된 경우 피고인은 항소심판결에 대하여 사실오인 또는 법리오해의 위법이 있다는 것을 상고이유로 삼을 수 없다.

▸ 적법한 상고이유는 아니지만 직권발동을 촉구하는 의미는 있음

039 □□□ [24 변시]

항소심에서 변호인이 피고인을 신문하겠다는 의사를 표시하였음에도 변호인에게 일체의 피고인신문을 허용하지 않은 재판장의 조치는 소송절차의 법령위반으로서 상고이유에 해당한다.

040 □□□ [24 변시]

피고인이 유죄가 인정된 제1심판결에 대하여 항소하지 않거나 양형부당만을 이유로 항소하고 검사는 양형부당만을 이유로 항소하였는데 항소심이 검사의 항소를 받아들여 제1심 판결을 파기하고 그보다 높은 형을 선고한 경우, 피고인은 상고심에서 사실오인이나 법령위반 등 새로운 사유를 상고이유로 내세울 수 없다.

041 □□□ [24 변시]

제1심판결에 대하여 피고인은 비약적 상고를, 검사는 항소를 각각 제기하여 이들이 경합한 경우, 피고인의 비약적 상고는 효력을 잃게 되지만, 피고인의 비약적 상고가 항소기간 준수 등 항소로서의 적법요건을 모두 갖추었고 피고인이 항소심에서 제1심판결을 다툴 의사가 있었다면 피고인의 비약적 상고에 항소로서의 효력을 부여할 수 있다.

제4절 항 고

042 □□□ [15 변시]

검사가 영장을 집행하면서 영장 기재 압수·수색의 장소에서 압수할 <u>전자정보를 용이하게 하드카피·이미지 또는 문서로 출력할 수 있음에도 저장매체 자체를 반출하여 가지고 간 경우</u>, 직무집행지의 관할법원에 수사기관의 압수처분에 대하여 취소 또는 변경을 청구할 수 있다.

▸ 저장매체의 압수가 위법한 사안 – 제417조 참조

제2장 | 비상구제절차

제1절 재 심

001 ☐☐☐ [22 변시]
「형사소송법」은 원칙적으로 피고인의 이익을 위해 피고인의 법적 안정성을 해치지 않는 범위 내에서 재심이 이루어지도록 하고 있으며, 실체적 진실발견을 위해 이른바 불이익재심은 허용되지 않는다.
▶ 현행법은 이익재심만 가능

002 ☐☐☐ [20 변시]
형사재판에서 재심은 유죄의 확정판결 및 유죄판결에 대한 항소 또는 상고를 기각한 확정판결에 대하여만 허용되며, 면소판결을 대상으로 한 재심청구는 부적법하다.
▶ 제420조와 제421조 참조

003 ☐☐☐ [18 변시]
특별사면으로 형 선고의 효력이 상실된 유죄의 확정판결은 재심의 대상이 된다.

004 ☐☐☐ [18 변시]
재정신청기각의 결정, 항소심에서 파기된 제1심판결, 공소기각의 판결은 재심의 대상이 아니다.

005 ☐☐☐ [18 변시]
약식명령에 대한 정식재판청구에 따라 유죄의 판결이 확정된 경우의 약식명령은 재심의 대상이 아니다.

006 ☐☐☐ [14 변시]
'원판결의 증거된 증언'이 나중에 확정판결에 의하여 허위인 것이 증명되었다면, 그 허위증언 부분을 제외하고서도 다른 증거에 의하여 유죄로 인정될 경우에도 재심사유에 해당한다.
▶ 제420조 제2호 참조 – 재심개시절차에서는 재심사유가 있는 지만을 판단

007 ☐☐☐ [21 변시]
「형사소송법」 제420조 제4호의 "원판결의 증거된 재판이 확정재판에 의하여 변경된 때"의 "원판결의 증거된 재판"이라 함은 원판결의 이유 중에서 증거로 채택되어 죄로 되는 사실을 인정하는 데 인용된 다른 재판을 뜻한다.

008 ☐☐☐ [14 변시]
'형의 면제를 인정할 명백한 증거가 새로 발견된 때'에서 '형의 면제'라 함은 형의 필요적 면제만을 의미한다.

009 ☐☐☐ [20 변시]
재심사유로서 '원판결이 인정한 죄보다 경한 죄를 인정할 경우'라 함은 원판결에서 인정한 죄와는 별개의 경한 죄를 말하는 것이지, 원판결에서 인정한 죄 자체에는 변함이 없고 다만 양형상의 자료에 변동을 가져올 사유에 불과한 경우를 말하는 것은 아니다.

010 ☐☐☐ [15 변시]
피고인이 재심을 청구한 경우, 재심대상이 되는 확정판결의 소송절차 중에 증거를 제출하지 못한 데 과실이 있는 경우에는 그 증거는 「형사소송법」 제420조 제5호의 '증거가 새로 발견된 때'에서 제외된다.
▶ 신규성에 대하여 절충설의 입장

011 ☐☐☐ [14 변시] [22 변시]
피고인이 재심을 청구한 경우 재심대상이 되는 확정판결의 소송절차 중에 「형사소송법」 제420조 제5호에 정한 무죄 등을 인정할 증거를 제출하지 못한 데에 피고인의 과실이 있는 경우에는, 그 증거는 「형사소송법」 제420조 제5호에 정한 재심사유인 '증거가 새로 발견된 때'에서 제외된다.

012 □□□ [14 변시]

형사소송법 제420조 제5호에 정한 '무죄 등을 인정할 명백한 증거'에 해당하는지 여부를 판단할 때에는 법원으로서는 새로 발견된 증거만을 독립적·고립적으로 고찰하여 그 증거가치만으로 재심의 개시 여부를 판단할 것이 아니라, 재심대상이 되는 확정판결을 선고한 법원이 사실인정의 기초로 삼은 증거들 가운데 새로 발견된 증거와 유기적으로 밀접하게 관련되고 모순되는 것들은 함께 고려하여 평가하여야 한다.

▶ 명백성 판단대상에 대하여 한정적 재평가설의 입장

013 □□□ [20 변시]

수사기관이 영장주의를 배제하는 위헌적 법령에 따라 영장 없는 체포·구금을 한 경우는 '공소의 기초된 수사에 관여한 검사나 사법경찰관이 그 직무에 관한 죄를 범한 것이 확정판결에 의하여 증명된 때'라는 제420조 제7호의 재심사유에 해당한다.

014 □□□ [14 변시]

재심사유 해당 여부를 판단함에 있어 '사법경찰관 등이 범한 직무에 관한 죄'가 사건의 실체관계에 관계된 것인지 여부나 당해 사법경찰관이 직접 피의자에 대한 조사를 담당하였는지 여부는 고려할 사정이 아니다.

015 □□□ [15 변시]

제1심 확정판결에 대한 재심청구사건의 판결이 있은 후에는 항소기각판결에 대하여 다시 재심을 청구하지 못한다.

▶ 제421조 제2항 참조

016 □□□ [24 변시]

제1심 공판절차에서 피고인에 대한 송달불능보고서가 접수된 때부터 6개월이 지나도록 피고인의 소재를 확인할 수 없는 경우에는 대법원규칙으로 정하는 바에 따라 피고인의 진술 없이 재판할 수 있으나, 사형, 무기 또는 장기 10년이 넘는 징역이나 금고에 해당하는 사건의 경우에는 피고인의 진술 없이 재판할 수 없다.

▶ 소촉법 제23조 참조

017 □□□ [22 변시]

「소송촉진 등에 관한 특례법」 제23조에 규정된 제1심 공판의 특례에 따라 진행된 제1심의 불출석 재판에 대하여 검사만 항소하고 항소심도 불출석 재판으로 진행한 후에 제1심판결을 파기하고 새로 또는 다시 유죄판결을 선고하여 유죄판결이 확정된 경우, 피고인은 귀책사유 없이 제1심과 항소심의 공판절차에 출석할 수 없었다면 항소심 법원에 유죄판결에 대한 재심을 청구할 수 있다.

▶ 소촉법 제23조의2의 재심사유는 항소심 판결에도 적용

018 □□□ [21 변시]

군사법원의 판결이 확정된 후 피고인에 대한 재판권이 더 이상 군사법원에 없게 된 경우에 군사법원의 판결에 대한 재심사건의 관할은 원판결을 한 군사법원과 같은 심급의 일반법원에 있다.

019 □□□ [22 변시]

형사소송법상 재심절차는 재심개시절차와 재심심판절차로 구별되는 것이므로, 재심개시절차에서는 형사소송법을 규정하고 있는 재심사유가 있는지 여부만을 판단하여야 하고, 나아가 재심사유가 재심대상판결에 영향을 미칠 가능성이 있는가의 실체적 사유는 고려하여서는 아니 된다.

020 □□□ [15 변시]

재심심판절차에서 사망자를 위하여 재심청구를 하였거나, 유죄의 선고를 받은 자가 재심판결 전에 사망한 경우, 공소기각의 결정을 할 수 없고 실체판결을 하여야 한다.

▶ 제436조 제2항 참조

021 □□□ [16 변시][21 변시]

재심대상판결 확정 후에 형 선고의 효력을 상실케 하는 특별사면이 있었다고 하더라도, 재심개시결정이 확정되어 재심심판절차를 진행하는 법원은 그 심급에 따라 다시 심판하여 실체에 관한 유·무죄 등의 판단을 해야지, 특별사면이 있음을 들어 면소판결을 하여서는 아니 된다.

▶ 종래 판례를 전합 판례로 변경한 사안임

022 ☐☐☐ [15 변시]
재심이 개시된 사건에서 범죄사실에 대하여 적용하여야 할 법령은 재심판결 당시의 법령이고, 법원은 재심대상판결 당시의 법령이 폐지된 경우에는 「형사소송법」 제326조 제4호를 적용하여 그 범죄사실에 대하여 면소를 선고하는 것이 원칙이다.

023 ☐☐☐ [15 변시]
면소판결에 대하여 무죄판결이 선고되어야 한다고 주장하면서 상고할 수 없는 것이 원칙이지만, 형벌에 관한 법령이 재심판결 당시 폐지되었더라도 설사 그 폐지가 당초부터 헌법에 위배되어 효력이 없는 법령에 대한 것이라면 무죄판결을 구하는 취지로 면소판결에 대하여 상고하는 것은 허용된다.

▸ 예외적인 사안임 - 2010도5986 전합 참조

024 ☐☐☐ [20 변시]
'재심에는 원판결의 형보다 중한 형을 선고하지 못한다.'라는 것은 단순히 원판결보다 무거운 형을 선고할 수 없다는 원칙일 뿐만 아니라, 실체적 정의를 실현하기 위하여 재심을 허용하지만 피고인의 법적 안정성을 해치지 않는 범위 내에서 재심이 이루어져야 한다는 취지이다.

025 ☐☐☐ [21 변시]
재심대상사건에서 징역형의 집행유예를 선고하였음에도 재심사건에서 원판결보다 주형을 경하게 하고 집행유예를 없앤 경우, 불이익변경금지원칙에 위배된다.

026 ☐☐☐ [20 변시]
재심심판절차는 원판결의 당부를 심사하는 종전 소송절차의 후속절차가 아니라 사건 자체를 처음부터 다시 심판하는 완전히 새로운 소송절차로서, 종전의 확정판결은 재심판결이 확정된 때 효력을 상실한다.

027 ☐☐☐ [22 변시]
상습범으로 유죄의 확정판결을 받은 사람이 그 후 동일한 습벽에 의해 범행('후행범죄'라 함)을 저질렀는데 유죄의 확정판결에 대하여 재심이 개시된 경우, 후행범죄가 재심대상판결에 대한 재심판결 선고 전에 저지른 범죄라도 재심판결의 기판력은 후행범죄에 미치지 않는다.

▸ 재심대상판결의 공소사실과 후행범죄의 공소사실은 상호관련성이 없음

028 ☐☐☐ [21 변시]
상습범인 선행범죄(A)로 유죄의 확정판결을 받은 사람이 그 후 동일한 습벽에 의해 다시 후행범죄(B)를 저질렀는데 유죄의 확정판결에 대하여 재심이 개시된 경우에, 동일한 습벽에 의한 후행범죄(B)가 선행범죄(A)에 대한 재심판결 선고 전에 저지른 범죄라 하더라도 재심판결의 기판력은 후행범죄(B)에 미치지 않는다.

제2절 비상상고

029 ☐☐☐ [24 변시]
재판장이 변호인의 최후변론이 끝나자마자 곧바로 선고기일을 지정·고지함으로써 피고인에게 최종 의견 진술의 기회를 주지 아니한 채 변론을 종결하고 판결을 선고하였다면 이는 소송절차의 법령위반에 해당한다.

제3장 | 특별절차

제1절 약식절차

001 ☐☐☐ [15 변시]

약식명령 청구의 대상은 지방법원의 관할에 속하는 벌금, 과료, 몰수에 처할 수 있는 사건이다.

▸ 제448조 제1항 참조

002 ☐☐☐ [15 변시]

약식명령을 내린 판사가 그 정식재판 절차의 항소심판결에 관여함은 「형사소송법」 제17조 제7호 소정의 '법관이 사건에 관하여 전심재판 또는 그 기초되는 조사, 심리에 관여한 때'에 해당하여 제척의 원인이 된다.

003 ☐☐☐ [15 변시]

검사의 약식명령 청구와 동시에 증거서류 및 증거물이 법원에 제출되었다고 하여 공소장일본주의를 위반하였다고 할 수 없고, 그 후 약식명령에 대한 정식재판청구가 제기되었음에도 법원이 증거서류 및 증거물을 검사에게 반환하지 않고 보관하고 있다고 하여 그 이전에 이미 적법하게 제기된 공소제기절차가 위법하게 된다고 할 수 없다.

▸ 약식명령은 공소장일본주의 부적용

004 ☐☐☐ [24 변시]

약식명령은 그 재판서를 피고인에게 송달함으로써 효력이 발생하고, 변호인이 있는 경우라도 반드시 변호인에게 약식명령 등본을 송달해야 하는 것은 아니므로, 정식재판 청구기간은 피고인에 대한 약식명령 고지일을 기준으로 하여 기산하여야 한다.

005 ☐☐☐ [24 변시]

「형사소송법」 제457조의2 제1항에서 규정하는 형종 상향 금지의 원칙은 피고인만이 정식재판을 청구한 사건과 다른 사건이 병합심리된 후 경합범으로 처단되는 경우에도 정식재판을 청구한 사건에 대하여 그대로 적용되며, 이는 피고인만이 정식재판을 청구해 벌금형이 선고된 제1심판결에 대한 항소사건에서도 마찬가지이다.

제2절 즉결심판절차

006 ☐☐☐ [15 변시]

즉결심판절차에서는 자백보강법칙이 적용되지 않으므로, 피고인의 자백만 있어도 유죄를 선고할 수 있다.

▸ 즉결심판절차법 제10조 참조

007 ☐☐☐ [15 변시]

즉결심판절차에서는 사법경찰관이 작성한 피의자신문조서에 대하여 피고인이 내용을 인정하지 않더라도 증거로 사용할 수 있다.

▸ 즉결심판절차법 제10조 참조

008 ☐☐☐ [24 변시]

즉결심판절차에서는 사법경찰관이 적법한 절차와 방식에 따라 작성한 피의자신문조서는 그 피의자였던 피고인이 내용을 인정하지 않더라도 증거능력이 있고, 자백에 대한 보강증거는 요하지 않으나 자백배제법칙은 여전히 적용된다.

합격을 꿈꾼다면, 해커스변호사

law.Hackers.com

해커스변호사
law.Hackers.com

제3부

형사법 정지문 혼합문제 연도별 정리

001 □□□

> 마약수사관 甲은 자신의 정보원으로 일했던 乙에게 "우리 정보원 A가 또 다른 정보원의 배신으로 구속되게 되었다. A의 공적(다른 마약범죄에 대한 정보를 제공하여 수사기관의 수사를 도운 공적)을 만들어 A를 빼내려 한다. 그렇게 하기 위하여는 수사에 사용할 필로폰이 필요하니 좀 구해 달라. 구입하여 오면 수사기관에서 관련자의 안전을 보장한다."라고 하면서, 구입자금까지 교부하며 집요하게 부탁하였다. 이에 乙은 甲을 돕기로 마음먹고 丙에게 이러한 사정을 이야기하면서 필로폰의 매입을 의뢰하였고, 丙도 비로소 필로폰을 매입하여 乙에게 교부하기로 마음먹고 乙에게서 받은 대금으로 B로부터 필로폰을 매수하여 乙을 통하여 甲에게 교부하였다.

① 乙과 丙이 마약류관리에 관한 법률에 위반한 죄로 기소되었다면 乙과 丙에 대하여 법원은 결정으로 공소를 기각하여서는 안된다.

▸ 유사한 사안에서 위법한 함정수사가 아니라고 함. 2007도7680 참조

② 丙이 더 많은 필로폰을 가지고 있을 것으로 판단한 수사관이 이를 대상으로 하는 압수수색영장을 발부받아 丙의 집에서 이 영장을 제시하고 필로폰을 수색하던 중 컬러복사기로 제작 중이던 위조지폐를 발견하고 이를 압수한 경우, 이 위조지폐는 사후에 압수수색영장을 발부받지 않았다면 통화위조죄의 증거로 사용할 수 없다.

▸ 별건압수 사안임

③ 乙이 체포된 후 자신은 수사기관을 도우려 한 것이므로 체포는 부당하다며 체포적부심을 청구하였다면, 이 경우 법원은 보증금납입을 조건으로 乙을 석방할 수 없다.

④ 丙은 구속된 후 수사기관을 도우려 한 자신을 구속하는 것은 부당하다며 구속적부심을 청구하였는데, 검찰이 법원의 석방결정을 우려하여 석방결정전 丙을 기소하였더라도 법원의 그 석방결정의 효력은 丙에게 미친다.

▸ 전격기소 사안임

⑤ 乙과 丙은 수사기관의 사술에 의해 행위한 것이 아니므로 공범종속성설에 따라 甲에게 교사가 인정된다.

002 □□□

> 甲은 피해자 A(만 7세)를 도로에서 약 17미터 떨어진 야산 속의 경작하지 않는 밭으로 데리고 들어가 주먹으로 얼굴을 수차례 때리고, 가지고 있던 스카프로 A의 목을 감아 스카프의 양끝을 양손으로 나누어 잡고 A의 머리를 땅에 비비면서 약 4분 동안 2회에 걸쳐 목을 졸라 실신시킨 후 A를 버려둔 채 그곳을 떠났고, 그로 인하여 A는 사망한 채로 다음날 발견되었다. 제1심 법원에서는 위와 같은 사실관계에 비추어 甲에게 살인죄의 유죄를 인정하였다.

① 甲은 항소하려는 경우 항소장을 제1심 법원에 제출하여야 한다.

② 항소심 공판 중 위 범행에 사용된 도구가 스카프가 아니라 甲이 신고 있던 양말임이 밝혀진 경우에는 범죄성립에 영향이 있다고 볼 수 없어 항소심 법원은 원심판결을 파기할 필요가 없다.

③ 살인죄의 고의는 자기의 행위로 인하여 피해자가 사망할 수도 있다는 사실을 인식·예견하는 것으로 족하므로 甲에게 살인의 고의가 없었다고 할 수 없다.

④ 결과적으로 A의 사체발견이 현저하게 곤란을 받게 되는 사정이 있다고 하더라도 별도로 사체은닉죄는 성립하지 않는다.

⑤ A의 부(父)는 신청에 의하여 공판정에 증인으로 출석하여 甲의 처벌에 관한 의견까지 진술할 수 있다.

▸ 형사소송법 제294조의2 제1항과 제2항 참조

> A회사 감사팀으로부터 횡령 의혹을 받고 있는 직원인 甲과 乙은 공모하여 '회사의 내부비리를 금융감독원 등 관계기관에 고발하겠다'는 취지의 서면을 A회사 대표이사의 처남이자 상무이사인 B에게 팩스로 송부하였다. 그후 甲은 B에게 전화를 하여 "당신도 그 비리에 연루되어 있으니 우리의 횡령행위를 문제삼지 말라."라고 요구하면서 위 서면의 내용과 같은 말을 하였다. 이에 B는 甲과 乙을 협박죄로 고소하여 검사는 甲과 乙을 협박죄의 공동정범으로 기소하였는데, 재판 도중 B는 乙과 합의하고 乙에 대한 고소를 취소하였다.(특별법 위반의 점은 논외로 함)

① 피해자 본인이나 그 친족 이외의 '제3자'에 대한 법익 침해를 내용으로 하는 해악을 고지한 것이더라도 甲과 乙에게 협박죄가 성립할 수 있다.
   ▸ 밀접한 관계의 경우 가능

② 비리를 관계기관에 고발하겠다는 내용의 해악을 고지한 것은 관습이나 윤리관념 등 사회통념에 비추어 용인할 수 있는 정도의 것이라고는 볼 수 없어 협박죄가 성립할 수 있다.

③ B가 현실적으로 공포심을 일으키지 아니하였다고 하더라도 협박죄의 기수에 해당한다.
   ▸ 판례는 위험범설의 입장

④ B가 乙과 합의하고 乙에 대한 고소를 취소하였더라도 고소불가분의 원칙은 반의사불벌죄에 준용되지 않으므로 甲을 협박죄로 처벌할 수 있다.

⑤ 법원은 원칙적으로 乙의 이익을 위하여 乙에게 공소기각의 판결을 하지 아니하고 무죄를 선고할 수 없다.

> 甲은 A를 아파트 관리기금을 횡령한 혐의로 경찰에 고소하였다. 그후 甲은 경찰로부터 기소의견으로 검찰에 사건을 송치하였다는 민원사건처리결과통지서를 받자, "A의 횡령혐의가 기소의견으로 검찰에 송치되었고, A는 민사상 위자료까지 부담하게 되어 매우 안타깝다."라는 내용의 안내문과 민원사건처리결과통지서 사본을 아파트 55세대의 우편함에 넣어 배포하였다. 검사는 甲을 A에 대한 명예훼손죄로 기소하였지만, 甲은 자신의 행위는 A의 비리를 알려 입주민 전체의 분열과 갈등으로 인한 피해를 방지하기 위한 것으로서 오로지 공공의 이익을 위하여 진실한 사실을 적시한 것이므로 형법 제310조의 위법성조각사유에 해당한다고 주장하였다.

① 사실을 적시한 행위자의 주요한 목적이 공공의 이익을 위한 것이면 부수적으로 다른 목적이 있었다고 하더라도 형법 제310조의 적용을 배제할 수 없다.

② 형법 제310조는 적시사실이 진실한 사실일 것을 요건으로 하지만, 통지서 사본이 첨부된 위 안내문의 주요 내용이 진실하다면 일부 자세한 부분이 진실과 약간 차이가 나거나 다소 과장된 표현이 있다고 하더라도 적용될 수 있다.

③ 만약 통지서 사본이 첨부된 위 안내문이 출판물에 해당하고, 甲에게 공공의 이익을 위한 목적이 인정된다면 형법 제310조의 적용대상이 될 수 있다.
   ▸ 공공의 이익이 인정되면 비방의 목적은 인정되지 않음

④ 형법 제310조에 의하여 위법성이 조각되기 위해서는 그것이 진실한 사실로서 오로지 공공의 이익에 관한 때에 해당된다는 점을 행위자가 증명하여야 한다.
   ▸ 형법 제310조는 거증책임전환 규정

⑤ 형법 제310조의 위법성조각사유에 대한 증명은 반드시 엄격한 증명에 의하여야 하는 것은 아니다.

> 甲은 'A퀵서비스'라는 상호로 배달·운송업을 하는 자로, 과거 乙이 운영하는 'B퀵서비스'의 직원으로 일하던 중 소지하게
> 된 B퀵서비스 명의로 된 영수증을 보관하고 있던 것을 이용하여, 2010. 2. 1.부터 2011. 2. 1.까지 자신의 A퀵서비스 배달업무
> 를 하면서 불친절하고 배달을 지연시켜 손님의 불만이 예상되는 배달 건에 대하여는 B퀵서비스 명의로 된 영수증에 자신
> 이 한 배달내역을 기입하여 손님들의 불만을 乙에게 떠넘기는 방법으로 영업을 하였다. 乙은 甲의 행위에 의하여 자신의
> 신용이 훼손되었다는 이유로 2011. 10. 1. 甲을 고소하였다. 검사는 甲을 신용훼손죄로 기소하였다가, 공판 중 동일한 사실관
> 계에 대하여 예비적으로 업무방해죄의 공소사실 및 적용법조를 추가한다는 공소장변경신청을 하였다.

① 甲의 행위는 신용훼손죄에 해당하지 않는다.

② 만약 'B퀵서비스'가 국가기관인 우체국이라도 甲의 행위는 공무집행방해죄에 해당하지 않는다.
   ▸ 형법 제136조나 제137조의 행위태양에 포함되지 않음

③ 乙이 甲의 행위를 2011. 2. 1. 알게 되었다면 乙의 고소는 6개월의 고소기간을 도과하더라도 적법하다.
   ▸ 신용훼손죄나 업무방해죄는 친고죄가 아님

④ 甲이 공판정에서 위 사실관계를 완전히 인정하면서 다만 乙의 신용을 훼손하거나 업무를 방해할 생각은 없
   었다고 그 범의만을 부인하는 경우 법원은 간이공판절차에 의하여 재판할 수 없다.

⑤ 공소장변경이 적법하게 이루어진 경우, 법원은 신용훼손죄에 대하여 판단하지 않고 업무방해죄의 성립여부
   만을 판단할 수 없다.

> 甲의 주도하에 甲, 乙, 丙은 절도를 공모하고 2010. 7. 8. 23 : 00경 乙은 A의 집에 들어가 A 소유의 다이아몬드 반지 1개를
> 가지고 나오고, 丙은 A의 집 문앞에서 망을 보았다는 공소사실로 기소되었다. 법원의 심리결과 공소사실은 모두 사실로
> 밝혀졌고, 다만 甲은 자신의 집에서 전화로 지시를 하였을 뿐 30km 떨어져 있는 A의 집에는 가지 않았음이 확인되었다.
> 甲의 누나로서, 결혼하여 따로 살고 있는 A는 경찰에 도난신고를 할 당시에는 범인이 누구인지를 알지 못하고 무조건 범인
> 모두를 처벌해 달라고 고소하였는데, 나중에 친동생 甲이 처벌되는 것을 원하지 않아 제1심 공판 중 甲에 대한 고소만을
> 취소하였다.

① 乙에 대해서는 야간주거침입절도죄가 성립하고, 丙에 대해서는 야간주거침입절도죄의 방조범이 성립하는
   것은 아니다.
   ▸ 행위상황이 야간이므로 합동절도만 성립

② 甲에 대해서는 특수절도죄의 공동정범이 성립한다.

③ 만약 A가 마음을 바꾸어 고소하고자 하더라도 甲을 다시 고소하지 못한다.

④ 고소의 주관적 불가분원칙에 의하여 법원은 甲, 乙, 丙 모두에 대하여 공소기각의 판결을 하여야 하는 것은
   아니다.

⑤ A의 고소는 범인을 특정하지 않은 것이더라도 적법하다.
   ▸ 고소는 범죄사실을 신고하는 것임

> 甲과 乙은 술에 취한 A가 모텔에서 혼자 투숙하고 있는 것을 알고 물건을 훔치기로 하여 甲은 밖에서 망을 보고 乙은 객실에 들어가 A의 가방을 뒤져 금목걸이를 가지고 왔다. 수차례의 절도전과가 있던 乙은 甲에게 "만약 경찰에 잡히면 나를 丙이라고 하라."라고 부탁하였다.

① 甲과 乙이 공동피고인으로서 재판을 받더라도 변론을 분리하지 않는 한 서로에 대하여 증인적격이 없다.

② 만약 甲이 수사기관에서 乙의 이름에 대하여 丙이라고만 진술하고 적극적으로 구체적인 허위정보나 허위자료를 제출하지 않은 경우라면, 수사기관으로 하여금 乙의 체포를 곤란 내지 불가능하게 할 정도에 이르지 않은 것이어서 범인도피죄가 성립하지 않는다.

③ 만약 乙이 친동생인 丁에게 乙인 것처럼 수사기관에 자수하여 피의자로 조사를 받게 한 경우라면, 비록 丁이 친족으로 처벌받지 않더라도 乙은 범인도피교사죄에 해당한다.
  ‣ 제한종속설의 입장

④ 甲과 乙이 공동피고인으로서 함께 재판을 받으면서 甲은 범행사실을 자백하고 있지만 乙은 부인하고 있는 경우, 甲의 자백 외에는 다른 증거가 없더라도 乙에게 유죄의 선고를 할 수 있다.

⑤ 만약 검사가 乙의 상습성을 인정하여 형법상의 상습절도죄로 기소한 경우라면, 비록 구성요건이 동일하더라도 공소장변경 없이는 형이 더 무거운 특정범죄 가중처벌 등에 관한 법률상의 상습절도죄로 처벌할 수 없다.

> 甲은 2010. 7. 6. 23 : 00경 강도의 고의를 가지고 가스총을 주머니에 넣은 채 좁은 골목길이 복잡하게 얽혀 있는 동네 길목에서 '표적'을 기다리다가 귀가 중인 피해자에게 다가가 가스총으로 겁을 주어 현금 20만 원과 목걸이 및 반지를 빼앗았다. 일주일 후 甲은 양심의 가책을 느끼고 경찰서에 출석하여 위 범죄사실을 자수하였다. 하지만 경찰관은 甲이 범행한 장소와 피해자를 정확하게 기억하지 못하여 피해자에 대한 조사를 하지 못하였을 뿐 아니라, 목걸이와 반지도 모조품인 것을 알고 쓰레기통에 버렸다고 하고 20만 원은 이미 소비해 버린 상태인 것만 확인한 채 사건을 검찰에 송치하였다. 甲은 검찰에서도 범행을 자백하였고, 특수강도죄로 기소된 후 제1심 공판절차에서도 일관되게 자백하였다.

① 만약 甲의 주도하에 甲과 乙이 사전에 범행을 모의하고 범행 당일 23 : 00경 범행 장소에서 만나기로 하였는데 乙이 마음을 바꾸어 약속장소에 나타나지 않아 甲이 혼자서 위 사례와 같은 범행을 한 것이라면, 乙에게는 특수강도죄의 공동정범이 성립하지 않는다.
  ‣ 乙에게는 기능적 행위지배가 없음

② 제1심 법원이 甲의 자백에 따라 위 사건을 간이공판절차에 의해 심판하게 되었다고 하더라도, 甲의 자백에 대한 보강증거가 없으면 甲을 유죄로 인정할 수 없다.

③ 만약 甲을 조사한 경찰관이 공판정에서 피고인이 피의자신문시 공소사실을 자백하는 것을 들었다고 증언한다면, 이 증언은 甲의 자백에 대한 보강증거가 될 수 없다.
  ‣ 자백 이외의 독립된 증거가 아님

④ 만약 甲이 동네 길목에서 기다리다가 양심의 가책을 받아 범행을 포기하였더라도 甲에게는 형법 제26조(중지범)가 적용될 수 없다.
  ‣ 판례는 예비의 중지 불인정

> 甲과 乙은 A모텔 906호실에는 몰래카메라를, 맞은편 B모텔 707호실에는 모니터를 설치하여 사기도박을 하기로 공모하고, 공모사실을 모르는 피해자들을 A모텔 906호실로 오게 하였다. 乙은 B모텔 707호실 모니터 화면에서 피해자들의 화투패를 인식하고, 甲은 피해자들과 속칭 '섯다'라는 도박을 정상적으로 하다가 어느 정도 시간이 지난 후에 리시버를 통해서 乙이 알려주는 피해자들의 화투패를 듣고 도박의 승패를 지배하는 방법으로 피해자들로부터 금원을 교부받았다.

① 甲, 乙이 사기도박에 필요한 준비를 갖추고 그러한 의도로 피해자들에게 도박에 참가하도록 권유한 때 또는 늦어도 그 정을 알지 못하는 피해자들이 도박에 참가한 때 이미 사기죄의 실행의 착수가 인정된다.

② 甲, 乙이 사기도박을 숨기기 위하여 얼마간 정상적인 도박을 한 부분은 피해자들에 대한 사기죄 외에 도박죄가 따로 성립하지 않는다.

③ 사기도박과 같이 도박당사자의 일방이 사기의 수단으로써 승패를 지배하는 경우에는 도박에서의 우연성이 결여되어 사기죄만 성립하고 도박죄는 성립하지 아니한다.

④ 사법경찰관이 甲, 乙을 범행현장에서 체포하면서 필요한 때에는 위 카메라, 모니터, 도박 판돈을 영장없이 압수할 수 있다.

⑤ 만약 피의자 甲, 乙에 대한 적법한 압수수색영장을 발부받아 甲, 乙로부터 위 카메라, 모니터를 압수하였는데 법원에서 심리한 결과 위 압수물은 도망하여 기소되지 아니한 제3의 공범 丙의 소유물인 것이 밝혀졌다고 하더라도, 법원은 피고인 甲, 乙로부터 위 카메라 및 모니터를 몰수할 수 있다.

010

> 甲은 사장 A가 자신을 해고한 것에 불만을 품고 A의 휴대전화로 "그런 식으로 살지 말라. 계속 그렇게 행동하다간 너의 가족이 무사하지 않을 것이다."라는 내용의 문자메시지를 보내고, 그 후 다시 "따님은 학교를 잘 다니고 계신지. 곧 못 볼 수도 있는 딸인데 맛있는 것 많이 사 주시지요."라는 문자메시지를 보냈다. 이를 본 A는 전혀 공포심을 느끼지 못했다.

① 협박죄에는 상대방 본인뿐만 아니라 본인과 밀접한 관계에 있는 제3자에 대한 해악을 고지하는 것도 포함되기 때문에 甲의 행위는 협박죄의 협박에 해당한다.

② 만일 甲에게 협박죄가 성립한다면 협박죄는 위험범이므로 A가 공포심을 느끼지 못했다고 하더라도 협박죄의 기수가 된다.

③ 검사가 유죄의 증거로 문자정보가 저장되어 있는 휴대전화기를 법정에 제출하는 경우 그 휴대전화기에 저장된 문자정보는 그 자체가 증거로 사용될 수 있다.

④ 휴대전화기 이용자가 문자정보가 저장된 휴대전화기를 법정에 제출할 수 없거나 그 제출이 곤란한 사정이 있는 경우, 검사는 그 문자정보를 읽을 수 있도록 한 휴대전화기의 화면을 촬영한 사진을 증거로 제출할 수 있다.

⑤ 휴대전화기에 저장된 문자정보는 경험자의 진술에 갈음하는 대체물이 아니므로 형사소송법 제310조의2에서 정한 전문법칙이 적용되지 않는다.

> 甲女는 A연구소 마당에 승용차를 세워 두고 그곳에서 약 20m 떨어진 마당 뒤편에서 절취하기 위하여 타인 소유의 나무 한 그루를 캐내었으나, 이 나무는 높이가 약 150cm 이상, 폭이 약 1m 정도로 상당히 커서 甲이 혼자서 이를 운반하기 어려웠다. 이에 甲은 남편인 乙에게 전화를 하여 사정을 이야기하고 나무를 차에 싣는 것을 도와 달라고 말하였는데, 이를 승낙하고 잠시 후 현장에 온 乙은 甲과 함께 나무를 승용차까지 운반하였다. 그 후 甲은 친구인 丙에게 위 절취사실을 말해 주었다.

① 乙은 甲의 절도범행이 기수에 이른 후에 甲이 캔 나무를 甲과 함께 승용차에 싣기 위해 운반함으로써 절도범행에 가담한 것이다.
   ▸ 절도죄의 방조에 해당함

② 乙은 절도범행의 기수 이후에 甲의 범행에 가담하였으므로 승계적 공동정범이 성립하지 않는다.
   ▸ 계속범이 아닌 한 기수 이후에는 공동정범 불가

③ 본범의 정범은 장물죄의 주체가 될 수 없으나, 乙에게는 장물운반죄가 성립할 수 있다.

④ 공소사실에 대하여 甲이 자백하고 乙이 부인하는 상황에서 甲의 자백이 불리한 유일한 증거인 경우 공판기일에 丙이 증인으로 출석하여 '甲이 나무를 절취한 사실을 자신에게 말한 적이 있다'고 증언하였다 하더라도 이러한 丙의 증언은 甲의 자백에 대한 보강증거가 될 수는 없다.

⑤ 甲에 대하여 구속영장이 청구되어 甲은 구속전피의자심문을 받으면서 자신의 범죄사실을 인정하였다면 구속전피의자심문조서에 대하여 甲 또는 甲의 변호인이 증거로 함에 동의하지 않더라도 甲의 공소사실을 인정하는 증거로 사용할 수 있다.
   ▸ 제315조 제3호 참조

> 甲, 乙, 丙, 丁은 절도를 하기로 모의하였다. 빈집털이 경험이 풍부한 甲은 乙, 丙, 丁에게 빈집털이와 관련하여 범행대상, 물색방법, 범행 시 유의사항 등을 자세히 설명하였다. 乙, 丙, 丁은 A의 집을 범행대상으로 정하고, 당일 14시 30분경 丙과 丁이 A의 집 문을 열고 침입하여 현금 800만 원을 절취하였다. 丙과 丁이 A의 집 안으로 들어간 직후 밖에서 망을 보기로 한 乙은 갑자기 후회가 되어 현장을 이탈하였다. 검사 P는 丙과 丁을 특수절도죄, 甲을 특수절도죄에 대한 공동정범으로 기소하였으나 乙은 범행모의단계에서 기여도가 적고 절도범행이 개시되기 이전에 이탈했다는 점을 고려하여 기소유예처분을 하였다.

① 만일 丙과 丁이 금품을 절취하기 위하여 A의 집에 침입한 사실이 함께 기소되었다면, 공동주거침입죄와 특수절도죄의 실체적 경합범으로 처벌된다.

② 특수절도죄의 성립과 관련하여 검사 P가 범행현장에 없었던 甲을 특수절도죄의 공동정범으로 인정한 것은 대법원의 태도에 부합한다.

③ 검사 P는 丙과 丁은 기소하면서 乙은 기소유예처분하였는데 이는 공소제기절차가 법률의 규정에 위반된 경우라고 보아 법원은 공소기각판결을 선고해야 할 필요는 없다.

④ 甲에게 특수절도죄에 대한 방조고의와 방조행위가 인정되고 실질적으로 甲의 방어권 행사에 불이익이 없는 경우 법원은 공소장변경 없이 甲을 특수절도죄의 종범으로 인정할 수 있다.

⑤ 법원은 심리 중 甲의 행위가 특수절도죄의 공동정범이 아니라 종범에 해당하는 사실을 인정한 경우에 직권으로 이를 종범으로 인정하지 않고 특수절도죄의 공동정범에 대하여 무죄를 선고하는 것은 허용된다.
   ▸ 판결편의주의 적용 사안임

013 □□□

> 甲과 乙은 고의로 교통사고를 낸 뒤 보험금을 청구하여 수령하기로 계획하였다. 이에 甲은 乙의 다리를 고의로 자동차로 치어 전치 4주의 상해를 입게 한 후 위 교통사고가 마치 과실에 의한 교통사고인 양 A보험회사와 B보험회사에 보험금을 청구하였다. 그 이후 甲은 교통사고에 대하여 교통사고처리특례법위반죄로 기소되어 유죄판결을 받고 확정되었다. 甲과 乙은 A보험회사로부터는 보험금을 수령했고, B보험회사로부터는 보험금을 수령하지 못하였다. 이후 검사는 甲과 乙의 보험사기 범행에 대하여 사기 및 사기미수죄로 기소하였고, 甲은 교통사고처리특례법위반과 사기 및 사기미수는 일련의 행위로서 기본적 사실관계가 동일하다는 이유로 면소판결을 해 달라고 주장하였다.

① 사기죄의 실행의 착수시기는 편취의 의사로 기망행위를 개시한 때이므로 본 사안의 경우 사기죄의 실행의 착수를 인정할 수 있다.
  ‣ 보험금을 청구할 때 실행의 착수 인정

② 보험금을 청구하였지만 보험금을 수령하지 못했다면 사기죄는 미수가 된다.

③ 형사재판이 실체적으로 확정되면 동일한 범죄에 대하여 거듭 처벌할 수 없고, 확정판결이 있는 사건과 동일 사건에 대하여 공소의 제기가 있는 경우에는 면소판결을 해야 한다.
  ‣ 형사소송법 제326조 제1호

④ 교통사고처리특례법위반죄와 사기 및 사기미수죄는 서로 행위태양 및 피해자가 다르므로 그 기본적 사실관계가 동일하지 않기 때문에 전자에 관한 확정판결의 기판력이 후자에 미치지 않는다.

⑤ 기본적 사실관계가 동일한가의 여부는 규범적 요소를 전적으로 배제한 채 순수하게 사회적, 전법률적인 관점에서만 파악할 수는 없고, 그 자연적, 사회적 사실관계나 피고인의 행위가 동일한 것인가 외에 그 규범적 요소도 기본적 사실관계 동일성의 실질적 내용에 해당한다.

014 □□□

> 甲과 乙은 쌍방 폭행사건으로 기소되어 공동피고인으로 재판을 받고 있으면서, 공판기일에 甲은 자신은 결코 乙을 때린 적이 없으며, 오히려 자신이 폭행의 피해자라고 주장하였다. 그러던 중 乙을 피고인으로 하는 폭행사건이 변론분리되었고, 그 재판에서 법원은 甲을 증인으로 채택하였다. 甲은 증인으로 선서한 후 乙에 대한 폭행 여부에 대하여 신문을 받는데, 乙에 대한 폭행을 시인하면 자신의 유죄를 인정하는 것이 되기 때문에 증언거부를 할 수 있었고, 乙에 대한 폭행을 부인하면 위증죄로 처벌받을 수도 있는 상황이었다. 이와 같이 甲에게 증언거부사유가 발생하였음에도 재판장은 증언거부권을 고지하지 아니하고 증인신문절차를 진행하였다. 甲은 결코 乙을 때리지 않았으며, 오히려 자신이 피해자라는 종전의 주장을 되풀이하였으나 이후 甲의 증언이 허위임이 밝혀졌다.

① 변론분리 전 甲과 乙은 공범 아닌 공동피고인의 관계에 있으므로 甲은 乙의 피고사건에 대하여 증인적격이 있고, 따라서 甲은 위증죄의 주체가 될 수 있다.

② 증인 甲에게 증언거부사유가 존재함에도 불구하고 증언거부권을 고지받지 않은 채 허위진술을 한 경우 위증죄가 성립하지 않는 것이 원칙이지만, 증언거부권을 고지받았더라도 증언거부권을 포기하고 허위진술을 하였을 것이라는 점이 인정되는 등 그 진술이 자신의 진정한 의사에 의한 것이라고 볼 수 있는 경우에는 위증죄가 성립한다.

③ 재판장으로부터 증언거부권을 고지받지 않고 행한 甲의 증언은 효력이 있다.

④ 甲이 피고인의 자격에서 행한 법정진술은 乙의 피고사실에 대한 증거로 이를 사용할 수 없다.

⑤ 甲과 乙은 공범인 공동피고인이 아니므로 변론을 분리하지 않더라도 甲은 증인적격을 인정할 수 있다.

015 □□□

> 甲은 만취하여 정상적인 운전이 곤란한 상태로 도로에서 자동차를 운전하다가 과실로 보행자를 들이받아 그를 사망케 하고 자신은 그 충격으로 기절하였다. 의식을 잃은 甲이 병원 응급실로 호송되자, 출동한 경찰관은 법원으로부터 압수 · 수색 또는 검증 영장을 발부받지 아니한 채 甲의 아들의 채혈동의를 받고 의사로 하여금 甲으로부터 채혈하도록 한 다음 이를 감정의뢰하였으나, 사후적으로도 지체 없이 이에 대한 법원의 영장을 발부받지 않았다.

① 甲은 특정범죄가중처벌등에관한법률위반(위험운전치사상)죄와 도로교통법위반(음주운전)죄의 실체적 경합범에 해당한다.

② 위 채혈로 수집한 甲에 대한 혈액의 감정에 따라 甲이 도로교통법상 음주운전에 해당하더라도 그 혈액을 이용한 혈중알코올농도에 관한 감정서에 대하여는 증거능력이 부정된다.
  ▸ 소송행위의 대리가 인정되지 않음

③ 만약 만취한 甲이 관리인이 있는 공영주차장 내에서 운전하였다 해도 도로교통법상 음주운전에 해당한다.
  ▸ 음주운전은 도로에 한정되지 않음

④ 만약 경찰관이 간호사로부터 진료 목적으로 이미 채혈되어 있는 혈액 중 일부를 음주운전 여부에 대한 감정 목적으로 임의로 제출받은 경우였다면, 그 압수 절차가 피고인 또는 피고인 가족의 동의 및 영장 없이 행하여졌다고 하더라도 이에 적법절차를 위반한 위법이 있다고 할 수 없다.

⑤ 만약 위 사례에서 甲이 다른 자동차를 충격하여 그 운전자를 사망케 함과 동시에 그 자동차를 손괴하였다면, 특정범죄가중처벌등에관한법률위반(위험운전치사상)죄와 업무상 과실재물손괴로 인한 도로교통법위반죄는 상상적 경합범에 해당한다.

016 □□□

> 甲은 A의 재물을 강취한 후 A를 살해할 목적으로 A가 살고 있는 집에 방화하여 A를 사망하였다. 그 후 수사망을 피해 도피 중이던 甲은 자신의 누나 丁에게 도피자금을 부탁하였고, 丁은 甲에게 도피자금을 송금하였다. 한편 사법경찰관 丙은 丁의 동의를 얻은 후 강도살인과 방화와 관련된 甲과 丁사이의 통화내용을 녹음하여 녹음테이프를 검사에게 증거로 제출하였다.

① 甲이 A의 재물을 강취한 뒤, A의 집에 방화하여 A를 살해한 행위는 강도살인죄와 현주물건조물방화치사죄의 상상적 경합에 해당한다.

② 甲이 자신을 위하여 丁으로 하여금 도피자금을 송금하도록 하는 행위가 방어권 남용으로 인정된다면 범인도 피교사죄에 해당한다.

③ 丙이 증거로 제출한 녹음테이프에 대해서는 丙이 공판정에서 성립의 진정을 인정하더라도 증거능력이 인정되지 않는다.
  ▸ 쌍방의 동의를 얻어야 함

④ 甲의 재판에 증인으로 출석한 丁은 증언거부권을 행사할 수 있다.
  ▸ 형사소송법 제148조 제1호 참조

제3부 형사법 정지문 혼합문제 연도별 정리 **213**

甲(1994.4.15. 생)은 2011.6.15. 서울중앙지방법원에서 폭력행위등처벌에관한법률위반(집단 · 흉기등상해)죄로 징역 1년에 집행유예 2년을 선고받아 2011.6. 22. 판결이 확정되었다. 甲은 19세 미만이던 2013.2.1. 11:00경 피해자(여, 55세)가 현금인출기에서 돈을 인출하여 가방에 넣고 나오는 것을 발견하고 오토바이를 타고 피해자를 뒤따라가 인적이 드문 골목길에 이르러 속칭 '날치기' 수법으로 손가방만 살짝 채어 갈 생각으로 피해자의 손가방을 순간적으로 낚아채어 도망을 갔다. 甲이 손가방을 낚아채는 순간 피해자가 넘어져 2주 간의 치료가 필요한 상해를 입었다. 甲은 같은 날 22:30경 주택가를 배회하던 중 주차된 자동차를 발견하고 물건을 훔칠 생각으로 자동차의 유리창을 통하여 그 내부를 손전등으로 비추어 보다가 순찰 중이던 경찰관에게 검거되었다. 당시 甲은 절도 범행이 발각되었을 경우 체포를 면탈하는데 도움이 될 수 있을 것이라는 생각에서 등산용 칼과 포장용 테이프를 휴대하고 있었다. 검사는 2013. 2. 15. 甲을 강도치상, 절도미수, 강도예비로 기소하였고 재판 도중에 강도예비를 주위적 공소사실로, 「폭력행위등처벌에관한법률위반」 제7조(우범자) 위반을 예비적 공소사실로 공소장변경을 신청하였다. 제1심법원은 2013.3.29. 유죄 부분에 대하여 징역 단기 2년, 장기 4년을 선고하였다. 이에 대하여 甲만 항소하였는데, 항소심법원은 2013.6.28. 판결을 선고하였다. ※ 참조 조문 : 「폭력행위등처벌에관한법률위반」 제7조 (우범자) 정당한 이유 없이 이 법에 규정된 범죄에 공용될 우려가 있는 흉기 기타 위험한 물건을 휴대하거나 제공 또는 알선한 자는 3년 이하의 징역 또는 300만 원 이하의 벌금에 처한다.

① 甲이 손가방을 낚아채어 달아나면서 피해자에게 상해를 입힌 것은 강도치상죄에 해당하지 아니한다.

② 만일 피해자가 넘어진 상태에서 손가방을 빼앗기지 않으려고 계속 붙잡고 매달리자 甲이 이 상태로 피해자를 10여m 끌고 가 피해자에게 상해를 입힌 경우라면 甲은 강도치상죄로 처벌될 수 있다.

③ 甲이 주차된 자동차를 발견하고 물건을 훔칠 생각으로 자동차의 유리창을 통하여 그 내부를 손전등으로 비추어 보다가 순찰 중이던 경찰관에게 검거된 부분은 무죄이다.
  ▸ 절도의 예비에 불과함

④ 강도예비 공소사실에 대하여는 甲에게 단순히 '준강도'할 목적이 있음에 그쳤으므로 강도예비죄로 처벌할 수 없다.

⑤ 강도예비의 공소사실은 그 동일성이 인정되므로 제1심법원은 공소장변경을 허가하여야 한다.

⑥ 부정기형의 선고 대상인 소년인지 여부는 행위시가 아니라 재판시를 기준으로 하므로 항소심법원은 甲에게 정기형을 선고하여야 한다.

⑦ 항소심법원이 甲에게 정기형을 선고하여야 한다는 결론이 맞다면 제1심법원에서 선고된 장기형보다 낮은 징역 3년을 선고하는 것은 불이익변경금지의 원칙에 반하지 않는다.
  ▸ 판례변경으로 중간시가 기준이 됨

⑧ 법원은 공소장변경이 없어도 강도치상죄의 공소사실을 절도죄로 처벌할 수 있다.
  ▸ 축소사실의 인정

⑨ 甲에게 강도치상죄를 인정하지 않고 절도죄를 인정한 법원의 결론이 맞자면 법원은 판결이유에서 강도치상의 점이 무죄임을 판단하여야 한다.

⑩ 甲은 항소심판결 선고시 집행유예기간이 경과하였으므로 항소심법원이 다시 집행유예를 선고하더라도 위법하지 않다.

甲은 乙로부터 5,000만 원을 차용하면서 그 담보로 甲의 丙에 대한 5,000만 원 임대차보증금 반환채권을 乙에게 양도하기로 하고 乙과 채권양도계약을 체결하였다. 그런데 甲은 丙에게 채권양도통지를 하지 않고 있다가 채권양도 사실을 모르고 있던 丙으로부터 5,000만 원을 지급받아 이를 임의로 소비하였다. 이를 알게 된 乙은 甲이 운영하는 성매매업소에 찾아가 자신이 휴대한 회칼로 甲과 손님들을 위협한 후 야구방망이로 甲을 폭행하였다. 사법경찰관은 "乙의 주거지인 3층 옥탑방에 보관 중인 야구방망이 등 범행도구"가 압수·수색할 장소와 물건으로 기재된 압수·수색영장을 집행하여 1층 주인집 거실에서 발견된 주인 소유의 야구방망이를 압수하였다. 며칠 후 사법경찰관은 乙의 자동차에서 위 회칼을 발견하여 甲으로부터 범행도구임을 확인받고 甲으로부터 임의제출을 받은 것으로 압수조서를 작성하고 이를 압수하였다.

① 甲이 차용금에 대한 변제의사 및 능력이 없고, 처음부터 채권양도통지를 할 생각 없이 乙을 속이기 위하여 담보로 채권양도를 하겠다고 한 경우라면 사기죄만 성립한다.

　　▸ 비양립적 관계 사안이었으나, 판례의 변경으로 더 이상 횡령죄는 성립하지 않음

② 乙에게는 甲에 대한 업무방해죄를 인정할 수 없다.

③ 乙이 甲과 손님을 폭행한 행위는 甲에 대한 업무방해의 수단이 되었더라도 이 폭행은 업무방해죄의 불가벌적 수반행위로 업무방해죄에 흡수되는 것은 아니다.

④ 사법경찰관이 위 압수·수색영장에 의하여 야구방망이를 압수한 것은 위법하다.

⑤ 회칼은 소유, 소지, 보관자가 아닌 자인 甲이 제출한 물건이므로 사법경찰관이 영장없이 이를 압수한 것은 위법하다.

甲은 乙 명의의 차용증을 위조한 후 乙 소유 부동산에 대한 가압류신청을 하여 법원으로부터 가압류결정을 받았다. 이에 대하여 乙의 고소로 개시된 수사절차에서, 乙이 미국에 거주하는 A로부터 위 부동산을 1억 원에 매수하였으나 차후 양도소득세를 적게 낼 목적으로 1억 5,000만원에 매수한 것인 양 신고하여 부동산등기부에 매매가액이 1억 5,000만 원으로 기재되게 하고 소유권이전등기를 마친 사실이 확인되었다. 미국에 있는 A와의 전화통화 내용을 문답 형식으로 기재하고 검찰주사만 기명날인한 수사보고서를 검사는 공소제기 후 증거로 제출하였다. 한편, 甲의 범행을 알고 있는 B가 법정에서 허위증언을 하자 검사가 B를 소환하여 추궁 끝에 법정증언을 번복하는 취지의 진술조서를 작성하여 이를 증거로 제출하였다.

① 甲이 허위 주장을 하거나 허위 증거를 제출하여 가압류결정을 받은 것은 법원의 구체적이고 현실적인 직무집행을 방해되었다고 볼 수 없으므로 위계에 의한 공무집행방해죄는 성립하지 않는다.

② 甲이 본안소송을 제기하지 아니한 채 가압류를 신청한 것만으로는 사기죄의 실행에 착수하였다고 할 수 없다.

③ 乙이 행정기관에 거래가액을 거짓으로 신고하여 신고필증을 받은 뒤 이를 기초로 사실과 다른 내용의 거래가액이 부동산등기부에 등재되도록 한 것은 공전자기록등불실기재죄 및 불실기재공전자기록등행사죄에 해당하지 않는다.

　　▸ 2012도12363 참조

④ 위 수사보고서는 A가 외국거주로 인하여 공판기일에 진술할 수 없으므로 수사보고서를 작성한 검찰주사가 특히 신빙할 수 있는 상태하에서 작성한 것임을 증명하더라도 증거로 할 수 없다.

　　▸ 제313조의 요건을 구비하지 못함

⑤ B가 다시 법정에 출석하여 위 진술조서의 진정성립을 인정하고 甲에게 반대신문의 기회가 부여되었더라도 그 진술조서는 증거능력이 없다.

甲은 A로부터 B 명의의 주민등록증을 만들어 달라는 의뢰를 받고, 인터넷 포털사이트, 포토샵 프로그램 등을 이용하여 발행인이 서울 X 구청장으로 된 주민등록증 이미지 파일을 만들어 A가 요청한 이메일에 첨부하여 전송하는 등 월 10회 이상 주민등록증 등 공문서를 위조해 오고 있다. 한편, 甲이 위와 같이 공문서를 위조한다는 제보를 듣고 수사를 개시한 경찰관 乙은 甲의 컴퓨터에 저장된 문서위조와 관련된 증거를 입수하기 위하여 법원으로부터 압수 · 수색영장을 발부받아 영장 유효기간 내에 영장을 집행하였다.

① 컴퓨터 모니터 화면에 나타난 B 명의의 주민등록증 이미지는 계속적으로 화면에 고정된 것으로 볼 수 없어 문서에 관한 죄를 객체인 문서에 해당하지 않는다.

② 甲이 A에게 전송한 B 명의의 주민등록증 이미지 파일은 시각적 방법에 의하여 이해할 수 있는 것이 아니므로 문서에 관한 죄의 객체인 문서에 해당하지 않는다.

③ 만일 甲이 C의 의뢰로 미리 주워 가지고 있던 D의 공무원 신분증 E의 사진을 정교하게 붙이는 방법으로 일반인이 공무원신분증이라고 믿을 만한 외관을 갖춘 다음 이를 스캐너로 읽어 들여 이미지화하고, 그 파일을 의뢰인 C에게 전송하여 C로 하여금 컴퓨터 화면상에서 그 이미지를 보게 하였다면 그 행위는 위조공문서 행사죄에 해당하지 않는다.

  ▸ C는 이미 위조된 사실을 알고 있는 자임

④ 전자정보에 대한 압수 · 수색영장의 집행에 있어서는 원칙적으로 영장발부의 사유로 된 혐의사실과 관련된 부분만을 문서 출력물로 수집하거나 수사기관이 휴대한 저장매체에 해당 파일을 복제하는 방식으로 이루어져야 한다.

⑤ 乙이 영장집행 결과 甲의 컴퓨터 하드디스크에서 문서위조외에 관세법위반에 관한 자료를 새로 발견하여 출력하고 이를 甲에게 제시하여 甲으로부터 자백을 받았다면, 이 출력물과 자백은 위법하게 수집한 증거로서 증거능력이 없지만, 피고인이 법정에서 변호인의 조력을 받아 다른 증거관계를 고려하여 관세법위반 사실을 자백하였다면 이는 독수독과의 예외이론에 따라 증거능력을 가질 수 있다.

공정거래위원회 소속 공무원 甲은 乙로부터 불공정거래행위 신고나 관련 처리업무를 할 경우 잘 봐 달라는 취지로 건네주는 액면금 100만 원짜리 자기앞수표 3장을 교부받았다. 검사 丙은 이 사실을 수사한 후 甲을 뇌물수수죄로 기소하였다. 丙은 이 사건 공소제기 후 공판절차가 진행 중 수소법원이 아닌 영장전담 판사 A로부터 압수 · 수색영장을 발부받아 그 집행을 통하여 확보한 위 자기앞수표 사본 3장과 이를 기초로 작성한 수사보고서를 증거로 제출하였다. 한편, 甲은 공판관여 참여주사 丁에게 형량을 감경하여 달라는 청탁과 함께 현금 100만 원을 교부하였다.

① 뇌물죄에서 말하는 '직무'에는 법령에 정하여진 직무뿐만 아니라 그와 관련 있는 직무, 과거에 담당하였거나 장래에 담당할 직무도 포함될 수 있다.

② 甲으로부터 현금 100만 원을 수령한 법원주사 丁에게 뇌물수수죄가 성립하지 않는다.

  ▸ 직무관련성이 없음

③ 甲이 유죄로 인정되면, 甲이 乙로부터 받은 자기앞수표를 소비한 후 현금 300만 원을 乙에게 반환한 경우에 甲으로부터 그 가액을 추징해야 한다.

④ 甲이 유죄로 인정되면, 甲이 乙로부터 받은 자기앞수표를 그대로 보관하고 있다가 乙에게 반환한 경우에 乙로부터 몰수 또는 추징을 해야 한다.

⑤ 丙이 영장전담 판사로부터 발부받은 압수·수색영장에 의하여 압수한 자기앞수표 사본 3장과 위 수사보고서는 증거능력이 없다.

022 □□□ [14 변시]

> 甲은 乙, 丙과 함께 지나가는 행인을 대상으로 강도를 하기로 모의한 뒤(甲은 모의과정에서 모의를 주도하였다). 함께 범행 대상을 물색하다가 乙, 丙이 행인 A를 강도 대상으로 지목하고 뒤쫓아 가자 甲은 단지 "어?"라고만 하고 비대한 체격 때문에 뒤따라가지 못한 채 범행현장에서 200m 정도 떨어진 곳에 앉아 있었다. 乙, 丙과 A를 쫓아가 A를 폭행하고 지갑과 현금 30만 원을 빼앗았다.

① 乙과 丙은 2인 이상이 합동하여 범행한 경우로서 특수강도죄의 죄책을 진다.

② 甲은 강도죄의 공모관계에서 이탈하였다고 볼 수 없으므로 특수강도죄의 공동정범의 죄책을 진다.

③ 만일 甲, 乙 丙이 위의 범죄사실로 기소되었을 경우, 甲에 대한 변론을 분리한 후라면 甲을 乙, 丙 사건에 대한 증인으로 신문할 수 있다.

④ 만일 乙, 丙이 강취과정에서 A를 고의로 살해하였더라도 甲이 이를 예견할 수 없었다면, 甲은 강도치사죄의 죄책을 지지 않는다.

⑤ 만일 甲이 먼저 붙잡혀 공판과정에서 일관되게 범행을 부인하였지만 유죄판결이 확정되고, 그 후 별건으로 기소된 乙, 丙의 형사사건에서 자신의 범행을 부인하는 증언을 하였다면 사실대로 진술할 기대가능성이 있어 위증죄가 성립한다.

023 □□□ [15 변시]

> 甲은 자신의 아들 A에게 폭행을 당하여 입원한 B의 1인 병실로 병문안을 가서 B의 모친인 C와 대화하던 중 C의 여동생인 D가 있는 자리에서 "과거에 B에게 정신병이 있었다고 하더라."라고 말하였다. 이에 화가 난 B는 甲을 명예훼손죄로 고소하였고, 甲은 명예훼손죄로 기소되었다. 한편 C는 자신과 D가 나눈 대화내용을 녹음한 녹음테이프를 증거로 제출하였는데 그 녹음테이프에는 '甲이 위의 발언을 한 것을 들었다'라는 D의 진술이 녹음되어 있었다.

① 甲이 B, C, D의 3명이 있는 자리에서 위의 발언을 한 것이라면 불특정 또는 다수인이 인식할 수 있는 상태라고 할 수 없다.

② 위 사례에서 검사가 허위사실적시 명예훼손죄로 기소하였으나 심리결과 적시한 사실이 허위임에 대한 입증이 없는 경우 공소장 변경없이 법원이 사실적시 명예훼손죄를 직권으로 인정할 수 있음에도 무죄를 선고하였더라도 위법하지 아니하다.

③ 甲이 자신의 위 발언내용을 진실한 것으로 알고 있었다면 그것이 객관적으로 허위의 사실로 밝혀지더라도 「형법」 제307조 제2항의 허위사실적시 명예훼손죄에 해당하지 않는다.

④ 위 녹음테이프는 <u>수사기관이 아닌 사인이 피고인이 아닌 사람과의 대화내용을 녹음한 것</u>이므로 「형사소송법」 제311조, 제312조 규정 이외에 피고인이 아닌 자의 진술을 기재한 서류와 다를 바 없다.

⑤ 위 녹음테이프에 녹음된 D의 진술내용이 명예훼손죄를 입증할 증거가 될 수 있기 위해서는 녹음테이프가 원본이거나 원본의 내용 그대로 복사된 사본임이 인정되고, 원진술자인 D에 의하여 성립의 진정이 인정되어야 한다.
  ▶ 형사소송법 제313조 제1항 본문 적용

甲은 자신의 집에서 A4용지 1장에, A에 대하여 아래와 같은 내용을 수기(手記)로 작성한 다음 잉크젯 복합기를 이용하여 복사하는 방법으로 유인물을 30장 제작하였다. 甲은 15장은 자신이 직접, 나머지 15장은 친구 乙에게 부탁하여 A가 거주하는 아파트 단지 곳곳에 게시하였다.

> A, 그는 누구인가?!
>
> A는 처자식이 있는 몸임에도 불구하고, 2014. 12.경 △△도 ○○시 등지 모텔에서 B와 수차례 불륜행위를 저질렀다.

① 다른 사람들이 보기 전에 A가 아파트 단지에 게시된 위 유인물을 모두 회수하였더라도 甲과 乙은 명예훼손죄의 미수범으로 처벌되는 것은 아니다.

② 甲이 A와 합의하여 A가 甲에 대한 처벌을 원하지 않는다는 내용의 합의서를 작성하여 수사기관에 제출한 경우, 이 합의서의 효력은 乙에게는 미치지 않는다.

③ 위 유인물이 甲과 乙의 명예훼손 사건의 증거로 제출된 경우, 이는 「형사소송법」 제313조 제1항의 '피고인이 작성한 진술서'이므로 그 진술자이며 작성자인 甲이 공판준비나 공판기일에서 진정성립 진술을 하여야 증거능력이 인정되는 것은 아니다.
  ‣ 증거물인 서면이므로 전문법칙의 적용 없음

④ 수사기관에 출석한 B가 자신의 명예도 훼손되었다고 진술하고 있는 경우, B에 대한 명예훼손범행을 처벌하기 위하여 B의 고소가 필요한 것은 아니다.

⑤ 위 유인물은 복합기를 이용하여 제작되었지만, 「형법」 제309조 소정의 출판물에 해당하지 않는다.

甲은 2014. 6. 25. 23 : 30경 물건을 훔칠 생각으로 복면을 하고 A의 집에 침입하였다가 마침 거실에 있던 애완견이 짖는 바람에 잠이 깬 A에게 발각되어, A가 "도둑이야!"라고 고함치자 집 밖으로 도망쳐 나왔다.

① A는 혼자서 甲을 추격하여 체포하였는데, 그 과정에서 甲은 체포를 면탈할 목적으로, 주먹으로 A의 얼굴 부위를 1회 때려 A에게 비골 골절상을 가하였다. 甲이 A에게 상해를 가한 것은 A에 대하여 강도상해죄를 구성한다.

② 마침 A의 집 주변에서 야간순찰 중이던 경찰관 B는 A의 고함소리와 동시에 A의 집에서 도망쳐 나오는 甲을 발견하고, 혼자서 甲을 추격하여 체포하였는데, 그 과정에서 甲은 체포를 면탈할 목적으로 발로 B의 왼쪽 허벅지 부위를 1회 걷어차 폭행하였다. 甲이 B를 폭행한 것은 B에 대하여 준강도죄와 공무집행방해죄를 구성하고, 양 죄는 상상적 경합관계에 있다.

③ 마침 A의 집 주변에서 야간순찰 중이던 경찰관 B는 A의 고함소리와 동시에 A의 집에서 도망쳐 나오는 甲을 발견하고, 혼자서 甲을 추격하여 체포하였는데, 그 과정에서 甲은 체포를 면탈할 목적으로 발로 B의 왼쪽 허벅지 부위를 1회 걷어차 폭행하였다. 만일 B가 진술거부권을 고지하지 않고, 甲을 신문한 결과 절도 범행을 자백하는 내용의 피의자신문조서를 작성한 경우 이 피의자신문조서는 증거능력이 없다.

④ 마침 A의 집 주변에서 야간순찰 중이던 경찰관 B는 A의 고함소리와 동시에 A의 집에서 도망쳐 나오는 甲을 발견하고, 혼자서 甲을 추격하여 체포하였는데, 그 과정에서 甲은 체포를 면탈할 목적으로 발로 B의 왼쪽 허벅지 부위를 1회 걸어차 폭행하였다. 만일 B가 진술거부권을 고지하지 않고 甲을 조사하여 자백을 받은 경우, B가 공판기일에 증인으로 출석하여, 甲이 A의 집에서 도망쳐 나오는 장면을 증언하였다면 그 증언은 증거능력이 있다.

⑤ 마침 A의 집 주변에서 야간순찰 중이던 경찰관 B는 A의 고함소리와 동시에 A의 집에서 도망쳐 나오는 甲을 발견하고, 혼자서 甲을 추격하여 체포하였는데, 그 과정에서 甲은 체포를 면탈할 목적으로 발로 B의 왼쪽 허벅지 부위를 1회 걸어차 폭행하였다. B가 甲을 체포할 당시 甲이 소지하고 있던 복면은 필요한 때에는 영장 없이 압수할 수 있으나, 계속 압수할 필요가 있는 경우에는 지체 없이 압수·수색영장을 청구하여야 한다.

▸ 형사소송법 제217조 제2항 참조

---

026 □□□

[15 변시]

> 독신인 甲은 보험금을 지급받을 목적으로, 2014. 10. 1. 23:30 화재보험에 가입된 혼자 사는 자신의 단독주택에 휘발유를 뿌린 뒤 라이터로 불을 붙였다. 때마침 불길에 휩싸인 甲의 주택을 보고 깜짝 놀라 달려 나온 이웃주민 A가 甲을 덮쳐 넘어뜨려 체포하였다. A는 甲을 붙잡은 상태에서 곧바로 경찰서에 신고하였고, 이 신고를 받고 출동한 경찰관 B는 2014. 10. 2. 00:10 A로부터 甲을 인도받으면서 피의사실의 요지, 체포이유 등을 고지하였다. B는 甲의 자백과 함께 방화범행의 증거물에 대한 조사를 마치고, 검사에게 구속영장을 신청하면서 수사관계서류를 관할 검찰청에 접수하였고, 검사는 같은 날 17:00 관할 법원에 구속영장청구서 및 수사관계서류를 접수시켰다. 관할 법원 영장전담판사는 2014. 10. 3. 10:00 구속 전 피의자심문절차를 실시하였고, 같은 날 13:00 구속영장을 발부하면서, 수사관계서류를 검찰청에 반환하였다.

① 甲의 방화 당시 위 주택에 甲 이외의 사람이 없었다면 현주건조물방화죄는 성립하지 않는다.

② 甲이 보험금 지급청구를 하지 않았다면 사기죄의 실행의 착수는 인정되지 않는다.

③ 甲의 주택이 甲의 단독소유이고, 전세권이나 저당권 등 제한물권이 설정되어 있지 않았더라도 甲의 행위는 자기소유건조물방화죄에 해당하지 않는다.

▸ 보험의 목적물임. 형법 제176조 참조

④ A가 甲을 현행범인으로 체포할 당시 甲에게 피의사실의 요지, 체포이유 등을 고지하지 않았다고 하더라도 A의 체포행위는 위법하지 않다.

⑤ B의 구속절차가 적법하다면, B는 2014. 10. 13. 24 : 00까지 甲을 검사에게 인지하여야 한다.

027 ☐☐☐

공무원인 甲은 화물자동차운송회사의 대표인 乙의 교사를 받고 허위의 사실을 기재한 화물자동차운송사업변경(증차)허가 신청 검토보고서를 작성하여 그 사정을 모르는 최종 결재자인 담당과장의 결재를 받았다. 위 운송회사의 경리직원인 丙은 사법경찰관 A로부터 甲과 乙에 대한 위 피의사건의 참고인으로 조사를 받게 되자 그 사건에 관하여 허위내용의 사실확인서(증거1)를 작성하여 A에게 제출하고 참고인 진술을 할 당시 위 확인서에 기재된 내용과 같이 허위진술을 하였고, A는 丙에 대한 진술조서를 작성하였다. 검사 P는 丙을 참고인으로 조사하면서 진술조서를 작성하고 그 전 과정을 영상녹화하였다. 그 후 丙은 이 사건에 관하여 제3자와 대화를 하면서 서로 허위로 진술하고 그 진술을 녹음하여 녹음파일(증거2)을 만들어 검사에게 제출하였다. 검사는 甲과 乙을 기소하였다.

① 甲에게는 허위공문서작성죄의 간접정범이 성립하고, 乙에게는 허위공문서작성죄의 간접정범의 교사범이 성립한다.

② 丙에게는 증거1에 대한 증거위조죄가 성립하지 않지만, 증거2에 대한 증거위조죄가 성립한다.

③ 제1심에서 유죄를 선고받은 乙이 항소심 재판 중 사망한 경우 법원은 乙에 대하여 제328조 제1항에 따라 공소기각의 결정을 하여야 한다.

④ 「형사소송법」에서 A와 P가 작성한, 丙에 대한 참고인 진술조서의 증거능력 인정요건은 동일하다.

⑤ P가 丙의 진술을 녹화한 영상녹화물은 甲에 대한 공소사실을 직접 증명할 수 있는 독립적인 증거로 사용할 수 없다.

028 ☐☐☐

사법경찰관 甲은 乙이 반국가단체의 활동에 동조하였다는 제보를 받고 국가보안법위반의 범죄 혐의가 있다고 생각하여, 2014. 12. 18. 06 : 00경 乙의 집으로 가서 다짜고짜 "경찰서로 잠깐 가서 조사할 것이 있다."고 말하였다. 乙은 가기 싫었으나 겁이 나서 따라나섰고, 甲은 乙을 순찰차에 태워 경찰서로 이동하였다. 甲은 乙에게 혐의사실을 추궁하였으나 乙은 범행을 부인하였다. 甲은 乙이 조사 도중 화장실에 갈 때에도 따라가 감시하였고, 乙이 집에 가서 챙겨 올 것이 있다고 할 때에도 혐의사실을 인정할 때까지는 집에 가지 못한다며 제지하였다. 계속되는 조사에 지친 乙은 결국 같은 날 23 : 00경 혐의사실을 인정하였고, 이에 甲은 피의사실의 요지, 체포이유 등을 乙에게 고지하는 등 절차를 밟아 乙을 긴급체포하였다.

① 乙이 조사할 것이 있다는 甲의 말을 듣고 따라나섰다고 하더라도 乙에 대한 임의동행은 적법하지 않다.

② 乙이 집에 가서 챙겨 올 것이 있다고 하였음에도, 甲이 乙의 귀가를 막은 것은 적법하지 않다.

③ 甲이 사후적으로 위와 같이 긴급체포절차를 밟았더라도 이와 같은 긴급체포는 위법하다.
  ▸ 하자의 승계

④ 만일 甲이 乙에게 피내사자 신분으로 동행을 요구하였더라도, 乙의 변호인 접견교통권은 인정되어야 한다.

⑤ 만일 甲이 잠깐 경찰서 내의 다른 사무실에 간 사이 乙이 도주하였더라도 도주죄로 처벌되지 않는다.

029 ☐☐☐

> 甲은 도박현장에서, 100억대 자산을 가진 건실한 사업가 乙에게 도박자금으로 1,200만 원을 빌려주었다가 乙의 부도로 인하여 빌려준 돈을 돌려받지 못하게 되자, 위 돈을 돌려받을 목적으로 乙을 사기죄로 고소하면서, 위 돈을 도박자금으로 빌려주었다는 사실을 감추고, 乙이 "사고가 나서 급히 필요하니 1,200만 원을 빌려주면, 내일 아침에 카드로 현금서비스를 받아 갚아주겠다."고 거짓말하여 이에 속아 乙에게 돈을 빌려주었다고 금전 대여경위를 허위로 기재한 고소장을 경찰관에게 제출하였다.

① 甲의 고소는 수사기관이 사기죄의 기망행위와 편취범의를 조사하여 형사처분을 할 것인지 여부를 결정하는 데 직접적인 영향을 줄 정도에 이르는 내용에 관하여 허위의 사실을 고소한 것이므로 무고죄의 허위의 사실 신고에 해당한다.

② 甲이 고소한 사건의 재판이 확정되기 전에 자백 또는 자수했다면 형을 감경 또는 면제한다.

③ 甲의 무고사건에서 <u>甲의 고소장은 증거물인 서면</u>이므로 이에 대한 증거조사는 낭독 또는 내용의 고지 방법 등 이외에 제시가 필요하다.

④ 만일 甲의 고소장이 허위라면 이를 경찰관에게 제출하였다가 반환받았더라도, 경찰관에게 제출하였을 때 이미 무고죄의 기수에 이른다.

⑤ 만일 甲이 위 고소장에 乙에 대한 다른 사기피해 사실도 포함시켜 고소한 경우, 그 중 일부 사실은 진실이나 다른 사실은 허위인 때에는 그 허위사실 부분만이 독립하여 무고죄를 구성한다.

030 ☐☐☐

> 甲은 2015. 6. 16. 15 : 40경 휴가를 떠나 비어 있던 A의 집에 들어가 잠을 잔 후, 같은 날 22 : 00경 방에 있던 태블릿PC 1대와 자기앞수표 1장을 훔쳤다.

① 甲에게는 야간주거침입절도죄가 성립되지 않는다.

② 만약 甲이 태블릿PC를 자기 것인 양 중고사이트에 올려 매각하고, 자기앞수표로 백화점에서 물건을 구입한 경우, 매각행위는 사기죄가 성립하지만, 물건구입행위는 불가벌적 사후행위에 해당한다.

③ 만약 甲이 A의 혼인 외의 출생자인데, 공판 기간 중 A가 甲을 인지한 경우라면 친족상도례의 규정을 적용할 수 있어 甲에 대한 형을 면제하여야 한다.

④ 수사기관이 甲의 주거에 대해 압수·수색영장을 한번 집행한 후 아직 그 영장의 유효기간이 남아 있더라도 甲의 주거에 대하여 다시 압수·수색하기 위해서는 새로운 영장을 발부받아야 한다.

031 ☐☐☐

> 甲은 2015. 11. 3. 01 : 00경 건축자재 등을 훔칠 생각으로 乙과 함께 주택 신축공사 현장에 있는 컨테이너 박스 앞에서, 乙은 망을 보고 甲은 컨테이너 박스 앞에 놓여 있던 노루발못뽑이(일명 빠루)를 이용하여 컨테이너 박스의 출입문의 시정 장치를 부순 혐의로 기소되었다. 甲은 제1심법정에서 乙이 시켜서 한 일이라고 자백하였으나, 제1심법원은 공소사실에는 「형법」 제331조 제2항(합동절도)의 특수절도미수죄만 포함되어 있음을 전제로, 乙의 존재에 대하여는 증거가 불충분하여 공소사실을 무죄로 판단하면서, 다만 공소사실에는 절도미수죄의 공소사실이 포함되어 있다는 이유로 동일한 공소사실범위 내에 있는 절도미수죄만을 유죄로 인정하였다.

① 乙의 존재가 인정되지 않는다면 甲의 행위는 「형법」 제331조 제1항(야간손괴침입절도)에 해당하므로 손괴행위시에 실행의 착수가 인정되어, 甲에게는 특수절도죄의 미수범이 성립한다.

② 만약 甲과 乙이 합동하여 주간에 타인의 아파트에 들어가 물건을 절취하면서 그 범행수단으로 주거침입을 한 경우에 그 주거침입행위는 별죄를 구성한다.

③ 만약 甲과 乙이 절도의 의사로 합동하여 주간에 아파트의 출입문 시정장치를 손괴하다가 발각되어 함께 체포되었다면, 甲, 乙에게는 「형법」 제331조 제2항(합동절도)의 특수절도미수죄가 성립하지 않는다.

④ 적법하게 수집된 범행에 사용된 노루발못뽑이와 손괴된 쇠창살의 모습이 촬영되어 수사보고서에 첨부된 현장 사진은 「형법」 제331조 제1항(야간손괴침입절도)의 죄에 관한 甲의 자백에 대한 보강증거로 인정될 수 있다.

⑤ 항소심에서 제1심 법원이 무죄로 판단한 특수절도미수죄를 파기하는 경우에 제1심 법원이 유죄로 인정한 절도미수죄도 파기되어야 한다.

032 ☐☐☐ [16 변시]

> 甲과 乙은 옆 동네에 사는 甲의 사촌동생 A의 신용카드를 훔쳐 은행 현금인출기에서 비밀번호를 입력하고 현금서비스로 100만 원을 인출하였다. 甲은 인출한 100만 원 중 50만 원을 자신의 애인인 丙에게 용돈으로 주었다. 수사가 개시되자 甲은 형사처분을 면할 목적으로 2년간 외국에 도피하였다. 甲이 귀국하자 검사는 甲, 乙, 丙을 위의 공소사실로 기소하였다.

① A의 신용카드를 훔친 甲의 행위는 친고죄에 해당하므로 A의 고소가 없는 경우에 법원은 「형사소송법」 제327조 제2호에 의하여 공소기각판결을 선고하여야 한다.

② 甲의 신용카드 절도에 대한 A의 적법한 고소가 있는 경우에 甲의 절도 피고사건 항소심에서 A가 그 고소를 취소하더라도 항소심법원은 그 고소취소를 사유로 공소기각판결을 선고할 수는 없다.

③ 100만 원의 현금서비스를 받은 甲의 행위는 친고죄에 해당하지 않으므로 A의 고소가 없는 경우에도 법원은 甲을 처벌할 수 있다.

④ 甲이 준 용돈 50만 원이 훔친 카드로 인출된 것임을 丙이 돈을 받을 당시 알았다면 丙에게는 장물취득죄가 성립한다.

⑤ 甲의 국외도피로 인한 공소시효 정지의 효과는 乙에게 미치지 않는다.

033 ☐☐☐ [16 변시]

> 甲은 乙과 공동으로 구입하여 자신이 점유하고 있던 복사기를 A에게 매도하기로 하고 계약금과 중도금을 받았다. 그후 甲은 복사기를 수리하기 위해 수리점에 맡겼다고 乙에게 거짓말하고 이를 다시 丙에게 매도한 후 복사기를 건네주었으며, 丙은 선의, 무과실로 이를 취득하였다. 며칠 후 이 사실을 알게 된 乙은 丙 몰래 위 복사기를 가져가 버렸다. 수사기관에서 甲의 아내 B는 참고인으로서 진술하고 진술조서에는 가명으로 서명, 날인하였다. 甲에 대한 재판 중 B가 증인으로 출석하였고, 재판장은 B에게 증언거부권이 있음을 고지하였다.

① 甲은 乙에 대하여 횡령죄만 성립한다.

② 甲은 A에 대하여 배임죄가 성립하지 않는다.

③ 乙은 丙에 대하여 권리행사방해죄가 성립하지 않는다.

▸ 절도죄 성립

④ B에 대한 조서가 비록 가명으로 작성되었더라도 「형사소송법」 제312조 제4항의 요건을 모두 갖춘다면 증거능력이 인정될 수 있다.

⑤ B가 증언을 거부한다면 「형사소송법」 제314조에 따라 특신상태가 증명되더라도 B에 대한 진술조서는 증거능력이 인정되지 않는다.

034 □□□ [16 변시]

> K의 착오에 의해 자신의 계좌로 1,000만 원이 잘못 송금되어 입금된 것을 발견한 甲은 이를 전액 인출한 다음, 다른 지방에 거주하는 친구인 乙에게 위 사정을 말하고 그 돈을 맡겼다. 乙은 그 돈을 자신의 계좌에 입금하였다가, 그중 100만 원을 수표로 인출하여 임의로 사용하였다. 甲은 점유이탈물횡령죄로 약식명령을 받은 후 양형 부당을 이유로 A법원에 정식재판을 청구하였고, 검사는 정식재판을 청구하지 않았다. 甲에 대한 재판 계속 중 검사는 횡령죄로 공소장변경을 신청하고, 증거를 보완하기 위하여 乙 주거지 관할 B법원에 乙의 금융계좌 등에 대한 압수·수색영장을 청구하였다.

① 점유이탈물횡령죄보다 횡령죄의 법정형이 더 중하지만 공소장변경은 허용된다.

② 甲은 K와 거래관계가 없다고 하더라도 신의칙상 보관관계가 인정되어 횡령죄가 성립하고, 乙은 K에 대하여는 장물보관죄가 성립하나 甲에 대하여는 횡령죄가 성립하지 않는다.

③ B법원 판사가 위 영장을 기각한 경우, 검사는 그 결정에 대하여 항고나 준항고로 다툴 수 없다.

④ B법원 판사가 위 영장을 발부한 경우, 검사는 그 영장을 통해 확보한 수표발행전표 등을 위 재판의 증거로 사용할 수 없다.

⑤ 검사는 A법원에 사실조회를 신청하여 위 수표발행전표 등을 확보할 수 있다.

035 □□□ [16 변시]

> 외국인 근로자 甲은 외국인인 A의 운전면허증(서울지방경찰청장 발행)을 훔쳐 소지함을 기화로 이동통신 대리점에서 A로 행세하면서 A 명의로 이동전화가입신청서를 작성하여 A의 운전면허증과 함께 제출한 뒤 휴대전화기를 교부받으려다 A가 아님을 알아차린 업주에게 현행범으로 체포되어 경찰에 인계되어 조사 받은 후 석방되었다. 甲은 검사 작성의 피의자신문 조서에 이의없음을 진술하고도 간인, 날인 및 서명을 거부하여 검사는 조서에 그러한 취지를 기재하고 기소하였고, 담당 재판부는 甲이 공판기일에 수회 불출석하여 구속영장을 발부하였다. 공판기일에 A의 사실혼 배우자 B가 증인으로 출석하여 운전면허증을 도난당한 상황을 증언한 후 이어서 A의 증언을 통역하였다.

① 운전면허증은 자격증명의 기능뿐만 아니라 동일인증명의 기능도 있으므로, 甲이 이동통신 대리점에서 A의 행세를 하면서 A의 운전면허증을 업주에게 제출한 행위는 공문서부정행사죄에 해당한다.

② 업주가 甲을 체포할 때 피의사실의 요지, 체포의 이유와 변호인을 선임할 수 있음을 말하고 변명할 기회를 주어야 할 의무는 없고, 甲을 인도받은 사법경찰관이 인도받을 때 위 절차를 밟으면 된다.

③ 피의자의 날인 또는 서명이 누락된 피의자신문조서는 증거능력이 없으며, 피의자가 이의없이 조사를 받은 후 타당한 이유없이 날인 또는 서명을 거부하였다는 취지가 조서말미에 기재되어 있더라도 그 조서는 증거능력이 없다.

④ 甲에 대한 구속영장 발부는 '검사나 사법경찰관에 의하여 구속되었다가 석방된 자는 다른 중요한 증거를 발견한 경우를 제외하고는 동일한 범죄사실에 관하여 재차 구속하지 못한다'는 「형사소송법」 제208조 제1항에 위배되는 위법한 구속이라고 볼 수 없다.

　　▸ 사안은 구속이 아니라 현행범체포된 경우이며, 피고인에 대한 구속임

⑤ 통역인이 사실혼 배우자인 경우는 제척사유에 해당하지 않으나 통역인이 사건에 관하여 증인으로 증언한 때에는 직무집행에서 제척되므로 B가 통역한 A에 대한 증인신문조서는 유죄 인정의 증거로 사용할 수 없다.

036 □□□
[16 변시]

> 甲은 유흥주점 허가를 받기 위해 구청 담당 과장 乙과 친하다는 丙을 찾아가 乙에게 전달하여 달라고 부탁하면서 2,500만 원을 제공하였다. 丙은 乙에게 甲의 유흥주점 허가를 부탁하면서 2,000만 원을 교부하고, 나머지 500만 원은 자신이 사용하였다. 한편, 乙은 구의원 丁에게 丙으로부터 받은 2,000만 원을 교부하면서, 구청장에게 부탁하여 구청 정기인사에서 자신이 좋은 평정을 받게 해달라고 말하였다. 甲에게 유흥주점 허가가 난 후, 甲은 감사의 표시로 자신의 유흥주점에 乙을 초대하였고, 乙은 대학동창인 회사원 3명에게 자신이 술값을 낸다고 말하고 이들과 함께 甲의 유흥주점에 가서 400만 원의 향응을 제공받았다.

① 甲과 乙은 공소시효의 정지에 관한 「형사소송법」 제253조 제2항에서 말하는 '공범'에 포함되지 않는다.

② 乙에게 추징할 수 있는 금액은 2,400만 원이다.

③ 丙에게는 2,500만 원에 대한 제3자뇌물취득죄와 2,000만 원에 대한 뇌물공여죄가 성립한다.

④ 丁에게 알선수뢰죄가 성립하기 위해서는 단순히 공무원으로서의 신분이 있다는 것만으로는 부족하고, 적어도 다른 공무원이 취급하는 사무의 처리에 법률상이거나 사실상으로 영향을 줄 수 있는 관계 내지 지위를 이용하는 경우이어야 한다.

⑤ 수사기관에 피의자로 출석한 乙에게 진술거부권을 고지하지 않은 채 자술서를 작성토록 하였다면, 그 자술서는 증거능력이 없다.

037 □□□
[16 변시]

> 甲은 A에 대한 강도상해죄로 기소되었다. 범행을 목격한 甲의 사촌동생 乙은 甲의 강도상해사건의 증인으로 출석하여 선서한 후, 허위의 진술을 하였다. 한편, 甲은 공소장부본을 송달받은 다음 날 국민참여재판을 신청하였다.

① 乙이 증언거부권을 고지받지 못함으로 인하여 그 증언거부권을 행사하는 데 사실상 장애가 초래되었다고 볼 수 있는 경우에는 위증죄의 성립이 부정된다.

② 만약 甲과 A 사이의 민사소송절차에서 乙이 증언거부권을 고지받지 않은 상태에서 선서와 허위의 진술을 한 경우, 乙에게는 위증죄가 성립한다.

③ 乙에게 위증죄가 성립하는 경우, 乙이 위 강도상해사건의 재판이 확정되기 전에 자백 또는 자수한 때에는 그 형을 감경 또는 면제한다.

④ 국민참여재판으로 진행하는 것은 상당하지 않다는 검사의 이의가 있어 공판준비기일에서 甲과 검사의 의견을 다시 들은 후 국민참여재판으로 진행하기로 결정하였는데, 이에 대해 검사가 항고한 경우, 법원은 항고기각결정을 해야 한다.

　　▸ 판결 전 소송절차에 대한 결정이며, 즉시항고 규정 없어 항고할 수 없음

⑤ 법원이 甲의 국민참여재판 신청에 대해 배제결정 없이 통상의 공판절차로 재판을 진행하는 것은 위법하고, 이러한 공판절차에서 이루어진 소송행위도 효력이 없다.

038 □□□ [17 변시]

> 甲과 乙은 야간에 A의 집에 있는 다이아몬드를 훔쳐서 유흥비를 마련하기로 모의하면서, 범행이 발각되는 경우 어떤 수단을 사용해서라도 체포되어서는 아니된다고 약속하였다. 밤 12시 경 甲이 집 밖에서 망을 보고있는 사이 乙은 A의 집에 들어가서 다이아몬드를 들고 나오다가 이를 본 A가 "도둑이야"라고 소리치자 집 밖으로 도망쳤다.

① A가 乙을 체포하기 위해 집 밖으로 나오는 순간 집 밖에서 기다리고 있던 甲은 체포를 면탈할 목적으로 A를 넘어뜨려 A는 상해를 입었고, A는 더 이상 추적을 할 수 없었다. 甲에게는 강도상해죄 또는 강도치상죄가 성립한다.

② A가 乙을 체포하기 위해 집 밖으로 나오는 순간 집 밖에서 기다리고 있던 甲은 체포를 면탈할 목적으로 A를 넘어뜨려 A는 상해를 입었고, A는 더 이상 추적을 할 수 없었다. 乙에게는 강도상해죄 또는 강도치상죄가 성립한다.

③ 이에 A는 경찰서에 신고를 하였고, 출동한 경찰관 B는 乙을 추격하여 체포하려고 하자, 乙은 B를 밀쳐서 B는 상해를 입었다. 乙에게는 공무집행방해치상죄가 성립하지 않는다.

④ 甲과 乙은 모두 체포되어 공동정범으로 기소되어 재판을 받고 있다. 甲은 법정에서 범행을 자백하면서 乙과 함께 다이아몬드를 훔칠 것을 모의하였다고 진술하였다. 그러나 乙은 모의한 사실이 없고 지나가다가 甲의 범행에 도움을 준 것이라고 주장하면서 범행을 부인하였다. 변론의 분리가 없다면 甲은 乙의 범죄사실에 대한 증인적격이 인정되지 않는다.

⑤ 한편 경찰관 C는 증거확보를 위해 A의 상해부위를 사진촬영하였고, 검사는 그 사진을 법원에 증거로 신청하였다. 상해부위 촬영사진에 대해서는 전문법칙이 적용되지 않는다.

039 □□□ [17 변시]

> 채권자인 甲과 그의 아내 乙은 빚을 갚지 못하고 있는 채무자 A를 찾아가 함께 심한 욕설을 하였다.

① 사건현장에 甲, 乙, A만 있었다면 모욕죄는 성립하지 않는다.

② 위 사건현장에 있던 A의 아들 B(5세)가 사건을 목격하였고 당시 상황을 이해하고 답변할 수 있다면, B가 16세 미만의 선서무능력자이더라도 그의 증언은 증거로 할 수 있다.

③ 검사가 甲과 乙을 모욕죄로 공소제기 이후라도 A가 제1심 법원에 고소장을 제출하여 고소가 추완된 경우에도 제1심 법원은 공소기각의 판결을 하여야 한다.

④ A가 경찰청 인터넷 홈페이지에 '甲과 乙을 철저히 조사해 달라'는 취지의 민원을 접수하는 형태로 甲과 乙에 대한 조사를 촉구하는 의사표시를 하였더라도 「형사소송법」에 따른 적법한 고소를 한 것으로 볼 수 없다.

⑤ 만일 甲과 乙이 심한 욕설과 함께 A의 사무실 유리탁자 등 집기를 손괴하면서 당장 빚을 갚지 않으면 조직폭력배를 동원하여 A의 가족에게 해를 가하겠다고 말하였더라도 甲과 乙은 채권자로서 권리를 행사한 것이더라도 공갈죄가 성립한다.

> 입시학원 강사인 甲은 A사립대학에 재직중인 입학처장 乙에게 요청하여 A대학의 신입생전형 논술시험문제를 전자우편으로 전송받았다. 甲은 공모에 따라 A대학에 진학하고자 하는 학생들에게 시험문제와 답안을 알려주었고, 학생들은 답안지를 그대로 작성하여 그 정을 모르는 시험감독관에게 제출하였다.

① 甲은 위계로써 입시감독업무를 방해하였으므로 업무방해죄가 성립한다.

② 乙이 자신의 범행발각을 두려워하여 A대학의 입학관련 메인컴퓨터의 비밀번호를 변경하고 그 비밀번호를 입학담당관에게 알려주지 않았더라도, 乙에게는 컴퓨터등장애업무방해죄가 성립하지 않는다.

③ 검사가 乙의 전자우편을 압수·수색하는 과정에서 급속을 요하는 때에는 압수·수색영장을 집행하면서 참여권자에 대한 사전통지를 생략하였다고 하더라도 적법절차원칙에 위배되지 않는다.

④ 공소제기 후, 검사가 제출한 증거에 대한 피고인 甲의 동의 또는 진정성립 여부 등에 관한 의견이 증거목록에 기재되었다면 증거목록의 기재는 공판조서의 일부로서 명백한 오기가 아닌 이상 절대적인 증명력을 가지게 된다.

⑤ 검사가 제출한 증거에 대해 甲이 증거동의 하였다면, 공판기일에서의 증거조사가 완료된 후 甲이 증거동의의 의사표시를 취소하더라도 이미 취득한 증거능력이 상실된다고 볼 수 없다.

> 甲은 A가 운영하는 식당에 들어가 금품을 절취하기로 마음먹고 야간에 A의 식당 창문과 방충망을 그대로 창틀에서 분리만 한 후 식당 안으로 들어갔으나 곧바로 방범시스템이 작동하여 그 경보 소리를 듣고 달려온 A와 근처를 순찰중이던 경찰관 B에게 발각되자 체포를 면탈할 목적으로 A와 B를 폭행하고 도주하였다. 이러한 상황은 식당에 설치된 CCTV에 모두 녹화되었다. 甲은 공소제기되어 제1심 법원에서 재판 진행 중이다.

① 甲은 준강도미수죄와 공무집행방해죄가 성립하고 양 죄는 상상적 경합관계에 있다.

② 만일 甲이 위와 같은 방법으로 식당 안에 침입하여 현금을 절취한 후 발각되지 않고 도주하였다면, 甲에게는 「형법」 제331조 제1항(야간손괴침입절도)의 특수절도죄가 성립하지 않는다.

③ 만일 상습으로 단순절도를 범했던 甲이 오후 3시에 A의 식당에 들어가 현금을 절취한 후 발각되지 않고 도주하였다면, 甲에게는 상습절도죄와 별개로 주거침입죄가 성립한다.

④ 검사가 위 CCTV 녹화기록을 증거로 제출하였는데, 제1심 법원이 공판기일에 CCTV에 대한 검증을 행한 경우, 그 검증결과가 바로 증거가 되는 것이고 그 검증의 결과를 기재한 검증조서가 서증으로서 증거가 되는 것은 아니다.

⑤ 위 사건에 대한 제1심 법원의 판결에 대하여 검사만이 양형부당을 이유로 항소한 경우, 피고인 甲은 항소심판결에 대하여 사실오인, 채증법칙 위반, 심리미진 또는 법령위반 등의 사유를 들어 상고이유로 삼을 수 없다.
  ▸ 상고이유제한의 법리의 적용

甲은 2016. 12. 4. 02:30경 A의 자취방에서 A로부터 심한 욕설을 듣자 격분하여 부엌칼로 A를 찔러 살해하였다. 甲은 같은 날 05:00경 피 묻은 자신의 옷을 A의 점퍼로 갈아입고 나오려 하다가 A의 점퍼 주머니 안에 A 명의의 B은행 계좌의 예금통장(예금액 500만 원)과 도장이 들어 있는 것을 발견하였다. 甲은 A의 점퍼를 입고 집으로 돌아간 후에 2016. 12. 5. '10:30경 B은행으로 가서 위 예금통장과 도장을 이용하여 A 명의로 예금청구서를 작성하여 이를 은행직원에게 제출하고 예금 500만 원을 모두 인출하였고, 위 예금통장과 도장은 甲의 집에 보관하고 있었다.

① 甲이 A를 살해하고 A의 예금통장과 도장이 들어 있는 점퍼를 입고 나온 행위는 강도살인죄가 성립하지 않는다.

② 甲이 A 명의로 예금청구서를 작성하고 이를 은행직원에게 제출하여 예금을 인출한 행위는 사문서위조죄 및 위조사문서행사죄, 사기죄가 성립하고, 세 죄는 모두 실체적 경합관계에 있다.

③ 만일 甲이 위 예금통장을 B은행 현금자동지급기에 넣고 甲 명의의 C은행 계좌로 500만 원을 계좌이체한 후, 이체된 500만 원을 현금자동지급기를 이용하여 인출하였다면, 이러한 행위는 컴퓨터등사용사기죄만 성립할 뿐 절도죄는 성립하지 않는다.

④ 만일 사법경찰관이 2016. 12. 6. 14:00에 甲의 집에서 약 10킬로미터 떨어져 있는 버스터미널에서 甲을 적법하게 긴급체포하였다면, 사법경찰관은 긴급히 압수할 필요가 있는 때에는 2016. 12. 7. 14:00 이내에 한하여 甲의 집에서 위 예금통장과 도장을 영장 없이 압수·수색할 수 있다.

⑤ 검사가 긴급체포된 甲에 대하여 구속영장을 청구한 경우 구속영장을 청구받은 판사는 지체 없이 甲을 심문하여야 하며, 심문할 甲에게 변호인이 없는 때에는 변호인을 선정하여 주어야 한다.

채무자 甲은 채권자 A의 가압류집행을 면탈할 목적으로, 자신이 제3채무자 乙에 대해 가지고 있는 채권을 2016. 12. 8. 丙에게 허위로 양도하였다. 한편 A는 甲의 乙에 대한 위 채권에 대하여 2016. 12. 1. 법원에 가압류신청을 하였고 법원의 가압류결정 정본은 2016. 12. 8. 乙에게 송달되었다.

① 만일 A가 가압류신청을 한 상태가 아니라 甲을 상대로 가압류신청을 할 태세를 보이고 있는 상황이었더라도 甲에게 강제집행면탈죄가 성립할 수 있다.

② 만일 A가 가압류가 아닌 담보권 실행을 위한 경매를 신청한 경우라면 甲에게 강제집행면탈죄가 성립하지 않는다.

　▸ 판례에 의하면 민사집행법 제3편의 적용대상인 '담보권 실행 등을 위한 경매'를 면탈할 목적으로 재산을 은닉하는 등의 행위는 강제집행면탈죄의 규율대상이 아님

③ 검사가 甲을 강제집행면탈죄로 공소제기한 경우, 법원이 가압류결정 정본 송달과 채권양도행위의 선후에 대해 심리·판단하지 않고 무죄를 선고하였다면 위법하다.

　▸ 판례에 의하면 가압류결정 정본 송달과 채권양도행위의 선후에 따라 강제집행면탈죄의 성립 여부가 결정됨

④ 만일 甲의 乙에 대한 채권이 '장래의 권리'일지라도 甲과 乙 사이에 장래청구권이 충분하게 표시되었거나 결정된 법률관계가 존재한다면 강제집행면탈죄가 성립할 수 있다.

⑤ 위 사안에서 강제집행면탈죄가 성립하는 경우, 공소시효는 甲이 乙에게 채권양도의 통지를 한 때부터 진행한다.

044 □□□

> 공무원인 甲은 건설회사 대표 乙에게 자신이 속한 부서가 관장하는 관급공사를 수주할 수 있게 해주겠다고 약속하고, 그 대가로 乙로부터 2016. 3. 15. 1,000만 원을, 2016. 4. 1. 1,500만 원을 받았다. 그 후 甲은 乙에게 직무상 비밀인 관급공사의 예정가격을 알려주어 乙이 공사를 수주하게 되었다. 검사는 甲이 변호인의 참여를 원한다는 의사를 명백하게 표시하였음에도, 정당한 사유 없이 변호인을 참여하게 하지 아니한 채 甲을 신문하여 피의자신문조서를 작성하였고, 추가조사를 거친 후에 甲과 乙에 대해 공소제기 하였다.

① 甲에 대한 임용결격사유가 밝혀져 당초의 임용행위가 무효가 되더라도, 甲은 뇌물수수죄에 규정된 공무원에 해당한다.

② 甲에게는 수뢰후부정처사죄 및 공무상비밀누설죄가 성립하고, 양 죄는 상상적 경합관계에 있다.

③ 검사는 수사단계에서 甲에 대한 증거를 미리 보전하기 위하여 필요한 경우에는 甲과 乙은 필요적 공범이더라도 판사에게 乙을 증인으로 신문할 것을 청구할 수 있다.

④ 검사가 작성한 피의자신문조서는「형사소송법」제312조 제1항에 정한 '적법한 절차와 방식'에 위반된 증거일 뿐만 아니라,「형사소송법」제308조의2에서 정한 '적법한 절차에 따르지 아니하고 수집한 증거'에 해당하므로 이를 증거로 할 수 없다.

⑤ 위 사건에서 심리결과 1,500만 원에 대한 부분만 무죄로 판단되는 경우에는 판결이유에만 기재하고 주문에서 따로 무죄를 선고할 것이 아님에도 불구하고 법원이 그 판결주문에 무죄를 표시하였더라도 이러한 잘못이 판결에 영향을 미친 위법사유가 되는 것은 아니다.

045 □□□

> 유흥업소를 운영하는 甲은 경찰관 乙에게 단속정보를 제공해 주는 대가로 2009. 5. 20. 200만 원의 뇌물을 공여하였다는 혐의로 조사를 받았다. 하지만 甲은 "돈을 가져오지 않으면 구속수사 하겠다는 乙의 협박 때문에 200만 원을 주었을 뿐이고, 乙로부터 단속정보를 제공받은 사실이 없으며, 그 대가로 준 것도 아니다."라고 강하게 부인하였다. 그 후 甲이 잠적해 버리자, 고민을 거듭하던 검사는 甲의 부인 A로부터 "구속수사를 피하기 위해 乙에게 200만 원을 주었다는 얘기를 甲으로부터 들었다."라는 진술을 확보하여 2016. 5. 21. 乙을 공갈죄로 기소하였다. 乙의 공판이 진행되던 2016. 7. 10. 검찰에 자진 출석한 甲은 "乙로부터 경찰의 단속정보를 제공받는 대가로 200만 원을 제공한 것이 맞다."라고 진술하였다.

① 乙이 직무집행의 의사없이 甲을 공갈하여 200만 원을 수수한 경우, 乙에게는 공갈죄만 성립한다.

② 乙이 직무처리와 대가적 관계없이 甲을 공갈하여 200만 원을 甲으로부터 교부받은 경우, 甲에게는 뇌물공여죄가 성립하지 않는다.
   ▶ 94도2528 참조

③ 공소장변경을 통해 乙에 대한 공소사실이 공갈에서 뇌물수수로 변경될 경우, 乙에 대해 적용될 공소시효의 기간은 뇌물수수죄를 기준으로 한다.

④ 乙에게 뇌물수수죄가 인정되고 甲에게 뇌물공여죄가 인정될 경우, 乙에 대해 공소가 제기되더라도 甲의 뇌물공여죄에 관한 공소시효가 정지되지 않는다.

⑤ "乙에게 200만 원을 뇌물로 주었다."라는 甲의 진술이 유일한 증거인 경우, "甲으로부터 그런 얘기를 들었다."라는 A의 법정증언을 보강증거로 하여 甲의 뇌물공여를 유죄로 인정할 수 없다.

046 □□□

> 음주운전으로 자동차운전면허가 취소된 甲은 술을 마신 상태로 도로에서 자동차를 운전하다가 단속 중인 경찰관에게 적발되어 음주측정한 결과 혈중알콜농도 0.078%로 측정되었다. 이 사건을 송치받은 검사는 甲에 대하여 벌금 200만 원의 약식명령을 청구하면서 필요한 증거서류 및 증거물을 법원에 제출하였고, 법원은 검사가 청구한 대로 벌금 200만 원의 약식명령을 발령하였다.

① 甲의 행위는 도로교통법위반(무면허운전)죄 및 도로교통법위반(음주운전)죄가 성립하고, 양 죄는 상상적 경합관계에 있다.

② 甲이 약식명령에 대하여 불복하여 정식재판을 청구하였음에도 법원이 증거서류 및 증거물을 검사에게 반환하지 않고 보관하고 있더라도 공소제기의 절차가 위법하게 되는 것은 아니다.

③ 甲만이 약식명령에 불복하여 정식재판을 청구한 경우, 정식재판을 담당하는 법원은 약식명령보다 중한 벌금 300만 원을 선고할 수 있다.
> ▸ 형사소송법 제457조의2 형종 상향 금지 참조

④ 약식명령이 검사나 甲의 정식재판 청구 없이 그대로 확정된 경우, 약식명령은 그 고지를 검사와 피고인에 대한 재판서 송달로 하고 따로 선고하지는 않으나 그 기판력의 시적 범위는 <u>약식명령 발령시</u>를 기준으로 한다.

⑤ 약식명령을 발부한 법관이 그 <u>정식재판 절차의 항소심 판결에 관여한 경우</u>, 이는 제척사유인 '법관이 사건에 관하여 전심재판 또는 그 기초되는 조사, 심리에 관여한 때'에 해당한다.

047 □□□

[18 변시]

> 甲과 乙은 식당에서 큰 소리로 대화를 하던 중 옆 테이블에서 혼자 식사 중인 丙이 甲, 乙에게 "식당 전세 냈냐, 조용히 좀 합시다."라고 말하자, 甲, 乙은 丙에게 다가가 甲은 "식당에서 말도 못하나?"라고 소리치며 丙을 밀어 넘어뜨리고, 乙은 이에 가세하여 발로 丙의 몸을 찼다. 이로 인하여 丙은 약 3주간의 치료를 요하는 상해를 입었는데 甲, 乙 중 누구의 행위에 의하여 상해가 발생하였는지는 불분명하다. 한편, 丙은 이에 대항하여 甲의 얼굴을 주먹으로 때려 약 2주간의 치료를 요하는 상해를 가하였는데 수사기관에서 자신의 범행을 부인하였다. 검사는 甲, 乙, 丙을 하나의 사건으로 기소하였고 甲, 乙, 丙은 제1심 소송계속 중이다.

① 甲, 乙 중 누구의 행위에 의하여 상해의 결과가 발생되었는가를 불문하고 甲, 乙은 상해의 결과에 대하여 책임을 진다.

② 만일 乙이 甲과 상해에 대해 공모한 사실이 없고 발로 丙의 몸을 찬 사실, 즉 <u>丙에게 폭행을 가한 사실 자체도 분명하지 않은 경우</u>, 「형법」제263조 동시범의 특례 규정이 적용되지 아니하여 乙은 상해죄의 죄책을 지지 아니한다.

③ 乙이 자신에 대한 사법경찰관 작성 피의자신문조서의 내용을 인정하더라도 그 피의자신문조서는 甲이 부동의하면 甲의 공소사실에 대하여 증거능력이 없다.

④ 甲이 선서없이 피고인으로서 한 공판정에서의 진술은 丙에 대한 유죄의 증거로 사용할 수 없다.

⑤ 甲, 乙의 공소사실에 대하여 丙을 증인으로 신문하는 과정에서 丙에게 증언거부권이 고지되지 않고 증인신문절차가 진행된 경우, 丙이 자신의 기억에 반하여 甲의 얼굴을 주먹으로 때리지 않았다고 허위로 증언하였더라도, 丙이 증언거부권을 행사하는 데 <u>사실상 장애가 초래되었다고 볼 수 있는 경우</u>에는 위증죄가 성립하지 않는다.

검사는 특수(합동)절도(㉠)를 범한 甲과 乙에 대하여 공소를 제기하였다. 그러면서 甲에 대하여는 甲이 단독으로 범한 절도(㉡)도 경합범으로 함께 기소하였다. 검사는 제1회 공판기일에 기소요지를 진술하면서 증거목록을 제출하였는데, 甲은 증거목록상의 증거들을 부동의하면서 자신은 사건 당시 집에 있었으므로 공동피고인 乙과 합동한 사실이 없고 단독으로 절도를 범한 사실도 없다고 하면서 범행을 부인하고 있다. 한편, 乙은 자신의 범행을 자백하였고, 乙의 진술 중 甲의 진술과 배치되는 부분에 대하여는 甲의 변호인이 乙에 대하여 반대신문을 실시하였다.

① 甲의 ㉠ 범죄사실에 대하여 제출된 乙에 대한 사법경찰관 작성의 피의자신문조서에 "甲과 함께 절도를 하였습니다."라는 내용이 기재되어 있는 경우, 이 조서는 증거능력이 없다.

② 甲의 ㉠ 범죄사실에 대하여 제출된 乙에 대한 검사 작성의 피의자신문조서에 "甲은 망을 보고, 제가 절도를 하였습니다."라는 내용이 기재되어 있고 乙이 법정에서 이 조서에 자신이 말한 대로 기재되어 있다고 말할 뿐 아니라 조서가 적법한 절차와 방식에 따라 작성되었고 임의성 및 특신상태도 증명되었더라도 이 조서는 증거능력이 없다.

▶ 2023도3741 참조

③ 甲의 변호인이 "합동범이 성립하기 위하여는 주관적 요건으로서의 공모와 객관적 요건으로서의 실행행위의 분담이 있어야 하고, 그 실행행위에 있어서는 <u>시간적으로나 장소적으로 협동관계가 있음</u>을 요한다."라고 주장하는 경우, 이 주장은 판례의 입장과 부합한다.

④ 甲의 ㉡ 범죄사실과 관련하여 乙이 피고인신문 과정에서 "甲이 절도를 하는 것을 보았습니다."라고 진술한 경우, 이 진술은 ㉡ 범죄사실에 대한 증거능력이 인정되지 않는다.

⑤ 甲의 ㉡ 범죄사실에 대하여 제출된 乙에 대한 검사 작성의 피의자신문조서에 "丙으로부터 甲이 절도를 하였다는 말을 들었습니다."라는 내용이 기재되어 있는 경우, 丙이 이 사건 법정에 증인으로 출석하여 "甲이 절도를 하는 것을 보았고, 이 이야기를 乙에게 하였습니다."라는 내용으로 증언하였더라도 이 조서는 증거능력이 없다.

외국인 해적들인 甲, 乙, 丙, 丁은 선박을 강취하여 선원들을 인질로 삼아 석방대가를 요구하기로 공모하고, 공해상에서 운항 중인 한국인 선원이 승선한 선박 ○○호를 강취하였다. 이에 대한민국 해군이 선원의 구조를 위해 ○○호에 접근하자, 甲, 乙, 丙, 丁은 총기를 소지한 채 해군을 살해하여서라도 저지하기로 공모하고, 甲, 乙, 丙은 해군의 보트를 향해서 일제히 조준사격을 하여 해군 3인이 총상을 입었다. 이 때 소총을 소지한 丁은 역할 분담에 따라 통신실에서 통신장비를 감시하고 있었기 때문에 외부의 총격전에는 가담하지 않았다. 해군의 공격에 더 이상 버티기 힘든 상황이 되자, 두목 甲은 같이 있던 乙, 丙에게 총기를 조타실 밖으로 버리고 선실로 내려가 피신하라고 명령하였다. 乙, 丙은 명령을 따랐고, 실질적으로 해적들의 저항은 종료되었다. 이후 甲은 조타실에서 한국인 선장 A를 살해하려고 총격을 가하여 복부관통상을 가하였으나 A는 사망에 이르지 아니하였다. 해군은 甲 등을 총격 종료 직후 현장에서 체포하여 비행기로 부산 김해공항으로 이송하였고, 공항에서 사법경찰관에게 신병을 인도하였다.

① 해군이 甲 등을 체포한 것은 수사기관이 아닌 사람에 의한 현행범인 체포이다.

② 현행범인 체포 시 구속영장 청구는 체포한 때로부터 48시간 이내에 이루어져야 한다. 사례의 경우 그 기산점은 해군에 의해 체포된 때가 아니라 <u>현행범인을 인도받은 때</u>이다.

③ 토지관할은 범죄지, 피고인의 주소, 거소 또는 현재지가 기준이 되는데, <u>적법한 강제에 의한 현재지도 이에 해당</u>한다.

④ 해군 3인에게 총상을 입힌 행위에 대하여 丁은 해상강도살인미수죄의 공동정범이 인정된다.

⑤ 선장 A를 살해하려는 행위에 대하여 乙, 丙은 해상강도살인미수죄의 공동정범이 인정되지 않는다.

050 □□□

> 甲은 집에서 필로폰을 투약한 다음, 함께 사는 사촌언니 A의 K은행 예금통장을 몰래 가지고 나와 K은행 현금자동지급기에 넣고 미리 알고 있던 통장 비밀번호를 입력하여 A 명의의 예금잔고 중 100만 원을 甲 명의의 M은행 계좌로 이체한 후 집으로 돌아와 예금통장을 원래 자리에 가져다 놓았다. 이후 甲은 자신의 신용카드로 M은행 현금자동지급기에서 위와 같이 이체한 100만 원을 인출하였다. 마침 부근을 순찰 중인 경찰관이 필로폰 기운으로 비틀거리는 甲을 수상히 여겨 甲에게 동행을 요구하였으나 甲은 그대로 도주하였다. 필로폰 투약 사실을 알게 된 A의 설득으로 甲은 다음 날 경찰서에 자진출석하였으나 필로폰 투약 사실을 일관되게 부인하며 소변의 임의제출도 거부하므로 경찰관은 소변 확보를 위해 압수·수색·검증영장을 발부받았다.

① A의 예금통장을 가지고 나온 행위에 대하여 甲이 비록 예금통장을 그 자리에 가져다 놓았다고 하더라도 절도죄가 인정되며, A의 고소가 있어야 처벌이 가능한 것은 아니다.

▸ 동거하는 친족이므로 제328조 제1항 적용

② A의 예금계좌에서 甲의 계좌로 100만 원을 이체한 행위는 컴퓨터등사용사기죄에 해당되고 이 경우 친족상도례가 적용되지 않는다.

③ 甲이 자신의 신용카드로 현금자동지급기에서 100만 원을 인출한 행위는 별도로 절도죄나 사기죄의 구성요건에 해당하지 않는다.

④ 甲은 경찰서에 자진 출석하였으나 혐의를 부인하고 있으므로 필로폰 투약 사실에 대한 자수로서의 효력이 없다.

⑤ 사법경찰관은 압수·수색·검증영장의 효력에 의하여 甲의 동의 없이 그 신체에서 소변을 채취할 수 있고, 이 경우 별도로 감정처분허가장까지 필요한 것은 아니다.

051 □□□

> 甲은 A 소유의 부동산을 매수하면서 A와 매매계약을 한 후 소유권이전등기는 명의신탁약정을 맺은 乙 앞으로 경료하였다. 乙은 등기가 자신 명의로 되어있음을 기화로 친구인 丙과 공모하여 甲의 승낙 없이 이 부동산을 丙에게 헐값으로 처분하였다. 이 사실을 안 甲이 乙과 丙에게 폭언을 퍼붓자, 乙과 丙은 서로 짜고 B를 포함한 여러 사람들에게 甲을 모욕하는 말을 떠들고 다녔다. 이에 甲은 乙과 丙을 횡령과 모욕의 범죄사실로 고소하였다. 이후 甲은 도로상에서 만난 丙이 "왜 나를 고소했느냐?"라고 따지면서 대들자 마침 그곳을 지나가는 동생 丁에게 "강도인 저 사람이 칼을 갖고 형을 협박하니 좀 때려라."라고 하면서 상해의 고의로 옆에 있던 위험한 물건인 몽둥이를 건네주었고, 甲의 말만 믿은 丁은 甲을 방위할 의사로 丙에게 약 3주간의 치료를 요하는 상해를 가하였다.

① 甲은 신탁부동산의 소유권을 가지지 아니하고, 甲과 乙 사이에 위탁신임관계를 인정할 수도 없어 乙을 甲의 부동산을 보관하는 자라고 할 수 없으므로, 乙이 신탁받은 부동산을 임의로 처분하여도 甲에 대한 관계에서 횡령죄가 성립하지 아니한다.

② 丁이 丙을 강도로 오인한 데 대하여 정당한 이유가 인정되지 않는 경우, 엄격책임설에 의하면 甲은 특수상해죄의 교사범이 성립한다.

③ 乙과 丙이 모욕죄의 공범으로 기소되어 제1심 공판심리 중 甲이 乙에 대한 고소를 취소하면 수소법원은 乙과 丙 모두에 대하여 공소기각의 판결을 선고해야 한다.

④ 乙과 丙의 모욕죄에 대한 공판심리 중 피해자인 甲은 B를 증인으로 신문해 줄 것을 수소법원에 신청할 수 없다.

⑤ 만일 검사로부터 丙을 모욕죄로 공소를 제기하지 아니한다는 통지를 받은 甲이 관할 고등법원에 재정신청을 하였다면 재정결정이 확정될 때까지 공소시효의 진행은 정지되며, 법원의 공소제기 결정에 대하여 검사는 즉 시항고 등의 방법으로 불복할 수 없다.

052 ☐☐☐ [18 변시]

> 甲이 공무원 乙에게 뇌물 4,000만 원을 제공하였다는 범죄사실로 甲과 乙이 함께 공소제기되어 공동피고인으로 재판을 받으면서 甲은 자백하나, 乙은 뇌물을 받은 사실이 없다고 주장하며 다투고 있다.

① 위 뇌물수수사실이 인정되는 경우 甲, 乙 모두가 「특정범죄 가중처벌 등에 관한 법률」에 따라 가중처벌되는 것은 아니다.

　▸ 특가법은 수뢰의 경우에만 가중 처벌함

② 乙이 그 직무의 대상이 되는 사람으로부터 금품 기타 이익을 받은 때에는 특별한 사정이 없는 한 직무와의 관련성이 없다고 할 수 없고, 비록 사교적 의례의 형식을 빌어 금품을 주고받았다고 하더라도 그것이 乙의 직무와 관련된 이상 그 수수한 금품은 뇌물이 된다.

③ 甲은 소송절차가 분리되지 않는 한 乙에 대한 공소사실에 관하여 증인이 될 수 없다.

④ 변론분리 후 甲이 증언하는 과정에서 "뇌물을 제공받은 乙이 저에게 '국가와 민족을 위해 잘 쓰겠습니다.'라고 말했습니다."라고 진술한 경우, 乙의 위 진술내용은 특신상태가 증명된 때에 한하여 증거로 할 수 있다.

　▸ 수뢰의 범행 중에 한 진술이라면 직접 증거가 되므로 범행 후에 진술한 것으로 선해할 필요가 있음

⑤ 「형법」 제134조는 뇌물 또는 뇌물에 공할 금품을 필요적으로 몰수하고 이를 몰수하기 불가능한 때에는 그 가액을 추징하도록 규정하고 있는바, 몰수는 특정된 물건에 대한 것이고 추징은 본래 몰수할 수 있었음을 전제로 하는 것임에 비추어 뇌물 또는 뇌물에 공할 금품이 특정되지 않았던 것은 몰수할 수 없고 그 가액을 추징할 수도 없다.

053 ☐☐☐ [18 변시]

> A 금융컨설팅 주식회사 대표이사 甲은 금융기관에 청탁하여 B 주식회사가 20억 원의 대출을 받을 수 있도록 알선행위를 하고 그 대가로서 컨설팅 용역계약 수수료 명목으로 1억 원을 A 주식회사의 계좌로 송금받았다. 위 1억 원 중 1,000만 원은 직원급여로 지급되었다. 검사는 甲을 특정경제범죄가중처벌등에관한법률위반(알선수재)죄로 기소하였고 제1심 법원은 甲의 유죄를 인정하고 징역 및 추징을 선고하였다. 이에 甲은 추징액이 잘못되었다고 주장하면서 추징 부분에 대하여만 항소를 제기하였다.

① 대출 알선행위의 대가로 받은 수수료에 대한 권리가 A 회사에 귀속된다고 하더라도 수수료로 받은 금원의 가액을 A 회사로부터 추징하여야 하는 것은 아니다.

② 甲이 위 1억 원 중 개인적으로 실제 사용한 금원이 있을 경우 그 금원에 한해 그 가액을 추징할 수 있는 것은 아니다.

③ 위 사례에서 법원이 선고하여야 할 추징 액수는 1억 원이다.

④ 甲이 추징에 관한 부분만을 불복대상으로 삼아 항소를 제기하였더라도 항소심의 심리 범위는 본안에 관한 판단부분에까지 미친다.

054 □□□   [18 변시]

> 甲(17세)은 친구들과 술을 마셔 혀가 꼬부라진 발음을 하며 걸음을 제대로 걷지 못한 채 비틀거리는 등 만취한 상태에서 00 : 45경 자동차를 운전하다가 행인 A를 뒤늦게 발견하고 미처 피하지 못하여 A에게 전치 4주의 상해를 입히고 B 소유의 상점 출입문을 들이받아 파손한 후 의식을 잃고 곧바로 사고현장 인근 병원 응급실로 후송되었다. 병원 응급실로 출동한 경찰관 P는 甲에게서 술 냄새가 강하게 나는 등 음주운전의 가능성이 현저하자 같은 날 01 : 50경 甲의 아버지의 동의를 받고 그 병원 의료인에게 의학적인 방법에 따라 필요최소한의 한도 내에서 甲의 혈액을 채취하게 한 후 그 혈액을 영장 없이 압수하였다. 그 후 P는 그 혈액을 국립과학수사연구원에 감정의뢰하였고 甲의 혈중알콜농도는 0.15%로 회신되었다.

① 甲이 A에게 상해를 입힌 점은 특정범죄가중처벌등에관한법률위반(위험운전치상)죄가 성립하고, 교통사고처리특례법위반(치상)죄는 이에 흡수된다.

② 甲이 B 소유의 상점 출입문을 파손한 점은 도로교통법위반죄를 구성하지만, B가 甲을 처벌하지 말아달라는 의사표시를 한 경우 검사는 甲을 도로교통법위반죄로 기소할 수 없다.
   ▶ 도교법 제151조의 업무상과실재물손괴죄는 교특법 제3조 제2항 본문에 따라 항상 반의사불벌죄임

③ 甲의 동의를 기대할 수 없었던 상황이었다고 하더라도 甲의 법정대리인인 아버지의 동의만으로는 혈액채취에 관한 유효한 동의가 있었다고 볼 수 없다.

④ 甲이 후송된 병원 응급실은 「형사소송법」 제216조 제3항의 범죄장소에 준한다.

⑤ P가 혈액을 압수한 후 지체없이 압수·수색영장을 발부받지 않았다면 국립과학수사연구원이 작성한 감정의뢰회보는 증거능력이 없다.

055 □□□   [19 변시]

> 2018. 7.경 甲과 乙은 공모하여 甲의 장인인 A(甲과 동거하지 아니하고, 乙과는 아무런 신분관계가 없음)에 대한 차용증을 위조한 다음 법원에 A 소유 토지에 대한 부동산가압류를 신청하였고 법원은 위 신청에 대한 부동산가압류명령을 발령하여 부동산등기부와 동일한 공전자기록에 위 토지에 대한 가압류등기가 경료되었다. 이후 甲과 乙은 A에 대하여 대여금청구의 소를 제기하면서 소장에 A의 주소를 허위로 기재하는 방법으로 승소판결을 받았다. A는 위 사실을 뒤늦게 알고, 알게 된 날로부터 1개월 만에 甲과 乙을 사문서위조, 위조사문서행사, 사기, 공전자기록등불실기재 및 불실기재공전자기록등행사로 경찰에 고소하였다. 乙은 수사를 받게 된 것을 알고 집에 보관 중이던 위 차용증 원본을 태워 없앴다.

① 甲과 乙이 부동산가압류를 신청하고 이에 따른 명령을 받은 것만으로는 사기죄가 성립하지 않는다.

② 甲은 A와 친족관계이므로 甲의 사기죄에 대하여 친족상도례가 적용되고, 甲은 피해자인 장인 A의 직계혈족인 딸의 배우자이므로 제328조 제1항 적용되어 형이 면제되어야 한다.
   ▶ 피해자를 기준으로 친족범위를 산정한 사안임

③ 위 가압류등기는 甲과 乙의 등기신청이 아니라 법원의 촉탁에 의하여 이루어졌으므로 甲과 乙에게는 공전자기록등불실기재죄 및 불실기재공전자기록등행사죄가 성립하지 아니한다.

④ 자신의 형사사건에 대한 증거를 인멸한 경우 증거인멸죄가 성립하지 않고, 乙이 없앤 차용증 원본은 甲에 대한 형사사건의 증거이더라도 乙을 증거인멸죄로 처벌할 수 없다.

⑤ 甲이 위 범행 이후 처와 이혼하여 甲과 A 사이에 더 이상 친족관계가 존재하지 않더라도 甲의 사기죄에 대하여 친족상도례가 적용된다.

056 □□□

X회사의 대표이사 甲은 신축 중인 건물공사의 하도급과 관련하여 발주업체의 이사 乙에게 "개인채무변제에 필요하니 하도급 공사대금 20억 원을 23억 원으로 부풀리는데 눈감아 달라. 그리고 3억 원은 급하니 공사완료 전에 미리 개인적으로 지급해주면 2,000만 원을 주겠다."라고 부탁하였고, 며칠 후 약속한 대로 업무상 보관 중이던 X회사의 비자금 2,000만 원을 그 정을 알고 있는 운전기사 丙에게 주면서 乙에게 그 돈을 전달하게 하였다. 丙은 甲에게서 받은 2,000만 원 중 1,000만 원은 자신의 유흥비로 소비하고 나머지 1,000만 원만 乙에게 교부하였다. 그로부터 일주일 후 甲은 丙에게 "2,000만 원을 乙에게 잘 전달하였느냐?"라고 물었고, 丙은 甲이 말한 내용을 보이스펜에 녹음하였다. 경찰관 P가 위 범행에 대한 제보를 받고 수사에 나서자 丙은 수사에 협조하여 선처를 받고자 甲의 말을 녹음해 두었던 원본 보이스펜을 P에게 임의제출하였다. 그 후 검사는 피의자 甲을 구속한 상태에서 수사를 진행하였다.

① 甲이 업무상 보관중이던 X회사의 비자금을 丙을 통하여 乙에게 전달한 행위는 배임증재죄와 업무상횡령죄를 구성한다.

② 丙이 甲으로부터 받은 2,000만 원 중 1,000만 원을 개인적으로 사용한 행위에 대해서는 횡령죄가 성립하지 않는다.

③ 만약 법정에서 甲에 대한 증거로 제출된 보이스펜의 녹음내용을 증거로 함에 甲이 부동의한 경우에는 보이스펜이 甲이 말한 내용을 녹음한 원본임이 입증되고, 「형사소송법」 제313조 제1항 단서에 따라 공판준비 또는 공판기일에서 丙의 진술에 의하여 보이스펜에 녹음된 甲의 진술내용이 甲이 진술한 대로 녹음된 것임이 증명되고, 그 진술이 특히 신빙할 수 있는 상태에서 행하여진 것임이 인정되면 보이스펜에 녹음된 진술의 증거능력을 인정할 수 있다.
  ▸ 작성자설(완화요건설)의 입장

④ 甲이 청구한 구속적부심사절차에서 법원이 甲에게 보증금 납입을 조건으로 석방을 결정한 경우 甲은 그 결정에 대하여 취소의 실익이 있다면 「형사소송법」 제402조에 의한 항고를 할 수 있다.
  ▸ 97모21 참조

⑤ 만약 甲이 X회사의 자금을 이용하여 비자금을 조성하였다 하더라도 그것이 비자금 소유자인 X회사 이외의 제3자가 이를 발견하기 곤란하게 하기 위한 장부상 분식에 불과하거나 X회사의 운영에 필요한 자금을 조달하는 수단으로 인정되는 경우에는 업무상횡령죄의 불법영득의사를 인정할 수 없다.

057 ☐☐☐

> 甲은 2018. 3.경 6개월 전부터 스마트폰 채팅 애플리케이션을 통하여 알게 된 피해자 A(15세, 여)로부터 A의 은밀한 신체 부위가 드러난 사진을 전송받고, A의 개인정보와 A 지인의 인적사항을 알게 되자, A에게 시키는 대로 하지 않으면 기존에 전송받았던 신체 사진과 개인정보 등을 유포하겠다고 협박하였다. 甲은 이에 겁을 먹은 A로 하여금 A 자신의 가슴을 만지는 동영상 등을 촬영하도록 하여 그 동영상을 전송받았고 이를 자신의 컴퓨터 하드디스크에 저장한 후 인터넷 그룹채팅방에 업로드하였다.

① A로 하여금 A 자신의 가슴을 만지도록 한 甲에게는 아동·청소년의성보호에관한법률위반(강제추행)죄의 간접정범이 성립할 수 있다.

② 만약 甲이 성폭력범죄의처벌등에관한특례법위반(통신매체이용음란)죄에 대하여만 100만 원의 벌금형을 선고받고 확정된 경우라면, 甲은 「성폭력범죄의 처벌 등에 관한 특례법」 제42조 제1항에 따른 신상정보 등록대상자가 되지 않는다.

③ 사법경찰관이 甲의 주거지에서 甲의 스마트폰에 대한 압수·수색영장을 집행할 경우, 甲이 현장에 없거나 현장에서 甲을 발견할 수 없어 영장 제시가 현실적으로 불가능하다면 영장을 제시하지 아니한 채 압수·수색을 하더라도 위법한 압수·수색이 아니다.

  ▸ 2022.2.3. 개정 형사소송법 제118조 참조

④ 사법경찰관이 압수·수색대상인 甲의 컴퓨터 하드디스크를 수사기관의 사무실로 적법하게 반출하여 그 하드디스크 자체를 탐색하여 혐의사실과 관련된 전자정보를 문서로 출력하거나 파일로 복제하는 일련의 과정은 전체적으로 하나의 영장에 기한 압수·수색의 일환에 해당한다.

058 ☐☐☐

> 甲은 종중으로부터 명의신탁된 시가 10억 원 상당의 임야에 대하여 ㉠ 2013. 7. 3. 자신의 채무를 담보하기 위하여 A에게 채권최고액 2억 원의 근저당권을 임의로 설정하여 주었고, ㉡ 2018. 7. 4. 다시 B에게 이를 임의매도하고 대금 8억 원을 받아 소비하였다. 甲은 ㉠, ㉡죄의 경합범으로 기소된 후 제1심에서 전부 유죄로 인정되어 징역 2년을 선고받았다. 이에 甲만 무죄라는 취지로 항소하였다. 항소심 법원은 ㉠죄에 대하여는 무죄를 선고하고, ㉡죄에 대하여는 유죄로 인정하여 징역 2년을 선고하였다. 검사는 ㉠부분에 대하여만 상고하였고 대법원은 ㉠죄도 유죄라고 판단하였다.

① ㉠행위는 횡령죄를 구성한다.

② ㉡행위는 특정경제범죄가중처벌등에관한법률위반(횡령)죄를 구성한다.

③ ㉠, ㉡죄는 동시적 경합범으로 과형상 1죄의 관계에 있지만, 대법원은 ㉠죄에 대하여만 파기 환송하여야 한다.

④ 환송받은 법원은 상고심 판단의 기초가 된 증거관계에 변동이 생기지 않는 한 ㉠죄 부분을 유죄로 판단하여야 한다.

⑤ 환송받은 법원은 ㉠죄 부분을 유죄로 판단하더라도 형을 선고하지 아니한다는 주문을 선고하여야 한다.

> 甲은 주간에 A의 집에 들어가 자전거 1대를 절취(㉠)하여 가던 중 귀가하던 A에게 2018. 9. 1. 15:00에 체포되었다. 같은
> 날 15 : 30 甲을 지체 없이 인수받은 사법경찰관 P는 진술거부권을 고지하지 않고 질문하여 甲으로부터 ㉠은 물론 며칠
> 전 길에 세워 둔 B의 자전거 1대를 절취(㉡)하였다는 사실도 자백 받았다. 경찰서에 도착한 P는 甲에게 진술거부권을 고지
> 한 후 신문하였고, 甲의 ㉠, ㉡에 관한 자백이 담긴 신문조서를 작성하였다. P는 검사 S에게 甲에 대한 구속영장을 신청하
> 였고, S는 법원에 2018. 9. 3. 15:15 영장을 청구하였다. 그리고 위 혐의사실에 관한 공판심리 중 甲에게 절도의 상습성이
> 인정되었다.

① 甲에게는 상습절도죄 외에 주거침입죄가 별도로 성립한다.

② 甲이 ㉠, ㉡ 이후에 범한 절도죄로 이미 유죄판결을 받고 확정되었다면, 법원은 면소판결을 할 수 없다.

③ S의 구속영장청구는 현행범이 체포된 때로부터 48시간이 경과하지 않은 시점에서 이루어진 것이므로 적법
한 영장 청구이다.

④ 甲이 제1심에서 변호인의 조력을 받고 진술거부권을 고지 받은 상태에서 ㉠, ㉡죄에 대하여 다시 자백하는
등 인과관계가 희석되었다면 그 법정자백은 증거능력을 부여받을 수 있다.

⑤ 甲의 ㉠행위가 일몰 후에 행해졌더라면 甲의 ㉠, ㉡행위는 포괄하여 상습야간주거침입절도죄가 성립한다.

> 甲이 乙을 조수석에 태우고 자동차를 운전하고 가다가 부주의로 사람을 치고 나서 몹시 당황하자, 乙은 걱정 말라고 甲을
> 달랜 후 자동차를 정비소에 맡겨 사고의 흔적을 없애는 한편, 자신이 운전을 하다 사고를 낸 것이라고 경찰에 허위로 자수
> 하였고 乙은 해당 범죄로 기소되었다.

① 乙이 자동차를 정비소에 맡겨 사고의 흔적을 없앤 것은 <u>수사절차가 개시되기 전이라도</u> 증거인멸죄가 성립한다.

② 乙이 <u>적극적으로</u> 허위의 증거를 조작하여 제출하는 등의 행위에 나아가지 않았다면, 허위로 자수하였더라도
위계공무집행방해죄가 성립하지 않는다.

③ 만약 甲과 乙이 사실혼관계에 있다면, 범인도피죄에서 친족간의 특례규정이 적용되지 않는다.

④ 만약 甲과 乙이 법률상 부부였다가 이혼하였더라도 甲은 친족관계에 있었던 자로 증언거부권이 있다.
   ▸ 형사소송법 제148조 제1호 참조

⑤ 만약 乙이 유죄판결 확정 후 변심하여 숨겨두었던 사고 당시 甲이 운전하는 모습을 촬영한 사진을 증거로
제출하였더라도, 재심사유로서 '증거가 새로 발견된 때'에 해당하지 않는다.
   ▸ 판례는 절충설을 따름

> 전기통신금융사기(이른바 보이스피싱 범죄)를 계획한 甲이 순진해 보이는 乙에게 은행 계좌를 개설하여 현금인출카드를
> 주면 50만 원을 주겠다고 하자 乙은 甲이 범죄에 사용할 수도 있다는 것을 알면서도 돈을 벌 생각으로 자신의 계좌번호,
> 현금인출카드를 건네주었다. 甲의 계획대로 기망당한 다수의 피해자들은 현금을 乙의 계좌로 송금하였다. 한편 乙은 자신
> 이 통장과 도장을 보관하고 있는 것을 이용하여 甲의 승낙없이 위 계좌에서 500만 원을 인출하여 사용하였다. 검사는 위
> 범행에 대해 甲과 乙을 공소제기 하였다.

① 乙은 사기방조죄 외에 사기 피해자들에 대한 횡령죄는 성립하지 않는다.

② 乙은 사기방조죄 외에 장물취득죄는 성립하지 않는다.

③ 甲이 사기 피해자들로부터 취득한 것은 재물이므로 乙이 예금계좌에서 인출한 500만 원은 장물에 해당한다.

④ 乙이 甲과의 대화 내용을 甲 몰래 스마트폰으로 녹음하였다가 SD카드에 저장하여 경찰관에게 임의 제출한 경우, 甲이 동의한다면 증거능력이 있다.

⑤ 甲은 사기죄, 乙은 사기방조죄로 기소된 경우, 변론 분리 없이 검사의 피고인신문 과정에서 "甲으로부터 은행 계좌를 개설하여 현금인출카드를 주면 50만 원을 주겠다는 제안을 받고 현금인출카드를 교부하였다."라고 한 乙의 진술을 甲의 범죄사실을 인정하는 증거로 삼더라도 위법하지 않다.

062 □□□

> 시골마을에 사는 할머니 甲은 경작지의 농수 문제로 시비가 붙어 인근에 사는 A 할머니를 둔기로 때려 살해하였다는 혐의로 검사 S에 의해 기소되었다. 甲의 주거지 근처에서 피가 묻은 둔기는 발견되었으나, A의 사체는 발견되지 않았다.

① 甲의 살인죄는 간접증거에 의해 인정될 수도 있다.

② 만약 甲이 경찰서에 자진 출석해서 범죄사실을 자백하여 자수가 성립한 경우, 형을 감경하지 않아도 위법하지 않다.

③ 만약 甲이 A의 사체에 돌을 매달아 저수지에 버렸다면, 별개의 사체유기죄가 성립한다.

④ 살인죄의 구성요건이 반드시 폭행치사 사실을 포함한다고 할 수 없으므로, 법원은 살인죄가 인정되지 않는 경우 공소장변경 없이 폭행치사죄를 인정할 수 없다.

⑤ 만약 주민 B가 "甲이 나에게 '망할 놈의 할망구, 내가 A를 없애 버렸다'고 말한 적이 있다."라고 증언하였다면, 甲의 진술이 특히 신빙할 수 있는 상태 하에서 행하여졌음이 증명된 때에 한하여 B의 진술을 증거로 할 수 있다.
> ▸ 형사소송법 제316조 제1항 참조

063 □□□

> 甲은 2014. 1. 9. A를 상대로 ○○지방검찰청에, "2010. 9. 1. A로부터 건물창호공사를 도급받아 시공한 공사대금을 9,000만 원으로 정산하고 위 건물 201호를 대물변제받기로 하였으나, A가 자신에게 소유권이전등기를 해 주지 않고 다른 사람에게 매도하였으므로 처벌해 달라."라는 내용으로 고소장을 제출하였다. 그러나 수사과정에서 사실은 공사대금이 700만 원에 불과하고 위 금원마저 모두 지급되어 둘 사이의 채권채무관계가 정산되었음이 확인되었다. 이에 검사는 2014. 9. 1. A에 대하여 불기소처분을 하였고, 甲을 무고죄로 기소하였다. 한편 甲이 A를 고소할 당시, 대법원은 '채권담보로 부동산에 관한 대물변제예약을 체결한 채무자가 그 부동산을 처분한 경우 배임죄가 성립한다'고 보았으나, 2014. 8. 21. 판례를 변경하여 '배임죄가 성립하지 않는다'고 하였다.

① 변경된 대법원 판례에 따르면 A는 타인의 사무를 처리하는 자가 아니다.

② 판례가 변경되었다고 하더라도 특별한 사정이 없는 한 이미 성립한 甲의 무고죄에는 영향을 미치지 않는다.

③ 만약 甲이 제1심 법원에서 공소사실을 자백하여 간이공판절차로 진행된 후 甲이 항소심에서 범행을 부인하더라도 간이공판절차에서 증거능력이 있는 증거는 증거능력이 인정된다.

④ 만약 甲이 제1심 법원에서 징역 1년 6월, 집행유예 3년의 판결을 선고받아 甲만이 항소한 경우, 항소심 법원이 징역 1년의 실형을 선고하였다면, 「형사소송법」 제368조에 정해진 불이익변경금지원칙에 위배된다.

⑤ 만약 구치소에 있는 甲이 검사의 불기소처분에 대하여 재정신청을 하였으나 법원으로부터 기각결정을 받고 이에 재항고를 제기하고자 한다면, 그 재항고에 대한 법정기간의 준수 여부는 재항고장이 법원에 도달한 시점을 기준으로 판단하여야 하고, 거기에 「형사소송법」 제344조 제1항에서 정한 재소자 피고인 특칙은 준용되지 아니한다.

064 ☐☐☐

> 외국에 거주하는 위장결혼 알선 브로커인 한국인 甲은, 국내에 거주하는 노숙자 乙에게 100만 원을 송금해 주기로 하고 진정한 혼인의사가 없는 乙로 하여금 외국인 여성 A와의 혼인 신고서를 작성하여 ○○구청 공무원 B에게 제출하도록 하였다. B는 가족관계등록부와 동일한 공전자기록에 乙과 A가 혼인한 것으로 입력하여 등록하였다. 한편 100만 원의 입금을 기다리던 乙은 전혀 모르는 사람인 C의 이름으로 100만 원이 착오 입금되었으나, 이를 알면서도 인출하여 사용해 버렸다.

① 乙에게는 공전자기록등불실기재죄 및 동행사죄가 성립한다.

② 외국에 거주하는 甲도 우리 「형법」의 적용 대상이 된다.

③ 만약 乙이 허위의 정을 모르는 B로 하여금 乙과 A가 부부로 기재된 가족관계증명서를 발급하게 하였더라도 乙에게는 허위공문서작성죄의 간접정범이 성립하지 않는다.

④ 乙이 계좌에 착오로 입금된 금전을 인출하여 사용한 행위는 횡령죄를 구성한다.

⑤ 乙에 대한 사법경찰관 작성의 피의자신문조서는 乙이 진정성립을 인정하였더라도 甲이 공판기일에 내용을 부인하면 甲에 대하여 증거능력이 부정된다.

065 ☐☐☐

> 주식회사의 임원 甲은 애인 乙과 공모하여 업무수행용 법인카드를 이용해 3개월간 3,000만 원에 해당하는 금액을 개인용도로 사용하였다. 친구 甲이 급여에 비하여 소비가 지나친 것을 수상하게 여기던 사법경찰관 P는 때마침 회사의 제보를 받고 甲과 乙에게 출석을 요구하여 조사한 결과 甲으로부터는 자백을 받았으나, 乙은 범죄사실을 부인하였다. 이에 P는 법관의 영장에 의하지 아니하고 신용카드 회사에 근무하는 친구로부터 甲의 법인카드사용내역을 확보하였다.

① 甲의 행위는 업무상배임죄에 해당한다.

② 乙의 행위는 배임죄에 정한 형으로 처단된다.

③ P가 수집한 카드사용내역은 적법한 절차에 따르지 아니하고 수집한 증거에 해당하여 유죄의 증거로 사용할 수 없다.

④ 만약 카드사용내역이 증거로 사용될 수 없고 다른 증거가 없다면, 甲은 자신의 자백이 유일한 증거이므로 처벌되지 아니한다.

238   제3부 형사법 정지문 혼합문제 연도별 정리

> 시청 건설국장인 甲은 건설업자인 乙이 건축허가를 신청하자 "해당 토지가 자연녹지라서 건축허가를 내 줄 수 없다. 돈을 주면 어떻게든 건축허가를 내 주겠다."라고 거짓말하여 乙로부터 500만 원을 받았다. 乙은 동업자 A에게 "내가 甲에게 500만 원을 줬으니 건축허가는 잘 해결될 것이다."라고 알려 주었다.

① 甲의 행위는 사기죄의 구성요건에도 해당하며 사기죄는 뇌물수수죄와 상상적 경합관계이다.

② 만약 甲이 직무집행의 의사 없이 乙의 건설업면허를 박탈하겠다고 공갈하여 500만 원을 교부하게 한 경우라면 공갈죄는 성립하나 뇌물수수죄는 성립하지 않는다.

③ 만약 甲은 뇌물수수죄로, 乙은 뇌물공여죄로 기소되어 공동피고인으로 출석하고 있는 법정에서 A가 乙로부터 들은 대로 증언한 경우라면, A의 증언은 甲에 대하여 증거능력이 없다.

④ 만약 甲은 뇌물수수죄로, 乙은 뇌물공여죄로 기소되어 병합심리되었는데, 甲은 부인하고 乙은 자백한 경우라면 다른 증거가 없더라도 법원은 甲에 대하여 유죄선고를 할 수 있다.

⑤ 만약 甲만 먼저 뇌물수수죄로 기소되었다면, 乙의 뇌물공여죄에 대한 공소시효는 甲에 대한 공소가 제기된 때부터 당해 사건의 재판이 확정될 때까지의 기간 동안 정지되지 않는다.

> 甲은 A로부터 5억 원을 빌리면서 변제기에 변제하지 못할 경우 자기 소유의 X부동산으로 대물변제하기로 약속하였다. 甲은 위 변제기를 지나 B에게 X부동산을 3억 원에 매도하고 소유권이전등기를 해 주었다. 한편 甲은 아버지의 예금통장을 절취한 후 현금지급기에서 미리 알고 있던 비밀번호를 입력하여 아버지의 예금계좌에서 자신의 계좌로 500만 원을 이체하였다. 甲은 수사단계에서 불구속 상태로 조사를 받던 중 변호인접견을 요청하였으나 거절당했다. 그 이후 압수된 위 예금통장이 법정에서 증거물로 제출되었다.

① 甲이 타인의 사무처리자로서 A에 대한 대물변제예약 약정을 위반한 행위는 배임죄에 해당하지 않는다.

② 甲이 아버지의 예금계좌에서 자신의 계좌로 500만 원을 이체한 행위는 친족상도례가 적용되지 않는다.

③ 만일 甲이 아버지의 예금계좌에서 자신의 계좌로 이체한 500만 원을 자신의 현금카드로 인출한 경우 이는 별도의 절도죄에 해당하지 않는다.

④ 법원은 위 예금통장 절취사실이 유죄로 인정될 경우, 위 예금통장에 대하여 판결로써 피해자에게 환부하는 선고를 하여야 한다.
  ▶ 형사소송법 제333조 제1항 참조

⑤ 甲이 불구속 피의자라도 변호인과의 접견교통권은 인정된다.

068

> ㉠ 甲은 乙과 공모하여 A가 운영하는 식당에서 A 소유의 현금 10만 원과 신용카드를 절취하고, 乙은 그 동안 망을 보았다. 그 후 ㉡ 甲은 B가 운영하는 주점에서 술을 마시고 절취한 위 신용카드를 이용하여 술값 50만 원을 결제하였는데, 이 때 甲은 술값이 기재된 매출전표의 서명란에 A의 이름을 기재하고 그 자리에서 B에게 위 매출전표를 교부하였다. 甲은 특수절도죄, 사기죄 등으로, 乙은 특수절도죄로 기소되었다. 그런데 甲은 법정에서 乙과의 범행일체를 자백하였으나 乙은 이를 모두 부인하였고, 한편 압수된 위 현금 10만 원과 신용카드가 증거물로 제출되었다.

① ㉠행위와 관련하여 만약 甲이 식당에서 절도범행을 마치고 10분 가량 지나 200m 정도 떨어진 버스정류장까지 도망가다가 뒤쫓아 온 A에게 붙잡혀 식당으로 돌아왔을 때 비로소 A를 폭행한 경우라면 甲에게는 준강도죄가 성립하지 않는다.

② ㉡행위는 사기죄, 여신전문금융업법위반죄를 구성하고, 실체적 경합범이다.

③ 만약 乙이 망을 본 사실이 인정되지 않는다면, 법원은 공소장변경이 없더라도 甲에 대하여 단순절도죄로 유죄를 인정할 수 있다.

④ 만약 사법경찰관이 식당 현장상황에 관하여 甲의 범행재연사진을 포함하여 검증조서를 작성하였다면, 그 검증조서 중 위 사진 부분은 진술증거이므로 피고인 甲이 증거로 함에 동의하거나 내용을 인정하지 않는다면 증거능력이 없다.

⑤ 만약 검찰주사보가 A와의 전화대화내용을 문답형식의 수사보고서로 작성하였다면, 위 수사보고서는 전문증거로서 「형사소송법」 제313조가 적용되는데 수사보고서에 진술자 A의 서명 또는 날인이 없으므로 증거능력이 없다.

069

> 甲과 乙은 길거리에서 서로 몸싸움을 하였다. 출동한 경찰관 P가 甲과 乙을 현행범으로 체포하려고 하자 ㉠ 甲이 P의 얼굴을 주먹으로 쳐 P에게 2주간의 치료를 요하는 타박상을 가하였다. 현장을 벗어난 ㉡ 甲은 혈중알콜농도 0.1%의 상태에서 승용차를 타고 에어컨을 가동하기 위하여 시동을 걸어 놓고 잠을 자던 중 변속기를 잘못 건드려 자동차가 앞으로 약 1m 가다가 멈추었다.

① 甲의 ㉠행위는 공무집행방해죄와 상해죄를 구성하고, 두 죄의 관계는 상상적 경합범이다.

② 甲의 ㉡행위는 도로교통법상의 음주운전죄를 구성하지 않는다.

③ 乙이 나중에 "甲이 경찰관의 얼굴을 때리는 것을 보았다."라고 한 말을 친구 A가 보이스펜으로 녹음한 파일은 乙이 그 진정성립을 부인하더라도 ㉠행위의 목격사실을 부인하는 乙의 법정진술의 증명력을 다투기 위한 증거로 사용할 수 있다.

④ 甲과 乙이 기소되어 병합심리되었는데, 甲이 피고인신문절차에서 "乙이 먼저 나를 폭행하였다."라는 진술을 하였다면 이 진술은 乙의 폭행죄에 대하여 증거능력이 없다.

⑤ 乙이 제1심에서 폭행죄로 벌금 100만 원을 선고받고 항소하였는데, 항소심 계속 중 甲이 乙에 대한 처벌의사를 철회하였더라도 항소심 법원은 乙에게 공소기각판결이 아닌 실체판결을 하여야 한다.

상습도박자인 甲은 도박의 습벽 없는 乙을 도박에 가담하도록 교사하였고, 이를 승낙한 乙은 丙을 포함한 4명이 참여하고 있는 도박에 가담하였다. 이웃 주민의 신고로 도박 현장에 출동한 사법경찰관 P1이 도박을 하고 있던 丙을 현행범으로 체포하려고 하자 丙은 휴대하고 있던 등산용 칼을 휘둘러 P1에게 전치 4주의 상해를 가하였다. 사법경찰관 P2는 甲과 乙에 대한 피의자신문조서를 작성하였는데, 乙에 대한 피의자신문조서에는 甲의 교사에 의해 도박에 가담하게 되었다는 자백 취지의 진술이 기재되어 있다. 한편 甲이 수사과정에서 L을 변호인으로 선임하여 상습도박 혐의를 빠져나갈 수 있는 방법에 대해 자문을 구하자 L은 이에 대한 자문의견서를 甲에게 이메일로 송부하였는데, P2는 적법하게 그 자문의견서를 압수하였다. 기소된 甲과 乙이 병합심리를 받던 중 乙은 외국으로 이민을 떠났다.

① 甲에게는 상습도박죄의 교사범이, 乙에게는 단순도박죄의 정범이 성립한다.

② 丙에게는 특수공무집행방해치상죄(3년 이상의 유기징역)만 성립하고 특수상해죄(1년 이상 10년 이하의 징역)는 이에 흡수된다.

③ 만약 P2로부터 출석요구를 받은 乙이 사촌동생 丁을 시켜 乙이 아닌 丁이 도박을 한 것처럼 거짓으로 자수하도록 하였다면 乙에게는 범인도피교사죄가 성립한다.

④ 검사가 甲에 대한 유죄의 증거로 자문의견서를 제출하자 甲이 증거로 함에 부동의하였고, 증인으로 소환된 L이 증언거부권이 있음을 이유로 증언을 거부한 경우, 그 자문의견서는 증거능력이 인정되지 않는다.

⑤ 검사가 甲에 대한 유죄의 증거로 P2가 작성한 乙에 대한 피의자신문조서를 제출하자 甲이 그 조서의 내용을 부인하면서 증거로 함에 부동의한 경우, 원진술자인 乙이 외국에 거주 중이더라도 증거능력이 인정되지 않는다.

甲은 2019. 8. 1. A에게 X건물을 2억 원에 매도하였다. 甲은 A로부터 2019. 8. 1. 계약금 2,000만 원, 2019. 9. 1. 중도금 8,000만 원을 지급받았다. 그런데 甲은 2019. 11. 1. A로부터 잔금 1억 원을 지급받고 소유권이전등기 관련 서류를 교부해 주기로 하였음에도 2019. 10. 1. B에게 X건물을 매매대금 3억 원에 매도하면서, B로부터 매매대금 전액을 지급받고 2019. 10. 30. B에게 그 소유권이전등기를 마쳐 주었다.

① A로부터 중도금을 지급받은 甲은 '타인의 사무를 처리하는 자'에 해당하여 배임죄의 죄책을 진다.

② 만약 甲이 B와의 매매계약에 따라 B로부터 계약금만 지급받은 뒤 더 이상의 계약이행에 나아가지 않았다면, 그러한 甲의 행위는 배임죄의 실행의 착수에 이른 것이 아니므로 A에 대한 배임미수죄에 해당하지 않는다.

③ 만약 甲이 A에게 X건물을 증여하고 증여의 의사를 서면으로 표시한 상황에서 B에게 X건물을 매도하여 그 소유권이전등기를 마쳐 준 경우라면, 배임죄가 성립한다.

④ 만약 A가 甲의 사촌동생이고 甲의 위 행위로 인한 이득액이 5억 원 이상이라면 이는 특정경제범죄가중처벌등에관한법률위반(배임)죄에 해당하지만, 친족상도례 규정이 적용된다.

⑤ 만약 甲이 Y건물을 추가로 이중매매하였고 검사가 甲의 X, Y건물에 대한 배임행위를 포괄하여 특정경제범죄가중처벌등에관한법률위반(배임)죄로 기소하였는데 법원 심리결과 단순 배임죄의 경합범으로 확인되었다면, 법원은 공소장변경이 없더라도 단순 배임죄의 경합범으로 유죄를 인정할 수 있다.

> 甲은 동생인 乙과 공모하여 함께 丙을 상대로 토지거래허가에 필요한 서류라고 속여서 丙으로 하여금 근저당권설정계약서 등에 서명, 날인하게 하고 丙의 인감증명서를 교부받은 다음, 이를 이용하여 丙 소유의 토지에 관하여 甲을 채무자로 하는 채권최고액 3억 원인 근저당권을 丁에게 설정하여 주고 丁으로부터 2억 원을 차용하였다. 검사는 甲과 乙을 함께 공소제기하였다. 법정에서 甲은 변론분리 후 증인으로 증언하면서 자신의 단독 범행이라고 허위의 진술을 하였다. 이에 검사는 甲을 위증 혐의로 소환하여 乙과 공범이며 법정에서 위증하였음을 인정하는 취지의 피의자신문조서를 작성하여 증거로 제출하였다.

① 丙의 재산상 처분행위가 있었으므로 甲에게 丙에 대한 사기죄가 성립한다.

② 검사가 추가로 제출한 甲에 대한 위증 혐의의 피의자신문조서는 원진술자인 甲이 다시 법정에서 증언하면서 위 조서의 성립의 진정을 인정하고 乙에게 반대신문의 기회가 부여되었더라도 乙이 동의하지 않는다면 유죄의 증거로 사용할 수 없다.

③ 증언거부사유가 있는 甲이 증언하는 과정에서 증언거부권을 고지받지 못하고 허위진술을 한 경우 항상 위증죄가 성립하는 것은 아니다.

④ 만약 乙이 자신은 가담하지 않은 것으로 증언을 해 달라고 甲에게 부탁하여 甲이 허위의 증언을 하였다면, 비록 甲이 친족인 乙을 위하여 위증한 것일지라도 乙에게 위증교사죄가 성립한다.

⑤ 만약 甲이 위 사기범행을 인정하는 취지의 乙·丁간의 대화내용을 몰래 녹음하였다면, 그 녹음파일은 乙에 대한 유죄의 증거로 사용할 수 없다.

> 유흥주점 단속업무를 담당하고 있는 공무원 甲과 乙은 뇌물을 수수하기로 공모하여 유흥주점을 운영하는 丙을 찾아가 단속을 무마해 달라는 취지의 뇌물 4,000만 원을 수수하였다. 사무실로 돌아간 후 甲, 乙은 각자 2,000만 원씩 나누어 가졌다. 乙은 그 돈을 바로 자신의 예금계좌에 입금하였다가 일주일 뒤 양심의 가책을 받아 丙에게 전액 반환하였다. 甲, 乙, 丙은 위와 같은 범죄사실로 공동피고인으로 재판 중이다.

① 甲과 乙은 뇌물로 받은 4,000만 원을 각자 2,000만 원씩 나누어 가졌더라도 특정범죄 가중처벌 등에 관한 법률의 적용대상 뇌물가액인 3,000만 원 이상에 해당한다.

② 뇌물수수죄의 추징은 甲과 乙에게는 각자 2,000만 원씩을 추징해야 한다.

③ 乙은 丙에게 2,000만 원을 반환하였다 하더라도 乙로부터 2,000만 원을 추징하여야 한다.

④ 만약 乙이 丙으로부터 1,000만 원권 자기앞수표 두 장을 뇌물로 받아 이를 생활비로 소비한 후 현금 2,000만 원을 丙에게 반환하였더라도 乙로부터 2,000만 원을 추징하여야 한다.

⑤ 공판과정에서 丙은 甲, 乙에게 준 돈의 명목을 대여금이라고 주장하면서 범행을 부인하고 있는데 乙에 대한 피고인신문 과정 중 이루어진 "甲과 함께 있는 자리에서 丙이 단속을 무마해 달라면서 우리에게 4,000만 원을 줬다."는 乙의 진술은 丙에 대한 유죄의 증거로 사용될 수 있다.

> 甲은 사기범행에 이용되리라는 정을 알면서 속칭 '보이스피싱' 조직원인 乙에게 자기 명의의 예금통장과 체크카드 등을 양도하였다. 乙은 A에게 은행직원을 사칭하여 전화로 "당신의 은행계좌가 범죄에 이용되었다. 추가피해를 막으려면 돈을 인출하여 은행이 지정하는 계좌에 입금하여야 한다."라고 거짓말하였다. 이에 속은 A는 甲의 계좌로 1,500만 원을 송금하였다.

① 乙이 A를 기망하여 1,500만 원이 甲의 계좌로 송금·이체되었다면 乙이 이를 인출하지 못한 상태에서 체포되었다 하더라도 乙의 편취행위는 기수에 이르렀다고 보아야 한다.

② 甲이 예금통장 등을 乙에게 양도한 행위가 <u>사기방조죄가 된다면</u> 이후 甲이 송금된 1,500만 원을 인출하였더라도 사기방조죄와 별개로 A에 대한 횡령죄는 성립하지 않는다.

③ 甲의 계좌로 입금된 1,500만 원은 乙의 기망행위로 인하여 취득한 재물이지만, 甲이 이를 인출한 행위는 장물취득죄에 해당하지 않는다.

④ 乙은 사기죄로 구속되자 법원에 구속적부심사를 청구하였고 법원은 乙에 대해 보증금납입을 조건으로 석방결정을 한 경우, 검사는 이에 대하여 항고할 수 있다.
   ▸ 보석의 경우와 균형을 맞추기 위함

⑤ 乙이 사기죄로 기소되어 제1심에서 징역 1년 6월을 선고받고 사실오인을 이유로 항소한 경우에 항소심은 직권으로 양형부당을 이유로 제1심판결을 파기할 수 있다.

> A는 자신에 대한 세무조사가 진행되자 지인으로부터 세무사 甲을 소개받았다. 甲은 세무공무원에게 실제로 청탁할 의사와 능력이 없음에도 세무공무원에게 로비하여 세무조사에서 편의를 봐 줄 수 있게 하고 부과될 세금을 많이 낮춰 줄 것이니 공무원에게 사용할 로비자금을 A에게 요구하였고, 이에 A는 甲에게 3,000만 원을 건네 주었다. 그런데 A는 생각했던 것보다 별다른 도움을 받지 못하자 수사기관에 甲을 고소하였다. 이에 검사는 A를 조사한 후 법원으로부터 변호사법위반 및 사기에 관한 압수·수색영장을 발부받아 甲의 사무실에서 컴퓨터 하드디스크를 압수하여 수사기관으로 가지고 왔다. 검사는 하드디스크에 저장된 정보를 탐색하던 중 성명불상 여자의 치마 속이 찍힌 사진 여러 장을 발견하였음에도 별도로 영장을 발부받지 않고 이를 출력한 다음, 甲에 대한 피의자신문 과정에서 이를 제시하자, 甲은 지하철에서 무단 촬영한 사진이라고 자백하였다. 검사는 甲을 변호사법위반, 사기, 성폭력범죄의처벌등에관한특례법위반(카메라등이용촬영·반포 등)으로 기소하였다.

① 甲이 세무공무원에게 실제로 <u>청탁 또는 알선할 의사와</u> 능력이 없음에도 청탁 또는 알선한다고 기망하여 A로부터 위 돈을 받았다면, 변호사법위반죄 외에 사기죄도 성립하고 양 죄는 상상적 경합관계에 있다.

② 만약 사기죄와 변호사법위반죄가 상상적 경합관계에 있다면, 형이 더 무거운 사기죄에 정한 형으로 처벌하기로 하면서 필요적 몰수·추징에 관한 변호사법 규정에 따라 청탁 명목으로 받은 금품을 몰수하거나 그 상당액을 추징하는 것은 적법하다.

③ 저장매체에 대한 압수·수색 과정에서 범위를 정하여 출력·복제하는 방법이 불가능하거나 압수의 목적을 달성하기에 현저히 곤란한 예외적인 사정이 인정되어 전자정보가 담긴 저장매체를 수사기관 사무실 등으로 옮겨 복제·탐색·출력하는 경우, 피압수자나 변호인에게 참여 기회를 보장하고 혐의사실과 무관한 전자정보의 임의적인 복제 등을 막기 위한 <u>적절한 조치를 취하는 등 영장주의 원칙과 적법절차를 준수</u>하여야 한다.

④ 만약 위 컴퓨터 하드디스크 자체의 반출이 적법하다고 하여도, 위 치마 속을 촬영한 사진은 위법하게 수집한 증거이므로 성폭력범죄의처벌등에관한특례법위반(카메라등이용촬영·반포등)에 관한 유죄의 증거로 사용할 수 없는 것이 원칙이다.

076

> A는 2020. 9. 24. 甲에 대한 대여금채권을 피보전권리로 하여 甲이 B에 대하여 가지는 물품대금 채권에 대하여 가압류결정을 받았고, 위 가압류결정 정본은 2020. 10. 7. B에게 송달되었다. 甲은 C에게 채무가 없음에도 허위의 채무를 작출하여 그 허위채무에 대한 담보로 2020. 10. 6.경 위 물품대금채권을 C에게 양도하기로 하는 채권양도계약을 체결하였고, 2020. 10. 8. 채권양도 통지가 C에게 도달하였다. 한편 甲과 乙은 합동하여 2020. 10. 11. A가 화장실에 간 틈을 타서 甲이 망을 보는 도중에 乙이 A의 핸드백에서 A 소유의 지갑을 꺼내어 가 절취하였다. 경찰은 甲과 乙을 조사한 후 사건을 검찰에 송치하였고, 검사는 A를 참고인으로 조사하면서 진술조서를 작성하고, A의 동의를 받아 참고인 조사 과정을 영상 녹화하였다. 甲은 강제집행면탈죄 및 특수절도죄로, 乙은 특수절도죄로 각 기소되어 함께 재판받고 있다.

① 위 가압류결정 정본이 B에게 송달되기 전에 甲이 강제집행을 면탈할 목적으로 위 물품대금채권을 허위로 C에게 양도하였다면, 가압류채권자인 A의 법률상 지위에 어떠한 영향을 미칠 수 없더라도, 위와 같은 채권양도 행위는 강제집행면탈죄에 해당한다.

 ▸ 강제집행면탈죄는 위험범

② 乙은 피의자신문과정에서 '甲이 허위의 채무를 부담하여 허위의 채권양도계약을 체결하는 것을 목격하였다'고 진술하였는데, 이러한 진술이 기재된 경찰 작성의 乙에 대한 피의자신문조서는 「형사소송법」 제312조 제3항이 적용되는 것은 아니다.

 ▸ 강제집행면탈죄에 대하여는 공범이 아님

③ 甲에 대한 제1심 공판절차에서 검사 작성의 A에 대한 진술조서가 증거로 제출되었는데, 이에 대해 甲이 증거로 함에 동의하지 않고, A가 증인으로 출석하여 진정성립을 인정하지 않았다면, 위 증거를 신청한 검사가 재판장의 허가를 받아 진술조서의 내용을 낭독하는 등으로 법정에서 엄격한 증거조사가 이루어졌더라도 증거능력이 없다.

④ 검사가 A의 진술을 녹화한 영상녹화물은 다른 법률에서 달리 규정하고 있는 등의 특별한 사정이 없는 한 甲에 대한 공소사실을 직접 증명할 수 있는 독립적인 증거로 사용할 수 없다.

077

> 甲은 2020. 5. 6. A를 폭행하여 A의 현금카드를 강취한 후 현금자동지급기에서 500만 원을 인출하였다. 그 다음 날, 甲은 고스톱을 치는 등 도박을 하다가 500만 원을 잃게 되었다. 甲은 잃은 돈을 만회하고자 乙과 합동하여 2020. 5. 8. B의 집에서 책상서랍에 있던 B의 현금 200만 원을 훔쳤다. 한편 甲은 2019. 3. 7. 서울중앙지방법원에서 사기죄로 징역 1년 6월을 선고받아 교도소에서 복역하던 중 2020. 3. 5. 가석방되었다가 2020. 6. 5. 가석방기간이 경과하였다. 검사는 2020. 7. 3. 甲을 강도(「형법」 제333조), 특수절도(「형법」 제331조 제2항), 절도(「형법」 제329조), 도박(「형법」 제246조 제1항)으로, 乙을 특수절도(「형법」 제331조 제2항)로 각 기소하였다.

① 강취한 현금카드를 사용하여 현금자동지급기에서 예금을 인출한 행위는 강도죄와는 별도로 절도죄를 구성한다.

② 만약 검사가 기소한 甲의 범행이 모두 유죄로 인정되어 판결을 선고하는 경우, 도박죄에서 정한 벌금형은 강도죄의 3년 이상의 유기징역형에 흡수되지 않아 벌금형을 병과하여 선고할 수 있다.

 ▸ 형법 제38조 제1항 제3호 참조

③ 만약 검사가 기소한 甲의 범행이 모두 유죄로 인정되는 경우, 사기죄의 전과가 있다고 하더라도 위 죄 모두에 대하여 「형법」 제35조 누범가중을 하여야 하는 것은 아니다.

④ 2020. 5. 8. 특수절도 범행과 관련하여, 甲이 B로부터 훔친 200만 원으로 150만 원 상당의 휴대전화를 구매하였고 위 휴대전화가 수사기관에 의해 압수되었는데, 제1심 법원이 위 특수절도에 대해 유죄판결을 선고하는 경우 위 휴대전화를 몰수할 수 있다.

▶ 형법 제48조 제1항 제3호 참조

⑤ 2020. 5. 8. 특수절도 범행과 관련하여, 만약 제1심 법원의 심리결과, 乙과 동거하지 않지만 이종사촌 사이인 B가 2020. 6. 5. 甲과 乙을 고소하였다가 2020. 7. 1. 乙에 대한 고소를 취소한 사실이 밝혀졌다면, 제1심 법원은 乙에 대하여는 「형사소송법」 제327조 제2호에 따라 공소기각 판결을 선고하여야 하며, 甲에 대하여는 실체판결을 하여야 한다.

078 ☐☐☐ [21 변시]

> 甲은 사실혼 관계에 있는 乙의 허락을 받아 乙명의로 승용차를 구입한 후 乙명의로 자동차 등록을 마치면서, 乙명의로 A캐피탈로부터 3,000만 원을 대출받고, A캐피탈 앞으로 위 승용차에 관하여 저당권을 설정하여 주었다. 그 후 甲은 A캐피탈의 동의 없이 사채업자 B에게 1,000만 원을 빌리면서 담보로 위 승용차를 인도하여 주었다. 현재 위 승용차는 소재불명 상태이다. 이에 A캐피탈이 甲과 乙을 고소하자 검사 C는 乙을 권리행사방해죄로 서울중앙지방법원에 기소하였다. 그 후 도망갔던 甲이 뒤늦게 자수하자 검사 D는 甲을 권리행사방해죄의 乙의 공동정범으로 서울동부지방법원에 약식명령을 청구하였고, 甲은 이에 불복하여 정식재판청구를 하였다. 한편, 甲에 대한 제1심 공판이 진행되던 중 '乙이 위 범행에 공모하여 가담한 적이 없다'는 이유로 乙에 대한 무죄판결이 먼저 선고되어 확정되었다.

① 乙은 자동차등록명의자로서 제3자에 대한 관계에 있어 위 승용차의 소유자이다.

② 물건의 소유자가 아닌 사람은 「형법」 제33조 본문에 따라 소유자의 권리행사방해 범행에 가담한 경우에 한하여 그의 공범이 될 수 있으므로 乙에게 위와 같이 권리행사방해죄가 성립하지 않는다면, 甲에게도 권리행사방해죄의 공동정범이 성립할 수 없다.

③ 甲은 A캐피탈에 대하여 타인의 사무를 처리하는 자의 지위에 있지 않으므로, 甲에게는 배임죄가 성립하지 않는다.

▶ 2020도6258 전합 참조

④ 만약 乙이 서울중앙지방법원에서 진행되던 자신의 피고사건 공판기일에서 '甲이 위 권리행사방해 범행을 저질렀다'는 취지의 진술을 하여 그 진술이 공판조서에 기재되고 그 공판조서가 서울동부지방법원에서 진행되던 甲의 피고사건에 제출된 경우, 그 공판조서는 「형사소송법」 제315조 제3호 "기타 특히 신용할 만한 정황에 의하여 작성한 문서"에 해당한다.

⑤ 甲에 대한 약식명령을 발부한 법관이 甲의 정식재판절차의 제1심판결에 관여하였다고 하여 「형사소송법」 제17조 제7호에 정한 "법관이 사건에 관하여 전심재판 또는 그 기초되는 조사, 심리에 관여한 때"에 해당하여 제척의 원인이 된다고 볼 수는 없다.

> X 건설회사의 공동대표인 甲과 乙은 공무원 A에게 뇌물을 제공하여 관급공사를 수주하기로 공모한 다음 A에게 시가 2,000만 원 상당의 자동차와 현금 2,000만 원을 공여하였는데, 다만 자동차에 대한 등록명의는 X 건설회사 앞으로 하였다. 한편 乙은 위 회사 주차장에서 주차 시비가 붙은 B를 폭행하였고, 甲은 이를 목격하였다. 甲은 뇌물공여죄로, 乙은 뇌물공여죄 및 폭행죄로, A는 뇌물수수죄로 각 기소되어 함께 재판받고 있다.

① 뇌물공여죄와 뇌물수수죄는 필요적 공범의 관계에 있고, 뇌물공여죄가 성립하기 위하여는 뇌물을 공여하는 행위와 상대방 측에서 금전적으로 가치가 있는 그 물품 등을 받아들이는 행위가 필요할 뿐이므로, A의 뇌물수수죄가 성립하지 않더라도 甲과 乙의 뇌물공여죄는 성립할 수 있다.

② 자동차를 뇌물로 수수한 경우 자동차의 사실상 소유자로서 자동차에 대한 실질적인 사용 및 처분권한이 있을 뿐만 아니라 자동차등록원부에 뇌물수수자가 그 소유자로 등록되어야 자동차 자체를 뇌물로 취득한 것으로 볼 수 있는 것은 아니다.

③ 만약 A가 현금 2,000만 원 자체를 뇌물로 받은 것이 아니라 그 직무에 관하여 2,000만 원을 무이자로 차용한 것으로 밝혀진 경우에는 그 차용 당시에 금융이익 상당의 뇌물을 수수한 것으로 보아야 하므로, 그 공소시효는 금전을 무이자로 차용한 때로부터 기산한다.

④ 甲이 제1심 공판절차의 피고인신문과정에서 '乙이 B를 폭행한 것을 보았다'고 진술하였더라도, 위와 같은 甲의 법정진술은 乙의 폭행에 관한 유죄의 증거로 쓸 수 없다.

⑤ 만약 乙이 집행유예 기간 중에 위 뇌물공여와 폭행의 범행을 저질렀더라도, 법원이 형을 선고할 때 그 집행유예가 실효되거나 취소됨이 없이 그 유예기간이 경과한 경우라면 집행유예의 선고가 가능하다.

> 甲이 A종중으로부터 명의신탁을 받아 보관 중인 X토지에 관하여 A종중의 승낙 없이 B로부터 금원을 차용하면서 B 앞으로 채권최고액 3억 원의 근저당권을 설정하여 주었는데, 그 당시 X토지의 시가는 8억 원이고, 위 근저당권 설정 이전에 이미 채권최고액 2억 원의 1순위 근저당권 설정등기가 마쳐져 있었다. 한편 위 각 근저당권의 실제 피담보채무액도 위 각 채권최고액과 같다.

① 甲이 횡령행위로 인하여 취득한 구체적인 이득액은 X토지의 시가 상당액 8억 원에서 1순위 근저당권의 피담보채무액 2억 원을 공제한 6억 원이 아니라 X토지를 담보로 제공한 피담보채무액 내지 채권최고액인 3억 원이다.

② 검사가 甲의 횡령행위에 대해 그 행위종료일부터 7년이 경과하여 특정경제범죄가중처벌등에관한법률위반(횡령)죄로 기소한 경우, 법원은 공소장변경 없이 형법상의 횡령죄를 인정할 수 있고 특정경제범죄가중처벌등에관한법률위반(횡령)죄의 공소시효가 지나지 않았더라도 형법상 횡령죄의 공소시효가 지났다면 면소판결을 선고할 수 있다.

③ 만약 A종중의 대표자 C가 친구 D에게 'A종중은 甲에게 X토지에 관한 근저당권설정행위에 대하여 동의하여 준 일이 없다'고 말하였고, D가 甲의 횡령행위에 대한 제1심 공판절차에 증인으로 출석하여 C로부터 들었다고 하면서 C가 말해준 위 내용을 진술하였다면, 이러한 D의 법정진술은 甲의 동의가 없더라도 형사소송법 제316조 제2항의 요건을 구비하면 증거능력이 인정될 수 있다.

④ 만약 甲이 피의자신문을 받으면서 사법경찰관 P에게 'A종중으로부터 X토지에 관한 근저당권설정행위에 대하여 동의를 받은 일이 없다'고 진술하였고, P가 甲의 횡령행위에 대한 제1심 공판절차에 증인으로 출석하여 甲이 피의자 조사과정에서 위와 같이 진술하였다고 진술하였다면, 이러한 P의 법정진술은 甲의 동의가 없다고 하더라도 甲의 위 진술이 특히 신빙할 수 있는 상태하에서 행하여졌음이 증명된 때에 한하여 甲에 대하여 증거능력이 있다.

> 甲은 드라이버로 문을 열고 A의 집에 절도 목적으로 침입하였고, 순찰 중이던 경찰관 P는 A의 신고를 받고 즉시 현장에 출동하여 A 소유의 금 목걸이를 훔쳐서 A의 집에서 나오던 甲을 발견하고 적법하게 현행범으로 체포하면서 甲을 경찰차에 태우려고 하였다. 이에 甲은 친구 집에서 나온 것이라고 하면서 P의 체포에 저항하였고, 그 과정에서 P를 때려 2주간의 치료를 요하는 상해를 가하였다. 이에 검사는 甲을 절도, 공무집행방해와 상해로 기소하였다.

① 甲이 현행범으로 체포되면서 그가 소지하고 있던 위 드라이버를 임의로 제출하였다면, 그로부터 48시간 이내에 영장을 청구할 필요가 없고, 영장을 발부받지 못하였을 때에도 즉시 이를 반환할 필요는 없다.

② 만약 법원이 절도 공소사실에 대하여 간이공판절차에 의하여 심판할 것을 결정하였다면 사법경찰관 작성의 A에 대한 참고인 진술조서는 甲이 증거로 함에 동의한 것으로 간주되지만, 甲이 이를 증거로 함에 이의를 제기하면 甲에 대한 유죄의 증거로 쓸 수 없다.

③ 만약 P가 적법절차를 준수하지 않은 채 실력으로 甲을 체포하려고 하였다면, 이는 적법한 공무집행으로 볼 수 없어 甲이 이에 저항하면서 P를 폭행하여 상해를 가하였다 하더라도 甲을 공무집행방해죄로 처벌할 수 없다.

④ 만약 甲이 주간에 A의 집에 침입하여 숨어 있다가 야간에 안방에 있던 A의 물건을 훔쳐서 나왔다면, 「형법」 제330조에 따른 야간주거침입절도가 성립하지 않는다.

> 甲은 A를 살해하려다 미수에 그친 사건으로 수사를 받게 되었고, 甲이 변호사 L로부터 도움을 받으려고 한다.

① L이 변호인이 되려는 의사를 표시하였고 객관적으로 변호인이 될 가능성이 있다고 인정되는 경우에는 「형사소송법」 제34조 "변호인이 되려는 자"의 지위를 갖는다.

② 甲이 피내사자로서 임의동행 형식으로 연행된 경우에도 甲에게 변호인으로 선임된 L과 접견교통권이 인정된다.

③ 변호인으로 선임된 L이 피의자신문 절차에서 인정신문을 시작하기 전에 검사에게 피의자 甲의 수갑을 해제하여 달라고 계속 요구하였으나 검사가 도주, 자해, 다른 사람에 대한 위해 등의 위험이 없음에도 L의 요구를 거부한 경우, 검사의 거부 조치에 대해서 L은 「형사소송법」 제417조의 준항고를 제기할 수 있다.

④ 甲이 피고인으로 출석한 공판기일에서 증거로 함에 부동의한다는 의견이 진술된 경우, 그 후 甲이 출석하지 아니한 공판기일에 변호인으로 선임된 L만이 출석하여 甲의 종전 의견을 번복하여 증거로 함에 동의하였더라도 특별한 사정이 없는 한 증거동의 효력이 인정되지 않는다.

⑤ 피고인 甲과 변호인으로 선임된 L에게 최종의견 진술의 기회를 주지 않고 변론을 종결하고 판결을 선고하는 것은 소송절차의 법령위반에 해당한다.

083 ☐☐☐

> 甲은 A가 빌린 돈을 갚지 않자 'A는 지난 수년간 직장 상사 모 씨와 불륜관계를 유지하면서 모 씨의 도움으로 승진까지 하였다'는 내용의 유인물을 작성하여 직장 게시판에 게시하였다. 그 후 甲은 A를 비롯한 직장 동료 10명과 회식을 하다가 A가 비아냥거리자 A에게 "개같은 년"이라고 말하였다.

① 만약 A의 고소가 없음에도 검사가 甲을 「형법」 제307조 제1항 명예훼손과 「형법」 제311조 모욕으로 기소하였다면, 법원으로서는 명예훼손에 대하여는 실체재판을 하고 모욕에 대하여는 「형사소송법」 제327조 제2호에 따라 공소기각판결을 하여야 한다.
   ▸ 형법 제312조 참조

② 만약 A가 甲을 모욕으로 고소하였다가 甲과 합의가 되어 '모욕에 대한 고소를 취소한다'는 합의서를 甲에게 작성하여 준 경우, 甲이 위 합의서를 자신의 모욕 사건에 대한 <u>항소심이 진행되던 중에 제출하였다면</u>, 검사가 모욕으로 공소제기하기 이전에 위와 같이 합의하였더라도 항소심 법원은 甲에 대해 공소기각판결을 선고할 수 없다.

③ 만약 제1심 법원이 甲에 대하여 유죄를 인정하고 벌금 500만 원을 선고하여 甲만 양형부당으로 항소하였다면, 항소심 법원은 500만 원을 초과하는 벌금형을 선고할 수 없다.

④ 만약 甲이 위 유인물을 작성하여 직장 게시판에 게시하였다가 A가 불쌍하다는 생각이 들어 다른 사람들이 <u>보기 전에 떼어냈더라도</u> 명예훼손죄의 중지미수범으로 처벌되는 것은 아니다.
   ▸ 명예훼손죄는 추상적 위험범

084 ☐☐☐

> 甲은 자동차를 운전하고 가다가 A가 바로 앞에서 리어카를 천천히 끌고 가기에 A를 향해 경적을 울렸다. 이에 A가 욕설을 하며 소리를 치자 甲은 화가 나 A에게 겁을 주려고 폭행의 고의로 A를 추월했다가 A 앞에서 급정거하였다. 그런데 뜻하지 않게 A는 이를 피하는 과정에서 넘어져 상해를 입었다. 그 후 甲은 자신의 행위가 발각될 것을 염려하여 과음을 하는 바람에 정상적인 운전을 할 수 없는 상황에 이르게 되었다. 이러한 상태에서 甲은 졸음운전을 하다 신호를 위반하여 행인 B를 치어 전치 2주의 상해를 입힌 후 가로수를 들이 받아 정신을 잃은 상태에서 인근 병원 응급실로 이송되었다.

① A에 대한 甲의 죄책은 특수폭행치상죄이지만 「형법」 제257조 제1항 상해죄의 예에 의하여 처벌된다.

② 甲은 도로교통법위반(음주운전)죄로 유죄판결이 확정되었는데 그 후 술에 취한 상태에서 B를 차로 치어 상해를 입힌 사실이 밝혀져서 특정범죄가중처벌등에관한법률위반(위험운전치상)죄로 기소되었다면 이에 대해서는 유죄판결을 선고하여야 한다.

③ 사법경찰관 P는 응급실로 가서 담당의사로 하여금 甲의 혈액을 채취하게 한 후 혈중알콜농도에 관한 감정의뢰회보를 확보하였으나 사후압수영장은 발부받지 못한 경우 감정의뢰회보의 증거능력은 부정된다.

④ 甲이 B를 차로 치어 상해를 입힌 행위는 특정범죄가중처벌등에관한법률위반(위험운전치상)죄에 해당하고 교통사고처리특례법위반(치상)죄는 이에 흡수된다.

⑤ 만약 위 사안에서 甲이 음주한 사실이 없다고 가정할 때, B를 차로 치어 상해를 입힌 것과 관련하여 甲이 교통사고처리특례법위반(치상)죄로 기소되었는데 법원의 심리 결과 甲의 신호위반 사실이 인정되지 않고 甲의 차량이 종합보험에 가입된 경우, 甲에게 아무런 주의의무위반이 없더라도 <u>원칙적으로 공소기각판결을 선고하여야 하지만, 예외적으로 무죄판결을 하는 것도 적법</u>할 수 있다.

> 甲은 주점에서 여주인 A와 함께 술을 마시다가 단 둘만 남게 되자 A를 폭행·협박하여 반항을 억압한 상태에서 강간행위 실행 도중 범행현장에 있던 A 소유의 핸드백을 빼앗고 그 자리에서 강간행위를 계속한 후 핸드백을 가지고 도주하였다. A의 신고를 받고 현장에 출동한 사법경찰관 P는 테이블 위에 놓여 있던 A 소유의 맥주컵에서 甲의 지문 8점을 현장에서 직접 채취한 후, 해당 맥주컵을 압수하였다. 검사는 甲이 범행 직후 "내가 주점 여주인 A를 강간했다."라고 말하는 것을 들었다는 甲의 친구 B를 참고인으로 불러 조사한 후, 위 범죄사실과 관련하여 甲을 기소하면서 맥주컵에서 채취한 지문과 B에 대한 참고인진술조서 등을 증거로 제출하였다.

① 위 사안에서 甲에게는 강도강간죄가 성립한다.

② 위 맥주컵에 대한 P의 압수가 적법절차에 위반된 경우, 해당 맥주컵에서 채취한 甲의 지문은 위법하게 압수한 지문채취 대상물로부터 획득한 2차적 증거에 해당하지 않아 원칙적으로 증거능력이 인정된다.

③ 제1회 공판기일에 증인으로 출석한 B가 검사 앞에서의 진술과 달리 범행직후 甲이 자신에게 "내가 주점 여주인 A를 강간했다."라고 말했는지 정확히 기억이 나질 않는다고 증언하자, 검사가 B를 다시 소환하여 추궁한 후 증언내용을 번복하는 진술조서를 작성하여 이를 증거로 제출하고, 그 후 공판기일에 B가 다시 법정에 출석하여 그 진술조서의 성립의 진정함을 인정하고 피고인 측에 반대신문의 기회가 부여되더라도 甲이 부동의한다면 그 진술조서의 증거능력은 인정되지 않는다.

④ 제1심 법원이 甲이 국민참여재판을 원하는지에 대한 의사확인 절차를 거치지 아니하고 통상의 공판절차로 재판을 진행한 경우, 제1심의 공판절차는 위법하지만, 항소심에서 그 하자의 치유가 인정될 수 있다.

> 甲과 乙은 A를 살해하기로 공모하고 A의 집으로 찾아가, 乙이 망을 보고 있는 동안 甲은 가지고 있던 식칼로 A를 찔러 살해하였다. 우연히 이를 목격한 행인 B가 경찰에 신고하였고, 사법경찰관 P는 甲과 乙의 범행 직후 A의 집에 도착하여 그 현장에서 甲을 적법하게 체포하고, 甲으로부터 범행에 사용한 식칼을 임의로 제출받아 압수하면서 즉석에서 현장검증을 실시하여 검증조서를 작성하였다. 한편 P는 위 압수한 식칼에 관하여 사후에 압수영장을 발부받지 않았고, B에 대하여는 진술조서를 작성하였다.

① P가 실시한 현장검증은 체포현장에서의 검증에 해당하여 영장 없이 할 수 있다.

② 甲이 B에 대한 진술조서를 증거로 함에 동의하지 않은 경우에 위 진술조서에 기재된 B의 주소로 보낸 증인소환장이 주소불명으로 송달되지 않자 검사가 증인신청을 철회하였다면, 위 진술조서를 甲에 대한 유죄 인정의 증거로 사용할 수 없다.

③ 甲이 B에 대한 진술조서를 증거로 함에 동의하지 않아 B를 증인으로 소환하였으나 B가 증인소환장을 송달받고도 법원의 소환에 계속하여 불응하고 구인장도 집행되지 않아 B에 대한 법정에서의 신문이 불가능한 경우, 검사가 B에 대한 구인장의 강제력에 기하여 B의 법정 출석을 위한 가능하고도 충분한 노력을 다하였음에도 불구하고 부득이 B의 법정 출석이 불가능하게 되었다는 사정을 입증하면 위 진술조서를 甲에 대한 유죄 인정의 증거로 사용할 수 있다.

④ 검사가 위 식칼을 乙에 대한 증거로 제출하였다면, 乙이 이를 증거로 함에 동의하지 않은 경우라도 乙에 대한 유죄 인정의 증거로 사용할 수 있다.

甲은 2021. 1. 20.부터 영업허가를 받지 아니하고 음식점 영업행위를 하였다. 이에 ㉠ 검사는 2021. 6. 21. 甲에 대해 '2021. 1. 20.부터 2021. 5. 31.까지'의 식품위생법위반죄로 공소제기하였다. 그럼에도 甲은 계속해서 무허가 영업을 하였고, 이로 인해 이웃 乙과 다툼이 잦았다. 어느 날 ㉡ 乙은 도박으로 돈을 잃고 밤에 귀가하던 중 甲의 음식점 문을 뜯고 들어가 보관함에 있던 현금을 가지고 나왔다. 다음날 甲이 간밤에 도둑이 들었다면서 乙을 의심하며 큰소리로 다툼을 하자, ㉢ 뛰쳐나온 이웃주민 A, B가 있는 자리에서 乙은 "甲은 징역 살다온 전과자다."라고 수회 소리를 쳤다.

① ㉠의 기소로 제1심 공판절차 진행 중 甲이 2021. 3. 20.부터 2021. 5. 20.까지의 동일한 식품위생법위반죄로 2021. 6. 3. 벌금 100만 원의 약식명령을 발령받아 그 무렵 확정되었음이 밝혀졌다면, 법원은 甲에게 면소판결을 선고해야 한다.

② 위의 약식명령이 확정되었음이 밝혀지자 검사는 범행일자를 '2021. 6. 4.부터 2021. 10. 20.까지'로 변경하는 내용의 공소장변경허가신청을 하였다면, 법원은 이를 기각하여야 한다.
  ▶ 약식명령의 확정으로 확정 전후의 범죄는 별개가 됨

③ 검사가 ㉡의 범죄사실로 기소한 경우, 도박죄의 법정형은 1천만 원 이하의 벌금이고, 특수절도죄의 법정형은 1년 이상 10년 이하의 징역이므로, 법원은 징역형과 벌금형을 병과하여 형을 선고하여야 한다.

④ ㉡과 관련하여, 乙의 특수절도죄가 「형법」의 누범에 해당한다면, 특수절도에 대해서는 법정형의 장기 2배를 가중한 범위 내에서 선고형을 정하여야 한다.

⑤ ㉢과 관련하여, 명예훼손죄 판단에 있어서 乙 발언의 전파가능성에 대한 증명은 검사의 엄격한 증명으로 하여야 한다.

甲은 식당을 운영하는 乙과 乙의 건물 증축공사에 필요한 형틀공사 계약을 체결한 후 그 공사를 완료하였는데, 乙이 공사대금을 주지 않자 건물 입구에 쌓아두었던 건축 자재를 일부러 치우지 않았고 이로 인해 乙은 추가 공사를 진행할 수 없었다. 이후 증축공사를 전부 완료하였으나 乙은 영업이 제대로 이루어지지 않아 건물을 담보로 X은행에서 3억 원의 대출을 받고, 채권최고액 3억 6천만 원의 근저당권을 설정해주었다. 그럼에도 영업이 나아질 기미가 없자 A에게 건물을 5억 원에 매각하기로 약정하고 계약금과 중도금을 받았다. 이후 乙 건물 인근에 도로확충개발 소문이 돌자 B가 시가 상당액인 7억 원에 건물을 매입하겠다고 하여, 乙은 B에게 매매대금을 받고 소유권이전등기를 해주었다. 한편 乙이 농수산물의원산지표시등에관한법률위반으로 단속에 걸리자 이 소식을 들은 부동산업자 丙이 "담당공무원을 잘 알고 있으니, 나에게 현금으로 500만 원만 주면 잘 해결해주겠다."라고 하여 乙은 丙에게 500만 원을 이체해주었다.

① 甲이 건축자재를 일부러 치우지 않은 행위는 乙의 증축공사 업무에 대하여 하는 적극적인 방해행위와 동등한 형법적 가치를 가진다고 볼 수 없으므로 부작위에 의한 업무방해죄가 성립하지 아니한다.

② 乙에게는 A에 대한 특정경제범죄가중처벌등에관한법률위반(배임)죄가 성립하지 않는다.
  ▶ 시가 7억원에서 피담보채권액인 3억 원 이상(최고한도 채권최고액인 3억 6천만 원)을 공제

③ 丙에게는 특정범죄가중처벌등에관한법률위반(알선수재)죄가 성립하지만, 乙에게는 특정범죄가중처벌등에관한법률위반죄가 성립하지 않는다.

④ 검사가 乙의 이중매매에 대해 丙이 관여하였다고 보아 丙을 공동정범으로 기소하였으나 법원이 丙에게 방조의 죄책이 인정된다고 판단하여 공소장변경없이 방조범을 인정하는 경우, 심리과정에서 방조범에 대해 전혀 언급이 없거나 공방이 이뤄지지 않았다는 등 丙의 방어권행사에 실질적인 불이익을 초래한 것이라면 위법하다.

사법경찰관 P1은 甲이 지하철역 에스컬레이터에서 휴대전화 카메라를 이용하여 A의 치마 속을 몰래 촬영하는 것을 발견하고 甲을 현행범인으로 체포하면서 甲의 휴대전화를 압수하였고, 사건을 인계받은 사법경찰관 P2는 甲을 피의자로 신문한 후 석방하였다. 이후 甲은 음주 후 승용차를 운전하던 중 음주단속을 피하기 위하여 도망가다가 운전 중인 승용차로 단속 중이던 사법경찰관 P3을 고의로 들이받아 전치 6주의 상해를 입혔다. 검사는 甲을 위 범죄사실로 기소하였다.

① P1의 현행범인 체포절차가 적법하지 않은 경우, 체포를 면하려고 저항하는 과정에서 甲이 P1을 폭행하였다면 이는 공무집행방해죄의 구성요건해당성이 인정되지 않는다.

② P1이 甲의 휴대전화를 적법하게 압수하면서 <u>작성한 압수조서의 '압수경위'란</u>에 '甲이 지하철역 에스컬레이터에서 짧은 치마를 입고 올라가는 여성을 쫓아가 뒤에 밀착하여 치마 속으로 휴대전화를 집어넣는 등 해당 여성의 신체를 몰래 촬영하는 행동을 하였다'는 내용이 기재되어 있고, 그 하단에 甲의 범행을 직접 목격하고 위 압수조서를 작성한 P1의 기명날인이 있는 경우, 위 압수조서의 '압수경위'란에 기재된 내용은 「형사소송법」 제312조 제5항의 '피고인이 아닌 자가 수사과정에서 작성한 진술서'에 준하는 것으로 볼 수 있다.

③ 만약 위 휴대전화에 대한 압수가 위법한 경우, P1이 작성한 압수조서 중 '압수경위'란에 기재된 내용은 휴대전화기에 대한 임의제출절차가 적법하였는지에 영향을 받지 않는 별개의 독립적인 증거이다.

④ P2는 조사과정의 영상녹화를 위해 미리 영상녹화사실을 甲과 A에게 각각 알려주었으나 甲은 촬영을 거부하고 A는 이에 동의한 경우, 甲에 대한 영상녹화물은 기억환기를 위한 자료로 활용할 수 있으며, A에 대한 영상녹화물은 참고인 진술조서의 실질적 진정성립을 증명하기 위한 방법으로 사용할 수 있다.

⑤ P3에 대한 범죄사실과 관련하여 甲에게는 특수공무집행방해치상죄만 성립하고 이와 별도로 특수상해죄는 성립하지 않는다.

술에 만취해 운전을 하던 甲은 교통사고를 낸 후 조수석에 타고 있던 친동생 乙에게 乙 자신이 운전하였다고 경찰에 말해달라 부탁하였고, 乙은 甲의 부탁대로 자신이 운전하다 사고를 냈다고 진술하였다.

① 乙은 범인도피죄를 범하였으나 범인의 친족이어서 처벌되지 않는다.

② 乙을 시켜 경찰에 허위진술을 하도록 한 甲의 행위는 타인의 행위를 이용하여 자신의 범죄를 실현하고, 새로운 범인을 창출하였다는 교사범의 전형적인 불법이 실현되었으므로 범인도피교사죄가 성립한다.

③ 甲의 부탁대로 乙이 경찰에 허위진술을 한 행위는 위계공무집행방해죄가 성립하지 않는다.

④ 만약 사법경찰관이 甲에 대하여 현장검증을 실시하여 적법하게 검증조서를 작성하였고, 이 검증조서에는 甲이 乙에게 "네가 운전하였다고 말해라."라는 진술기재부분과 범행을 재연하는 사진이 첨부되어 있는데 甲이 법정에서 검증조서에 대해서만 증거로 함에 동의하고 진술기재부분과 재연사진에 대해서는 그 성립의 진정 및 내용을 부인하였다면, 검증조서에 기재된 진술기재부분과 재연사진을 제외한 검증조서의 나머지 부분에 대해서만 증거능력이 인정된다.

091

> 순찰 중인 사법경찰관 P가 교통사고를 낸 차량이 도주하였다는 무전연락을 받고 주변을 수색하다가 사고시점으로부터 약 10분 후 사고지점과 약 1km 떨어진 도로변에서 범퍼 등의 파손상태로 보아 사고차량으로 인정되는 차량에서 내리는 甲을 발견하고 체포하였다.

① 사안의 경우 범죄에 사용되었다고 인정함에 충분한 물건을 소지하고 있는 때에 해당하므로, P는 甲을 준현행범인으로서 영장 없이 체포할 수 있다.

  ▸ 형사소송법 제211조 제2항 제2호 참조

② 甲이 자신을 체포하려는 P에게 저항하며 도주하여, P가 甲을 실력으로 제압하는 경우, P는 그 과정에서 피의사실의 요지, 체포의 이유와 변호인을 선임할 수 있음을 말하고 변명할 기회를 주어야 하고, 여의치 않다면 甲을 실력으로 제압한 후에 지체없이 하여야 한다.

③ P가 甲을 영장 없이 체포하기 위해서는 甲에게 도망 또는 증거인멸의 염려가 있어야 하고, 만약 <u>체포 당시 상황을 기초로</u> 판단하였을 때에 이러한 요건을 갖추지 못하였다면 그러한 체포는 위법한 체포에 해당한다.

④ P가 甲을 체포해서 조사 중 위 교통사고와 무관한 별건 범죄를 발견하고 그 수사를 위하여 甲의 주거지에 있는 甲 소유의 휴대전화를 긴급히 압수할 필요가 있는 경우 체포한 때부터 24시간 이내라도 영장 없이 압수할 수 없다.

  ▸ 별건 압수임

⑤ P는 甲을 체포하면서 영장 없이 사고차량에 설치된 블랙박스를 甲의 의사에 반하여서도 압수할 수 있고, 이를 계속 압수할 필요가 있는 경우에는 검사를 통하여 지체 없이 압수·수색영장을 청구하여야 한다.

092

> 甲과 乙은 丙과 공모하여 피해자 A로부터 금품을 갈취한 공소사실로 기소되었는데, 丙은 경찰 수사 단계에서 범행을 자백하는 취지의 진술서를 작성한 이후 갑자기 사망하였다. 검사는 丙의 동생인 B가 丙으로부터 "나는 甲, 乙과 함께 A의 금품을 갈취하였다."라는 말을 들었다는 것을 알고, B를 조사하여 그와 같은 내용의 B에 대한 진술조서를 작성하였다. 甲과 乙은 공판과정에서 위 공소사실을 다투고 있다.

① 甲이 사법경찰관이 작성한 乙에 대한 피의자신문조서에 대하여 증거로 함에 동의하지 않은 경우에는 乙이 법정에서 경찰 수사 도중 위 피의자신문조서에 기재된 것과 같은 내용으로 진술하였다는 취지로 증언하였더라도 이러한 증언은 甲에 대한 유죄 인정의 증거로 사용할 수 없다.

② 乙이 출석한 공판기일에서 乙을 조사한 사법경찰관이 법정에 증인으로 출석하여 乙에 대한 피의자신문을 하면서 乙이 자백하는 것을 들었던 내용을 증언한 경우, 그 증언은 乙의 진술이 특히 신빙할 수 있는 상태하에서 행하여졌음이 증명된 경우라도 甲의 증거동의가 없는 한 甲에 대한 유죄 인정의 증거로 사용할 수 없다.

③ 丙이 경찰에서 작성한 진술서는 그 작성이 특히 신빙할 수 있는 상태에서 행하여졌음이 증명되더라도 甲이 증거로 사용함에 동의하지 않는다면 甲에 대한 유죄 인정의 증거로 사용할 수 없다.

④ B에 대한 진술조서는 B가 증언을 거부하여 진정성립이 인정되지 않는다면 丙이 사망하여 진술할 수 없는 경우에 해당하더라도 甲에 대한 유죄 인정의 증거로 사용할 수 없다.

⑤ B에 대한 진술조서는 전문진술을 기재한 서류이므로 乙이 증거동의하면 乙에 대한 유죄 인정의 증거로 사용할 수 있다.

> X회사에 근무하던 甲은 대표이사 A와 갈등으로 퇴사하게 되자 재직하면서 알게 된 회사 비리를 국세청과 수사기관에 알리겠다며 각각 3차례에 걸쳐 A에게 협박 메일을 발송하였다. 이후 甲은 ○○빌딩 6층에 있는 X회사에 들어갈 생각으로 5층 베란다 테라스의 난간을 잡고 기어올라 6층 창문을 통해 자신이 사용하던 사무실로 들어갔다.

① 검사가 甲의 1차 협박 범행을 먼저 기소하고 다시 2, 3차의 협박 범행을 추가로 기소하였는데 이를 병합하여 심리하는 과정에서 전후에 기소된 각각의 범행이 모두 포괄하여 하나의 협박죄를 구성하는 것으로 밝혀진 경우, 법원이 석명절차나 공소장 변경절차를 거치지 아니하고 전후에 기소된 범죄사실 전부에 대하여 실체판단을 하는 것도 적법하다.

> ▶ 공소장변경의제설을 따른 사안임

② 甲의 1차 협박 범행에 대하여 <u>협박죄의 유죄판결이 확정된 경우</u> 그 확정판결의 사실심판결 선고 전에 저질러진 1차 범행과 포괄일죄의 관계에 있는 2, 3차 협박 범행에 대하여 상습협박죄로 새로이 공소가 제기되었다면, 법원은 실체판결을 선고하여야 한다.

> ▶ 기본적 구성요건으로 확정된 사안임

③ 甲의 3차례 협박 범행에 대해 상습성이 인정되고, 그중 2차 협박 범행에 대하여 상습범으로 유죄판결이 확정된 경우, 확정판결 후에 행해진 3차 협박의 범죄사실은 1차 협박의 범죄사실과 분리되어 별개의 상습협박죄가 된다.

④ 甲이 A에게 발송한 협박 메일이 A의 메일함에 도착하였으나 <u>스팸메일로 분류되어 자동 삭제되었다면</u> 협박죄가 위험범이라도 해악의 고지가 상대방이 의미를 인식한 것은 아니므로 협박죄의 미수가 된다.

⑤ 甲이 자신이 사용하던 사무실에 출입한 행위는 사실상 평온을 해하므로 방실침입죄가 성립한다.

> 甲은 한밤 중 술에 취한 A로부터 지갑을 절취하고 그 안에 들어있던 신용카드(현금카드기능겸용)와 신분증을 이용하여, 인근 현금자동지급기에서 ⊙ A의 계좌에서 잔고가 없던 자신의 X은행계좌로 1백만 원을 이체하였다. 다음날 甲은 ⓛ 자신의 현금카드를 이용하여 X은행계좌에서 1백만 원을 전부 인출하여 ⓒ 이러한 사정을 들은 乙에게 50만 원을 건네주었다. 이후 ⓔ 甲은 인접한 각각의 구두, 시계매장에서 연달아 A의 신용카드를 제시하고 신용카드 단말기에 서명하여 구두와 시계를 각각의 가맹점주에게서 구매하였다. 신용카드 결제내역을 휴대전화 문자로 확인한 A의 즉각적인 신고로 甲은 긴급체포되었고 甲은 체포적부심사를 청구하였다.

① ⊙의 행위는 컴퓨터등사용사기죄만 성립하고 신용카드 부정사용으로 인한 여신전문금융업법위반죄에는 해당하지 않는다.

② ⓛ의 甲에게는 절도죄가 성립하지 않으며, ⓒ의 乙에게는 장물취득죄가 성립하지 않는다.

③ ⓔ의 경우, 두 개의 사기죄는 실체적 경합관계에 있고, 여신전문금융업법위반죄는 포괄일죄이며, 이들 사기죄와 여신전문금융업법위반죄는 실체적 경합관계에 있다.

④ 체포적부심사를 청구한 甲에게 법원은 보증금납입을 조건으로 석방을 명할 수 없다.

⑤ 체포적부심사의 석방결정에 의하여 석방된 甲에게는 <u>도망하거나 범죄의 증거를 인멸하는 경우를 제외하고는</u> 동일한 범죄사실로 재차 체포하거나 구속할 수 없다.

> ▶ 형사소송법 제214조의3 제1항 참조

095 □□□

> 甲과 乙은 카드 뒷면에 형광물질로 표시를 하여 특수한 콘택트렌즈를 끼면 상대의 패를 볼 수 있는 특수카드를 이용하여 사기도박을 하기로 공모하고, 피해자 A와 B를 도박장소에 유인하여 처음 40분 동안은 정상적인 도박을 하다가 몰래 특수카드로 바꾼 다음 피해자들의 패를 보면서 도박을 하여 피해자들로부터 각 1,000만 원을 편취하였다. 甲과 乙은 위 범행으로 기소되어 공동피고인으로 재판을 받게 되었다.

① 甲과 乙이 처음 40분 동안 한 도박은 사기죄의 실행행위에 포함되는 것이어서 별도로 도박죄가 성립하지 않는다.

② A가 甲과 동거하지 않는 사촌관계인 경우, A가 甲과 乙을 고소하였다가 제1심 법정에서 甲에 대한 고소를 취소하였다면, 법원은 甲에게만 사기죄에 대하여 공소기각 판결을 선고하여야 한다.

③ 甲이 제1심 법정에서 '乙과 함께 사기도박범행을 저지른 것이 맞다'고 자백하였다면, 위 자백은 乙의 반대신문권이 보장되어 있어 독립한 증거능력이 있다.

④ 검찰에서 B에 대한 참고인 진술조서가 작성되고 B가 제1심 법정에 증인으로 출석하여 정당한 사유 없이 증언을 거부하였다면, 위 진술조서는 특별한 사정이 없는 한 「형사소송법」 제314조에 따라 증거능력이 인정될 수 없다.

096 □□□

> 甲은 주간에 A의 집에 침입하여 숨어 있다가 A 소유의 금반지 1개를 훔치고, A 명의로 된 자동차운전면허증을 발견하여 휴대전화의 카메라 기능을 이용하여 이를 촬영하였다. 다음 날 甲은 친구 乙에게 위 금반지를 건네며 "내가 훔쳐온 것인데 대신 팔아 달라."라고 부탁하고, 乙은 이를 수락하였다. 그 후 甲은 음주운전으로 적발되자 휴대전화에 저장된 A의 자동차운전면허증 이미지 파일을 경찰관에게 제시하였다. 한편 乙은 금반지를 丙에게 매도하기로 하고 약속장소에서 丙을 기다리던 중 경찰관에게 체포되었다.

① 甲이 금반지를 훔친 것이 야간이었다면 甲에게는 야간주거침입절도죄가 성립하지 않는다.

② 甲이 A의 자동차운전면허증 이미지 파일을 경찰관에게 제시한 행위는 운전면허증의 특정된 용법에 따른 행사라고 볼 수 없어 공문서부정행사죄가 성립하지 않는다.

③ 乙은 실제로 매수인인 丙을 만나기도 전에 경찰관에게 체포되어 丙에게 금반지의 점유가 이전되지 못하였더라도 장물알선죄가 성립한다.

④ 甲이 A의 동거하지 않는 친동생인 경우, 甲이 금반지를 훔친 행위에 대해서는 A의 고소가 있어야 甲을 처벌할 수 있다.

097 □□□

> 甲은 회식 자리에서 직원 A의 옆에 앉아 술을 마시며 대화하던 중 오른손으로 갑자기 A의 엉덩이 부위를 옷 위로 쓰다듬었다. 그 자리에 있던 동료 직원 B는 수사기관에 참고인으로 출석하여 "甲이 A의 엉덩이 부위를 쓰다듬어 A가 매우 놀라며 황급히 일어나 밖으로 나가는 것을 보았다."라고 진술하였다. 결국 甲은 A를 위와 같이 강제추행하였다는 공소사실로 기소되었는데, A는 제2회 공판기일 법정에서 甲으로부터 위와 같이 강제추행을 당하였다고 증언하였고, 동료 직원 B는 같은 공판기일 법정에 출석하였으나 증언거부사유가 없음에도 증언을 거부하였으며, 다른 동료 직원 C는 같은 공판기일 법정에서 "이 사건 다음 날 A로부터 '甲에게 추행을 당했다'는 말을 들었다."라고 증언하였다.

ㄱ. 강제추행죄에는 폭행행위 자체가 추행행위라고 인정되는 이른바 기습추행의 경우도 포함되고, 기습추행에 있어서의 폭행행위는 반드시 상대방의 의사를 억압할 정도의 것임을 요하지 않고 상대방의 의사에 반하는 유형력의 행사가 있기만 하면 그 힘의 대소강약을 불문한다.

ㄴ. B가 정당하게 증언거부권을 행사한 것이 아니라고 하더라도 甲이 증언거부 상황을 초래하였다는 등의 특별한 사정이 없다면 B의 증언거부는 「형사소송법」 제314조의 '그 밖에 이에 준하는 사유로 인하여 진술할 수 없는 때'에 해당하지 않는다.

ㄷ. 「형사소송법」 제297조(피고인등의 퇴정)의 규정에 따라 재판장은 증인 A가 피고인 甲의 면전에서 충분한 진술을 할 수 없다고 인정한 때에는 피고인을 퇴정하게 하고 증인신문을 진행함으로써 피고인의 직접적인 증인 대면을 제한할 수 있지만, 이러한 경우 피고인의 반대신문권까지 배제하는 것은 허용될 수 없다.

ㄹ. C가 법정에서 한 증언은 원진술자인 A가 법정에 증인으로 출석하였으므로 「형사소송법」 제316조 제2항의 요건이 충족되지 않아 피고인 甲의 증거동의가 없는 이상 증거능력이 없다.

098 □□□

유흥주점의 지배인 甲은 피해자 A로부터 신용카드를 강취하고 신용카드 비밀번호를 알아냈다. 甲은 위 주점 직원 乙, 丙과 모의하면서, 자신은 주점에서 A를 붙잡아 두면서 감시하고, 乙과 丙은 위 신용카드를 이용하여 인근 편의점에 있는 현금자동지급기에서 300만 원의 예금을 인출하기로 하였다. 그에 따라 甲이 A를 감시하는 동안 乙과 丙은 위 편의점에 있는 현금자동지급기에 신용카드를 넣고 비밀번호를 입력하여 300만 원의 예금을 인출하였고, 이를 甲, 乙, 丙 각자 100만 원씩 분배하였다. 결국 甲, 乙, 丙은 특수(합동)절도죄로 공소제기되었는데, 甲은 법정에서 범행을 부인하였으나, 甲의 공동피고인 乙과 丙은 법정에서 범행을 자백하였다.

ㄱ. 甲이 합동절도의 범행 공모에는 참여하였으나 현장에서 절도의 실행행위를 직접 분담하지 않았더라도, 그가 현장에서 절도 범행을 실행한 乙과 丙의 행위를 자기 의사의 수단으로 하여 합동절도의 범행을 하였다고 평가할 수 있는 정범성의 표지를 갖추고 있다면, 甲에 대하여도 합동절도의 공동정범이 성립될 수 있다.

ㄴ. 만약 위 주점 지배인 甲이 종업원 乙, 丙과 함께 단골손님 A로부터 신용카드를 갈취해 현금을 인출하기로 모의하였고, 甲의 지시를 받은 乙과 丙은 늦은 저녁 한적한 골목길에서 A로부터 신용카드를 갈취하고 비밀번호를 알아내 甲이 일러준 편의점 현금자동지급기에서 300만 원의 예금을 인출하였으며, 이를 甲, 乙, 丙 각자 100만 원씩 분배하였다면, 범죄 장소에 가지 않은 甲에게 폭력행위등처벌등에관한법률위반(공동공갈)의 공동정범이 성립한다.

ㄷ. 공범인 공동피고인 乙, 丙의 법정에서의 자백은 소송절차를 분리하여 증인신문하는 절차를 거치지 않았더라도 甲에 대하여 증거능력이 인정된다.

ㄹ. 만약 위 사례에서 甲이 범행을 자백하였고, 甲이 범행을 자인하는 것을 들었다는 피고인 아닌 제3자의 진술이 있다면, 이는 「형사소송법」 제310조의 피고인 자백에는 포함되지 아니하지만, 甲의 자백에 대한 보강증거가 될 수 없다.

甲은 자신의 소유 부동산에 근저당권설정등기를 해 주고 A로부터 돈을 빌렸다. 그 후 甲은 사업자금이 더 필요해지자 A에게 근저당권설정등기를 해주기 1주일 전에 인터넷을 통하여 열람·출력한 등기사항전부증명서 하단의 열람 일시 부분을 수정 테이프로 지우고 복사한 것을 B에게 보여 주면서 "사업자금으로 한 달만 1억 원을 빌려 달라. 만일 한 달 후 돈을 갚지 못하면 내가 소유하고 있는 부동산에 근저당권을 설정해 주겠다."라고 말했다. 이에 속은 B는 해당 부동산에 충분한 담보가치가 있는 것으로 믿고 甲에게 1억 원을 빌려 주었다. 그러나 B는 변제기일까지 차용금을 변제받지 못하고 A의 선순위근저당권으로 인해 甲 소유 부동산은 담보가치가 거의 없다는 사실을 알게 되자 甲을 고소하였다.

ㄱ. B에게 제시한 위 등기사항전부증명서는 복사한 문서로서 열람 일시가 지워져 있다는 점을 확인하지 못한 책임이 B에게 있더라도 甲에게 사기죄가 성립한다.

    ▸ 피고인 측의 과실이 있더라도 사기죄의 성립

ㄴ. 등기사항전부증명서의 열람 일시는 등기부상 권리관계의 기준 일시를 나타내는 역할을 하므로 甲에게 공문서 변조 및 동행사죄가 성립한다.

ㄷ. 만일 B가 甲을 고소한 후 차용금 1억 원을 곧바로 변제받아 甲에 대한 고소를 취소하고자 한다면 공소제기 전에는 고소사건을 담당하는 수사기관에, 공소제기 후에는 고소사건의 수소법원에 대하여 하여야 한다.

ㄹ. 만일 제1심 재판부가 甲에게 사기죄, 공문서변조 및 동행사죄에 대해 유죄를 인정하여 징역 1년을 선고하자 甲만 항소한 경우에 항소심이 甲에 대하여 제1심이 유죄로 인정한 공문서변조 및 동행사의 범죄사실을 무죄로 인정하면서 제1심과 동일한 징역 1년을 선고하였더라도 이는 「형사소송법」 제368조 소정의 불이익변경금지 원칙에 위배되지 않는다.

(가) 甲은 2018. 5.경 저금리 대출을 해주겠다고 전화로 거짓말을 하여 금원을 편취하는 소위 보이스피싱 범죄단체에 가입한 후 실제로 위와 같이 보이스피싱 범행을 하였다. 乙은 2019. 7.경 甲으로부터 적법한 사업운영에 필요하니 은행계좌, 현금카드, 비밀번호를 빌려달라는 부탁을 받고 甲이 이를 보이스피싱 범행에 사용할 것임을 알지 못한 채 乙 명의의 은행계좌 등을 甲에게 건네주었다. A는 甲으로부터 보이스피싱 기망을 당해 乙 명의의 은행계좌에 1,000만 원을 입금하였다. 乙은 1,000만 원이 입금된 사실을 우연히 알게 되자 순간적으로 욕심이 나 이를 임의로 인출하여 사용하였다.

(나) 이에 화가 난 甲은 乙에게 전화하여 "A가 입금한 1,000만 원을 돌려주지 않으면 죽여버린다."라고 말하였는데, 乙은 甲의 이러한 협박 발언을 녹음한 후, 자신의 동생 丙에게 『내 계좌에 모르는 사람으로부터 1,000만 원이 입금되어 있기에 사용했는데, 이를 안 甲이 나에게 돌려주지 않으면 죽여버린다고 협박했다.』 라는 내용의 문자메시지를 보냈다. 이후 A와 丙의 신고로 수사가 개시되어 甲이 기소되었고, 검사는 乙이 녹음한 녹음파일 중 甲의 협박 발언 부분 및 문자메시지를 촬영한 사진을 증거로 신청하였다.

ㄱ. (가) 사실관계에서, 甲에게 형법상 범죄단체활동죄와 별개로 사기죄도 성립한다.

ㄴ. (가) 사실관계에서, 乙에게는 A에 대한 횡령죄가 성립한다.

ㄷ. (나) 사실관계에서, 검사의 입증취지가 甲이 위와 같이 협박한 사실인 경우, 乙이 녹음한 녹음파일 중 甲의 협박 발언 부분은 전문증거가 아니다.

ㄹ. (나) 사실관계에서, 검사의 입증취지가 甲이 위와 같이 협박한 사실인 경우, 문자메시지를 촬영한 사진은 전문증거이다.

    ▸ 범행 후 범죄사실을 문자로 보낸 경우임

○ 甲과 乙은 소위 날치기 범행을 공모한 후 함께 차를 타고 범행 대상을 물색하던 중, 은행에서 나와 거리를 걷고 있는 A를 발견하였다. 甲은 하차 후 A의 뒤에서 접근하여 A 소유의 자기앞수표(액면금 1억 원) 총 5매가 들어있는 손가방의 끈을 갑자기 잡아당겼는데, A는 빼앗기지 않으려고 버티다가 바닥에 넘어진 상태로 약 5미터 가량을 끌려가다 힘이 빠져 손가방을 놓쳤다. 甲은 이를 틈타 A의 손가방을 들고, 현장에서 대기하고 있던 乙이 운전하는 차를 타고 도망갔다.

○ 그 뒤 甲은 본인 명의의 계좌를 새로 개설하여 위 자기앞수표 총 5매를 모두 입금하였다가, 며칠 뒤 다시 5억 원 전액을 현금으로 인출한 후, 甲과 따로 살고 있는 사촌 형 丙에게 위 사실관계를 모두 말해 주면서 위 현금 5억 원을 당분간 보관해 달라고 부탁하였다. 이에 동의한 丙은 그 돈을 건네받아 보관하던 중, A의 신고로 수사가 개시되었고 甲, 乙, 丙이 함께 기소되어 공동피고인으로 재판이 계속 중이다.

ㄱ. 甲에게 특수강도죄가 성립한다.

ㄴ. 甲에게 「특정경제범죄 가중처벌 등에 관한 법률」 제3조를 적용하여 가중처벌할 수 없다.

ㄷ. 丙에게 장물보관죄가 성립한다.

ㄹ. 만약 丙에게 장물보관죄가 성립한다면, 丙에 대한 장물보관죄에 대하여는 甲과 丙 사이의 친족관계를 이유로 그 형을 감경 또는 면제할 수는 없다.

ㅁ. 甲의 손가방 탈취 범행의 유죄 입증과 관련하여, 자백 취지의 乙에 대한 사법경찰관 작성 피의자신문조서에 대하여 甲이 법정에서 내용부인한다면, 「형사소송법」 제314조에 의해서 증거능력을 인정할 수 없다.

ㅂ. 甲의 손가방 탈취 범행의 유죄 입증과 관련하여, 甲과 丙은 서로의 범죄사실에 관하여는 증인의 지위에 있으므로 증인선서 없이 한 丙의 법정진술은 甲의 증거동의가 없는 한 증거능력이 없다.

X회사 대표이사 A는 X회사의 자금 3억 원을 횡령한 혐의로 구속·기소되었다. A의 변호인 甲은 구치소에서 의뢰인 A를 접견하면서 선처를 받기 위해서는 횡령금을 모두 X회사에 반환한 것으로 해야 하는데, 반환할 돈이 없으니 A의 지인 乙의 도움을 받아서 X회사 명의의 은행계좌로 돈을 입금한 후 이를 돌려받는 이른바 '돌려막기 방법'을 사용하자고 했다. 며칠 후 甲은 乙을 만나 이러한 방법을 설명하고 乙을 안심시키기 위해 민·형사상 아무런 문제가 되지 않는다는 내용의 법률의 견서를 작성해 주었다. 이러한 甲과 乙의 모의에 따라 乙은 5차례에 걸쳐 X회사에 돈을 입금한 후 은행으로부터 받은 입금 확인증 5장(반환금 합계 3억 원)을 甲에게 전달했다. 甲은 A의 제1심 재판부에 이를 제출하면서 횡령금 전액을 X회사에 반환하였으니 선처를 해달라는 취지의 변론요지서를 제출하였고, 보석허가신청도 하였다. 이에 대해 제1심 재판부는 A에 대해 보석허가결정을 하였다.

① 증거위조죄에서 말하는 '증거'에는 범죄 또는 징계사유의 성립 여부에 관한 것뿐만 아니라 형 또는 징계의 경중에 관계있는 정상을 인정하는 데 도움이 될 자료까지 포함되므로, 위 사례의 입금확인증은 증거위조죄의 객체인 '증거'에 해당한다.

② 증거위조죄 성립 여부와 관련하여 증거위조죄가 규정한 '증거의 위조'란 '증거방법의 위조'를 의미하므로, 위조에 해당하는지 여부는 증거방법 자체를 기준으로 하여야 하고 그것을 통해 증명하려는 사실이 허위인지 진실인지 여부에 따라 위조 여부가 결정되어서는 안 된다.

③ 甲과 乙에게 증거위조죄 및 위조증거사용죄가 성립하지 않는다.

④ 甲이 乙에게 작성해 준 법률의견서는 「형사소송법」 제313조 제1항에 규정된 '피고인 아닌 자가 작성한 진술서 나 그 진술을 기재한 서류'에 해당한다.

⑤ 만일 제1심 재판부가 위와 같은 '돌려막기 방법' 등의 사정이 밝혀져 A에게 보석취소결정을 내리자 甲이 보통항고를 제기한 경우에 이러한 보통항고에는 재판의 집행을 정지하는 효력이 없다.

   ▸ 형사소송법 제409조 참조

103 ☐☐☐   [23 변시]

> 甲은 혈중알코올농도 0.12%의 술에 취한 상태로 승용차를 운전하다가 편도 2차선 도로에서 중앙선을 침범한 과실로 다른 승용차를 충격하여 상대 차량 운전자인 A에게 상해를 입혔다. 교통사고로 인한 부상자들은 구급차에 실려 병원으로 후송되었는데, 甲은 의식이 없는 상태에 있었다. 교통사고 신고를 받은 사법경찰관 P는 교통사고 현장을 점검하고, 곧바로 甲이 치료를 받고 있는 병원으로 출동하였으며, 甲의 신체나 의복류에 술 냄새가 강하게 나서 甲이 음주운전을 하다가 교통사고를 낸 것으로 보고 甲의 병원 후송 직후에 그에 관한 증거를 수집하고자 한다.

① 만약 甲이 교통사고 당시 음주의 영향으로 정상적인 운전이 곤란한 상태였음이 인정된다면, 甲은 도로교통법위반(음주운전) 및 특정범죄가중처벌등에관한법률위반(위험운전치상)의 죄책을 지게 되고, 양 죄는 실체적 경합관계에 있다.

② 만약 甲이 위 혈중알코올농도(0.12%)에도 불구하고 교통사고 당시 음주의 영향으로 정상적인 운전이 곤란한 상태였음이 인정되지 않고, 수사기관에 피해자 A의 甲에 대한 처벌불원서가 제출되었더라도, 검사는 교통사고처리특례법위반(치상)의 점에 대하여는 공소를 제기할 수 있다.

③ 호흡조사에 의한 甲의 음주측정이 불가능하고 혈액채취에 대한 동의를 받을 수도 없을 뿐만 아니라 법원으로부터 혈액채취에 관한 감정처분허가장이나 압수영장을 발부받을 시간적 여유가 없는 경우에 P는 교통사고 발생시각으로부터 사회통념상 범행직후라고 볼 수 있는 시간 내에 증거수집을 위해 「의료법」상 의료인의 자격이 있는 자로 하여금 의료용 기구로 의학적인 방법에 따라 필요최소한의 혈액을 채취하게 하여 이를 압수할 수 있는데, 다만 이때에는 사후에 압수영장을 발부받아야 한다.

④ 만약 P가 교통사고 소식을 듣고 달려온 甲의 배우자 동의를 받아 「의료법」상 의료인의 자격이 있는 자로 하여금 甲의 혈액을 채취하도록 하였다면 사후에 압수영장을 발부받았는지 여부와 상관없이 이는 위법한 수사이다.

   ▸ 형사소송법 제26조 이하 참조

⑤ 강제채혈에 비해 강제채뇨는 피의자에게 더 큰 신체적 고통이나 수치심, 굴욕감을 줄 수 있어, 수사기관이 범죄증거를 수집할 목적으로 피의자의 동의 없이 피의자의 소변을 채취하는 것은 법원으로부터 감정처분허가장을 받아 '감정에 필요한 처분'으로도 할 수 있지만, 압수·수색영장을 받아 '압수·수색의 방법'으로도 할 수 있다.

> 甲은 술에 취한 상태로 조수석에 이혼한 전처 乙을 태우고 빌린 승용차를 캠핑장에서 주차하던 중 액셀을 브레이크로 착각하고 세게 밟아 바위에 충돌하여 위 승용차 차량 뒷 범퍼가 파손되었다. 신고로 출동한 사법경찰관은 甲이 술에 취하여 운전하였다고 판단하고 甲에게 음주측정을 요구하였으나 甲은 거부하였다. 검사는 甲을 도로교통법위반(음주측정거부)죄 및 업무상과실재물손괴로 인한 도로교통법위반죄로 기소하였다. 乙은 위 사건의 제2회 공판기일에 증인으로 출석하여 증언거부권을 고지받고 선서한 후 甲이 아니라 자신이 운전을 하였다고 증언하였고, 증인신문절차가 그대로 종료되었다. 한편, 검사는 공소제기 후 법원 영장전담판사(수소법원 이외의 지방법원판사)로부터 위 차량에 대한 압수·수색영장을 발부받아 차량 블랙박스 메모리칩을 압수한 결과 甲이 위 사건 당시 운전하는 장면을 발견하고 위 영상을 CD에 저장하여 추가 증거로 제출하였다. 이후 검사는 乙을 위증죄의 피의자로 소환하여 제2회 공판기일의 증언을 번복시켜 '운전자가 甲이 맞고 제2회 공판기일 당시 위증을 하였다'는 자백을 받아 이를 피의자신문조서에 기재하였다. 법원은 검사의 신청에 따라 乙을 다시 증인으로 채택하였고, 제5회 공판기일에 증인으로 출석한 乙은 위 피의자신문조서의 진정성립을 인정하는 동시에 운전자가 甲이 맞다는 취지로 진술하였다.

① 甲은 위 차량에 대한 업무상과실재물손괴로 인한 도로교통법위반의 죄책을 부담하지 않는다.

② 만일 증인소환장을 송달받은 乙이 정당한 사유 없이 증인으로 출석하지 아니한 때에는 법원은 결정으로 당해 불출석으로 인한 소송비용을 증인이 부담하도록 명하고 <u>500만 원 이하의 과태료를 부과</u>할 수 있으며, 乙은 이러한 결정에 대해 <u>즉시항고</u>를 할 수 있다.

③ 검사는 공소제기 후에는 甲에 대한 원활한 공소유지를 위하여 위와 같이 법원의 영장을 받아 「형사소송법」 제215조에 따라 압수·수색을 할 수 없으므로 위 차량 블랙박스 동영상이 저장된 CD는 위법하게 수집된 증거이다.

④ 검사가 乙에 대하여 작성한 피의자신문조서는 甲이 증거로 할 수 있음에 동의하지 아니하는 한 증거능력이 없다.

⑤ 증인의 증언은 그 전체를 일체로 관찰·판단하는 것이어서 선서한 증인이 일단 기억에 반하는 허위의 진술을 하였더라도 그 신문이 끝나기 전에 그 진술을 철회·시정한 경우 위증이 되지 아니하지만, <u>제5회 공판기일에 다시 출석한 乙이 종전의 허위진술을 철회하더라도 乙은 위증죄로 처벌된다.</u>

> 건설업을 하는 甲은 시청 건설 담당 공무원인 乙에게 자신의 회사를 신청사 공사의 시공사로 선정해 줄 것을 부탁하면서 현금 1천만 원을 건네주었으나 다른 회사가 시공사로 선정되었다. 이에 甲은 乙에게 전화를 걸어 뇌물로 준 1천만 원을 돌려 줄 것을 요구했으나 乙은 이미 주식투자로 소비하여 이를 거부하였다. 그런데 甲은 乙과 전화로 나눈 대화를 휴대전화로 몰래 녹음하였고, 여기에는 뇌물을 받은 사실을 인정하는 乙의 진술이 포함되었다. 이후 甲은 乙의 집을 찾아가 뇌물로 준 1천만 원을 당장 돌려주지 않으면 녹음한 내용을 수사기관과 언론사에 보내겠다고 말하였다. 이에 겁을 먹은 乙은 甲이 지정한 은행 예금계좌로 1천만 원을 입금하였다. 乙의 배우자 丙은 乙의 사전 언급에 따라 甲과 乙의 대화 내용을 옆방에서 자신의 휴대전화로 甲 모르게 녹음하였다.

① 乙은 甲으로부터 받은 1천만 원을 돌려주지 아니하고 주식투자로 임의 소비하였더라도, 뇌물수수죄만 성립하고 별도로 횡령죄는 성립하지 않는다.

② 만일 甲이 위 예금계좌에 입금된 1천만 원을 인출하지 않았더라도 甲에게 공갈죄의 기수범이 성립한다.

③ 甲이 乙과의 전화상 대화를 휴대전화로 몰래 녹음한 것은 「통신비밀보호법」 위반이 아니므로 甲의 뇌물공여죄나 乙의 뇌물수수죄에 대한 유죄의 증거로 사용할 수 있다.

④ 丙이 甲과 乙의 대화내용을 휴대전화로 몰래 녹음한 것은 대화 당사자인 乙의 사전 동의에 의한 것이더라도, 甲의 공갈죄에 대한 유죄의 증거로 사용할 수 없다.

⑤ 만일 뇌물수수죄로 기소된 乙이 법정에서 뇌물수수의 사실을 부인하는 진술을 하는 경우, 검사가 유죄의 자료로 제출한 사법경찰관 작성의 乙에 대한 피의자신문조서는 乙이 그 내용을 부인하더라도 임의로 작성된 것으로 인정되는 한 乙의 법정진술의 증명력을 다투기 위한 탄핵증거로 사용할 수 있다.

106 ☐☐☐

[23 변시]

> 甲은 A와 재혼하여 함께 생활하다가 A가 외도를 하는 것을 목격하고 A를 살해하기로 마음먹었다. 甲은 전처 소생의 아들 乙에게 자신의 재산 중 일부를 증여하기로 약속하고 A를 살해할 것을 부탁하였다. ㉠ 이를 승낙한 乙은 A를 살해하기 위하여 일정량 이상을 먹으면 사람이 죽을 수도 있는 초우뿌리를 달인 물을 마시게 하였으나 A가 이를 토해버려 사망하지 않았다. ㉡ 그러자 甲은 乙에게 칼을 주며 "이번에는 A를 반드시 죽여 달라"라고 당부하였다. 이에 乙은 甲의 당부대로 A의 집으로 향하였으나, 갑자기 마음이 바뀐 甲은 乙이 실행의 착수에 이르기 전 전화로 "그만 두자"라고 乙을 만류하였다. 그러나 乙은 A를 칼로 찔러 살해하였다. 옷에 피가 묻은 채로 범행현장을 떠나려던 乙은 마침 지나가던 사법경찰관에 의해 현행범으로 체포되었고 乙은 그 현장에서 자신은 단지 시키는 대로 했을 뿐이라며 자발적으로 휴대전화를 임의제출하였다. 이에 사법경찰관은 「형사소송법」 제218조에 따라 휴대전화를 압수한 후 경찰서에서 乙의 휴대전화의 정보를 탐색하여 甲이 범행에 가담한 사실을 알고 甲을 긴급체포하였다.

① ㉠의 사실관계에서 乙이 A를 살해하기 위해 초우뿌리를 달인 물을 마시게 하였으나 A가 이를 토해버려 사망하지 않아 乙에게 살인미수죄가 성립한다.

② ㉡의 사실관계에서 법정적부합설에 따를 경우, 만일 乙이 A의 집 앞에서 기다리고 있다가 B를 A로 착각하여 칼로 찔러 살해했다면 乙에게는 B에 대한 살인기수죄가 성립한다.

③ ㉡의 사실관계에서 甲은 乙에게 A를 살해할 것을 교사한 후 乙이 실행의 착수에 이르기 전에 범행을 만류하였더라도, 살인교사의 죄책을 부담한다.

④ 사법경찰관이 乙을 현행범으로 체포하는 현장에서 乙로부터 휴대전화를 임의제출받아 적법하게 압수하였다면, 그 압수를 계속할 필요가 있는 때라도 압수·수색영장을 신청할 필요는 없다.

⑤ 乙로부터 휴대전화를 임의제출받았더라도 사법경찰관이 경찰서에서 휴대전화의 정보를 탐색함에 있어서는 乙 또는 그의 변호인의 참여를 요한다.

107 ☐☐☐

[24 변시]

> 연예인 甲은 2023. 3. 9. 08:00경 고속도로에서 자동차종합보험에 가입되어 있는 자신의 승용차를 운전하여 가던 중 도로 좌측 노면 턱을 들이받는 바람에 그 충격으로 자신에게 전치 6주의 상해를, 조수석에 타고 있던 사실혼 관계인 乙에게 전치 8주의 상해를 각 입게 하였다. 甲, 乙은 사고 직후 승용차에서 내렸으나 바로 의식을 잃었고, 그 상태로 병원에 이송되었다. 乙은 의식이 깨자 甲의 연예인 활동에 지장이 생길 것을 우려하여 경찰관 P에게 자신이 위 승용차를 운전하다가 교통사고를 발생하게 하였다는 허위 사실을 진술하였다.

① P가 운전석 근처에서 발견되어 병원으로 이송된 乙의 음주운전 여부를 수사하려 하였으나 乙의 의식이 깨지 않자 간호사 A로부터 A가 치료 목적으로 乙로부터 채취한 혈액 중 일부를 임의제출 받아 영장 없이 압수한 경우, 그 압수절차는 적법절차에 위반되지 않는다.

② 乙이 도로교통법위반(음주운전)죄 및 교통사고처리특례법위반(치상)죄로 기소되었고, 제1회 공판기일에 乙 및 乙의 변호인은 혈액감정의뢰회보에 대하여 증거부동의를 하였는데, 제3회 공판기일에 乙이 출석하지 아니한 상태에서 乙의 변호인이 이를 증거로 하는 데 동의하였다면 위 증거동의는 효력이 없다.

③ 乙이 교통사고처리특례법위반(치상)죄로 유죄확정판결을 받은 이후 甲과 헤어지게 되자, 자신이 숨겨두고 있던 위 교통사고 당시 甲이 운전하는 모습을 찍은 휴대전화 사진을 증거로 제출하면서 재심을 청구한 경우, 「형사소송법」 제420조 제5호의 '무죄를 인정할 명백한 증거가 새로 발견된 때'에 해당하지 않는다.

④ 위 승용차가 자동차종합보험에 가입되어 있어 甲을 교통사고처리특례법위반(치상)죄로 공소제기할 수 없다고 하더라도, 乙이 甲을 도피시킨 행위는 범인도피죄에 해당할 수 있다.

⑤ 乙이 P에게 허위 사실을 진술한 행위가 범인도피죄에 해당한다면 그 범행 당시 乙이 甲과 사실혼 관계에 있었어도 처벌된다.

---

108 □□□

> 甲과 A는 동거하지 않는 형제 사이인데 A가 실종되었다. 甲은 2023. 1.경 법원이 선임한 A의 부재자 재산관리인으로서 A 앞으로 공탁된 수용보상금 7억 원을 수령하였다. 그 후 법원은 2023. 3.경 A의 부재자 재산관리인을 甲에서 B로 개임하였다. 그럼에도 甲은 B에게 공탁금의 존재를 알려 주지도 않고 인계하지도 않았다. 2023. 5.경 위 사실을 알게 된 B가 2023. 6.경 법원으로부터 고소권 행사에 관하여 허가를 받고 나서 바로 甲을 위 사실에 관하여 특정경제범죄가중처벌등에관한법률위반(배임)죄로 수사기관에 고소하였다.

ㄱ. 甲, B, 甲의 누나 C가 모여서 같이 대화를 나누던 중, B는 증거수집 목적으로 자신의 휴대전화 녹음 기능을 사용하여 위 3명의 대화를 녹음하였는데, 이러한 녹음 행위는 「통신비밀보호법」 제16조 제1항에 해당하지 않는다.

ㄴ. B는 A의 부재자 재산관리인으로서 그 관리대상인 A의 재산에 대한 범죄행위에 관하여 법원으로부터 고소권 행사에 관한 허가를 얻었으므로 A의 법정대리인으로서 적법한 고소권자에 해당한다.
　▸ 2021도2488 참조

ㄷ. (O) 사법경찰관 P가 특정경제범죄가중처벌등에관한법률위반(배임)죄로 甲에 대한 체포영장을 발부받은 후 집 앞 주차장에 차량을 주차하고 있는 甲을 발견하고 위 체포영장에 기하여 체포하면서 甲의 차량을 수색한 것은 「형사소송법」 제216조 제1항 제2호에 따라 적법하다.

ㄹ. 甲이 위 ㄷ.항과 같은 체포 과정에서 자신의 차량으로 사법경찰관 P를 충격하여 상해를 가했다면, 甲에게 특수공무집행방해치상죄만 성립한다.

ㅁ. 만약 甲이 A의 동거하지 않는 아들인데 B의 고소가 2023. 12. 20.에 이루어졌더라도 법원은 甲의 특정경제범죄가중처벌등에관한법률위반(배임)죄에 대하여 형면제 판결을 하여야 한다.
　▸ 형법 제328조 제1항 참조

甲은 乙 소유 토지 위에 있는 X건물을 소유하고 있었는데 乙이 제기한 건물철거소송에서 패소하여 X건물이 철거되자 위 토지 위에 Y건물을 신축하였다. 乙은 Y건물 벽면에 계란 30여 개를 던져 甲이 Y건물에 남은 계란의 흔적을 지우는 데 약 50만 원의 청소비가 들게 하였다. 甲은 乙의 위와 같은 행위에 대항하여 Y건물 인근에 주차된 乙의 차량 앞에 철근콘크리트 구조물을, 뒤에 굴삭기 크러셔를 바짝 붙여 놓아 乙이 약 17시간 동안 위 차량을 운행할 수 없게 하였다. 한편, 乙은 화가 나 甲 소유의 굴삭기 크러셔에 빨간색 페인트를 이용하여 "불법 건축물 소유자는 물러가라."라는 낙서를 하였고, 이 범죄사실에 대하여 벌금 100만 원의 약식명령이 발령되었다.

ㄱ. 甲이 Y건물을 무단으로 신축한 행위는 乙 소유 토지의 효용 자체가 침해된 것이 아니므로 재물손괴죄에 해당하지 않는다.

▸ 물건의 효용을 누리지 못한 것에 불과

ㄴ. 乙이 Y건물 벽면에 계란 30여 개를 던진 행위는 그 건물의 효용을 해하는 정도의 것에 해당하지 않아 재물손괴죄에 해당하지 않는다.

ㄷ. 甲이 17시간 동안 乙의 차량을 운행할 수 없게 한 행위는 차량 본래의 효용을 해한 것으로 재물손괴죄에 해당한다.

ㄹ. 乙이 위 약식명령에 불복하여 변호인 선임 없이 정식재판을 청구한 후 연속으로 2회 불출정한 경우, 법원은 乙의 출정 없이 증거조사를 할 수 있고, 이 경우에는 「형사소송법」 제318조 제2항에 따라 乙의 증거동의가 간주된다.

ㅁ. 乙이 위 ㄹ.항과 같이 정식재판에서 증거동의가 간주되고 증거조사가 완료된 후 벌금 100만 원이 선고되자 항소하였고, 乙이 항소심에 출석하여 증거동의를 철회 또는 취소한다는 의사표시를 한 경우, 제1심에서의 증거동의 간주는 乙의 진의와 관계없이 이루어진 것이더라도 증거동의의 효력은 상실되지 않는다.

공무원 甲은 자신의 처 乙의 건축법위반 사실을 은폐할 목적으로 정산설계서를 확인하지 않았음에도 불구하고 "정산설계서에 의하여 준공검사를 하였다."라는 내용을 공문서인 준공검사조서에 기재하였다. 甲이 위 행위에 대하여 기소되고 乙이 증인으로 신청되자, 甲은 乙에게 위증을 교사하였으며, 이에 乙은 허위 증언을 하였다.

① 甲에게는 허위공문서작성죄 외에 직무유기죄는 성립하지 않는다.

▸ 은폐할 목적임

② 甲이 작성한 준공검사조서의 내용이 객관적으로 공사 현장의 준공상태와 부합하더라도 甲에게 허위공문서작성죄가 성립한다.

▸ 정산설계서를 확인하지 않았음

③ 甲이 乙에게 위증을 교사한 행위는 방어권을 남용하는 것이므로, 甲을 위증교사죄로 처벌할 수 있다.

④ 만약 乙에 대한 증인신문 당시 검사의 주신문에 대하여 乙이 적의 또는 반감을 보이지 않았음에도 검사가 유도신문을 한 경우, 甲이 그 다음 공판기일에 위 증인신문조서에 대해 '변경할 점과 이의할 점이 없다'고 진술하였다면 유도신문에 의하여 이루어진 주신문의 하자가 치유된다.

⑤ 만약 乙의 허위 증언에 대해 위증죄가 성립하는 경우, 甲에 대한 형사재판이 확정된 이후에 乙이 위증 사실을 자수하더라도 그 형을 감경 또는 면제받지 못한다.

▸ 형법 제153조 참조

甲은 장애인인 모친 A와 거주하며 적법하게 장애인사용자동차표지(보호자용)를 발급받아 사용하던 중, A와 주소지가 달라져 '장애인전용주차구역 주차표지가 있는 장애인사용자동차표지'가 실효되었음에도 이를 자신의 승용차에 그대로 비치한 채 아파트 주차장 내 장애인전용주차구역이 아닌 장소에 승용차를 주차하였다가 적발되었다.

ㄱ. 공문서부정행사죄는 추상적 위험범이므로, 본죄에 관한 범행의 주체, 객체 및 태양은 되도록 엄격하게 해석하여 처벌범위를 합리적인 범위 내로 제한하여야 한다.

ㄴ. 甲이 장애인전용주차구역에 승용차를 주차하지 않았다면 사용권한이 없는 장애인사용자동차표지를 승용차에 비치하여 마치 장애인이 사용하는 자동차인 것처럼 외부적으로 표시하였더라도 장애인사용자동차표지를 부정행사한 경우에 해당하지 않는다.

　▸ 본래의 용도 사용이 아님

ㄷ. 만약 판사 R이 甲에게 공문서부정행사죄로 약식명령을 발령하였고, 이를 송달받은 A가 甲을 위하여 법원에 甲의 이름만 기재하고 기명날인 또는 서명이 없는 정식재판청구서를 제출하였음에도 법원공무원이 보정을 구하지 않은 채 이를 접수하였다면, 법원은 위 정식재판청구에 대하여 기각결정을 하여야 한다.

ㄹ. 아파트입주민 B가 甲에 대한 정식재판에 증인으로 소환받고도 출산을 앞두고 있다는 이유로 출석하지 아니한 경우, 甲이 증거로 함에 부동의한 B에 대한 사법경찰관 작성 진술조서는 「형사소송법」 제314조에 의하여 증거능력이 인정될 수 없다.

ㅁ. 만약 약식명령을 발부한 판사 R이 甲에 대한 정식재판 절차의 항소심 제2차 공판까지 관여하였다가 제3차 공판에서 경질되어 그 판결에 관여하지 아니한 경우, 전심재판에 관여한 법관이 불복이 신청된 당해 사건의 재판에 관여하였다고 할 수 없다.

건축허가권자 공무원 甲은 실무담당자 乙의 방조 아래, 빌딩건축허가와 관련하여 건축업자 丙으로부터 2,000만 원의 뇌물을 받았다. 이후 甲은 乙에게 2,000만 원 중 200만 원을 사례금으로 주었고, 400만 원은 건축허가에 필요한 비용으로 지출하였으며, 나머지 1,400만 원은 은행에 예금하였다. 丙은 이후 빌딩건축허가가 반려되자 甲에게 공여한 뇌물 전액의 반환을 요구하였다. 甲은 200만 원을 乙에게 사례금으로 주었고, 400만 원을 비용으로 지출하였음을 이유로 예금하여 두었던 1,400만 원을 인출하여 위 돈만을 丙에게 반환하였다.

① 甲이 乙에게 교부한 사례금 200만 원을 甲으로부터 추징할 수 있다.

② 甲이 건축허가와 관련하여 지출한 필요비 400만 원은 甲으로부터 추징할 수 있다.

　▸ 비공제설의 입장

③ 甲이 丙에게 반환한 1,400만 원을 丙으로부터 추징할 수는 없다.

④ 丙이 뇌물공여죄로 기소되어 유죄판결이 확정된 경우, 甲의 뇌물수수죄에 대한 공소시효는 丙에 대한 위 형사사건이 기소된 때로부터 확정된 때까지 정지되지 않는다.

⑤ 乙이 뇌물수수방조죄의 처벌을 회피할 목적으로 미국으로 출국한 경우, 그 도피 기간 동안 공범인 甲의 뇌물수수죄에 대한 공소시효는 정지되지 않는다.

　▸ 형사소송법 제253조 참조

> 甲은 2023. 2. 12. 보이스피싱범 乙에게 X은행에 자신의 명의로 개설한 예금계좌의 잔고가 없는 예금통장과 위 계좌에 연결된 체크카드 1개, OTP카드 1개를 그것이 사기범죄에 이용된다는 것을 모른 채 100만 원에 매도하였다. 이후 乙은 2023. 2. 13. A에게 전화하여 검사를 사칭하면서 '금융법률 전문가인 甲에게 송금하면 범죄 연관성을 확인 후 돌려주겠다'고 하였고, 이에 속은 A는 2023. 2. 14. 11:20경 위 계좌에 1,000만 원을 송금하였는데, 甲은 같은 날 11:50경 별도로 만들어 소지하고 있던 위 계좌에 연결된 체크카드를 이용하여 그중 300만 원을 임의로 인출하였다. 이에 대해 검사는 甲이 사기피해금 중 300만 원을 임의로 인출함으로써 주위적으로는 乙의 재물을, 예비적으로는 A의 재물을 횡령하였다는 사실로 공소를 제기하였다. 그런데 공소장 1쪽 뒷면에 간인 일부가 되어 있으나, 2쪽 앞면에는 나머지 간인이 되어 있지 않았고, 2쪽 뒷면부터 마지막 장까지 간인이 없었다.

① A가 甲 명의의 계좌에 1,000만 원을 입금한 이후부터 甲은 A를 위하여 위 1,000만 원을 보관하는 지위에 있다.

② 甲이 사기피해금 중 300만 원을 임의로 인출한 행위는 A에 대한 횡령죄에 해당한다.

③ 만약 甲이 乙의 사기범죄의 공범이라면 사기피해금 중 300만 원을 임의로 인출한 행위는, A에 대한 횡령죄에 해당하지 않는다.

④ 공소장에 검사의 간인이 없더라도 공소장의 형식과 내용이 연속된 것으로 일체성이 인정되고 동일한 검사가 작성하였다고 인정되는 한, 그 공소장을 효력이 없는 서류라고 할 수는 없다.

⑤ 甲에 대한 항소심에서 공소사실 모두에 대하여 무죄판결이 선고되고 검사가 이에 대하여 상고를 한 경우, 상고심에서 예비적 공소사실 부분이 파기되어야 한다면 이에 따라 이와 동일체 관계에 있는 주위적 공소사실 부분도 함께 파기될 수밖에 없다.

114

> 甲은 2023. 1.경 도로에서 운전면허를 받지 아니하고 혈중알코올농도 0.15%의 술에 취한 상태에서 자동차를 운전하였다. 검사는 甲에 대하여 무면허운전의 점에 관하여만 도로교통법위반(무면허운전)죄로 공소를 제기하였는데, 제1심 제1회 공판기일에 이르러 음주운전의 점에 관한 도로교통법위반(음주운전)죄를 추가하는 취지의 공소장변경허가신청서를 제출하였다.

ㄱ. 甲에 대한 도로교통법위반(무면허운전)죄와 도로교통법위반(음주운전)죄는 상상적 경합관계에 있다.

ㄴ. 만약 甲이 운전한 장소가 「도로교통법」상 도로가 아니라면, 도로교통법위반(무면허운전)죄는 성립할 수 없지만 도로교통법위반(음주운전)죄는 성립할 수 있다.

ㄷ. 제1심법원이 공소장변경허가신청에 대한 결정을 공판정에서 고지한 경우, 그 사실은 공판조서의 필요적 기재사항이다.

　　▸ 2023도3038 참조

ㄹ. 제1심법원이 공소장변경허가신청에 대하여 불허가 결정을 한 경우, 검사는 이에 불복하여 그 결정에 대한 즉시항고를 제기할 수 없다.

아래 〈범죄경력〉 중 1개가 있는 甲이 2023. 11. 10. 아래 〈범죄사실〉중 어느 1개 또는 수개의 죄로 공소제기되어 그 〈범죄사실〉이 인정될 경우를 전제로 한다.

〈범죄경력〉

Ⓐ 2023. 4. 10. 서울중앙지방법원에서 상습절도죄로 벌금 500만 원을 선고받아 2023. 4. 18. 그 판결이 확정되었다.

Ⓑ 2023. 5. 10. 서울중앙지방법원에서 절도죄로 징역 6월을 선고받아 2023. 5. 18. 그 판결이 확정되었다.

〈범죄사실〉

㉠ 상습으로 2023. 2. 10.경 X 편의점에서 피해자 M 소유의 휴대전화 1대를 가지고 가 이를 절취하였다[상습절도].

㉡ 2023. 3. 8.경 Y 커피숍에서 피해자 N에게 "수일 내 유명 가상자산 거래소에 상장되는 가상자산이 있는데, 나에게 돈을 투자하면 수백 배 이상의 수익을 얻을 수 있다"라고 거짓말하여 2023. 3. 10.경 1,000만 원을 피해자 N으로부터 교부받아 이를 편취하였다[사기].

㉢ 2023. 6. 10.경 Z 유흥주점에서 피해자 O의 뺨을 수회 때리고 발로 다리를 걷어차 피해자를 폭행하였다[폭행].

① Ⓐ범죄경력이 있는 甲이 ㉠죄로 기소된 경우, ㉠범죄사실과 Ⓐ범죄사실과의 사이에 동일한 습벽에 의하여 범행을 저질렀다는 점이 인정된다면, 「형사소송법」 제326조 제1호의 면소판결이 선고되어야 한다.

② Ⓑ범죄경력이 있는 甲이 ㉠죄로 기소된 경우, ㉠범죄사실과 Ⓑ범죄사실과의 사이에 동일한 습벽에 의하여 범행을 저질렀다는 점이 인정되더라도, 「형사소송법」 제326조 제1호의 면소판결을 선고할 수 없다.

③ Ⓐ범죄경력이 있는 甲이 ㉡죄로 기소된 경우, 판결이 확정된 Ⓐ죄와 사이에 「형법」 제37조 후단의 경합범 관계에 있지 않다.

  ▸ 금고 이상의 형이 아니므로 사후적 경합범이 아님

④ Ⓑ범죄경력이 있는 甲이 ㉡, ㉢죄로 기소된 경우, ㉡죄는 판결이 확정된 Ⓑ죄와 사이에 「형법」 제37조 후단의 경합범 관계에 있으므로, 법원은 ㉡, ㉢죄에 대해 동시에 판결을 선고할 때 ㉡죄에 관하여 1개, ㉢죄에 관하여 1개의 형을 각각 선고하여야 한다.

  ▸ ㉡, ㉢죄는 경합범관계에 있지 않아 두 개의 형을 선고하여야 함

⑤ Ⓑ범죄경력이 있는 甲이 ㉡, ㉢죄로 기소된 경우, ㉡죄에 관하여 「형법」 제39조 제1항에 의하여 형을 감경할 때에도 법률상 감경에 관한 「형법」 제55조 제1항이 적용되어 유기징역을 감경할 때에는 그 형기의 2분의 1 미만으로는 감경할 수 없다.

> 甲이 절도의 고의로 이웃집에 담을 넘어 들어갔다가 훔칠 물건을 찾을 새도 없이 때마침 귀가한 A에게 곧바로 발각되었다. A가 甲을 향해 "너, 누구야?"라고 소리치며 붙잡으려 하자, 甲이 도망치기 위해 A를 폭행하였다.

① 위 사례가 주간에 발생했다면, 甲에게 절도미수죄는 성립하지 않는다.

② 위 사례가 주간에 발생했고, 甲이 담을 넘어 들어갈 때 범행에 사용할 의도로 칼을 소지하고 있었다면, 실제 甲이 A를 폭행할 때 칼을 사용하지 않았더라도 특수주거침입죄나 특수폭행죄가 성립한다.

③ 위 사례가 야간에 발생했다면, 甲에게 준강도미수죄가 성립한다.

④ 위 사례가 야간에 발생했고, 甲이 A를 폭행한 후 곧이어 뒤따라 온 B에게 붙잡히게 되자 도망치기 위해 B에게 상해를 가한 경우, 甲에게는 포괄하여 하나의 강도상해죄가 성립한다.

⑤ 위 사례와는 별도로, 甲이 차량 내부의 물건을 훔치려고 하다가 혹시라도 발각되었을 때 체포를 면탈하는 데 도움이 될 수 있을 것이라는 생각에서 칼을 소지하고 심야에 인적이 드문 길가에 주차된 차량들을 살피던 중 적발된 경우, 甲에게 강도예비죄가 성립하지 않는다.

> 甲은 삼촌 A와 따로 살고 있다. 甲은 어느 날 비어 있는 A의 집에 몰래 들어가 A가 보관 중이던 A의 친구 B 소유의 노트북과 A의 통장 및 운전면허증을 절취하였다. 甲은 절취한 통장을 가지고 인근 현금자동지급기로 가서 우연히 알아낸 비밀번호를 이용하여 A의 계좌에서 자신의 계좌로 100만 원을 이체하였다. 甲은 돈을 이체하고 돌아가던 중 불심검문 중인 경찰관의 신분증 제시 요구에 절취한 A의 운전면허증을 제시하였다. 이후 甲은 이체한 돈을 인출하여 그 정을 아는 친구 乙에게 교부하였다.

ㄱ. 노트북 절취와 관련하여 甲과 점유자인 A 사이에 친족관계가 존재하지만, A의 고소가 없더라도 甲은 절도죄로 기소될 수 있다.

ㄴ. 甲의 컴퓨터등사용사기죄와 관련하여 A 명의 계좌의 금융기관이 피해자에 해당하므로, 甲이 A의 계좌에서 자신의 계좌로 100만 원을 이체한 행위에 친족상도례가 적용되지 않는다.

ㄷ. 甲으로부터 돈을 받은 乙에게는 장물취득죄가 성립하지 않는다.

ㄹ. 甲이 경찰관의 신분증 제시 요구에 A의 운전면허증을 제시한 것은 운전면허증이 신분의 동일성을 증명하는 기능을 하기 때문에 공문서부정행사죄에 해당한다.

ㅁ. 만약 甲이 이체한 돈을 인출하지 못했더라도 컴퓨터등사용사기죄의 기수에 해당한다.

118 ☐☐☐ [24 변시]

> 甲은 짧은 치마를 입고 지하철 에스컬레이터를 이용하는 여성 A의 치마 밑으로 휴대전화 카메라를 넣어 약 1분간 속옷과 신체를 촬영하다가 A에게 발각되었다. A의 신고를 받고 출동한 경찰관은 甲으로부터 휴대전화를 임의제출 받았다.

① 만약 甲이 위 범죄현장에서 현행범인으로 체포되었던 경우, 현행범인으로 체포된 자에 대하여는 「형사소송법」 제216조 제1항 제2호에 따라 긴급압수가 가능하더라도 임의제출에 의한 압수도 허용된다.

② 경찰관이 甲으로부터 휴대전화를 임의제출 받으면서 휴대전화에 담긴 정보 중 무엇을 제출하는지 甲으로부터 임의제출의 범위를 명확히 확인하지 않았더라도 범행 동기와 경위, 수단과 방법, 시간과 장소 등에 관한 간접증거나 정황증거로 사용될 수 있는 정보는 압수의 대상에 포함될 수 있다.

③ 만약 甲이 위 촬영물을 A에게 보내 주었더라도 촬영물을 타인에게 제공한 때에 해당하지 않아 성폭력범죄의 처벌등에관한특례법위반(카메라등이용촬영·반포등)죄가 별도로 성립하지 않는다.

④ 甲이 A를 촬영한 후 일정 시간이 경과하여 위 영상정보가 주기억장치에 입력되었다면 그 촬영된 영상정보가 전자파일 등의 형태로 영구저장되지 않은 채 사용자에 의해 강제종료되었더라도 성폭력범죄의처벌등에관한특례법위반(카메라등이용촬영·반포등)죄의 기수에 해당한다.

⑤ 경찰관이 압수·수색영장을 발부받아 甲의 집에서 다른 저장매체를 압수하고, 그 저장매체와 연동된 클라우드에 접속하여 그곳에 저장된 불법촬영 영상을 증거로 확보하기 위해서는 압수·수색영장의 압수할 물건에 원격지 서버 저장 전자정보가 포함되어 있어야 한다.

119 ☐☐☐ [24 변시]

> 甲은 평소 주벽과 의처증이 심한 남편 A와의 불화로 인해 이혼소송을 준비하던 중 A의 운전기사 乙에게 A를 살해하도록 부탁하였다. 乙은 甲의 부탁대로 술에 취하여 자고 있던 A의 목을 졸라 살해하였다. 검사는 乙을 살인죄로, 甲을 살인교사죄로 기소하였고 법원은 甲과 乙을 병합심리하고 있다.

ㄱ. 甲이 사법경찰관의 피의자신문에서는 교사 사실을 인정하였으나 법정에서는 이를 부인하는 경우, 甲이 내용을 부인한 甲에 대한 사법경찰관 작성 피의자신문조서는 임의성이 인정되는 한 甲의 법정 진술을 탄핵하기 위한 반대증거로 사용될 수 있다.

ㄴ. 乙의 친구 W가 법정에 출석하여 乙로부터 '자신이 A를 살해하였다'는 이야기를 들은 적이 있다고 진술한 경우, 원진술자인 乙이 법정에 출석하고 있더라도 W의 진술은 乙에 대한 유죄의 증거로 사용될 수 있다.
> ▶ 형사소송법 제316조 제1항 참조

ㄷ. 甲과 乙이 모두 공소사실을 자백하고 있으나 달리 자백을 뒷받침할 다른 증거가 없는 경우, 甲과 乙에게 무죄를 선고해야 하는 것은 아니다.

ㄹ. 甲이 법정에서 A에 대한 살인교사 혐의를 자백한 경우, 甲의 진술은 乙에 대한 유죄의 증거로 사용될 수 있다.

ㅁ. 제1심법원이 甲에게 형의 선고를 하면서 乙이 A의 목을 졸라 살해한 사실을 적시하지 않았다면 판결에 영향을 미친 법령의 위반에 해당한다.
> ▶ 형사소송법 제323조 제1항 참조

MEMO